清華簡研究（第四輯）

紀念清華簡入藏暨清華大學出土文獻研究與保護中心成立十周年國際學術研討會論文集

黃德寬　主編

清華大學出土文獻研究與保護中心　編

中西書局

紀念清華簡入藏清華大學暨清華大學出土文獻研究與保護中心成立十周年國際學術研討會與會學者合影（清華大學，2018年11月17日）

目　次

清華簡《楚居》"巫丵賅其脅以楚"再議[*]

黄錫全

楚簡"丵"字，或偏旁從其之字，我曾有過涉及，[①]至今學術界意見不一，有必要重新檢討一下。

清華簡《楚居》有下列一段文字，報告釋文如下：

> 穴酓遅（遲）遅（徙）於京宗，爰旻（得）妣隹，逆流哉（載）水，厇（厥）瓶（狀）亝（聂）耳，乃妻之，生侸昜（叔）、麗季。麗不從行，渭（潰）自髖（脅）出，妣隹賓于天，晉（巫）戕（并）賅（該）亓（其）髖（脅）以楚，氐（抵）今日楚人。[②]

整理者注二三云：

> 戕賅，讀爲"并該"，并合包裹。《孔子家語‧正論》王肅注："該，包也。"楚，荆條。此句意爲用荆條將妣隹之脅纏包復合。或釋"戕"爲"丵"，讀爲"緘"。

此後，其中的"丵"，或讀"并"，或讀"咸"，意見不一。如網友"子居"：

> "戕"，當是巫者之名。[③]

復旦大學出土文獻與古文字研究中心研究生讀書會：

> 此字當以釋"丵"爲是。我們認爲"晉丵"當讀爲"巫咸"。……整理者以"丵該"爲動詞，恐有不妥。文獻中"巫某"常見，如巫彭、巫抵、巫陽、巫履、巫凡、巫相

---

* 本文爲國家社科基金重大項目"甲骨學大辭典"（18ZDA303）階段性成果之一。

等,而少有徑稱"巫"者。"巫咸"見於楚地文獻。《楚辭·離騷》"巫咸將夕降兮",
洪興祖《補注》:"巫咸,古神巫也。當殷中宗之世。"④

陳民鎮先生認爲:

> 復旦大學出土文獻與古文字研究中心研究生讀書會改讀作"巫咸",近是。
> 按巫咸係殷商著名大臣。《尚書·君奭》云:"我聞在昔成湯既受命,時則有若伊
> 尹,格於皇天。在太甲,時則有若保衡。在太戊,時則有若伊陟、臣扈,格於上帝;
> 巫咸乂王家。在祖乙,時則有若巫咸,在武丁,時則有若甘盤。"可見巫咸地位甚
> 爲尊隆,與伊尹等一並爲有商一代股肱大臣。……在《楚居》中,巫咸居於上天,
> 爲妣隹療救,其神性不言而喻。
>
> 《山海經》中《海内西經》《大荒西經》等記載了許多"巫"的名字,其中便有"巫
> 咸"。《山海經》中"巫"大率與醫藥有關,《山海經·海内西經》郭璞注引《世本》謂
> "巫彭作醫"。《楚辭·天問》云:"巫何活焉?"便言"巫"有起死回生之能。此處巫
> 咸療救妣隹,並非偶然。⑤

劉信芳先生認爲:

> 《説文》𣬈,"古文讀若咸",若是則巫咸乃大巫之名。該字與簡 16"槃"聲符
> 同,應从"并"聲,"古文讀若咸"乃歧讀。⑥

單周堯先生從所列題目看,當是傾向於釋从"并"的:

> 《楚居》"𣬈郢"之𣬈,所从與𣬈相同,報告釋爲"槃郢"。注七六云:槃郢,
> 或釋爲"𣬈郢",又見於包山六二、一七二、一八五號簡。⑦

有關論述清華簡《楚居》者多有涉及,或以爲从"咸",或以爲从"并",不一一引述。

我們一直認爲,𣬈字構形應釋作𣬈,讀爲"咸"。

1991 年,《包山楚墓》和《包山楚簡》同時於文物出版社出版,筆者旋即草就《〈包山
楚簡〉部分釋文校釋》,收入 1992 年 10 月出版的拙著《湖北出土商周文字輯證》附錄
四,並提交 1992 年 11 月在南京大學召開的中國古文字學研究會第九屆年會。原報告
將𣬈釋作槃(簡 62 等),學者多從之。⑧我曾這樣認爲:

這個字所从的█是一個整體，爲會意字，見於甲骨文作█、█等（《甲骨文編》12.16）。簡文祇是█旁█下多了一横，這與中山王圓壺北作█、侯馬盟書尼作█、伐作█等類同。簡16皆作█，273作█，是其佐證。故█應釋兂。《説文》兂字正篆作█：“絶也。一曰田器。从从持戈。古文讀若咸，讀若《詩》云‘攕攕女手’。”“█郢”爲楚又一都名，確切地點待考。

之後，我們又撰有《長江中游楚國“█郢”試探》，[⑨]有如下論述：

此字甲骨文作█，象以戈擊二人之形，饒宗頤先生據《説文》“讀若咸”，及《逸周書·世俘》“咸劉商王紂”，認爲兂與殲義近[⑩]……段注《説文》“兂，絶也”下云：“絶者，刀斷絲也。引申爲凡斷之稱。斷之亦曰兂，與殲義相近。”《説文》：“殲，微盡也。从歹，韱聲。”段注：“殲之言纖也，纖細而盡之也。”儘管我們目前還難以斷定兂字的確切本義，根據如上所引相關記述，可以説明兂可讀若咸，讀若攕、殲、纖或摻等。

兂，精母談部，《説文》古文讀若咸。《公羊傳·二十四年經》：“陳鍼宜咎出奔楚。”《釋文》鍼作咸，云：“本又作鍼。”箴、鍼从咸聲，屬章母侵部。軫屬章母真部。是箴、鍼與軫雙聲。㐱屬真部，从㐱的珍、趁、疹等屬文部。《左傳·昭公二十六年》：“楚平王卒。令尹子常欲立子西。曰：大子壬弱，其母非適也。”《史記·楚世家》壬作珍。《國語》及《越王勾踐世家》《伍子胥列傳》壬作軫。壬屬侵部。侵談二部相近，如綅、葥屬談部。參屬侵部，而摻屬談部。兂讀若咸，兂屬談部，咸屬侵部。从兂的識或歸入侵部。[⑪]是兂、箴、鍼與軫讀音相近。[⑫]

軫从㐱聲。《説文》㐱：“稠髮也。从彡，人聲。《詩》曰‘㐱髮如雲’。”或體作鬒，从髟，真聲。段玉裁《説文解字注》：“稠者，多也。禾稠曰積。髮稠曰㐱，其意一也。”紾通縝，意即縷，指物細長、細密。《禮記·聘義》：“縝密以栗。”《説文》纖，細也。是紾、纖義近。另外，从㐱的殄與从韱的殲均有“盡”與滅絶之義。

考慮到此地與安陸的關係，根據“兂”字的讀音與咸、攕、摻等相近，認爲“█郢”或可讀爲“軫郢”。軫，古國名，爲楚滅，其地在今湖北應城縣西。也可能原本作軫，楚滅其國後改作兂或█。

據清華簡《楚居》，“█郢”與“█郢”相近。“█郢”見於荆門包山楚簡，或主張在今安徽亳州市東南。清華簡《楚居》云：

（簡）王大（太）子以邦居鄬郢，以爲尻（處）於𨟻郢。

《楚居》報告注釋七六云，𨟻郢，“據簡文當距鄬郢不遠，或即其一部分”。或進一步認爲，“以爲處於”後的地名，“都是在前一個地名的轄區範圍之内的，所以糊郢亦當去朋郢不遠”[13]我們在《楚簡秦溪、章華臺略議》中談到，《楚居》所記三見“以爲處於”之“以爲”當是虛詞複語，如裴學海《古書虛字集釋》所論，“凡連言‘以爲’者，皆是複語。‘以’亦‘爲’也”。“徙居某地”，“以爲尻（處）於某地”，表達的是兩者之間具有進一層的關係，即二者相距不遠。靈王居秦溪之上，“以爲”處於章華之臺，表明秦溪與章華臺相近；惠王徙襲淶郢（後改曰肥遺郢），“以爲處於栖漅”，表明栖漅與淶郢或肥遺郢相近。簡王太子以邦居朋郢，“以爲尻（處）於𨟻郢”，透露出鄬郢與𨟻郢相近。[14]

應城西之天門皂市一帶，爲古風城所在地，風、鳳、朋讀音相近，由此，我們認爲“朋郢”在今之天門皂市，與前考“𨟻郢”爲“軡郢”在應城西，正好兩地相近，恐怕不是偶然的巧合。[15]即便𨟻郢、朋郢的具體地點還可討論，但𢼸應該是從𢼸的。

這個字又見於清華簡《皇門》簡 6。簡文“内容與今本《逸周書·皇門》大體相符”。[16]字形比較如下：

皇門 06　　　　楚居 03　　　　楚居 16

竹簡《皇門》内容爲：

王邦用宭，少（小）民用段（假）能豪（稼）嗇（穡），𢼸祀天神，戎兵以能興，軍用多實。

報告釋爲“栽祀天神”。注三一云：

栽，讀爲“并”，一説釋“𢼸”。此句今本作“咸祀天神”。

報告注釋後附今本《逸周書·皇門》：

王國用寧，小人用格，□能稼穡，咸祀天神，戎兵克慎，軍用克多。

可見簡本與今本類同。今本𢼸作“咸”，與“𢼸”讀若“咸”相合，來源有據。這是𢼸爲戌"讀若咸"最直接的證據。

另外，山東棗莊徐樓村春秋墓葬出土宋公圝鼎、鋪之銘文涉及"戌"字。[17]《文物》2014 年第 1 期報導 1 件鼎（圖一），[18] 1 件鋪（圖二）。[19]後來又見有流出兩鋪，銘文與宋公圝鼎、鋪相同，可能爲同時出土。

張光裕先生記述，2012 年一次偶然機會，於友人處得見"宋公圝鋪"一對，甲、乙二器（圖三），器蓋對銘，各 28 字，銘文相同，行款略異。[20]吳鎮烽稱之爲鋪，列入食器，認爲春秋晚期器，境外某收藏家藏品。

圖一　宋公圝鼎（《金文通鑒》30209）

圖二　宋公圝鋪（《金文通鑒》30532）

圖三　宋公圍鋪(《商周青銅器銘文暨圖像集成》06157)

　　李學勤先生最先專門介紹此器文字。其中一字,報道的鼎銘作█,鋪銘作█,藏家一鋪銘作█。李學勤先生釋從比、從卩、從水的坒,讀爲費國之費。時代在春秋中、晚期之際。考證宋公圍即宋共公(前588—前576年在位),《左傳》記他名固,《史記·宋微子世家》則説名瑕,固、瑕古音相近,可通。[21]

　　趙平安先生隸定爲泧,以爲即瀸字,讀爲濫。認爲"濫"是由"邾國"分化出來的小國,此器是宋共公爲二女兒出嫁所鑄。器之出土地棗莊徐樓村一帶是古書中所説的古濫國的地界。[22]

　　趙平安先生釋文如下:

　　　　有殷天乙唐(湯)/孫宋公圍乍(作)/泧叔子饙鼎,/其眉壽萬年,/子子孫孫永寶用之。

趙平安先生認爲:

　　　　由於粆是韯的聲符,粆韯音近可通,泧可以看做瀸的異體字。
　　　　瀸是精母談部字,濫是來母談部字,聲近可通。如《管子·地圖》:"濫車之水。"而《漢書·鼂錯傳》作"漸車之水",顔師古注:"漸讀曰瀸。"《隸釋·樊毅修華嶽碑》:"風雨應時,瀸潤品物。"《樊毅復華下民租田口算碑》:"仍雨甘雪,瀸潤宿麥。"洪适釋以瀸、瀸爲漸。《篇海類編·水部》:"瀸,⋯⋯一作瀸。"以上例證説明瀸和濫間接通用。因此泧讀爲濫無論是從音理上還是從實際用例上看都是可以成立的。

陳劍先生曾認爲：

"戔"字殷墟甲骨文已見，字形本象以戈殲滅衆人之形。它最初的讀音一定是跟訓爲"滅絕"的"咸"很接近的，所以古文曾用"戔"爲"翦除"、"滅絕"義的"咸"。㉓

巫咸，即懂點醫術的巫師，在楚地受到尊崇。《吕氏春秋·勿躬》："巫彭作醫，巫咸作筮。"《楚辭》記有"巫咸將夕降兮"，王逸注："巫咸，古神巫也。"在古代，巫是一個崇高的職業。説見上列陳民鎮的解釋。

"晉（巫）戔（咸）賅（該）亓（其）髀（脅）以楚"句，學術界理解不同。其中主要是對"賅"字的理解有分歧。此字所從之"亥"與楚簡其他"亥"或偏旁"亥"有别。經多方比較，目前以釋從"亥"比較穩妥。

上引報告"賅（該）"訓爲"包"，理解爲"纏包復合"。

宋華强先生認爲賅疑讀"綦"，義爲"結"：

整理者引爲訓詁之證的《孔子家語·正論解》原文是"夫孔子者大聖無不該"，王肅注："該，包也。"此"該"是指義理道德意義上的"包含"、"兼備"，不是指物質意義上的"包裹"。而且"包裹"只應是指軟的片狀物，荊條即便可以纏繞物體，又如何可以包裹物體呢？"其"聲、"亥"聲可以相通（參看高亨纂著、董治安整理：《古字通假會典》，齊魯書社，1989年，第378頁"箕與亥"條），"賅"從"亥"聲，疑當讀爲從"其"聲的"綦"。《周禮·夏官·弁師》"會五采玉瑱"，鄭玄注："瑱讀如綦，綦，結也。皮弁之縫中，每貫結五采玉以爲飾，謂之綦。"是"綦"可訓"結"。簡文大概是説她殹脅骨被麗季出生時弄斷，是以巫咸用楚（荊）條爲之結紮起來。㉔

王寧先生認爲賅可讀爲"刻"：

"麗不從行，渭（潰）自髀（脅）出，她殹（列）賓于天，晉（巫）戕（咸）賅（該）亓（其）髀（脅）以楚，氐（抵）今日楚人。"感覺這個斷句似有可商。或當爲："麗不從行，渭（潰）自髀（脅）出，她殹（列）賓於天。晉（巫）戕（咸）賅（該）亓（其）髀（脅）以楚，氐（抵）今日楚人。"前三句是説麗的出生不是順產，是破脅而出，類似今天的剖腹產，結果她列因此去世了，"賓於天"應該理解爲死亡。後兩句是説"楚人"的來歷。那麽，"賅（該）亓（其）髀（脅）以楚"應該和"潰自脅出"對照理解，"賅"竊意還是以讀爲"刻"較妥,《玉篇》:"刻,割也。"應當是巫咸看到孩子不能順産,就用荆條割開了妣列的肚子取出了嬰兒,妣列因此死亡。這些人因爲先人是在荆條的幫助下出生的,爲了紀念這件事,才自稱爲"楚人"。㉕

陳民鎮先生以爲賅當讀作"改"義爲"更替":

　　整理者讀"賅"作"該",訓"包",文從字順,然如宋華强先生所云,"該"不是指物質意義上的"包裹"。筆者以爲"賅"當讀作"改"。郭店簡《老子·甲》21云:"蜀(獨)不亥。"今本"亥"作"改",帛書乙本則作"侅"。此處的"賅"或可讀作"改",古音相近。《說文》云:"改,更也。"《離騷》王逸注亦云:"改,更也。""改"有改易、更替之義。按"楚"係荆條,不能用以包紮。妣隩生麗季時脅(肋骨)遭折斷,巫咸以荆條替換妣隩的肋骨,用以療治妣隩的傷情,"改"之謂也。根據《楚居》的敘述,妣隩這一神奇的經歷,成爲"楚"之稱名的來源。㉖

梁濱先生認爲賅通作"刻":

　　賅,通作刻,《廣雅·釋詁》:"刻,分也。"又云:"刻,畫也。"……麗季是妣隩被破肋而出生的,在古書中還有其他記載如《吳越春秋》《世本》《天問》都言禹即剥母背而生。發表於《上海博物館藏戰國楚竹書》第二册的《子羔》文,也提到禹的母親在採摘了薏苡以後就懷孕了,並是"劃於背而生"。㉗

劉信芳先生認爲賅讀作"絯",義爲"束",包裹者是嬰兒麗季:

　　《廣雅·釋詁》:"絯,束也。"簡文蓋以"楚"(荆枝之皮)包束"麗"脅部傷口。……包束産婦生産部位創口的可能性不是不存在,但以荆條包束死者屬於人文關懷,而以荆枝包束新生兒的傷口對於後代的意義則是挽救了整個家族,因而本文認爲以荆枝包束者應指麗季。㉘

單周堯先生傾向賅通作"刻":

　　宋氏謂"賅"不當釋作"包裹",其說是也。惟其謂"賅"當讀作"絭",則未必是,蓋楚人所重者,爲其先祖季麗,而非妣隩。……因其出生有賴于"楚",故自稱

"楚人"。至若姒娀是否以荆條替換肋骨,相對而言,似無足重。……王、梁二氏之説近似。"賅"古音見母之部,"刻"溪母職部,二字旁紐雙聲,之職對轉,且皆從"亥"聲,當可通假。"刻"字之刻割義,歷代沿用甚夥。㉙

劉濤先生認爲:

　　"姒瘺寳於天"中的"寳"是指姒瘺生産出麗季後,麗季的脅部出現了潰爛,姒瘺組織進行祭天祀地的巫術活動;"巫并該其脅以楚"中,巫師用楚(荆條)爲麗季包裹脅部的潰爛之處,也是一種巫術活動。總之,清華簡《楚居》中的部分記載,爲我們全面探討盛行於中國古代尤其是楚地的巫風和巫術提供了珍貴的史料。㉚

　　我們以爲,上列諸説雖各自成理,但以王寧、梁濱先生以"賅"爲"刻"的説法比較接近事實。生産嬰兒折斷肋骨世所罕見,不合常理。賅讀刻,意爲姒娀難産,巫咸以削尖之荆條割裂剖腹,麗季得以出生。爲紀念這位偉大的母親並慶幸麗季的誕生,定國名爲楚(荆)。㉛

（作者單位：漢字文明傳承傳播與教育研究中心、鄭州大學漢字文明研究中心）

注釋:

① 黄錫全:《〈包山楚簡〉部分釋文校釋》,《湖北出土商周文字輯證》第 194 頁,武漢大學出版社 1992 年;收入黄錫全:《古文字與古貨幣文集》第 403 頁,文物出版社 2009 年。

② 清華大學出土文獻研究與保護中心編,李學勤主編:《清華大學藏戰國竹簡(壹)》第 181 頁,中西書局 2010 年。

③ 子居:《清華簡〈楚居〉解析》,簡帛研究網,2011 年 3 月 31 日;又見孔子 2000 網"清華大學簡帛研究"專欄。

④ 復旦大學出土文獻與古文字研究中心研究生讀書會:《清華簡〈楚居〉研讀札記》,復旦大學出土文獻與古文字研究中心網,2011 年 1 月 5 日。

⑤ 陳民鎮:《讀清華簡〈楚居〉札記(二則)》,復旦大學出土文獻與古文字研究中心網,2011 年 5 月 30 日;又《清華簡〈楚居〉集釋》,復旦大學出土文獻與古文字研究中心網,2011 年 9 月 23 日。

⑥ 劉信芳:《竹書〈楚居〉"問期"、"脅出"、"熊達"的釋讀與史實》,《江漢考古》2013 年第 1 期,注 14。

⑦ 單周堯:《清華簡〈楚居〉"渭自脅出"與"巫并賅亓脅以楚"小識》,羅運環主編:《楚簡楚文化與先秦歷史文化國際學術研討會論文集》,湖北教育出版社 2013 年。

⑧ 可參閱陳偉等:《楚地出土戰國簡册十四種》第 32 頁,經濟科學出版社 2009 年。

⑨ 黄錫全:《長江中游楚國"郢郢"試探》,重慶長江三峽博物館編:《長江文明》第一輯,重慶出版社 2008 年。

⑩ 饒宗頤《通考》第 583 頁,轉引自于省吾主編:《甲骨文字詁林》第 2347 頁,中華書局 1996 年。

⑪ 見《新編上古音韻表》第 251 頁,中華書局 1980 年。

⑫ 《禮記·檀弓下》:"與其鄰重(童)汪踦往。"鄭注:"鄰或爲談。"鄰屬真部,談屬談部。《文選·射雉賦》:"捆降丘以馳敵。"徐爰注:"捆,疾貌也。一本或作捆。捆,尸艷切。捆,而專切。"閃屬談部,閏屬真部。此二例有可能屬於形誤,列此僅作旁證。可參見《古字通假會典》第 247、263 頁。

⑬ 子居:《清華簡〈楚居〉解析》,簡帛研究網,2011 年 3 月 31 日;又見孔子 2000 網"清華大學簡帛研究"專欄。

⑭ 黃錫全:《楚簡秦溪、章華臺略議》,簡帛網,2011 年 9 月 1 日;又"楚簡楚文化與先秦歷史文化國際學術研討會"論文,武漢大學 2011 年。

⑮ 黃錫全:《"朋郢"新探》,《江漢考古》2012 年第 2 期。

⑯ 清華大學出土文獻研究與保護中心編,李學勤主編:《清華大學藏戰國竹簡(壹)》第 162 頁。

⑰ 棗莊市博物館等:《山東棗莊徐樓東周墓發掘簡報》,《文物》2014 年第 1 期,第 4—27 頁。

⑱ 又見吳鎮烽《金文通鑒》附錄 30209,銘文拓片清楚。云:同墓出土 3 件,銘文相同,另 2 件殘甚,資料未發表。

⑲ 又見吳鎮烽《金文通鑒》附錄 30532,銘文拓片清楚。云:同墓所出 2 件,銘文相同,另一件殘甚,資料未發表。

⑳ 張光裕:《讀新見"宋公欒鋪"二器札迻》,《出土文獻與古文字研究》第六輯,上海古籍出版社 2015 年。此二器,一見吳鎮烽《商周青銅器銘文暨圖像集成》(上海古籍出版社 2012 年)第 13 册第 414—415 頁,器號 06157,即張先生所介紹的甲器;一見《金文通鑒》附錄 30531 號,即張先生介紹的乙器。

㉑ 李學勤:《棗莊徐樓村宋公鼎與費國》,《史學月刊》2012 年第 1 期。

㉒ 趙平安:《宋公欒作澯叔子鼎與濫國》,《中華文史論叢》2013 年第 3 期,第 31—36、396 頁。

㉓ 陳劍:《甲骨文舊釋"智"和"盤"的兩個字及金文"瓢"字新釋》,《甲骨金文考釋論集》第 224 頁,綫裝書局 2007 年。

㉔ 宋華强:《清華簡〈楚居〉"比隹"小議》,簡帛網,2011 年 1 月 20 日。

㉕ 見陳民鎮《讀清華簡〈楚居〉札記(二則)》一文下的評論,復旦大學出土文獻與古文字研究中心網,2011 年 5 月 30 日、2011 年 6 月 1 日。

㉖ 陳民鎮:《清華簡〈楚居〉集釋》按語,復旦大學出土文獻與古文字研究中心網,2011 年 9 月 23 日。

㉗ 梁濱:《名楚考》,《懷化學院學報》2011 年第 7 期。

㉘ 劉信芳:《竹書〈楚居〉"問期"、"脅出"、"熊達"的釋讀與史實》,《江漢考古》2013 年第 1 期,第 124 頁。

㉙ 單周堯:《清華簡〈楚居〉"渭自脅出"與"巫並賅亓脅以楚"小識》,羅運環主編:《楚簡楚文化與先秦歷史文化國際學術研討會論文集》。

㉚ 劉濤:《清華簡〈楚居〉中所見巫風考》,《船山學刊》2012 年第 2 期。

㉛ 至於另有从↑或竹从戌的"箴"字,爲另一字,與此構形不同,説見趙平安:《"箴"字補釋》,北京大學出土文獻研究所編:《青銅器與金文》第 172 頁,上海古籍出版社 2017 年。

由清華簡《繫年》補論
"民可使由之不可使知之"

李　銳

筆者曾在一些學者的研究基礎上，撰有《"民可使由之不可使知之"新釋》一文。①根據郭店楚墓竹簡《尊德義》篇簡 21、22 所説"民可使道之，而不可使知之。民可道也，而不可强也"，指出《尊德義》中的"道"當讀爲"導"，作動詞，下一句"民可道也，而不可强也"的"道"字同。《論語·泰伯》"民可使由之不可使知之"之"由"，也當釋爲"導"，爲動詞。"迪"從"由"聲，二字古通，而《玉篇》辵部記："迪，導也。"所以"由"當爲"迪"之借字，正好與《尊德義》所説相同。至於"不可使知"，《尊德義》有"不可强"，二者意思當相近。彭忠德先生曾指出，"知之一義爲主持、掌管，此處即當引申爲控制、强迫之意"之義。②但是吴丕先生批評彭忠德對於"知"的解釋，説這一義項"没有舉出另外的出自古書的證據"。③筆者對此曾指出：

> 其實這樣的證據是很多的。《左傳·襄公二十六年》："公孫揮曰：'子産其將知政矣！'"魏了翁《讀書雜鈔》説："後世官制上知字，如知府、知縣，始此。"《國語·越語》也記越王句踐説："凡我父兄昆弟及國子姓，有能助寡人謀而退吴者，吾與之共知越國之政。"此一義項在後代也常見，《字彙·矢部》："知，《增韻》：主也。今之知府、知縣，義取主宰也。"張相《詩詞曲語詞匯釋》卷五："知，猶管也。"④"知"訓"管制"、"控制"，方與前文"民不可止也"，後文"不可强"、"不可及"義合。

廖名春先生對有關此章的前哲時賢的解釋有更詳細的討論，他贊同筆者對"道"、"由"的解釋，但指出：

> "知"有主管義自然没問題，但"主管"義與"强"義畢竟還有距離，説"當引申爲控制、强迫之意"，不但有點勉强，而且缺乏書證。更重要的是，以孔子有"民

衆……不能讓人管治他們"之説,實在説不過去。如果孔子認爲"民衆……不能讓人管治"的話,那就近於道家"無爲"之説了,孔子也就成了老子、莊子了。儒家矢志於"修"、"齊"、"治"、"平",作爲其代表的孔子又怎能説"民衆……不能讓人管治他們"呢? 可見這一解釋是難以成立的。筆者認爲以"知"爲本字要説通"強"字是不可能的,當另求別解。因此,頗疑"知"非本字,當爲"折"字之借……"知"當讀爲"折",義爲阻止、挫敗、折服。孔子是説:民衆可以讓人引導,而不能用暴力去阻止、挫折。這是正視民衆力量而得出的民本學説,又何來愚民思想?⑤

對於廖先生的意見,我曾指出《吕刑》有"伯夷降典,折民惟刑",但後來未深入討論。

廖先生和我的意見引起了一些學者的關注,比如有學者繼而討論,但認爲當重視古代的訓詁,提出:"民可使由之,不可使知之"之"之"所指代的,就是這個"王教"或聖王之"教",具體言之,即詩書禮樂之教或禮樂教化,其所體現者,就是"道"。儒家反對使民"知之",此"知"應讀如字;其所拒斥的正是人主以強力推行其政令那種愚民的暴政。⑥但《論語》的文句背景缺失,這裏對於"之"的解釋,也不合《尊德義》上下文,恐有過度詮釋之嫌。

看來"知"是否有管制之義,還有待探討。

"知"字在《老子》那裏,尚還保留著一種源始的意味,即掌握、把握,這與古代的源始思維相關。古人認爲能够命名某物就能控制某物,而能命名就是知某物,也就代表能把握某物,致物,"致物是有德或有知(智)的結果"。⑦《老子》第66章説"故以智治國,國之賊。不以智治國,國之福",帛書、北大簡本作"以智知國,國之賊。以不智知國,國之福"。"知"的古音與"治"有一定距離,不能通假;則二者當是因爲意義相近,故被換用。至於這裏的"知國",顯然同於後世的"知府"、"知縣",可見知有掌管之義來源很早。所以知不僅是知曉,還有行動上的掌握、控制之義。《老子》中説的"執古之道,以御今之有。能知古始,是謂道紀"(14章),"天下有始,以爲天下母。既得其母,以知其子。既知其子,復守其母,没身不殆"(52章),"知和曰常,知常曰明"(55章),可能都含有把握之義。此外,"知止可以不殆"(32章),"知足者富"(33章),"知足不辱,知止不殆"(44章)可能也含有把握義,所以才有所謂"故知足之足常足矣"(46章)。

後來清華簡《繫年》出版,其簡57説"宋公爲左盂,鄭伯爲右盂,申公叔侯智(知)之。宋公之車暮駕,用抶宋公之御",比照《左傳》所説"宋公爲右盂,鄭伯爲左盂。期思公復遂爲右司馬,子朱及文之無畏爲左司馬,命夙駕載燧。宋公違命,無畏抶其僕以徇。或謂子舟曰:'國君不可戮也。'子舟曰:'當官而行,何強之有?《詩》曰:剛亦不吐,柔亦不茹;毋縱詭隨,以謹罔極。是亦非辟強也。敢愛死以亂官乎?'"可知申公叔侯的"知之",乃是行使監督、控制、管制之責,對違命者,要執行處罰。然則"民可使由之,不可使知之"的"知之",顯然也是指監督、控制、管制,對違規犯法者要處以刑罰。顯然,這就是孔子所批判的"齊之以刑";而"民可使由(迪)之",則是"導之以德"。

《老子》第 10 章的"愛民栝國,能毋以知乎",很可能和孔子之說是相近的。此句傳世本作"愛民治國,能無知乎",此從帛書乙本,甲本殘,北大本作"愛民沽國"。北大本的"沽"當乃"活"字之訛,因第 73 章"勇於不敢則活",帛書甲、乙本作"栝",北大本作"枯","舌"形均作"古"。河上公本有作"活"者(《釋文》)。栝(見紐月部⑧)、活(匣紐月部)疑讀爲"和"(匣紐歌部),如《周禮·天官》:"以和邦國,以統百官,以諧萬民。"帛書乙本本章下句有"明白四達,能毋以知乎",北大本、河上本同,傳世本作"能無爲乎",當是改寫。上句"毋以知"之"知"當與後一"明白四達,能毋以知"的"知"不同,後一句當通"智",讀作"明白四達,能毋以知(智)",即是不用"慧智出,有大僞"之智。"愛民和國,能毋以知乎",可能並非在於強調講治國不用智,因爲一則上引第 66 章專門講這個問題,二則這裏強調的是"愛民和國",故不用"知",知仍是監督、控制、管制之義,不用知即是不用管制、刑罰之意,所謂"民不畏死,奈何以死懼之"。這種解釋,和孔子之義相近。但孔子之說,未必一定來自於老子。老子反對用智,強調無爲而治;孔子則重視引導民衆。二人均反對用刑罰管制民衆,可能有古代的思想淵源。

(作者單位:北京師範大學歷史學院史學研究所)

注釋:

① 李銳:《"民可使由之不可使知之"新釋》,《齊魯學刊》2008 年第 1 期。

② 彭忠德:《也説"民可使由之"章》,《光明日報》2000 年 5 月 16 日。

③ 吳丕:《再論儒家"使民"思想》,《光明日報》2000 年 6 月 13 日。

④ 轉摘自《漢語大字典(縮印本)》第 1079 頁,四川辭書出版社、湖北辭書出版社 1993 年。

⑤ 廖名春:《〈論語〉"民可使由之"章的再研究——以郭店楚簡〈尊德義〉篇爲參照》,《華學》第九、十輯第 172—174 頁,上海古籍出版社 2008 年。

⑥ 李景林:《"民可使由之"説所見儒家人道精神》,《人文雜誌》2013 年第 10 期。

⑦ 裘錫圭:《説"格物"——以先秦認識論的發展過程爲背景》,《文史叢稿——上古思想、民俗與古文字學史》,上海遠東出版社 1996 年。

⑧ 此用櫟栝之栝古音,《説文》栝字古音爲透紐談部。

清華簡《説命(上)》校補[*]

楊蒙生

新公布的《清華大學藏戰國竹簡(叁)》中收有《説命》三篇,其内容多不見於傳世古籍,極具研究價值。本文嘗試在整理報告的基礎上,分章節對其中的《説命(上)》篇進行校讀、補充,希望有所發明,並就教於方家。

需要先行説明的一點是,由於文中所引整理報告觀點均出自《清華大學藏戰國竹簡(叁)》,故爲行文方便,不復出注。^①

一、因夢索説

佳(惟)鼚(殷)王賜敊(説)于天,甬(用)爲遳(失)审(仲)史(使)人。王命氒(厥)百攻(工)向(像),以貨旬(徇)求敊(説)于邑人。佳(惟)妷(弼)人₁夏(得)敊(説)于專(傅)厥(巖)。

本段文字簡述殷王武丁得傅説於天,通過畫像尋求,最終得之於傅巖。這與傳世《説命(上)》所記"王……恭默思道,夢帝賚予良弼,其代予言,乃審厥像,俾以形旁求于天下"相合。

甬,疑讀爲"用"。甬,从用得聲,自得相通。

史,整理報告隸定作"叓"。案,字形作𠁨,即"史"字,古文字習見,可直接隸定。整理報告讀爲"使",是。

＊　本文爲教育部人文社會科學研究項目"清華大學藏戰國竹簡文本來源問題綜合研究"(20YJC74080)、國家社會科學基金重大招標項目"清華簡與儒家經典的形成發展研究"(16ZDA114)、教育部和國家語委"甲骨文等古文字研究與應用"專項科研項目"北京大學藏秦、漢簡牘文字、文本綜合研究"(YWZ-J020)的階段性成果。

簡文"用爲失仲使人"意爲：（天賜殷王武丁傅説，）把他用作失仲的勞役之人。

二、迎見傅説

乒（厥）卑（俾）緅（繃）弓，紳（引）弢（關）辟矢。敓（説）方竺（築）坐（城），滕陞（降，躬）重（庸）力。乒（厥）敓（説）之牀（狀），肖（鵃，腕）₂肩（隋）女（如）悲（惟，椎）。

此段文字先敘述殷王武丁在覓得傅説所在之後，動身前去迎接時的裝束：束弓、庫矢，儀式感莊重，繼而突出描寫他所見到的傅説之狀貌，"腕隋如椎"，雄武有力。

陞（降），整理報告讀爲"躬"，訓"身也"，其説甚是。在出土古文字材料中，"降"字可讀爲"窮"，而"窮"諧"躬"聲，如《殷周金文集成》11541 燕國不降矛銘文中的"降"可讀爲"窮"，馬王堆帛書《周易》艮卦六四爻辭云："根其窮。""窮"即"窮"字，讀爲"躬"。如此，"降"字亦可讀爲"躬"。②

重，整理報告讀爲"庸"，是。

鵃，字形作🔲，其右方"肖"旁顯从"卜"作，可嚴格隸定爲"肖"。楚文字中多有加"卜"形作羨符的，何琳儀先生將之視爲戰國文字繁化的"增繁無義偏旁"，③其説甚是。

惟，字形作🔲，可嚴格隸定作"悲"。

整理報告將"肖（鵃）"讀爲"腕"，將"悲（惟）"讀爲"椎"，似以爲腕、椎對言成文。

"肩"字形體作🔲，整理報告釋作"肩"，注云："肩字字形參見清華簡《周公之琴舞》第三簡。《荀子·非相》'傅説之狀，身如植鰭'，可與此參看。"

案，《周公之琴舞》第三簡之"肩"作🔲，亦加羨畫"卜"形。辭例爲"彌（弼）寺（持）亓（其）又（有）肩"，訓爲輔弼持護，有其擔當，文從字順。

相比之下，《説命（上）》篇中的🔲字右下从土、从月形，與《周公之琴舞》篇中的"肩"字明顯存在差異。古文字中，月、肉二旁形近易訛，如望山 2 號墓第二簡上的"肖（肖）"字作🔲、石鼓文中的"肝"字作🔲，它們所从的肉旁均與月旁無異。

如此，簡文此字右側底部所从或是肉旁，字形整體或可分析爲从户、肖省聲，隸定作"肩"。我們知道，"肖"是"隋"的聲符，"隋"是"隳"的聲符，那麼，从"肖"省聲的"肩"字自可讀爲"隋"。《詩·周頌·般》："陟其高山，墮山喬嶽。"毛傳："高山，四嶽也。墮山，山之隋隋小者也。""悲（惟）"，整理報告讀爲"椎"。簡文用這兩個詞來形容傅説的壯碩，顯然是出於誇讚和認可的心理。

如此可知,"敓(說)方竺(築)坴(城),縢隆(降)重(庸)力"句與下文"乒(厥)敓(說)之痋(狀),𩨹(鶻),腕肙(隋)女(如)悬(惟,椎)"應當分屬兩句。

三、君臣訊對

王廼慫(訊)敓(說)曰:"帝殹(抑)尔以畁舍(余),殹(抑)非?"敓(說)廼曰:"隹(惟)帝以余畁尔=(尔,尔)右(左)執朕袠(袂),尔右₃顀=(稽首)。"王曰:"旦(亶)肰(然)。"

此段文字記述的是武丁在找到傅說之後,對其來歷的詢問和印證,以及傅說對武丁疑問的回應。

殹,整理報告將之讀爲"抑",解爲選擇連詞,其説是。

畁,本義是象一種扁形長闊的矢鏃,後來假借爲付與意,④簡文即用此意。

袂,衣袖。字形原作,可嚴格隷定作"袠"。

整理報告將"旦然"和緊接其後的"天乃命敓(說)伐遝(失)审(仲)"視爲殷王所言内容,並將之斷讀爲:"王曰:'旦(亶)肰(然)。天廼命敓(說)伐遝(失)审(仲)。"案,簡文此處是説,在向傅說訊問並得到確信之後,殷王武丁"旦(亶)肰(然)"而安。"旦(亶)肰(然)"當即《詩·小雅·棠棣》"亶其然乎"的省言,意同"信然",表贊同。以此爲標誌,君臣二人對話到此結束。後文言"天廼命敓(說)伐遝=审=(失仲。失仲)……"乃另述他事,與"旦(亶)肰(然)"並無必然關聯,因此,兩句宜分而觀之。

四、失仲違天

天廼命敓(說)伐遝=审=(失仲。失仲)是(氏)生子,生二戊(牡)豕。遝(失)审(仲)卜曰:"我亓(其)殺之?""我亓(其)₄巳(祀),勿=殺=(勿殺?)勿殺)是吉。遝(失)审(仲)悫(違)卜,乃殺一豕。

此段文字先説殷王武丁派傅說去討伐失仲,再追述失仲生二豕子及其違卜殺一子諸事,指明武丁討伐失仲是替天行道之舉。其間敘事情節完整、細膩,值得玩味。内中所記卜辭則與殷墟卜辭吻合無間,尤其值得注意。

失仲是，即失仲氏。古文字中的“是”多可讀爲“氏”，如上博簡《容成氏》“倉頡是”即“倉頡氏”。馬王堆帛書《戰國縱橫家書》“安陵是”，《戰國策·魏策三》作“安陵氏”。銀雀山竹簡《孫臏兵法》“有户是”，《史記·夏本紀》作“有户氏”。⑤

簡文“子”與“牡豕”對言，因有豕心，故言“二豕”。整理報告注〔一六〕指出，此條可與《左傳》昭公二十八年之“封豕”參看，誠爲卓識。

簡文“我亓（其）殺之”、“我亓（其）巳（祀），勿殺”兩句乃失仲殺子前占卜所用命辭，“勿殺是吉”則是占辭。命辭正反對貞，卜辭習見。如《甲骨文合集》30757：

> 甲子卜，狄貞：王異其田，亡巛（災）。
> 甲子卜，狄貞：王勿巳田。⑥

命辭既是正、反對貞，前後自當獨立成句，占辭亦然。如此，簡文卜辭部分可斷句爲：

> 遳（失）审（仲）卜曰：“我亓（其）殺之。”“我亓（其）巳（祀），勿﹦殺﹦（勿殺。”勿殺）是吉。

其中“巳”字，疑讀爲“祀”，訓爲祭祀。祀諧巳聲，自得相通。我，失仲自謂。“我其祀，勿殺”意爲失仲以豕子奉祀。此説或可與下文“赦俘之戎”事中“一豕”的表現遙相呼應。

簡文又云：

> 遳（失）审（仲）慧（違）卜，乃殺一豕。

古人占卜，乞求上帝神明決斷。失仲違卜，即是違反天意。此句當是交代傅説圍伐失仲之原因。

五、赦俘之戎

> 敓（説）于宩（圍）伐遳（失）审（仲），一豕乃觀（旋）保以逝（逝），廼逨（踐）。邑₅人皆從，一豕陞（馳）审（仲）之自行。是爲赤（赦）敦（俘）之戎。

此段簡文敘述"赤（赦）敦（俘）之戎"的來歷，較有史料價值。

"廼遝（踐）"之後，"邑人皆從，一豕陸（馳）审（仲）之自行"。前句爲因，後句屬果，可分別成句。

于，整理報告注〔一九〕訓爲"往也"，是。《殷周金文集成》2739 號塑方鼎銘文有"周公于征伐東夷豐伯薄姑"，[7]可證。

對比簡文的"于嗇（圍）伐"和鼎銘的"于征伐"，我們懷疑前者是一種與普通征伐有別的討伐方式。這一點，文獻中有很好的例證。

《春秋左氏傳》襄公十九年經文"公至自伐齊"條下，孔穎達疏云：

　　往年圍齊，今以伐致，《傳》既不説，杜亦不解。《公羊傳》曰："此同圍齊也，何以致伐？未圍齊也。未圍齊則其言'圍齊'何？抑齊也。曷爲抑齊？爲其亟伐。"其意言往年同圍齊者，實非圍齊，故以伐致。案《傳》"攻平陰，齊侯塹防門而守之"，則是兵實圍齊，不得如《公羊》説也。賈逵云："圍齊而致伐，以策伐勳也。"伐者，加兵之名，圍則伐内之別，圍、伐終是一事，不得各有其勳，何言策伐勳也？但圍是伐内之別。此言"至自伐齊"，僖二十九年言"至自圍許"，史異辭，無義例。[8]

《春秋穀梁傳》隱公五年"宋人伐鄭圍長葛"條云：

　　宋人伐鄭，圍長葛。伐國不言圍邑，此其言圍，何也？久之也。[9]

如此可知，"圍"是伐的一種，二者"終是一事"。

在圍伐的過程中，出現了這樣的情況：

　　一豕乃觀（旋）保以遱（逝）……一豕陸（馳）审（仲）之自行。

這是在説，傳説圍伐失仲時，失仲所餘之子"一豕"先是如整理報告注〔二〇〕所説，"不戰而退守"，繼而又在失國後，追隨失仲而去。

仲之，疑爲失仲之字。古人名、字關係密切，其意或相反，或相因。簡文"失仲"字"仲之"，當是相因關係。

陸，整理報告讀爲"隨"。案，陸，即地字，疑讀爲驅馳之馳。古文字中，"陸"可讀爲"施"，如郭店楚簡《五行》第四八至四九簡："大陸者（諸）其人，天也。"陸，馬王堆帛書本《五行》作"施"。[10]施、馳並諧也聲，自得相通。如此，"陸"可讀爲馳。《説文》："馳，

大驅也。从馬，也聲。”“驅，馬馳也。从馬，區聲。”“一豕陞申（仲）之自行”意即“一豕
自行馳奔仲之”。

赤，赦字聲符，自可讀爲“赦”。赦俘，當指圍伐之後，未對失仲之民及敗北者趕盡
殺絶，形如俘而赦之，故稱。

六、用命前後

亓（其）隹（惟）敓（説）邑，才（在）北晉（海）之州，是隹（惟）員（圜）土。敓（説）6
逨（來），自從事于鬶（殷），王甬（用）命敓（説）爲公。7

此段文字敘述傅説的居處和武丁對他的任用，與傳世文獻所引相合。

“王甬（用）命敓（説）爲公”，整理報告斷爲一句而對“甬”字未置一詞。案，筆者曾
將“甬（用）”解爲動詞，進而斷“王用命説爲公”句爲“王用，命説爲公”。高中華師姐在
校讀過小稿之後曾來函指出，她讚同整理報告斷句，據王引之《經傳釋詞》卷一“詞之
以也”之説，知簡文“甬（用）”當用爲《尚書》《詩經》常見之句中語助詞。所言良是。

附録：《説命（上）》釋文校讀

專（傅）敓（説）之命7背

隹（惟）鬶（殷）王賜敓（説）于天，甬（用）爲逨（失）申（仲）史（使）人。王命坒（厥）
百攻（工）向（像），以貨旬（徇）求敓（説）于邑人。隹（惟）弜（弼）人1旻（得）敓（説）于專
（傅）厰（巖）。

坒（厥）卑（俾）繲（繼）弓，紳（引）弡（關）辟矢。敓（説）方笁（築）城（城），塍隆（降，
躬）重（庸）力。坒（厥）敓（説）之盾（狀），鴾（鵑，腕）2肩（隋）女（如）恁（惟，椎）。

王廼傶（訊）敓（説）曰：“帝殹（抑）尔以畀舍（余），殹（抑）非？”敓（説）廼曰：“隹（惟）
帝以余畀尔=（尔，尔）右（左）執朕表（袂），尔右3頴=（稽首）。”王曰：“旦（亶）肰（然）。”

天廼命敓（説）伐逨=申=（失仲。失仲）是（氏）生子，生二戊（牡）豕。逨（失）申
（仲）卜曰：“我亓（其）殺之？”“我亓（其）4巳（祀），勿=殺=（勿殺？勿殺）是吉。逨（失）
申（仲）悥（違）卜，乃殺一豕。

敓（説）于畬（圜）伐逨（失）申（仲），一豕乃觀（旋）保以遉（逝），廼逨（踐）。邑5人皆
從，一豕陞（馳）申（仲）之自行。是爲赤（赦）敎（俘）之戎。

亓（其）隹（惟）敓（説）邑，才（在）北晉（海）之州，是隹（惟）員（圜）土。敓（説）6逨

(來),自從事于嫛(殷),王甬(用)命敓(説)爲公。[7]

　　附記:小文在校改過程中曾得到高中華師姐的諸多幫助,謹致謝意。

　　又,小文定稿曾發表在《中國文字學報》第十輯上,此番發表,除必要處有些許技術修改(如所引簡文中的阿拉伯數字爲簡號)以外,其他均一仍其舊,特此説明。

　　(作者單位:北京語言大學文獻語言學研究所、北京文獻語言與文化傳承研究基地)

注釋:

① 清華大學出土文獻研究與保護中心編,李學勤主編:《清華大學藏戰國竹簡(叁)》第 121—131 頁,中西書局 2013 年。

② 王輝編著:《古文字通假字典》第 486—487 頁,中華書局 2008 年。

③ 何琳儀:《戰國文字通論(訂補)》第 213、215—216、219—220 頁,江蘇教育出版社 2003 年。

④ 裘錫圭:《"畀"字補釋》,《古文字論集》第 92—93 頁,中華書局 1992 年。

⑤ 王輝編著:《古文字通假字典》第 59—60 頁。

⑥ 引者案,對於此處卜辭,李學勤先生曾有專文討論,可以參看,此不具引。參見李學勤:《論清華簡〈説命〉中的卜辭》,《華夏文化論壇》2012 年第 2 期,第 273—274 頁。

⑦ 引者案,整理報告注〔一九〕之引文脱一"征"字。參見清華大學出土文獻研究與保護中心編,李學勤主編:《清華大學藏戰國竹簡(叁)》第 124 頁。

⑧《春秋左傳正義》卷三十四,阮元校刻:《十三經注疏》第 1967 頁,中華書局 1980 年。

⑨《春秋穀梁注疏》卷二,阮元校刻:《十三經注疏》第 2369 頁。

⑩ 王輝編著:《古文字通假字典》第 559 頁。

《周公之琴舞》補説*

劉信芳

《周公之琴舞》公布於《清華大學藏戰國竹簡（叁）》，其中成王所作元納啟及亂辭與《詩·周頌·敬之》高度一致，甚爲學者關注。本文在整理者釋文注釋的基礎上，述《琴舞》作者、寫作背景、主題，對釋讀提出討論意見。

一、《琴舞》作者

整理者謂《琴舞》作者爲成王，[①]論者多從其説。首章周公之"元内（納）攼（啟）"，李守奎認爲："周公之詩只有一章中詩的'啟'的部分，全篇的主體卻是周成王所作的啟、亂完整的九篇詩。"[②]李學勤以爲，《周公之琴舞》不能簡單地理解爲周公所作的詩缺失了八篇，成王所作的詩完好無缺。全詩十篇，如以内容實際來説，以君臣口吻劃分，是這樣的結構：所謂"周公作"—元入啟—臣；所謂"成王作"—元入啟—君；再啟—臣；三啟—君；四啟—臣；五啟—君；六啟—君；七啟—君；八啟—臣；九啟—臣。其分布很有規律，顯然是有意編排的結果。李學勤析出五篇爲周公作，認爲"周公之琴舞原詩實有十八篇，由於長期流傳有所缺失，同時出於實際演奏吟誦的需要，經過組織編排，成了現在我們見到的結構"。[③]孫永鳳認爲：除第一首周公所作之詩外，其餘九首都應爲成王所作。[④]

按：第二章"重（同）攼（啟）"，整理者、李學勤皆指"重"爲"再"字之訛，説不可從。"重"同"通"，聲符同，從止與從辵形符多互換之例，字讀爲"同"。[⑤]首章周公"元内（納）攼（啟）"，成王"元内（納）攼（啟）"，是首章爲周公、成王同作；二章"重（同）攼（啟）"者，周公、成王同啟也。自第三章不再標明周公或成王，是"同啟"總領以下七章，全篇

* 本文爲國家社會科學基金重點項目"簡帛詩學文獻釋讀與研究"（13AZD034）的階段性成果。

皆周公、成王同作也。

二、《琴舞》寫作背景

何以周公與成王同作之詩而題爲"周公之琴舞"？曰：據《書·洛誥》："王入太室裸。王命周公後，作册逸誥，在十有二月。惟周公誕保文武受命，惟七年。"⑥《史記·周本紀》："成王少，周初定天下，周公恐諸侯畔周，公乃攝行政當國……周公行政七年，成王長，周公反政成王，北面就群臣之位。"成王繼位之時尚在"強葆之中"（《魯周公世家》），知此詩乃周公輔成王歸政時所作。周公元納啟在先者，周公輔幼主，有先導之責也。成王繼之以元納啟者，學習繼承先王之道也。再繼之以同啟，攝政過渡期間，君臣之禮在焉。《詩·周頌·敬之》序："敬之，群臣進戒嗣王也。"疏："敬之詩者，群臣進戒嗣王之樂歌也。謂成王朝廟，與群臣謀事，群臣因在廟而進戒嗣王，詩人述其事而作此歌焉。"⑦第四啟"孺子王矣"，是周公語氣，第六啟"其余沖人"，是成王語氣。是詩乃二人同作，篇題屬之周公者，"攝政"之故也。

三、《琴舞》主題與《詩序》

第六啟成王云："亓（其）舍（余）湺（沖）人，備（服）才（在）清宙（廟）。"成王正式主持祭祀清廟，是乃周公歸政成王之盛典。但凡周公所作，如"無悔享君"者，皆"道夫先路"之類也；但凡成王所作，敬天德，敬前文人，"佲（夙）夜不解（懈）"，"李（孜）李（孜）亓（其）才（在）立（位），㬎（顯）于上下"，"酒是（提）隹（惟）民"，繼承先王事業，不忘以民爲本也。

《琴舞》"周公乍（作）多士敬（儆）毖（毖），䜴（琴）䜩（舞）九絉（遂）。元内（納）戺（啟）"，"城（成）王作敬（儆）毖（毖），䜴（琴）䜩（舞）九絉（遂）。元内（納）戺（啟）"，列在章首，頌詩正文之前，是乃《琴舞》本有之"序"。《詩·周頌·敬之》與本篇第一章主體內容基本一致，說明《詩》三百有選有編，編者只錄正文，且不錄其餘八章，可謂精於剪裁。然既經剪裁，《敬之》已錯失周公成王。《敬之》小序："敬之，群臣進戒嗣王也。"不難看出，《詩序》所云"群臣進戒"失據。作序者僅能讀到經裁取之《敬之》，不知有"琴舞九絉（遂）"，不可能想到其爲周公、成王同作。揣度如此，其誤不可避免。

《詩序》之形成及作者乃詩學研究重大疑難問題，"說經之家第一爭詬之端"。⑧竹書《琴舞》讓我們能讀到來龍去脈清晰之頌詩,其學術研究意義值得充分重視。

四、陟降其事

簡 2:"母(毋)曰高高才(在)上,矴(陟)墜(降)亓(其)事,卑(俾)藍(監)才(在)㴲(兹)。"矴(陟)墜(降)亓(其)事,《詩・周頌・敬之》作"陟降厥士",毛傳:"士,事也。"

沈培認爲簡文應當讀爲"陟降其使,俾監在兹",毛詩也應當讀爲"陟降厥使,日監在兹"。引《淮南子・天文》:"四時者,天之吏也;日月者,天之使也;星辰者,天之期也;虹蜺彗星者,天之忌也。"⑨季旭昇認爲:本句"陟降其事"以讀爲"陟降其使"最爲合理,"使"謂上天之使,即文王。⑩

按:毛傳釋"士"爲"事",由《琴舞》作"事"得到證明,十分難得。陟降之上下涉及古代思想,有必要作一説明。天人有分,型而上者爲天道,型而下者爲人道。人類社會的發展以天道爲依歸,人群中只有聖人上通於天道。《詩・大雅・大明》"明明在下,赫赫在上",毛傳:"明明,察也。文王之德明明於下,故赫赫然著見於天。"郭店簡《五行》25～26:"見而智(知)之,智(知)也。聾(聞)而智(知)之,聖也。明明,智(知)也。虜(虩、赫)虜(虩、赫),聖也。'明明才(在)下,虜(虩、赫)虜(虩、赫)才(在)上',此之胃(謂)也。"《五行》引《詩》,"明明"是説文王之"知","明明在下"即見下情而知之。"聖"是聞而知之,下情不可遍見,故在上聞而知天下。文王是既在上又在下的聖、知兼備者。《詩・大雅・文王》"文王陟降,在帝左右",傳:"言文王升接天,下接人也。"箋:"文王能觀知天意,順其所爲,從而行之。"《詩・周頌・閔予小子》"念兹皇祖,陟降庭止",傳:"庭,直也。"箋:"念此君祖文王,上以直道事天,下以直道治民,信無私枉。"《詩・周頌・訪落》"紹庭上下,陟降厥家",箋:"紹,繼也。厥家,謂群臣也。繼文王陟降庭止之道,上下群臣之職以次序者。"合《詩》"陟降"之例,皆謂周家君王或上奉天命,下治人事,"文王陟降"是也;或徑指治人事之升降,"陟降厥家"是也。簡文"矴(陟)墜(降)亓(其)事"應依《詩・大雅・文王》理解爲文王陟降其事,"事"明顯不可讀爲"使"。

或以爲"陟降厥士"之主語是"天","天之昇降其事也"(《毛詩稽古篇》卷二十三),"天令其使者時陟於天,時降於地"。⑪此一系解釋有《淮南子》爲本,不能説沒有道理。但有必要説明,《淮南子・天文》"四時者,天之吏也;日月者,天之使也",四時、日月依然是"天",講的是"天道"。而《周公之琴舞》《敬之》之"陟降"明明白白指向文王上通天道而下治人事,包含對天人關係的理解。本文不取高亨之説。

　　"卑(俾)藍(監)才(在)絆(兹)",《敬之》作"日監在兹"。日,鄭箋解爲"日月"。《漢書·郊祀志》匡衡奏議"詩曰:毋曰高高在上,陟降厥士,日監在兹。言天之日監王者之處也",師古注:"《詩·周頌·敬之》詩也。陟,升也。士,事也。言無謂天之高而又高,遠在上而不加敬。天乃上下升降,日日監觀於此,視人之所爲者耳。"匡衡、師古之解自是一説。論者或讀"事"爲"使"。按:毛傳解"士"爲"事",與簡文"事"相合,是否讀爲"使",還可以再討論。上引《敬之》句中"監"是及物動詞,有如師古注"視人之所爲者"。所"監"者何?"陟降其事"也。也就是説,"陟降其事"乃"監"的前置賓語。事者,人文之事也,有如《左傳》"國之大事,在祀與戎"。"陟降"者,上下也。何事上,何事下,人君爲政之處置也。人君行政事之上下,不要説"高高在上"(大意是天高上帝遠,看不見。不要這樣説,上帝看著呢!),《敬之》有"日監在兹",《琴舞》有"卑(俾)藍(監)才(在)絆(兹)",從政者可不慎歟! 卑,讀爲"俾",沈培引《逸周書·作雒》"武王克殷,乃立王子禄父,俾守商祀。建管叔於東,建蔡叔、霍叔於殷,俾監殷臣",釋俾爲"使"。其説甚是。不過釋俾爲"使"並不意味著簡文"事"可以讀爲"使"。

五、日就月將,學其光明

　　簡3"日臺(就)月牆(將),孝(學)亓(其)光明",《敬之》作"日就月將,學有緝熙于光明",孔穎達疏:"日就,謂學之使每日有成就;月將,謂至於一月則有可行。言當習之以積漸也。"孝,整理者疑讀爲"效"(第136頁)。陳致謂"日就月將"即"奉行祭祀之事,月日無怠",[12]沈培解句意爲:日有所就,月有所行,向天(或日月)學習(或仿效)光明。[13]季旭昇讀"孝"爲"效"。[14]

　　按:就,成也。將,行也。句意謂續有漸進,乃爲學之光明。《淮南子·脩務》引《詩·敬之》"日就月將",高誘注:"言爲善者日有所成就,月有所奉行,當學之是明。此勉學之謂也。"整理者讀"孝"爲"效",陳致讀"孝"爲"覺",[15]兹所不取。緝熙,毛傳:"光明也。"《爾雅·釋詁》:"緝熙,光也。"光本義爲火光。緝熙與光明,渾言皆光明也。然析言之,由緝熙至光明,包含了漸進過程。不排除"學有緝熙于光明"爲"孝(學)亓(其)光明"解釋性異文之可能。

六、流自求説,動思忱之

　　簡8~9:"五攺(啟)曰:於(嗚)虖(呼)! 天多隆(降)悳(德),汸汸(滂滂)才(在)

下，湗（流）自求敓（説）。者（諸）尒多子，逐（逐、動）思湝（忱）之。”

汸汸，連語，同滂滂。《荀子·富國》“汸汸如河海”，楊倞注：“汸讀爲滂，水多貌也。”《開元占經》卷五十四引《皇帝占》：“大水滂滂。”《廣雅·釋訓》：“滂滂，流也。”

湗，整理者疑讀爲“攸”，訓爲所以（第139頁）。李守奎訓“攸”，訓“流”，又訓爲“求”。[16]看來有所猶豫。按：湗同“流”。上博藏二《從政》甲19：“君子不目（以）湗（流）言贓（傷）人。”上博藏六《孔子見季桓子》24：“君子湗（流）亓（其）觀安（焉）。”其例多見。“流”承上文謂德之流也，郭店簡《尊德義》28：“悳（德）之湗（流），速虐（乎）楮（置）蚤（郵）而連（傳）命，亓（其）㦽（載）也亡（無）垕（厚）安（焉）。”《孟子·公孫丑上》：“孔子曰：德之流行，速於置郵而傳命。”《管子·宙合》：“德之流，潤澤均加于萬物。”今讀竹書《周公之琴舞》，知孔孟及管子後學論“德之流”源自周公成王，是“學有緝熙于光明”，可謂開卷有益。

自求，《詩·魯頌·泮水》“穆穆魯侯，敬明其德……靡有不孝，自求伊祜”，鄭箋：“祜，福也。國人無不法傚之者，皆庶幾力行，自求福禄。”

湝，整理者讀爲“忱”，《説文》：“誠也。”《大雅·大明》“天難忱斯，不易維王”，毛傳：“忱，信也。”（第139頁）釋忱爲“誠”是也。“忱之”亦“誠之”，《禮記·中庸》：“誠者，天之道也，誠之者，人之道也。誠者，不勉而中，不思而得，從容中道，聖人也。誠之者，擇善而固執之者也。”

按：“逐”字見於上博藏五《競建内之》10：“迿（驅）逐（逐）畋繳，亡（無）羿（期）庑（度）。”學者多據文義釋讀爲“逐”。又上博藏三《周易》43亦見，對應今本“動”字，本例逐當釋爲“逐”，讀爲“動”。上古音“逐”在定母覺部，“動”在定母東部，聲母相同，韻爲旁對轉（若據古音學家東、冬不分之説，則韻爲對轉），“逐”讀爲“動”從音理上講是沒有問題的。《説文》：“動，作也。”《論語》：“動之不以禮，未善也。”《禮記·玉藻》：“動則左史書之，言則右史書之。”動、言相對而言，則“動”猶行也。“動思忱之”，猶踐行而誠之。

以上五啟大意：周公成王願皇天降德多多，滂滂流淌灌注，浸潤天下。多子（衆卿大夫）隨流自取，悦之在心，踐行而誠之。誠之者，擇善而固執之者也。依自身“善”之所在，用其所長，長期堅持，守志不移，達至“誠之”也。

七、官稱其有若

簡9～10：“佀（官）再（稱）亓（其）又（有）若（若），曰亯（享）會（答）畬（余）一人，思

(使)輔舍(余)于勤(艱)。廼是(徥)隹(惟)民,亦思不忘。"亘,整理者讀爲"桓",釋爲"大"。

　　按:亘應讀爲"官",《逸周書》有"官人"篇,《大戴禮記》有"文王官人"篇。《書·皋陶謨》:"俊乂在官,百僚師師,百工惟時。"

　　再,整理者讀爲"稱",舉用。《左傳》宣公十六年"禹稱善人,不善人遠",杜預注:"稱,舉也。"(第140頁)論者或以爲:"'稱'似當釋爲'舉行',見《逸周書·祭公》'公稱丕顯之德'孔晁注。"[17]陳劍引《洛誥》"公稱丕顯德,以予小子揚文武烈",《祭公之顧命》7~8"王曰:公稱丕顯德,以余小子揚文武之烈,揚成康、昭主之烈",《君奭》"惟茲惟德稱,用乂厥辟"等。[18]按:整理者解"稱"爲"舉用",援例"禹稱善人,不善人遠",已是正解。論者所引"稱德"諸例,其義皆爲諸公德稱其職,能勝輔佐君王之任。可資參考,但與簡文不能密合。

　　若,《爾雅·釋詁》:"若,善也。"善之意涵可參上文"涾(忱)之"(誠之)注引。

　　按:整理者讀亘爲"桓",論者是有"你們(多子)要大大地稱行善德",[19]"大大地舉用那順善者"[20]之解,頗爲不辭。此所以本文改讀亘爲"官"。其,承上文指代"多子"。天德之流行,浸潤天下,人皆受其沾溉,是有本身之善。執守而達致"誠之",則登峰造極,各領域、各行業精英是也,是善中有善也。周公成王舉用其"善"者,"享答余一人",官員任用基本原理在焉。其意義貫通古今,可資借鑒。

　　亯,同"享",亯、享古今字。

　　亯,整理者釋爲"應答"之"答"。享答亦即饗答。《漢書·郊祀志下》"不答不饗,何以甚此",顏師古注:"不答,不當天意。"余一人,君王自稱(第140頁)。陳劍認爲,從字形上看釋此字爲"會"遠勝於釋爲"亯"。簡文此"會"字應聯繫《尚書·文侯之命》如下"會"字理解:"父義和! 汝克昭(紹)乃顯祖;汝肇刑文武,用會紹(詔)乃辟,追孝于前文人。"這種"配合"、"佐助"一類義的"會",顯然即由其常用義"(雙方)會合"引申而來,其詞義演變脈絡跟"夾"、"述/仇"、"匹"諸字甚爲相近。簡文大意可理解爲"大力稱舉上天所降美好的德行,以享事、配合佐助我"。[21]陳致讀會爲"對",云:"'曰亯會余一人',宜爲'曰享對余一人'。言祭祀和世俗的事情皆有我(周天子)任之也。"[22]季旭昇謂"會"乃"合"字誤書,讀爲"答"。[23]

　　按:楚簡亯字習見,會以及從會之斂、繪、檜亦多見。從原簡字形來看,該字與"亯"、"會"形近而又與"亯"、"會"二字有所不合,釋"亯"、釋"會"都有可能。郭店簡《老子》甲34"未智(知)牝戊(牡)之亯(合)朘(脧)惹(怒)",亯,帛本乙作"會",王本作"合"。合讀與"答"通。上博藏二《民之父母》1"孔子亯(答)曰",《魯邦大旱》1"孔子亯(答)曰",亯,讀爲"答"。就辭例而言,"亯亯"以釋"享答"爲義長。享者,上文簡1"無愻(悔)享君"，《詩·小雅·天保》"吉蠲爲饎，是用孝享。禴祠烝嘗，于公先王"，皆其例。答者，報也。《爾雅·釋詁》"酬酢、侑，報也"，注："此通謂相報答，不主於飲酒。"古代神權政權一體，享先王與享時王本質一致。君臣酬酢，凡飲君王酒，有守土之責。上文已云"官稱其有若"，君王任"多子"以職官，俸禄在其中。"曰享答余一人"是自説自解，給你官做，給你俸禄，何？曰："享答余一人。"此乃家天下，毫不含糊，此所以坦蕩如此。

八、命不佚遏

簡10～11："六攺(啟)曰：亓(其)舍(余)淊(沖)人，備(服)才(在)清宙(廟)，隹(惟)克少(小)心，命不𡰥(佚)箺(遏)，竉(對)天之不易。"

命，整理者解爲"天命"。按：下文"對天之不易"，天乃"天命"，以天命"不𡰥(佚)箺(遏)"對"天之不易"，恐有問題。"服在清廟"是成王正式主政的儀式，"命"謂受命。《書·康誥》"明乃服命"，孔傳："明汝所服行之命令。"服與"服在清廟"之"服"同，康叔服行之命令即服行職守，職守來自於受命。

𡰥，整理者讀爲"夷"，《大雅·瞻卬》"靡有夷届"、"靡有夷瘳"等句中的"夷"，楊樹達釋爲句中助詞（《詞詮》第三四八頁）。箺，整理者讀爲"歇"，《左傳》宣公十二年杜注訓"盡"。（第140頁）

李守奎認爲：𡰥，讀爲夷，或可訓爲滅絶。《後漢書·班固傳》"草木無餘，禽獸殄夷。"箺，整理報告讀爲歇；疑或可讀"割"。"夷割"意思大約相當後世文獻中的"夷絶"，即滅絶。大意是周所受天命得以延續，不滅絶。㉔論者尚有釋𡰥爲"彝"，㉕釋𡰥箺爲"夷滅"，㉖意見頗不一致。

按：整理者讀𡰥爲"夷"是有依據的，上博藏三《周易·豐》51"遇亓(其)𡰥(夷)宝(主)"，𡰥，帛本、今本作"夷"，《玉篇》以𡰥爲"夷"之古文。然釋爲"夷歇"或"夷割"不僅費解，且闕文獻用例。

《書·君奭》"在我後嗣子孫，大弗克恭上下，遏佚前人光在家，不知天命不易"，孔傳解遏佚爲"絶失"。箺可讀爲"遏"，𡰥(夷)可讀爲"佚"。夷爲脂部喻紐字，佚爲質部喻紐字，於聲同紐，於韻則爲脂質陰入對轉，可以相通。《爾雅·釋詁》："遏，止也。""命"乃成王之受命，亦即成王之職守。守職不失不止，蓋恪盡職守之謂也。以受命守職不失不止"對天之不易"，文從字順。

九、思有息

簡 12：“七攺（啟）曰：思又（有）息，思憙（喜）才（在）上，不（丕）昷（顯）亓（其）又（有）立（位）。右帝才（在）茖（路），不遊（失）隹（惟）同。”

思，思念。

息，整理者釋：《廣雅·釋詁一》：“安也。”李守奎認爲：又，讀爲“有”，爲詞頭。息，寧靜，使寧靜。《左傳》昭公八年：“若知君之及此，臣必致死禮以息楚。”杜注：“息，寧靜也。”周初未定，故成王期使國家安定。“思喜在上”或即周公所説的“享唯惱兮”，也就是第三章的“懋敷其有悦”。㉗

憙，整理者釋：喜樂。思憙在上，意與“喜侃前文人”類同。（第 141 頁）

按：喜，猶欣慰。有位，謂成王已在位。參上文“弼（弗）敢亢（荒）才（在）立（位）”。《戰國策·趙策四》：“老臣賤息舒祺。”息謂子息。帝王之愛子，“豈非計久長有子孫相繼爲王也哉”，成王“備（服）才（在）清宙（廟）”，雖年幼，但已知先王之牽掛與心願。告先王“有息”，有後嗣，王室後繼有人，在上之先王當爲之欣慰，顯其光明於在位沖子也。

十、畏天之載，勿請福之㤅

簡 12～13：“仡（通）舍（余）龏（恭）耆（憲）乿（治），孝（孝）敬肥（非）絅（怠）亢（荒）。秋（咨）尒多子，笁（篤）亓（其）綏（諫）邵（劭），舍（余）彔（逯）思念，畏天之載，勿請福之侃（㤅）。”

仡，整理者括注爲“通”，論者或改讀爲“汔”。龏，整理者讀爲“恭”。耆，整理者釋爲“害”，訓爲“何”，引《周南·葛覃》“害浣害否”，毛傳：“害，何也。”絅，整理者釋：即“怠”。句意爲恭敬不敢怠慢。（第 141 頁）

按：耆應讀爲“憲”。《説文》“憲，敏也。從心目，害省聲”，段注：“《謚法》：博聞多能爲憲。引申之義爲法也。又《中庸》引《詩》憲憲令德，以憲憲爲顯顯。又《大雅》：天之方難，無然憲憲。傳曰：憲憲猶欣欣也。”《詩·小雅·六月》“萬邦爲憲”，毛傳：“憲，法也。”《詩·小雅·桑扈》“百辟爲憲”，毛傳：“憲，法也。”《詩·大雅·崧高》“文武是憲”，鄭箋：“憲，表也。言爲文武之表式。”絅之釋讀有諸多選項，本章亂辭針對“多子”

而言,以讀爲"治"義長,上博藏四《曹沫之陳》41"可目(以)有敘(治)邦",敘,讀爲"治",其例多有。君王任用官員,行政能力是重要考量因素。上博藏五《姑成家父》3～4:"君貴我而受(授)我衆,目(以)我爲能紿(治),今吾亡(無)能紿(治)也,而因目(以)害君,不義,型(刑)莫大安(焉)。"是其例也。

攷敬,整理者讀爲"孝敬",《左傳》文公十八年:"孝敬忠信爲吉德。"

肥,整理者讀爲"非",古"肥"與"非"通,參看楊伯峻《列子集釋》第五三頁(中華書局,一九八五年)。(第141頁)

紿荒,李守奎讀爲怠荒。《禮記·曲禮上》:"毋側聽,毋噭應,毋淫視,毋怠荒。"鄭玄注:"怠荒,放散身體也。"㉘孫永鳳指出,"孝敬非怠荒",辭例同於中山王厝方壺之"嚴敬不敢怠荒"。㉙

以上句意爲:余敬重博聞多能堪爲表率者,有治政能力者,孝敬而不敢怠荒者。

秋,整理者讀爲"咨"。《書·堯典》"帝曰:咨,汝羲暨和",孔傳:"咨,嗟。"《大雅·蕩》:"文王曰咨,咨汝殷商。"笁,整理者讀爲"篤",《爾雅·釋詁》:"固也。"絸,整理者疑讀爲"諫"。邵,整理者疑讀爲"勖",《説文》:"勉也。"(第141頁)

彔,整理者指出:字見甲骨文,指晚上的某一段時間,參看《黄天樹古文字論集》第一八五——一八八頁(學苑出版社,二〇〇六年)。字疑讀爲"逯",《廣韻》:"謹也。"

思念,整理者引《國語·楚語下》:"吾聞君子唯獨居思念前世之崇替者,與哀殯喪,於是有歎,其餘則否。"(第141頁)

王輝疑彔當讀爲屢。睩與鹿通,《説文》:"睩讀若鹿。"鹿與鏤通,《荀子·成相》:"到而獨鹿棄之江。"楊倞注:"獨鹿與屬鏤同,本亦或作屢鏤。"屢,數也,每也。《詩·小雅·正月》:"屢顧爾僕,不輸爾載。"《論語·先進》:"回也其庶乎,屢空。""余屢思念",我常思念。㉚

按:成王既對多子提出行政要求,對達到要求者,將"彔思念",彔應讀爲"録"。録之本義爲記載,《春秋公羊傳》隱公十年:"《春秋》録内而略外。"《漢書·于定國傳》:"萬方之事,大録於君。"句謂多子"篤其諫勖"者,成王將條録思念。所以條録思念者,慎其取捨也。

畏天之載,整理者引《大雅·文王》"上天之載,無聲無臭",毛傳:"載,事。"請,整理者引《廣雅·釋言》:"乞也。"陳偉武指出,釋"請"爲"乞也"似不確,"乞"含主動請求之意,顯與文意不合。"勿"用如"不","請"指招致。㉛侃,整理者讀爲"愆",訓"過"(第141頁)。

按:"載"之本義謂車載,凡車載有限量。勿,不要。請乃請求。臣之於君,弟子之於師,提要求謂之"請"。《左傳》隱公元年:姜氏"愛共叔段,欲立之,亟請於武公,公弗許。及莊公即位，爲之請制。"姜氏請之過分，正乃所謂"憖"也。《論語·雍也》："子華使於齊，冉子爲其母請粟。子曰：與之釜。請益。曰：與之庾。冉子與之粟五秉。子曰：赤之適齊也，乘肥馬，衣輕裘。吾聞之也，君子周急不繼富。"聖人於弟子之請，極有分寸。古人觀念，"福"乃天之所定，福分是也。人之福猶車之載，過福之分將無從消受。此所以成王戒多子"勿請福之侃（憖）"。君子有"三畏"，《詩·小雅·雨無正》："凡百君子，各敬爾身。胡不相畏，不畏于天。"如姜氏請之太過，危及君王地位，是不畏於天也。

十一、時王聰明

簡 13～14："八攺（啟）曰：差（嗟）！寺（時）王志（聰）明，亓（其）又（有）心不易。畏（威）義（儀）諐（藹）諐（藹），大亓（其）又（有）慕（謨）。"介罦（擇）寺（時）悳（德），不畀甬（用）非頌（容）。

差寺，整理者讀爲"佐事"，輔佐。《左傳》昭公七年："在我先王之左右，以佐事上帝。"（第 141 頁）黃傑認爲：此句疑當讀爲"差（嗟）！寺（時）王志（聰）明"。時，此也。⑫黃說是。時王謂當時在位之王。

按："亓（其）又（有）心不易"，謂沖子自幼聰明，即位爲王，初心不改。論者多以爲成王所作頌詩，自言"寺（時）王志（聰）明"未免有自吹自擂之嫌疑，此所以強解"差寺"爲"佐事"。其實《琴舞》乃周公、成王同作，本章稱"時王"，蓋周公禮贊成王也。

畏義諐諐，整理者引秦公鐘（《集成》二六二）："趩趩允義，翼受明德。"李守奎認爲：畏義諐諐，義同"威儀抑抑"。《詩·大雅·假樂》："威儀抑抑，德音秩秩。"毛傳："抑抑，美也。"⑬黃甜甜指出，秦公鎛（《集成》270）亦有"趩趩文武，鎮靜不廷"。孫詒讓指出"趩"乃"諐"字異體，于省吾先生從之，並讀爲"藹"。《詩·大雅·卷阿》有"藹藹王多吉士"，毛傳："藹藹，猶濟濟也。"《詩·大雅·文王》"濟濟多士"，毛傳："濟濟，多威儀也。"《爾雅·釋訓》："藹藹、濟濟，止也。"孫炎注曰："濟濟，多士之容止也。"據此，于先生認爲"藹藹"與"濟濟"義近，皆形容文武多士容止之盛。于先生的説法完全可以放入簡文中，讀"諐"爲"藹"，畏（威）義（儀）諐諐（藹藹），即是形容王臣容儀之盛。⑭

慕，整理者讀爲"謨"，謀略。（第 141 頁）

大，先秦經典稱"大"者，多用其超越義。"大亓（其）又（有）慕（謨）"，有雄謀大略也。

按：諐諐，連語，黃甜甜解爲"藹藹"，其說甚是。惟"威儀藹藹"，有雄謀大略，非

“王臣容儀”之謂，周公禮贊成王語也。

十二、介擇時德，不畀用非容

簡14：“介睪（擇）寺（時）恵（德），不畀甬（用）非頌（容）。”

介，整理者讀爲“匃”，祈求。《豳風·七月》“爲此春酒，以介眉壽”，林義光《詩經通解》讀“介”爲“匃”（第一六四頁，中西書局，二〇一二年）。李守奎認爲：介，佐助。《詩·豳風·七月》：“爲此春酒，以介眉壽。”鄭玄箋：“介，助也。”

睪，整理者讀爲“澤”，《書·多士》：“殷王亦罔敢失帝，罔不配天其澤。”李守奎讀爲“懌”，訓爲“悦”。簡文中的“悋”、“悦”、“歆”、“懌”等都是指天帝與祖考等神靈所喜悦，上天所悦就是德。

寺，整理者讀爲“恃”。句意爲祈求上天之恩澤，依憑有德。李守奎讀爲持，佐助。[35]或解介爲“因依”、“怙恃”。[36]

畀，《詩·鄘風·干旄》“何以畀之”，毛傳：“畀，予也。”

頌，整理者讀爲“雍”，訓“常”。此句言如不守常，則天不畀之。（第142頁）論者多讀爲“容”，是也。

按：介，《易·繫辭》“憂悔吝者，存乎介”，傳：“介謂辨別之端。”《説文》“介，畫也”，段注：“分介則必有閒，故介又訓閒。”簡文介用引申義，分辨也。睪，讀爲“擇”，葛陵簡甲三4“睪日”即“擇日”，其例多有。擇，選擇，《國語·周語中》：“擇其柔嘉，選其馨香。”擇、選互文。簡文“介擇”謂分辨擇用多子。《左傳》昭公十一年：“擇子莫如父，擇臣莫如君。”《國語·齊語》：“桓公曰：安國若何？管子對曰：修舊法，擇其善者而業用之。”

寺，讀爲“時”。時德，善德也。《詩·小雅·頍弁》“爾殽既時”，毛傳：“時，善也。”《廣雅·釋詁》：“時，善也。”王念孫疏證：“維其時矣，猶言維其嘉矣也；威儀孔時，猶言飲酒孔嘉，維其令儀也。他若孔惠孔時，以奏爾時，胡臭亶時，及《士冠禮》之嘉薦亶時，皆謂善也。”

容，參簡11“甬（用）頌（容）叕（輯）舍（余）”，禮容也。非容，容行舉止不合禮儀。

以上二句謂：分辨選擇善德者，不予用非容者。原簡“不畀甬（用）非頌（容）”，謂非容者，不予用也。

（作者單位：安徽大學歷史學院）

注釋:

① 清華大學出土文獻研究與保護中心編,李學勤主編:《清華大學藏戰國竹簡(叁)》,中西書局 2012 年。《周公之琴舞》圖版見上册第 55—67 頁,釋文考釋見下册第 132—143 頁。以下引整理者意見括注頁碼,不另出注。

② 李守奎:《〈周公之琴舞〉補釋》,《出土文獻研究》第十一輯第 8 頁,中西書局 2012 年。

③ 李學勤:《新整理清華簡六種概述》,《文物》2012 年第 8 期,第 66—67 頁;李學勤:《論清華簡〈周公之琴舞〉的結構》,《深圳大學學報》2013 年第 1 期,第 59 頁,又載氏著《初識清華簡》第 202—206 頁,中西書局 2013 年。

④ 孫永鳳:《清華簡〈周公之琴舞〉集釋》第 24—29 頁,碩士學位論文,吉林大學 2015 年。

⑤ 蔡先金釋爲“通”,解爲“共”。蔡先金:《清華簡〈周公之琴舞〉的文本與樂章》,“《清華大學藏戰國竹簡》與先秦經學文獻國際學術研討會”論文,中國傳媒大學文學院 2013 年;又載《西北師大學報》2014 年第 4 期,第 33—41 頁。王薇讀爲“同”。王薇:《清華簡〈周公之琴舞〉研究》第 22 頁,碩士學位論文,天津師範大學 2014 年。

⑥ 《禮記·明堂位》:“武王崩,成王幼弱,周公踐天子之位,以治天下。六年,朝諸侯於明堂,制禮作樂,頒度量而天下大服。七年致政於成王。”

⑦ 《詩序》“成王朝廟”,是也。而“群臣進戒”、“詩人述其事”云云,後人作序,揣度之辭也。

⑧ 參《四庫全書總目提要·經部·詩序》。

⑨ 沈培:《〈詩·周頌·敬之〉與清華簡〈周公之琴舞〉對應頌詩對讀(一)》,“中國文字學會第七屆學術年會”論文,吉林大學古籍研究所 2013 年;又題名《〈詩·周頌·敬之〉與清華簡〈周公之琴舞〉對應頌詩對讀》,《出土文獻與古文字研究》第六輯(復旦大學出土文獻與古文字研究中心成立十周年紀念文集)第 327—358 頁,上海古籍出版社 2015 年。

⑩ 季旭昇:《〈毛詩·周頌·敬之〉與〈清華三·周公之琴舞·成王作敬毖〉首篇對比研究》,“第四屆古文字與古代史國際學術研討:紀念董作賓逝世五十周年紀念會”論文,“中研院”歷史語言研究所 2013 年;又載《古文字與古代史》第四輯第 369—402 頁,“中研院”歷史語言研究所 2015 年。

⑪ 高亨:《周頌考釋(下)》,《中華文史論叢》第六輯第 88 頁,中華書局上海編輯所 1965 年。

⑫ 陳致:《“日居月諸”與“日就月將”:早期四言詩與祭祀禮辭釋例——詩經與金文中成語(四)》,復旦大學出土文獻與古文字研究中心網,2011 年 2 月 17 日;又載《詩書禮樂中的傳統》第 43—46 頁,上海人民出版社 2013 年。

⑬ 沈培:《〈詩·周頌·敬之〉與清華簡〈周公之琴舞〉對應頌詩對讀(二)》,“‘清華簡與《詩經》研究’國際會議”論文;又題《〈詩·周頌·敬之〉與清華簡〈周公之琴舞〉對應頌詩對讀》,《出土文獻與古文字研究》第六輯(復旦大學出土文獻與古文字研究中心成立十周年紀念文集)第 327—358 頁。

⑭ 季旭昇:《〈毛詩·周頌·敬之〉與〈清華三·周公之琴舞·成王作敬毖〉首篇對比研究》,“第四屆古文字與古代史國際學術研討會:紀念董作賓逝世五十周年紀念會”論文;又載《古文字與古代史》第四輯第 369—402 頁。

⑮ 陳致:《讀〈周公之琴舞〉札記》,“‘清華簡與《詩經》研究’國際會議”論文,香港浸會大學 2013 年;又載簡帛網,2014 年 4 月 26 日。

⑯ 李守奎：《〈周公之琴舞〉補釋》，《出土文獻研究》第十一輯。

⑰ 季旭昇：《〈清華三·周公之琴舞·成王敬毖〉第五篇研究》，《中國文字》新四十期第 1—9 頁，藝文印書館 2014 年。

⑱ 陳劍：《清華簡與〈尚書〉字詞合證零札》，"出土文獻與中國古代文明國際學術研討會"論文，清華大學 2013 年。

⑲ 季旭昇：《〈清華三·周公之琴舞·成王敬毖〉第五篇研究》，《中國文字》新四十期第 1—9 頁。

⑳ 陳美蘭：《〈清華大學藏戰國竹簡(叁)·周公之琴舞〉"××其有×"句式研究》，《中國文字》新四十期第 19—40 頁。

㉑ 陳劍：《清華簡與〈尚書〉字詞合證零札》，"出土文獻與中國古代文明國際學術研討會"論文。

㉒ 陳致：《讀〈周公之琴舞〉札記》，"'清華簡與《詩經》研究'國際會議"論文，香港浸會大學 2013 年；又載簡帛網，2014 年 4 月 26 日。

㉓ 季旭昇：《〈清華三·周公之琴舞·成王敬毖〉第五篇研究》，《中國文字》新四十期第 1—9 頁。

㉔ 李守奎：《〈周公之琴舞〉補釋》，《出土文獻研究》第十一輯。

㉕ 或以爲整理者釋"㠯"之字應該釋作"彝"，"彝"似當如字讀，訓爲"常"；"箸"字似可讀作"憲"。《尚書·康誥》"肆汝小子封，惟命不于常"之"惟命不于常"似可與"命不彝箸"相比較。參無語：《釋〈周公之琴舞〉中的"彝"字》，簡帛網，2013 年 1 月 16 日。該文後由作者併入《讀清華簡(叁)札記二則》，收入《簡帛》第十二輯第 38—41 頁，上海古籍出版社 2016 年。因原簡"㠯"字下部筆畫不清晰，與上部筆畫對比度明顯，姑依整理者隸定。若改隸作"彝"，爲脂部喻紐字，亦應讀爲"佚"。

㉖ 或以爲"箸"也可以直接讀爲"滅"。"滅"從"戌"得聲，與"害"同屬匣母月部。《老子》："廉而不劌。"《經典釋文》："劌，河上作害。""夷滅"一詞古書常見。參張崇禮：《"寎"字解詁》，復旦大學出土文獻與古文字研究中心網，2015 年 1 月 26 日。

㉗ 李守奎：《〈周公之琴舞〉補釋》，《出土文獻研究》第十一輯第 5—23 頁。

㉘ 李守奎：《〈周公之琴舞〉補釋》，《出土文獻研究》第十一輯第 5—23 頁。

㉙ 孫永鳳：《清華簡〈周公之琴舞〉集釋》第 154 頁。

㉚ 王輝：《一粟居讀簡記(五)》，"中國出土文獻與上古史國際學術研討會"論文，天津師範大學 2013 年；又"'清華簡與《詩經》研究'國際會議"論文。

㉛ 陳偉武：《讀清華簡〈周公之琴舞〉和〈芮良夫毖〉零札》，"'清華簡與《詩經》研究'國際會議"論文。

㉜ 黃傑：《初讀清華簡(三)〈周公之琴舞〉筆記》，簡帛網，2013 年 1 月 5 日。

㉝ 李守奎：《〈周公之琴舞〉補釋》，《出土文獻研究》第十一輯第 5—23 頁。

㉞ 黃甜甜：《〈周公之琴舞〉札記三則》，Confucius 2000 網，2013 年 1 月 5 日。

㉟ 李守奎：《〈周公之琴舞〉補釋》，《出土文獻研究》第十一輯第 5—23 頁。

㊱ 胡敕瑞：《讀〈清華大學藏戰國竹簡(叁)〉札記之二》，清華大學出土文獻研究與保護中心網，2013 年 1 月 5 日。

清華肆《別卦》"泰卦"、"渙卦"卦名研究

季旭昇

《清華大學藏戰國竹簡（肆）》中有一篇《別卦》，原考釋者趙平安先生在篇首作了簡要的説明：

> 本篇現存七支簡。從内容推斷，原來應爲八支，第三支缺失。每簡長十六釐米，寬一·一釐米，右側有兩處契口，原來應有兩道編繩。
>
> 本篇内容爲卦象和卦名。每簡頂頭書寫，自上而下，依次是卦象、卦名。每支簡上卦象相同，卦名占一個字的位置（兩字以上用合文表示），排列齊整。每簡書七個卦名，加上簡首卦象隱含的卦名，共八個，通篇恰爲六十四卦。其排列順序與馬王堆帛書《周易》一致，應是出於同一系統。根據易學界的習慣，暫名之爲《別卦》。
>
> 本篇卦象爲經卦，卦名爲別卦。每簡上的卦象都是此卦所包含的上卦。在某種程度上，此篇可以看作經卦衍生譜。
>
> 《別卦》對於《周易》卦象、卦名、卦序以及經卦的衍生研究都有一定的參考價值。①

《周禮·春官·宗伯·太卜》："掌三易之灋，一曰連山，二曰歸藏，三曰周易。其經卦皆八，其別皆六十有四。"②因此易學界都習慣稱三爻卦爲"經卦"，六爻卦爲"別卦"。清華肆把本篇名爲《別卦》，應該也是根據《周禮》。

《別卦》的卦名出來後，和王家臺秦簡《歸藏》③、馬國翰輯《歸藏》④、上博《周易》⑤、阜陽《周易》⑥、馬王堆《周易》⑦、熹平石經《周易》⑧、今本《周易》⑨的卦名對比，有不少異名。這些異名，究竟何者較合乎《易》的本義，在易學研究上應該是一個非常重要的問題。

李學勤先生以爲清華肆《別卦》的卦名與《歸藏》有密切關係,他在《〈歸藏〉與清華簡〈筮法〉、〈別卦〉》一文中舉了"介"、"林禍"、"規"三卦爲例,進行了説明。⑩其後暮四郎⑪、无斁⑫、紫竹道人⑬、有鬲散人⑭、王寧⑮、劉剛⑯、單育辰⑰、陸離⑱、斯行之⑲、王子楊⑳、徐在國和李鵬輝㉑、蔡飛舟㉒、孫合肥㉓等多位先生都對《別卦》的卦名提出了很多重要的討論。不過,在卦名與卦義的對應方面,似乎少人著墨,因此這方面應該還有很多問題值得討論。以下,本文想針對《別卦》的"飛(泰卦)"、"孞(渙卦)"的字形結構、對應卦名進行討論,並探求哪一個卦名才最合乎《易》本義。文中的基本材料是我指導的讀書會中,由黃澤鈞博士生負責導讀《別卦》所蒐集整理的。

一、飛

清華肆《別卦》	王家臺	馬國翰	上博	阜陽	馬王堆	熹平石經	今本《周易》
飛	飛	奈	泰			奈/奈		泰

趙平安先生原考釋貼原圖作"飛",讀爲"泰":

飛,馬國翰輯本《歸藏》、今本《周易》作"泰"。清華簡《良臣》"文王有閎夭,有泰顛"作"永"。此類寫法可視爲"永"之繁體。關於他的構形,孟蓬生認爲"非'毳'莫屬"(參看《清華簡〔叁〕所謂"泰"字試釋》,《出土文獻與中國古代文明國際學術研討會會議論文集》,第一一一一——一一五頁,清華大學出土文獻與中國古代文明研究協同創新中心、清華大學出土文獻研究與保護中心,二〇一三年六月十七—十八日)。㉔

王寧先生《釋清華簡〈別卦〉中的"泰"》:

《別卦》這個用爲"泰"的字,首先可以肯定它不是"泰"字或其或體,只能是個通假字。這個字形除去《良臣》的"毳"的部份爲"電",這個字形是把"心"字兩邊的筆畫向上寫長呈環狀,裏面是個"大"形,但這個"大"也可能是"矢"字的簡省,因爲空間的限制才寫成了"大"。這個"大(或矢)"和相當於《良臣》的"毳"的部分應該就是"毳"字的全字,因爲"毳"字既可從矢會意,也可從"大"得聲(同月部)。除去"大(或矢)"的部分,剩下的顯然就是"心"字,所以這個字當分析爲從心毳聲,隸定當作“慸”,它並非是“彘”的繁體,而應是另外一個字。

這個字傳世典籍中不見,它相當於典籍中的何字則須進一步考察。“彘”在甲骨文中象矢貫穿豕體之形,當是貫徹、透徹、洞徹之“徹”的本字,用爲豕名當是假借。“彘”字《説文》注音直例切,古音是定紐月部字,與“徹”爲定透旁紐雙聲、同月部疊韻,仍然音近。《漢字古音手册》將“彘”字古音定爲定紐質部字,恐未必正確。

孟蓬生先生在《清華簡(三)所謂“泰”字試釋》一文中云“‘彘’字古音亦歸祭部(月部),與徹聲相通”,並舉了《國語·周語上》“乃流王于彘”清華簡二《繫年》作“歸屬王于徹”和漢武帝名“彘”又作“徹”的例子,《良臣》中以“彘”爲“泰”是音近而通假,應當是正確的。《良臣》的這種寫法,很可能是因爲“彘”字的兩種用義不同而故作的區分,是洞徹義的還是從矢的寫法,用爲豕名的則不從矢,而讀音不變。不過這種有所區分的寫法在後來的典籍裏並没有流行起來。……

從《左傳》和《良臣》的這個用法來看,《別卦》中這個從心彘聲的字,很可能就是後來典籍中的“忕”字,或作“憨”、“忲”,《集韻·去聲七·十四泰》:“忕、憨:奢也。或作憨,通作忲。”音與“泰”同。這個字《説文》中没有,《文選·張平子〈西京賦〉》“有憑虚公子者,心侈體忕”,薛綜注:“侈、忕,言公子生於貴戚,心志侈溢,體安驕泰也。泰或謂忕習之忕,言習於麗好也。”《後漢書·南蠻西南夷列傳》“人俗豪忕”,李賢注:“忕,奢侈也。”古籍或稱“奢泰”,如《荀子·王霸》:“齊桓公閨門之内,縣樂、奢泰、游抏之脩,於天下不見爲脩。”《漢書·夏侯勝傳》:“奢泰亡度,天下虚耗。”根據薛注和李注可知“忕(憨)”本是驕泰、奢泰之“泰”的後起專字,與“泰”本通用。“忕”字應該是先秦就有的,《別卦》中這個從心彘聲的字就是它的本字或異體,故亦被用爲卦名之“泰”。㉕

徐在國、李鵬輝先生《談清華簡〈別卦〉中的“泰”字》:

我們認爲,此字當分析爲從“□”從“□”,先説“□”,即“夗”……其次説“□”,我們認爲應是“遏”字。“□”所從“□”,從“西”聲、“吕”聲,乃“曷”之或體。……“□”是左右結構,上録從“曷”之字是上下結構。衆所周知,古文字中的偏旁結構常常變動不居,例不備舉。也有可能是受了上部從“□”的影響,爲了布局的合理才變爲左右結構的。……總之,“□”即“遏”字,與上博三·周32“□”構形同,從“辵”,“曷”聲,“徹”字異體。

如上所述,“□”字當釋爲“徹”,加注“夗”聲。上古音“徹”屬透紐月部,“夗”屬影紐元部字,月、元對轉。“徹”在簡文中讀爲“泰”。上古音“泰”亦屬透紐月部。典籍"轍"、"徹"與"達"通。《老子》二十七章"善行者無轍迹",馬王堆漢墓帛書《老子》乙本作"善行者無達迹"。《國語·晉語三》"臭達於外",《尚書·盤庚》孔疏及《左傳·僖公十年》孔疏並引作"徹"。㉖

蔡飛舟先生《清華簡〈別卦〉解詁》:

> 　　清華簡整理者以"𩒈"爲"𩗏"之繁體,定爲"巂"字。其說可從,唯構形尚不明,蓋隸定作"鼺"也,疑爲巂之訛字。王寧釋爲从心巂聲之字,然古文"心"似未見作"𠁼"者,其說蓋非。卦名巂讀作泰。㉗

以上各家所釋,主要有兩派:一派認爲从心、巂聲;一派認爲从兆、曷聲。從字形來看,此字較近於"巂",但中下方似乎不从"心",右方和"巂"字相比,也較爲複雜。我們先把相關字形列在下面:

《良臣》巂(泰)　　《筮法》彩照　　《筮法》字表　　本文摹字

我們認爲此字屬於"巂"的部分是"𩗏",剩下的部分"𠁼"應該是"即",爲"巂"的疊加聲符,巂(直例切,澄紐質部)、即(子力切,精紐質部),二字聲屬舌齒鄰近,韻同爲質部,因此"即"可以作爲"巂"的聲符。"即"字中間筆畫較爲繁複,可能是"即"字左上的繁寫;也可能如王寧先生所說,是"巂"字中下方"矢"字的省寫。全字隸定可作"鼺"。它是一個兩聲字,也可能就是爲了"泰"卦而造的一個字。至於它要表現的是什麼意義,必須透過《泰卦》的經傳文字去體會。

　　此卦今本《周易》作"泰"、《別卦》作"鼺"、王家臺《歸藏》作"奈",何者才是此卦的本字呢? 必須從《泰卦》的內容去研判。

　　《易》的卦義,應該要建立在卦象上。卦象的解釋容或有不同的系統,清華肆《筮法》的系統顯然跟《左傳》等傳世典籍中的《周易》不同。《筮法》是以四個經卦的相對關係去分析卦象,這和《別卦》以六爻組成一個卦應該是不同的系統。《別卦》只有卦畫與卦名,沒有卦爻辭,但是這些卦畫與卦名基本上與今本《周易》可以對應,所以我們只能假設它的卦義應該也和今本《周易》相去不遠,這樣,我們才可以從卦畫所呈顯的卦義、今本《周易》卦爻辭的文字,去推測這個卦的"卦名"的正確涵義。

　　今本《周易·泰卦》的內容如下:

䷊乾下坤上　泰。小往大來,吉亨。《彖》曰:"泰,小往大來,吉亨。則是天地交,而萬物通也;上下交,而其志同也。内陽而外陰,内健而外順,内君子而外小人,君子道長,小人道消也。"《象》曰:"天地交,泰。后以財成天地之道,輔相天地之宜,以左右民。"初九:拔茅茹,以其彙,征吉。《象》曰:"拔茅,征吉,志在外也。"九二:包荒,用馮河,不遐遺;朋亡,得尚于中行。《象》曰:"包荒,得尚于中行,以光大也。"九三:无平不陂,无往不復,艱貞无咎。勿恤其孚,于食有福。《象》曰:"无往不復,天地際也。"六四:翩翩,不富,以其鄰。不戒,以孚。《象》曰:"翩翩不富,皆失實也。不戒以孚,中心願也。"六五:帝乙歸妹,以祉,元吉。《象》曰:"以祉,元吉,中以行願也。"上六:城復于隍,勿用師,自邑告命,貞吝。《象》曰:"城復于隍,其命亂也。"《序卦》:"泰者,通也。"⑱

《泰卦》,乾下坤上,乾天在下與坤地在上,代表"天地陰陽相交",因此它的卦象主要是"天地交、萬物通"。《序卦》也説"泰者,通也",幾乎所有易學家解釋《泰》的卦象,都説爲"通","天地交,萬物通"。這應該是合理的。

從這一點來看,"泰"字顯然不是本卦的本字。"泰"字出現得較晚,目前最早見於秦印,因此很難由出土材料去推本義。據《説文》,"泰"的本義是"滑",大徐本《説文解字》卷十一上:"泰,滑也。從水、從廾,大聲。……夳,古文泰。"典籍未見此義,但此字既然從"水",應該跟"水"有關,或者本義是水大、水滑,其他通達、通暢、安舒、安寧、美好、寬裕、驕縱、奢侈等典籍常用義,應該都是"水大、水滑"的引申。

王家臺《歸藏》作"柰","柰"是"祟"的假借分化字,《説文》釋爲"柰果"、後世用爲"柰何"義應該都是假借。因此,"柰"也不會是《泰卦》的本字。

我們以爲"泰"、"柰"都應該讀爲"徹"。《泰卦》的卦象是"天地交、萬物通"。《説文》:"徹,通也。"泰(他蓋切,透紐月部)、柰(奴帶切,泥紐月部)、徹(直列切,澄紐月部),三字上古音聲母都屬舌頭,韻都在月部,可以通假。因此《泰卦》真正的卦名應該是"徹","泰"、"柰"都是"徹"的假借。

至於《別卦》的"䖝"字,我們以爲可隸定作"螷",爲從"螷、即"的兩聲字,螷(直例切,澄紐質部)、即(子力切,精紐質部),與"徹"上古音聲紐同在舌齒,發音部位接近;韻部月質旁轉,古籍多見。⑳此字的本義是什麼,目前無可考,但所從偏旁"螷、即"與"徹"都没有意義上的關聯,所以有可能只是爲了記録《泰卦》的"徹"所造的一個記音字。前引王寧先生以爲"䖝"從"螷","螷"是"徹"的本字;徐在國、李鵬輝先生釋"䖝"爲"遏",即"徹"。他們都看到了"䖝"與"徹"的密切關係,這説明了"䖝"應代表《泰卦》卦象的"徹",應該是較原始的卦名。

但是，由於"齤"這個記音字在其他地方沒有用到，所以漸漸地就被其他音近的常用字"泰"、"夳"取代了。

二、惢

清華肆《別卦》	王家臺	馬國翰	上博	阜陽	馬王堆	熹平石經	今本《周易》
（圖）	惢	渙	奐	軎		渙/奐	渙	渙

原考釋趙平安先生隸作"惢"，讀爲"渙"：

> 惢，馬國翰輯本《歸藏》作"奐"，王家臺秦簡《歸藏》、王馬堆帛書本、今本《周易》作"渙"。"惢"應該分析爲從心睿省聲。"睿"月部喻母字，"奐"、"渙"元部曉母字，韻部對轉，曉、喻亦多通轉之例（參看《漢語音轉研究》，第一四一——一四三頁），上博簡《周易》作"叡"，可能是睿、爰皆聲的雙聲符字。[30]

網友"有鬲散人"以爲此字從"丰"聲：

> 《別卦》簡8中讀爲"渙"的字，應分析爲從"心"、"少"、"丰"皆聲。[31]

旭昇案：上博三《周易》簡54"軎"卦卦名作"（圖）"，左上作"宋"，下部作"尒"形，中有豎筆；同一個字在同篇的卦爻辭中出現七次，作"（圖）"，左上作"宋"，下部作"公"形，中無豎筆；"宋、宋"應該都是"宋"。《別卦》本卦卦名作"（圖）（惢）"字上部也從"宋"，但寫作"宋"，中有豎筆，與上博三《周易》"軎"所從相同，"宋（宋）"偏旁下方並不從"丰"。

"宋（宋）"當即"濬、浚"的異體字"睿"的本字，可以分析從少公。"少，殘也"，"公"象水敗（水流動）貌，全字因此有"疏通水道"的意思。"睿"下加"口"旁，《説文》以爲從"谷"，其實這個"口"旁未必有實質意義（疏通水道不必限於山谷）。《説文》："睿，深通川也。從谷，從少。少，殘地，阬坎意也。《虞書》曰：'睿畎澮距川。'（圖），睿或從水。（圖），古文睿。（私閏切）"

從"宋"構字的，已往所見，除"睿"外，還有"叡"，《説文》以"叡"爲"叡"的古文："（圖），深明也。通也。從奴，從目，從谷省。（圖），古文叡。（圖），籀文叡，從土。（以芮切）"據此，"叡"字應爲"叡"字省"又"。其實，上博三《周易》簡54～55"軎"卦卦名作"（圖）"，左旁就是"睿","睿"字可以看成"从目从宀"會意,眼睛疏通了,自然就是"深明",所以"睿"字的本義應是"眼力深明",本字應作"睿","叡"、"𥈯"應是其異體。與此類似,《別卦》的"悆"應該分析爲从心从宀會意,本義爲"心思深明",讀音應與"睿"同。

本卦的卦名,今本《周易》、熹平石經《周易》、王家臺《歸藏》、馬王堆帛書《周易》作"渙/奐",上博三《周易》作"𤳿",究竟以哪一個卦名最合理呢?

如果依前面的分析,"悆"與"睿"音同義近,"悆/睿"與"渙/奐"音近可通,原考釋已有解説。上博三《周易》作"𤳿",顯然是一個"睿"字加"爰"聲再加"廾"的字,"爰(元部爲/云母)"、"煥(元部曉母)"二字韻同聲近。可能此卦本來應該寫成《別卦》的"悆"(與"睿"音同義近),在上博三《周易》因爲音近而加聲符"爰(爲/元母)",再加"廾"就作"𤳿";到了秦漢,音再轉而爲"渙"?

從字形來看,漢代所見的本子多作"渙/奐",而戰國中晚期的上博三《周易》作"𤳿",右上加"爰"聲,表示此卦名讀音向"渙"靠近;左上作"睿",表示此卦本來應該與"睿"或"睿"聲接近。因此最合理的推測應該是:本卦最早作"悆"(與"睿"音同義近),後來語音變化,漸漸讀得接近"爰",因此上博三《周易》加"爰"聲。其後語音更接近"渙/奐",於是卦名就寫成"渙/奐"了。

從卦義來看,此卦卦名作"悆/睿"也比作"渙"合理。後世有關易學的討論,多半是根據今本《周易》,因此幾乎都是從"渙"去討論,導致卦名與卦爻辭產生極大的不吻合。今本《周易》卦爻辭及傳如下:

> 渙:亨。王假有廟,利涉大川,利貞。象傳:渙,亨。剛來而不窮,柔得位乎外而上同。王假有廟,王乃在中也。利涉大川,乘木有功也。象傳:風行水上,渙;先王以享于帝立廟。初六:用拯馬壯,吉。象傳:初六之吉,順也。九二:渙奔其机,悔亡。象傳:渙奔其机,得願也。六三:渙其躬,无悔。象傳:渙其躬,志在外也。六四:渙其群,元吉。渙有丘,匪夷所思。象傳:渙其群,元吉;光大也。九五:渙汗其大號,渙王居,无咎。象傳:王居无咎,正位也。上九:渙其血,去逖出,无咎。象傳:渙其血,遠害也。
>
> 《序卦》:"《兌》者,説也。説而後散之,故受之以《渙》。"《雜卦》:"渙,離也。"

各家解卦名"渙",都從"渙散"來解。但是觀看卦爻辭,從頭到尾都沒有不吉之象,如"亨"、"利涉大川"、"利貞"、"用拯馬壯,吉"、"渙奔其机,悔亡"、"渙其躬,无悔"、"渙其群,元吉"、"渙汗其大號,渙王居,无咎"、"渙其血,去逖出,无咎"。卦名的"渙"實際是與卦義對應不上的。

　　事實上,古代經學家並不都把《涣卦》的"涣"解爲"散",西漢末年揚雄《太玄》是模擬《周易》而作,《太玄》中對應《涣卦》的是《文卦》,司馬光《集注太玄》卷二葉五九在《文卦》下注:"文:陽家,火,準涣。揚子蓋以涣爲焕,故名其首曰文。"北京師範大學出版社《太玄校釋》頁143注釋1也説:"相當於涣卦。揚雄以涣爲焕。《論語·泰伯》:'焕乎其文章。'故以文相當。"

　　東漢京房《京氏易傳》卷中:"涣,水上見木,涣然而合。"

　　清冉覯祖《易經詳説》卷三十四葉三上説:"涣字本不甚好。然論理,有涣必有聚,故可致亨,非已亨也。"

　　清朱駿聲《六十四卦經解》:"涣,流散也。又文皃,風行水上,而文成焉。《太玄》曰:'陰斂其質,陽散其文。'京《傳》曰:'水上見風,涣然而合。'此涣字之義也。"

　　這些學者應該都是看到了卦名"涣"和卦爻辭不相應,但是卦名又别無他字,因此只好從通讀引申上對"涣"字另作别解。現在,我們見到《别卦》此卦的卦名作"恋"而不作"涣",那麼我們是否可以考慮《易經》此卦的卦名本來就應該作"恋"而不是"焕"呢?

　　"恋"從心從宂,表現的是能與人疏通,因而深明事理,其義與"睿"相近(《説文》釋"睿"爲"深明")。我們把卦名換成"恋(睿)",以此字去解釋卦爻辭,似乎更爲通暢:

　　恋(睿):亨。王假有廟,利涉大川,利貞。彖傳:恋(睿),亨。剛來而不窮,柔得位乎外而上同。王假有廟,王乃在中也。利涉大川,乘木有功也。象傳:風行水上,恋(睿);先王以享于帝立廟。

　　初六:用拯馬壯,吉。象傳:初六之吉,順也。

　　九二:恋(睿)奔其机,悔亡。象傳:恋(睿)奔其机,得願也。

　　六三:恋(睿)其躬,无悔。象傳:恋(睿)其躬,志在外也。

　　六四:恋(睿)其群,元吉。涣有丘,匪夷所思。象傳:恋(睿)其群,元吉;光大也。

　　九五:恋(睿)汗其大號,恋(睿)王居,无咎。象傳:王居无咎,正位也。

　　上九:恋(睿)其血,去逖出,无咎。象傳:恋(睿)其血,遠害也。

　　　　　　　　　　　　　　　　　　　　　(作者單位:聊城大學文學院)

注釋:

① 清華大學出土文獻研究與保護中心編,李學勤主編:《清華大學藏戰國竹簡(肆)》第128頁,中西書局2013年。

② 《周禮注疏》,藝文印書館 1965 年景印嘉慶二十年江西南昌府學阮元《重刊宋本十三經注疏》本。

③ 參見王明欽:《王家臺秦簡概述》,艾蘭、邢文編:《新出簡帛研究》第 26—49 頁,文物出版社 2004 年。

④ 馬國翰輯:《歸藏》,《玉函山房輯佚書》卷一第 1—23 頁,山東大學出版社 2006 年景印山東圖書館藏清道光咸豐間歷城馬氏刻同治十年濟南皇華館書局補刻本。

⑤ 馬承源主編:《上海博物館藏戰國楚竹書(三)》第 11—70、131—260 頁,上海古籍出版社 2003 年;季旭昇等:《〈上海博物館藏戰國楚竹書(三)〉讀本》第 1—174 頁,萬卷樓圖書股份有限公司 2005 年。

⑥ 韓自強:《阜陽漢簡〈周易〉研究:附〈儒家者言〉、〈春秋事語〉》第 149—163 頁,上海古籍出版社 2004 年。

⑦ 湖南省博物館、復旦大學出土文獻與古文字研究中心編纂,裘錫圭主編:《長沙馬王堆漢墓帛書集成(叁)》第 3—162 頁,中華書局 2014 年。

⑧ 屈萬里:《漢石經周易殘字集證》第二卷第 1—49 頁,聯經出版事業股份有限公司 1984 年;濮茅左:《楚竹書〈周易〉研究——兼述先秦兩漢出土與傳世易學文獻資料》第 636—683 頁,上海古籍出版社 2006 年。

⑨ 《周易注疏》,藝文印書館 1965 年景印嘉慶二十年江西南昌府學阮元《重刊宋本十三經注疏》本。

⑩ 李學勤:《〈歸藏〉與清華簡〈筮法〉、〈別卦〉》,《吉林大學社會科學學報》2014 年第 1 期,第 5—7 頁。

⑪ “暮四郎”(黃傑):《初讀清華簡(四)筆記》,簡帛網簡帛論壇,2014 年 1 月 8 日。

⑫ “无斁”(張新俊)簡帛網簡帛論壇《初讀清華簡(四)筆記》第 34 樓發言,2014 年 1 月 10 日。

⑬ “紫竹道人”(鄔可晶)簡帛網簡帛論壇《初讀清華簡(四)筆記》第 20 樓發言,2014 年 1 月 9 日。

⑭ “有鬲散人”簡帛網簡帛論壇《初讀清華簡(四)筆記》第 51 樓發言,2014 年 1 月 12 日。

⑮ “王寧”簡帛網簡帛論壇《初讀清華簡(四)筆記》第 64 樓發言,2014 年 1 月 27 日;又王寧:《釋清華簡〈別卦〉中的“泰”》,復旦大學出土文獻與古文字研究中心網,2014 年 1 月 27 日。

⑯ 劉剛:《讀〈清華簡四〉札記》,復旦大學出土文獻與古文字研究中心網,2014 年 1 月 8 日。

⑰ 單育辰:《佔畢隨錄之十七》,清華大學出土文獻研究與保護中心網,2014 年 1 月 7 日。

⑱ 陸離:《清華簡〈別卦〉讀“解”之字試說》,復旦大學出土文獻與古文字研究中心網,2014 年 1 月 8 日。

⑲ “斯行之”簡帛網簡帛論壇《初讀清華簡(四)筆記》第 50 樓發言,2014 年 1 月 12 日。

⑳ 王子楊:《關於〈別卦〉簡 7 一個卦名的一點看法》,復旦大學出土文獻與古文字研究中心網,2014 年 1 月 9 日。

㉑ 徐在國、李鵬輝:《談清華簡〈別卦〉中的“泰”字》,《周易研究》2015 年第 5 期,第 42—45 頁。

㉒ 蔡飛舟:《清華簡〈別卦〉解詁》,《周易研究》2016 年第 1 期,第 13—22 頁。

㉓ 孫合肥:《讀清華簡札記七則》,“出土文獻與學術新知學術研討會暨出土文獻青年學者論壇”論文,吉林大學古籍研究所 2015 年。

㉔ 清華大學出土文獻研究與保護中心編,李學勤主編:《清華大學藏戰國竹簡(肆)》第 132 頁。

㉕ 王寧:《釋清華簡〈別卦〉中的“泰”》,復旦大學出土文獻與古文字研究中心網,2014 年 1 月 27 日。

㉖ 徐在國、李鵬輝:《談清華簡〈別卦〉中的“泰”字》,《周易研究》2015 年第 5 期,第 42—45 頁。

㉗ 蔡飛舟:《清華簡〈別卦〉解詁》,《周易研究》2016 年第 1 期,第 13—22 頁。

㉘ 以上俱參見《周易》第 41、42、187 頁,藝文印書館 1955 年。

㉙ 參見陳新雄:《古音學發微》第 1056 頁,文史哲出版社 1975 年。

㉚ 清華大學出土文獻研究與保護中心編,李學勤主編:《清華大學藏戰國竹簡(肆)》第 134 頁。

㉛ “有鬲散人”簡帛網簡帛論壇《初讀清華簡(四)筆記》第 46 樓發言,2014 年 1 月 11 日。

清華簡《厚父》與中國古代"民主"説

梁　濤

　　清華簡《厚父》公布後,因涉及《孟子》引《書》等內容,而備受學者關注。關於其思想主旨,更是引起熱烈討論。有學者認爲《厚父》主要反映了古代的民本説,並將民本的産生推到夏商時期,認爲"'民本'問題是中國政治學理論的'元問題',是中國早期國家機器草創時要考慮的頭等大事"。①另有學者則認爲,《厚父》與《尚書》及儒家思想大相徑庭,"其對民的認識與'虞夏書'及'周書'中反復强調的'保民'思想有重要差異","與孟子等儒家安民、養民的觀念相距甚遠"。②"其對夏啓的貶低,正合法家不重君德而重律令的觀念"。③其實,《厚父》所表達的既非民本説,也非法家式的重刑説,而是作爲三代意識形態的"民主"説,即"天惟時求民主"(《尚書·多方》)。只不過此"民主"説包含了做民之主和爲民做主兩個方面,二者互爲聯繫又各有側重,前者突出治民、教民,後者强調保民、養民;前者主要是君本,後者則蘊含著民本,後世的民本説實際是從"民主"説中分化出來的。雖然作爲一種宗教觀念或意識形態,"民主"説貫穿了三代的宗教、政治實踐,但其內涵又有所變化發展,呈現爲從强調治民、教民到重視保民、養民,從提倡刑罰到主張"明德慎罰"的變化。《厚父》的思想主要反映的是治民、教民説,是對夏、商政治理念的概括和總結,與周人的"敬德保民"説存在一定的差異。從這一點看,《厚父》雖然有與《孟子》引《書》相近的內容,但二者關係不大。在思想上真正與《厚父》相關,甚至可能受其影響的,反倒是孟子之後另一位提倡"隆禮重法"的儒學大師——荀子。

一

　　"民主"一詞在現有文獻中雖出現於周初,但其反映的觀念則淵源甚早,應該是隨中央王權的出現而出現的。我們知道,夏代以前中國是邦國聯盟時代,堯舜乃天下的盟主,其對邦國支配能力有限,還不是真正意義上的"民主"。到了夏商周才出現統一的中央王權,這時中央王權之下雖然存在有大量邦國、方國,但王朝對邦國的控制力明顯增强,邦國在政治上不再具有獨立主權,經濟上要向朝廷貢納,軍事上要隨王出征或接受王的調遣。三代之王成爲名副其實的天下共主,對邦國國君具有調遣、支配甚至生殺予奪的權力,只不過後者内部尚没有建立起與王的直接隸屬關係,具有相對的獨立性而已。①隨著中央王權的確立,"天命王權"、"王權神授"的觀念隨之出現,以説明王權的正當性與合法性,所謂"民主"説就是在這一背景下產生的。

據《大戴禮記·五帝德》,孔子曾稱禹"爲神主,爲民父母",《史記·夏本紀》亦稱"禹爲山川神主",説明孔子的説法應是有根據的,反映的是古老的觀念。禹既爲"神主",又"爲民父母",正合《左傳》襄公十四年所云:"夫君,神之主而民之望也。"宋林堯叟注:"奉祭祀故爲神之主,施德惠故繫民之望。"⑤"神之主",即衆神賴以得享祭祀者;"民之望",即萬民賴以足衣食者。故"神主"即"主"祭祀"神"者,代表神權或巫的力量;"爲民父母"則表示教民、養民的職責和義務,代表了治權或君的統治。合而言之,大禹既具有神權,又掌握治權,是溝通天地、供養萬民的統治者,也就是"民主"。其中,神權是治權的合法性根據,而治權乃神權在政治領域的具體表現。因此,所謂"民主"實際是一種君權神授説,是神或上帝爲民衆選立主人,同時賦予其教民、治民以及保民、養民的權力和義務,並根據其表現決定天命的授予甚至轉移。這種"民主"觀念應該產生甚早,是三代統治者共同信奉的,《尚書·洪範》記殷臣箕子曰:"天子作民父母,以爲天下王。"表達的正是"民主"説。至於周人則明確提出"民主"的概念,對"民主"説作出系統的概括和總結,内容主要包括:(1)天爲人間民衆選立主人或統治者。(2)所選的主人或統治者是可以替換或改變的。(3)替換或改變的根據在於後者的表現。

需要説明的是,以往學者往往根據商王紂"我生不有命在天"(《西伯戡黎》)的個別論述,認爲天命轉移、"民主"移位的觀念乃周人的發明,爲殷人所不知曉,恐怕不符合事實。上文的"民主"説雖然爲周人所提出,但其反映的觀念則出現更早。在《尚書·多方》中,周公告誡四方諸侯,"天惟時求民主,乃大降顯休命于成湯,刑殄有夏",用"民主"説解釋殷革夏命的合理性,並爲周革殷命確立合法性根據。試想如果面對殷頑遺民,周公講的是一套他們完全不熟悉也不了解的内容,那麽又如何令其信服,達到威嚇、訓誡的目的呢? 合理的解釋只能是,"天惟時求民主"的觀念由來已久,爲殷人所熟悉和接受,當年是其討伐夏桀的理論武器。只不過周人對其作了發揮,又以子之矛攻子之盾罷了。正因爲如此,周公才有意點出,"乃惟成湯,克(注:能)以(注:率)爾多方,簡(注:選擇)代夏作民主"(《多方》)。當年殷革夏命、商湯伐桀就是"天惟時求民主"的結果，只不過今天輪到周革殷命了。所以，"非天庸釋（注：棄）有夏，非天庸釋有殷，乃惟爾辟（注：君，此指天子）以（注：率）爾多方，大淫圖（注：讀爲"斁"，敗壞）天之命，屑（注：雜多貌）有辭"。不是老天抛棄了夏人，也不是老天抛棄了殷人，而是因爲你們的天子帶領諸侯大肆淫逸，敗壞天命，還振振有詞爲自己辯護。夏桀、商紂不再爲"民主"，是因爲失去上帝或天的信任，而上帝或天不再信任他們，則是由於其所作所爲，正可謂"天作孽，猶可違；自作孽，不可活"（《孟子》引《太甲》）。故得天命則得天下，失天命則亡天下，此乃湯武革命共同信奉的思想律，而絶非周人的獨家發明。其實在《西伯戡黎》中，殷臣祖伊就驚呼"天既（注：通"其"）訖（注：終結）我殷命"，感慨"非先王不相（注：助）我後人，惟王淫戲用自絶，故天棄我"，認爲天命是可以終止的，"民主"是可以移位的，而這一切都是紂王的淫樂嬉戲造成的。面對商紂"我生不有命在天"的幻想，祖伊更是直接斥之曰："乃罪多，參（注：當爲"累"）在上，乃能責命于天？"你的罪惡多多，累積到上天那裏，還能要求上天給你天命嗎？應該説，祖伊的觀點可能更能反映殷人看法，而商紂的觀點則較爲特殊，是獨夫民賊的一廂情願，反而違背了殷人的一般觀念和認識。出現這種情況並不奇怪，神權時代政權的合法性來自天命，任何執政者都會自認權力是天命的授予，自己是上帝或天派到人間的"民主"或統治者，周人如此，夏人、商人亦如此。王權既來自天命，如何獲得上帝或天的寵幸和信任便成爲"民主"們關心的中心，各種祭祀乃至倫理規範由此而生。而經歷了殷革夏命後，天命轉移的觀念開始産生，並逐漸被殷人、周人所接受，而在經歷了亡國之痛後，夏人也不得不接受這一事實。因此，"民主"説貫穿於夏商周三代的政治實踐，是被其統治者普遍接受的，只不過在對於天、君、民及其相互關係上，不同時代可能存在著不同的認識和看法罷了。《禮記·表記》云：

> 殷人尊神，率民以事神，先鬼而後禮，先罰而後賞，尊而不親。其民之敝，蕩而不靜，勝而無恥。周人尊禮尚施，事鬼敬神而遠之，近人而忠焉，其賞罰用爵列，親而不尊。其民之敝，利而巧，文而不慚，賊而蔽。⑥

據《表記》，殷人、周人在宗教信仰、政治治理上存在一系列的差異。在宗教上，殷人崇拜神靈，祭祀繁縟，頻繁貞卜，而周人在祭神的形式下突出了倫理的内涵。在政治上，殷人強調尊尊，突出權威意識，強化等級觀念，與之相應，在治理方式上重視刑罰，"先罰而後賞"，其統治雖有威嚴，卻不易使人親近。周人與之不同，更重視親親，把親親置於尊尊之上，尊崇禮制又好施恩惠，講究人情而待人忠厚，即使賞罰也考慮到地位的差別，給親者、貴者享有特權，其統治使人感到親切，但缺少威嚴。殷、周宗教觀念上的差異,前人多有討論,而《表記》認爲在政治觀念上,殷人強化王權、重視刑罰,與周人有所不同,也是基本符合事實的。據《尚書·洪範》,殷臣箕子向武王進獻的"洪範九疇",其核心是"皇極"一項,⑦而皇極就是要"惟皇作極",一切以君王的意志爲最高準則,要求"無偏無陂,遵王之義;無有作好,遵王之道;無有作惡,遵王之路;無偏無黨,王道蕩蕩;無黨無偏,王道平平;無反無側,王道正直"。而君王的準則,也就是上帝的準則("于帝其訓"),具有絕對的神聖性和權威性。君王不僅確立至高無上的統治準則,還壟斷天下的財富,享有絕對的權威,以便能決定、影響他人的福祉。"惟辟(注:君)作福,惟辟作威,惟辟玉食。臣無有作福、作威、玉食。臣之有作福、作威、玉食,其害于而家,凶于而國。"只有君王才能賞賜人們幸福,只有君王才能給予人們懲罰,只有君王才能享受美食。臣下不能賜人幸福、予人懲罰以及享受美食。如果臣下能夠給人幸福、予人懲罰、享受美食,就會危及王室,傾覆國家。這是對臣下而言,對於民衆,則要"斂(注:聚)時(注:此)五福,用(注:以)敷錫(注:賜)厥庶民,惟時(注:於是)厥庶民于(注:取;接受)汝極,錫(注:助)汝保(注:守)極"。君主掌握五種福,把它施之於庶民,這樣庶民就會接受你的統治準則,並幫助你鞏固這準則。"凡厥庶民,極之敷言,是訓是行,以近天子之光。"這些庶民,對於陳述君王至上準則的言論,就會順從之,奉行之,以親附於天子,承受天子的榮光! 更有甚者,箕子還提出"休征"、"咎征",將君王的行爲分爲好、壞兩個方面。就"休征"而言,君王肅敬,雨水就會適時降落("曰肅,時雨若");君王清明,陽光就會普照大地("曰乂,時暘若");君王明智,天氣就會溫暖適宜("曰哲,時燠若");君王深慮,天氣就會適時轉寒("曰謀,時寒若");君王聖明,和風就會定時而至("曰聖,時風若")。就"咎征"而言,君王行爲狂肆,淫雨就會連續不斷("曰狂,恒雨若");君王動靜失常,天氣就會經常乾旱("曰僭,恒暘若");君王猶豫不決,炎熱就會持續不斷("曰豫,恒燠若");君王急躁不安,寒冷就會一直延續("曰急,恒寒若");君王昏庸無知,風塵就會不斷飛揚("曰蒙,恒風若")。總之,君王的一舉一動,無論好壞,都會影響天氣的變化。這不僅是強化王權,更是神化王權,開後世天人感應的先河。

　　與強化"民主"的地位相應,在君民關係上,箕子則強調君王要做民之主,要絕對支配民,而不可聽從於民。"庶民惟星,星有好風,星有好雨。日月之行,則有冬有夏。月之從星,則以風雨。"這是以星類比民,以日月類比君臣。古人認爲天上的星星往往會影響到颳風、下雨等氣候變化,如"箕星好風,畢星好雨"等。又認爲月亮行經好風雨的星就引起風雨,如"月經于箕則多風,離(注:歷)于畢則多雨"等。故庶民如同天上的星星,他們好惡無常,不可取法。日月的運行有其自身的規律,決定四季的變化,此象徵"君臣政治,小大各有常法"。如果月亮失常,跟隨了星星,就會從其星而引起風或雨。故此章是説："政教失常,以從民欲,亦所以亂。"(僞孔注)"喻人君政教失常,從民所欲,則致國亂。"(《正義》)⑧"比喻君臣政教失常順從民欲,就要招致大亂,諄諄告誡統治者要加強其統治體制而不可聽從人民的願望。"⑨如果將殷人"從民所欲,則致國亂"的觀念,與周人"民之所欲,天必從之"(《左傳》《國語》引《尚書·泰誓》)的信念作一比較,不難發現二者的差別甚至是對立。晁福林先生説,"箕子獻'洪範'九疇,著力提倡王權,事實上並未脱開商人觀念的影響,是商人整體意識形態的反映","箕子所獻九疇大法的核心是要武王成爲作威、作福、玉食之君王,這一主張是爲專制王權張目","與此後周人'敬天保民'之民本觀念相迥異",⑩是符合事實的。

　　殷人既尊君抑民,則民之生殺予奪皆出於君。"乃有不吉(注:善)不迪(注:正),顛(注:狂)越(注:逾)不恭,暫(注:讀爲"漸"。欺詐)遇(注:讀爲"愚"。欺騙)奸宄,我乃劓殄滅之,無遺育。"(《尚書·盤庚中》)倘若民衆不行善道,狂妄放肆,不知恭敬,欺詐盜竊,違法作亂,我就要把他們全部殺掉,斬草除根,不使其後代存留。又據《高宗肜日》,殷人肜祭高宗武丁時,有野雞飛到鼎耳上鳴叫,殷臣祖己趁機開導武丁之子、殷王祖庚曰:"惟天監下民,典(注:主)厥義,降年有永(注:長久)有不永。非天夭民,民中絶命,民有不若(注:順)德,不聽罪。天既孚(注:"付")命正厥德,乃曰其如台(注:如何)?嗚呼!王司(注:主)敬民,罔非天胤,典祀無豐于昵!"上天考察下民,主要看他們行爲是否合理。上天賜予人們的壽命雖然有長有短,但都有一定的年限,有些人卻早早喪命夭折,這並非上天有意爲之,而是民自絶其命,是因爲其不遵行德,犯法又不認罪。上天既已命令其端正德行,這些民衆卻説:上天能把我如何?下一句"王司敬民"的"敬",以往學者解釋爲敬重,認爲反映了古代民本思想,非是。敬,通"儆"。《説文》:"儆,戒也。"王的職責是警告民,使其戒懼,意爲王對民不可姑息,而應嚴厲懲罰。如此解釋方可前後一致,合乎邏輯,而不至於自相矛盾。⑪《高宗肜日》一篇,學者一般認爲是講祭祀制度改革,孔傳:"昵,近也。祭祀有常,不當特豐于近廟。"楊樹達先生解釋説:"這'近'是説'近的親屬'。換句話説,就是直系親屬或直系的祖先。拿龜甲骨文看,很明顯地看出殷人對於直系的先祖與非直系先祖祭祀禮節上的不相同。"⑫但祖己主張祭祀改革的理據是"王司敬(儆)民,罔非天胤","典祀無豐于昵"是由前者得出的具體結論,認爲王是上天派到人間管理、懲戒民衆者,他們都是上天的子嗣,故不應"特豐于近廟",在祭祀上厚此薄彼,而應該平等對待。故更深層地看,"王司敬(儆)民,罔非天胤"才是《高宗肜日》一文的主旨所在,它是一種"民主"説,而非民本説,而且强調的是教民、治民,而不是保民、養民,這也構成殷人"民主"説的一個重要特點。當然這樣講,並不意味著殷人沒有保民、養民的觀念,任何國家都是君與民共同組成的,所謂"民主"首先是民之主,沒有民也就無所謂主。雖然古代的

“民主”說一開始主要關注的是做民之主,是君對民的統治、管理,和民對君的依附、服從,但隨著對民之地位和作用的認識,就不能不涉及爲民做主以及保民、養民的内容。《國語・周語上》引《夏書》曰:“衆非元后,何戴? 后非衆,無與守邦。”衆,民也;后,君也。元后,即天子。民衆没有了天子,就没有尊奉、擁戴的對象;君主没有了民衆,就没有人幫助守衛城邦。這是對民衆作用和力量的樸素認識。清華簡《尹誥》中商湯稱,“非民無與守邑”,“吾何作于民,俾我衆勿違朕言?”《商書》中也有“施實德于民”(《盤庚上》),“古我前后,罔不惟民之承保”(《盤庚中》)。前后,先王也。承,讀爲“拯”。我們的先王,無不是想著拯救和保護民衆的。但如學者所言,這只是統治者重民、愛民的一些説法,並没有達到“以民爲本”的地步。⑬其在殷人的思想中只具於從屬的地位,殷人的“民主”説主要是“敬(儆)民”,强調祭祀、刑罰的作用,突出的是教民、治民。

　　與殷人不同,周人的“民主”説一是突出德,二是重視民,而不論是德,還是民,都爲天所喜好和關注,故敬德保民方可得天命,爲“民主”。《左傳》僖公五年引《周書》曰:“‘皇天無親,惟德是輔。’又曰:‘黍稷非馨,明德惟馨。’又曰:‘民不易物(注:改變祭品),惟德緊(注:是)物。’”上天公正、無私,對所有族群一視同仁,並根據他們的德來選擇“民主”。上天喜歡的不是黍稷的芳香,而是美德的芳香。民衆奉獻的祭品没有差别,只有美德才是真正的祭品,才能獲得上天的青睞和欣賞。“肆惟王其疾敬德。王其德之用,祈天永命。”(《尚書・召誥》)故王要趕緊恭敬行德,只有恭敬行德才能獲得長久的天命。那麽什麽是德呢? 李澤厚先生説:“‘德’似乎是一套行爲,但不是一般意義上的行爲,主要是以氏族部落首領爲表率的祭祀、出征等重大政治行爲。”⑭需要補充的是,對於周人來説,德首先是天子、國君施民恩惠、恩澤的行爲。“天亦哀于四方民,其眷(注:顧)命用懋(注:勤勉),王其疾敬德。”(同上)僞孔注:“民哀呼天,天亦哀之,其顧視天下有德者,命用勉敬者爲民主。”只有勤勉爲民者才算是有德,才能獲得上天的眷顧,從而獲得天命。同樣,獲得天命之後,也要以德來和悦民衆,延續天命。“皇天既付中國民,越(注:與)厥疆土于先王,肆王惟德用,和懌先後迷民,用懌(注:讀爲“斁”,盡)先王受命。”(《梓材》)上天既然把中國、民衆和土地交付給先王,今王就應當施行德政,使先後受到迷惑的頑民心悦誠服,以完成先王所受的天命。可謂得天命以德,守天命亦以德,而德就是勤勉爲民,德與民是相通的。前文説過,殷人認爲“從民所欲,則致國亂”,周人則提出“民之所欲,天必從之”,這是對民之態度的一大轉變。“民之所欲”兩句出於《尚書・泰誓》,《泰誓》不見於伏生所傳今文《尚書》二十八篇,漢武帝時,河内女子發老屋得《泰誓》,獻之朝廷,故劉歆稱“《泰誓》後得”,此篇後失傳,今本《泰誓》乃東晉梅賾所獻的僞古文。不過《左傳》襄公三十一年、《國語・

周語中》、《鄭語》引《尚書·泰誓》均有這兩句,故應當可信。考慮到《泰誓》乃武王伐紂的誓詞,周人此論可能有鼓動、宣傳的考慮,但其突出民的地位和作用,對當時及以後的影響則是巨大的。誠如王國維所言:"《尚書》言治之意者,則惟言庶民。《康誥》以下九篇,周之經綸天下之道胥在焉,其書皆以民爲言。"⑮

　　周人"民主"說的變化與其天命觀也是密切相關的,通過殷周之變,周人發展了"天命靡常"(《詩·大雅·文王》)、"天不可信"(《尚書·君奭》)的觀念。所謂"天不可信"並不是懷疑、否定天的權威,而是強調天不會一勞永逸地保佑一族一姓,因而守住天命就必須重德、重民。"天棐(注:通"匪")忱(注:信)辭(注:當爲"辝",猶"台",我),其考(注:成)我民,予曷其不于前寧人(注:猶言"先文王")圖功攸(注:通"猷",謀)終?"(《大誥》)老天並非信任我,而是爲了讓我去安定民衆。我怎敢不去謀求實現文王想要成就的功業呢? 所以爲"民主"就需要安民,安民就需要敬德,敬德則需要效法先王樹立的典範和榜樣。"天畏棐忱,民情大可見。小人難保,往盡乃心,無康好逸豫,乃其乂民。"(《康誥》)天畏,天威也,也就是天命。天命不可信,但民情、民意卻易於發現,徵之民情、民意即可見天命之所在,正所謂"天視自我民視,天聽自我民聽"(《孟子·萬章上》引《泰誓》)。雖然小民難以安定,但只要你盡心盡力,不貪圖安逸,就可以治理好他們了。因此與殷人相比,周人的"民主"說更強調保民、養民,在治民、教民上也提倡"明德慎罰"。"惟乃丕顯考文王,克明德慎罰,不敢侮鰥寡,庸庸、祇祇、威威,顯民。"(《康誥》)偉大英明的父親文王能够崇尚德教而謹慎地使用刑罰,不敢欺侮無依靠的人,任用應當任用的人,尊敬應當尊敬的人,懲罰應當懲罰的人,並讓民衆了解這些。"王啟監,厥亂爲民。曰無胥戕,無胥虐,至于敬(注:鰥)寡,至于屬婦,合由以容。"(《梓材》)周王封建諸侯,是爲了治理民衆。王說:"不要互相殘害,不要互相虐待,對於那些鰥夫寡婦,對於那些低賤的妻妾,都要給予教導和寬宥。"當然這並不是說,周人完全否定和排斥刑罰,慎罰並不是不要刑罰,相反如學者所指出的,西周政治理念之主流就是"軟硬兼施"、"寬猛並濟","德"、"刑"是維繫政治秩序兩種不同的方式,形成所謂"德、刑二元主義"。⑯"凡民自得罪,寇攘奸宄殺,殺越(注:搶劫)人于(注:取)貨,暋(注:强横)不畏死,罔弗憝(注:怨恨)。"凡是民衆有犯罪的,比如盜竊、劫掠、內外作亂,殺人搶奪他人貨物,强横不怕死的,沒有人不痛恨。"乃其速由文王作罰,刑兹無赦。"就應趕快根據文王制定的刑法,對他們嚴加懲罰,不要赦免。所以周人的"民主"說同樣包括了保民、養民與治民、教民兩個方面,既強調要爲民做主,也重視爲民之主,只不過由於周人突出了民與德,主張明德慎罰,其"民主"說較之殷人,更強調保民、養民和爲民做主一面而已。有學者稱:"三代國家皆以民本主義作爲統治的基礎,天命則是服務於這個基礎的意識形態,大凡優秀的、明智的君主皆善於將此二者統一起來,只有那些庸劣的君主才忘卻根本。"⑰如果將這裏的"民本"改爲"民主",這段論述依然是可以成立的。構成三代統治基礎的並非民本而是"民主",只不過這一"民主"説並非静止不變的,而是呈現出由重治民、教民到重保民、養民的變化而已。明確了這一點,再來看《厚父》的思想,就容易把握和理解了。

<h2 style="text-align:center">二</h2>

　　《厚父》記載某王與夏人後裔厚父的對話,這位王,筆者同意李學勤等學者的看法,認爲即周武王。⑱而厚父,有學者推測可能是杞國國君。⑲蓋周人得天命、成"民主"後,封夏人後裔於杞,封殷人後裔於宋,同時在政治上采取兼容、開放的態度,積極總結、借鑒夏人、殷人的治國方略和政治經驗。《尚書・召公》稱:"我不可不監于有夏,亦不可不監于有殷。""監于有殷",武王訪箕子,《洪範》是也;"監于有夏",武王問厚父,本篇是也。故《厚父》與《洪範》一樣,應屬於《周書》,而非學者所認爲的《商書》或《夏書》,是周人對夏朝政治理念的記録和總結。不過由於殷革夏命後,夏人長期生活在商人的統治之下,故厚父的觀念中也包含了商人的思想,受到後者的影響,實際融合了夏人、殷人的思想。《厚父》云:

> 惟□□祀,王監嘉績,問前文人之恭明德。王若曰:"厚父!朕⑳聞禹□□□□□□□□□□川,乃降之民,建夏邦。啟惟后,帝亦弗恐㉑啟之經德少,命皋繇下爲之卿事,兹咸有神,能格于上,知天之威哉,問民之若否(注:猶善惡),惟天乃永保夏邑。在夏之哲王,乃嚴寅(注:恭敬)畏皇天上帝之命,朝夕肆祀,不盤于康,以(注:治理)庶民惟政之恭。天則弗斁(注:厭棄),永保夏邦。其在時,後王之享國,肆祀三后,永敘在服(注:職位),惟如台?"

　　《厚父》第一簡有殘缺,簡首缺四字,學者一般補爲"惟王某祀"。不過考慮到《尚書・洪範》"惟十有三祀,王訪于箕子",也可補爲"惟某某祀"。這位"王"如前所説,應是武王。"嘉績",美好業績。《尚書・盤庚下》:"德(注:建立)嘉績于朕邦。""前文人",也見於《尚書・文侯之命》,僞孔注:"前文德之人。"這裏指夏人的先祖禹、啟、孔甲等。武王想借鑒夏人建立的功績,了解其先王的恭敬顯明之德,於是詢問厚父。由於夏朝的第一位先王禹是通過治水獲得天命,成爲"民主",故武王首先問禹治水事,不過這段文字有殘缺,約缺十一字,或可據燹公盨的内容補爲:禹"受帝命,乃敷土辯方,隨山浚"川。"乃降之民"的主語是天,降,賜也。由於禹治水有功,上天便賜給他民衆,建立了夏邦。㉒不過禹雖是夏朝的建立者,但按照當時的禪讓傳統,並不能傳子,而是將王位傳授給益。《孟子》記載此事:"禹薦益于天。七年,禹崩,三年之喪畢,益避禹之子于箕山之陰。朝覲訟獄者,不之益而之啟,曰:'吾君之子也。'謳歌者,不謳歌益而謳歌啟,曰:'吾君之子也。'"(《萬章上》)這是從民本解釋啟之得位,認爲啟得民心因而得天下。不過《竹書紀年》則説:"益干啟位,啟殺之。"㉓《史記·夏本紀》也記載:"有扈氏不服,啟伐之,大戰于甘。"《淮南子·齊俗訓》稱:"昔有扈氏爲義而亡,知義而不知宜也。"可見啟之得位並非只是民衆的擁護,而是伴隨著激烈的武力鬥爭,只不過由於啟是最後的勝利者,成王敗寇,故"啟惟后",啟成爲天子、"民主"。

在孟子眼裏,啟是以德而得天下,而《厚父》則説:"帝亦弗恐啟之經德少。"關於啟之失德,史籍有載。《楚辭·離騷》:"啟《九辯》與《九歌》兮,夏(注:大)康娛以自縱。不顧難以圖後兮,五子(注:啟第五子武觀)用(注:因而)失(注:讀爲'抉',擊,指叛亂)乎家巷。"夏啟縱情聲色,尋歡作樂,不顧及後果,致使兒子武觀釀成內亂。《墨子·非樂上》引《武觀》曰:"啟乃淫溢康樂,野于飲食,將將(注:鏘鏘)銘(注:讀爲"鳴",奏)莧(注:當爲"管")磬以力。湛濁于酒,渝食于野,萬舞翼翼,章聞于大(注:當爲"天"),天用弗式。"(《墨子·非樂上》)"弗式",不用。啟淫逸縱樂,聲聞於天,上帝不能接受。不過上帝雖然不滿啟的德行,但並不否認其天子地位,而是派皋陶爲啟的卿士,負責司法,協助其治理天下。而不論是啟還是皋陶,都有神力("兹咸有神"),能達於上天("能格于上"),能知天之威嚴("知天之威哉"),能察民之善惡("問民之若否"),因而上天長久保佑夏邦。後來夏代賢明的君主,也能夠恭敬畏懼皇天上帝的命令,終日祭祀("朝夕肆祀"),不敢享樂("不盤于康"),治理民衆,勤於政事("以庶民惟政之恭")。故天不厭之,永保夏邦。在那時,要是後來在位的夏王,如夏桀之流,不忘祭祀禹、啟、孔甲"三后",遵從他們制定的法度,就會"永敘在服"。"敘",通"緒",繼也。㉔"在",介詞,猶"于"。"服",職事、職位。故"永敘在服"是説,永繼於位,引申之,指永保其國,永享天命。武王問,我的看法如何呢?

從上文不難看出,武王仍是從周人敬德保民的角度來垂詢厚父,其所關注的一是夏先王的"恭明德",二是"民之若否",想就此以夏爲鑒,探尋治國之策,《厚父》整篇就是圍繞這兩個問題展開的。不過武王雖然有意"監于有夏",但夏人、周人政治觀念上的差異則是他必須面對的。周人相信"天命靡常"、"惟德是輔",主張以德配天。但夏啟得天命卻並不以德,而是得益於皋陶的輔佐,實際是突出了刑罰,將刑置於德之上,這與周人的思想存在明顯的對立和衝突。故武王的疑問是,夏之後王失國,難道是因爲違背了先王的傳統? 如果他們能夠一直恪守"三后"之訓,就會永享天命?

　　　厚父拜稽首,曰:"都魯(注:嘆詞),天子! 古天降下民,設萬邦,作之君,作之師,惟曰其助上帝亂下民。之(注:至)懕㉕王乃遏佚其命,弗用先哲王孔甲之典刑,顛覆厥德,沉湎于非彝,天乃弗若(注:赦),乃墜厥命,亡厥邦。惟是下民,庸(注:均)帝之子,咸天之臣民,乃弗慎厥德、用(注:以)敘在服。"

　　對於武王的疑問,厚父以天設立君、師的職責和目的作答。由於這段文字與《孟子》引《書》内容相近,頗受學者的關注。然仔細分析不難發現,《厚父》與《孟子》引《書》文字雖然近似,但内容並不相同。《孟子》引《書》曰:"天降下民,作之君,作之師,惟曰其助上帝寵之,四方有罪無罪惟我在,天下曷敢有越厥志?"(《梁惠王下》)認爲天設立君、師的職責是"助上帝寵之"。"寵"是寵愛之意。故四方民衆有罪無罪,都由我來負責。這是典型的保民、養民説,屬於周人的思想。而厚父則強調"其助上帝亂下民","亂",治也。天設立君、師是幫助其治理下民的,從下文的論述看,治理的手段首先是刑罰。天亡夏邦,也是由於夏桀之流的"懕王",違背了上帝的命令,放棄了先哲王孔甲的典刑,沉湎於"非彝"也就是不合禮法之事,結果天不予寬赦,遂中絶其命,毁滅其邦。故夏之失國,不在於失德,而在於失刑。這是典型的治民、教民説,反映的是夏人、殷人的思想。雖然《厚父》與《孟子》所引《書》都主張君權神授,認爲"天降下民,作之君",屬於古代的"民主"説,但在思想傾向上又存在明顯差異,前者突出治民、教民,後者強調保民、養民。從《厚父》到《孟子》引《書》,正反映了"民主"説内部的發展和變化。

　　需要説明的是,上文厚父雖然説到"顛覆厥德",但主要是針對孔甲的典刑而言,使用典刑治國便是有德,而"弗用"孔甲之典刑就是"顛覆厥德"。蓋德之本義是一種特殊的能力,指"政治控馭能力"和"權威影響力",㉖起初並無明確的道德含義,主要表現爲行爲、作爲,故酒德、凶德、暴德、欺德、逸德,甚至桀紂之行都可稱"德"。周人提出"以德配天"、"敬德保民"的觀念後,以領袖人物的模範行爲或惠民之舉爲德,始賦予"德"道德的含義。㉗厚父是在行爲、作爲意義上使用德,指以典刑治民的行爲或傳統,這與周人以保民、惠民爲德顯然有所不同,不能因爲厚父論及德,便忽略其内容上的差異。德,不在於其名,而在於其實,關鍵在於以什麼爲德。明乎此,則圍繞孔甲形象的爭論就可迎刃而解了。有學者注意到,在後人的記述中孔甲乃是一"淫亂德衰者",如《國語·周語下》:"孔甲亂夏,四世而殞。"《史記·夏本紀》也説:"帝孔甲立,好方鬼神,事淫亂,夏后氏德衰,諸侯畔之。"但在《厚父》中,孔甲被稱作"先哲王",他的故法、常規被視爲後王應該效法的準則,顯然又是一個"有德者"。㉘出現這種情況,顯然與"民主"觀念的變化有關。雖然都是談"民主",但夏人、殷人強調做民之主,重在樹立權威,加強對民衆的統治,所以突出刑罰的作用。而周人則主張爲民做主,提倡"敬德保民"、"明德慎罰",試圖以德來協調部族間的關係,增加其歸附和向心力。"民主"觀念既已變化,對"民之主"的評價自然也不同。由於周人觀念的影響,孔甲逐漸被視爲暴虐的昏君和"亂夏者",而在夏人眼裏,孔甲則是以刑治國的"哲王"。正如學者所説,"禹乃言其功德與立國,至於治國的祖宗之法,則在啟與皋陶,無疑主於刑。因此,孔甲之典刑,正是上承夏啟皋陶,重申以刑治國,維護祖宗之法。厚父之言,顯然對以刑治國持贊賞態度,並進而將夏朝滅亡歸因於'弗用先哲王孔甲之典刑'"。⑳

夏雖已亡國,但其"下民",也就是下文的"臣民",包括臣下和民衆,仍是上天之子,上天亦將其當臣民看待,只是沒有謹慎其德,這裏的德主要針對"非彝"的"彝",也就是禮法而言,"弗""用敘在位",前一句的"弗"延續到這一句,不繼於位,也就是不再享國、被授予天命。故對於武王的疑問,厚父明確肯定夏之亡國,是違背了以刑罰治國的傳統,放棄了孔甲之典刑,這與周人對於夏、殷之鑒的認識,顯然有所不同。於是武王轉而問及"小民之德"。

> 王曰:"欽之哉,厚父!惟是余經念乃高祖克憲(注:效法)皇天之政功(注:政事),乃虔秉厥德,作(注:起)辟事(注:侍奉)三后。肆(注:今)女(注:汝)其若龜筮之言,亦勿可專改(注:擅改)。兹小人之德,惟如台?"

"欽之哉",勉勵之辭。"皇天之政功",也就是上天之政事,因上天"命皋陶下爲之卿士",確立了夏的治國之法,故夏之祖宗之法亦可視爲"皇天之政功"。下一句"乃虔秉厥德"的"德"也主要針對此而言。厚父既言孔甲之典刑,武王遂稱贊其高祖能夠效法"皇天之政功",虔誠地秉持德,起而侍奉三王。下面兩句較費解,學者的理解也存在分歧,從文字看,是説今天你當聽從龜筮之言,不可輕易改變。似是武王建議厚父多聽從龜筮之言,而不必拘泥其高祖的做法。以上是武王對厚父的客套之言,其真正想問的則是"小人之德"如何。"小人"指下層民衆,被統治者,"德"指其行爲、表現。因夏之先王以典刑治國,與其對民衆的認識有關,故武王由先王之法問及"小人之德"。

> 厚父曰:"嗚呼,天子!天命不可恾㉑斯,民心難測。民式克恭心敬畏,畏不祥,保教(注:效法)明德,慎肆祀,惟所役之司民啟之。民其亡諒(注:誠),乃弗畏不祥。亡顯于民,亦惟禍之攸及,惟司民之所取。今民莫不曰余保教明德,亦鮮克以謀。

曰民心惟本,厥作惟葉。剄(注:亦)其能貞良于友人,乃宣(注:恒)淑厥心,若山厥高,若水厥淵(深),如玉之在石,如丹之在朱,乃是惟人。曰天監司民,厥徵如佐之服于人。民式克敬德,毋湛于酒。民曰惟酒用肆祀,亦惟酒用康樂。曰酒非食,惟神之饗。民亦惟酒用(注:以)敗威儀,亦惟酒用恒狂。"

　　厚父提出"天命不可忧斯,民心難測",將天命與民並舉,形式上似與周人"天畏棐忱,民情大可見"的主張相近,但表達的思想則正相反。周人主張"天畏棐忱"、"天不可信",但又認爲民情、民意是容易發現、了解的,了解了民情、民意,"敬德保民",也就可以得天命。這是以天命的形式肯定民情、民意,反映的是保民、重民的思想。厚父則不僅認爲天命不可信,民心也難以了解、觀測。民衆既可以做到恭敬敬畏,畏忌不祥,保守、效法明德,謹慎祭祀,也可能不講誠信,無所畏忌。而民不懂得誠信、畏忌,就會遭罹禍患。"亡顯于民"一句,承前省略了主語"諒"、"畏不詳"。所以民心既可向善也可向惡,向善向惡都是"司民"教化的結果。雖然民衆口頭上都會說自己保守、效法明德("今民莫不曰余保教明德"),但很少有人真正如此謀劃("亦鮮克以謀")。可見,民衆的言論不可相信,其心也難以觀測,真正有效的還是教化、刑罰,這是一種教民、治民說,與周人的思想明顯有所不同。[30]

　　武王問"小民之德",此"德"主要指行爲、作爲而言,厚父答以"民心難測",以内在的心去説明外在的德,認爲行爲的發動乃由心所决定,在思想認識上無疑是一種深化。但其心仍主要是經驗心,心可善可惡,受環境和教化的影響。正是在這個意義上,厚父提出"民心惟本,厥作惟葉"。民心是根本,行爲是枝葉,有什麽樣的内心就有什麽樣的表現,心向善行爲亦善,心向惡則行爲亦惡,這當然不是什麽民本説,而是對民衆的一種懷疑和不信任,與"民心難測"的判斷是一致的。從思想史的角度看,《厚父》的"民心惟本"可以説是心學的萌芽,具有重要的意義,但其心主要是荀子式的,而非孟子式的。與荀子承認性惡,但又認爲可以通過心的抉擇、認知"積善成德"一樣,《厚父》雖然認爲"民心難測",但也不否認民衆可以通過努力成就善。如果能對友人忠貞誠信,使心長久地保持善,如同山終成其高,如同水終成其深——《禮記·中庸》:"今夫山,一卷石之多,及其廣大,草木生之,禽獸居之,寶藏興焉。今夫水,一勺之多,及其不測,黿、鼉、蛟、龍、魚、鱉生焉,貨財殖焉。"正是此意。如同從石頭中雕琢出玉,如同從朱色中提煉出丹,如此才成其爲人。可見,只要"宣淑厥心",就可以成善;若不敬德,自我放縱,也可以爲惡,其中最嚴重的行爲就是飲酒了。民若是放縱飲酒,不僅會敗壞威儀,也會長久發狂。所以酒只可用來祭祀、享神,而不可用酒來享樂。民應恭敬其德,而不可沉湎於酒。《厚父》雖然沒有説明,但顯然認爲,對於放縱飲酒者當由"司民"刑罰處置。不過"司民"雖然負責民衆的教化、治理,但也要受到上天的監督,故上文專門强調,"天監司民,厥徵如佐之服于人"。"佐",四肢。《逸周書·成開》:"人有四佐,佐官維明。"陳逢衡云:"人有四佐,謂四枝。"② "人",此指身體。上天監督官吏,就徵狀就好比四肢要服從身體。故"司民"也不可爲所欲爲,而應恭敬天命,服從其監督。

綜上所論,《厚父》是武王訪於夏人後裔厚父的記載,性質類似於《洪範》,只不過前者是"監于有夏",後者是"監于有殷"。由於厚父長期生活在殷人的統治之下,其思想也可能包含了殷人的觀念。武王訪厚父,目的是了解其"前文人之恭明德",以夏爲鑒,敬德保民,治國安邦。但厚父對孔甲之典刑的推崇,對夏桀亡國的總結,與周人觀念存在較大差異。所以厚父所言,對於武王可能只具有反面的借鑒意義,而没有産生實際的影響。晁福林先生曾分析指出,箕子所陳洪範九疇並没有爲周人所接受。"箕子著意于爲王權張目,實是殷人觀念的體現,並不是一種進步的思想。""周代的政治家們並未因循箕子的思想,並未一味彰顯、加强王權,而是總結出'敬天保民'的理念,並由此出發來制定治國方略。因此,箕子所獻洪範九疇的主題思想,不僅與周人的主導觀念相違背,而且在周王朝的現實政治中也看不到其影響。"③ 類似的情況同樣也存在於《厚父》這裏。《厚父》雖然在政治實踐中没有發揮作用、産生影響,但就思想史研究而言,則爲我們提供了一份難得的了解古代"民主"思想的珍貴文獻。

附《厚父》譯文:

武王某年,武王想借鑒夏人的功業,了解其先王的恭敬、顯明之德。武王這樣問道:"厚父! 我聽説禹 接受上帝的命令,治理土地,辨別方位,隨著山勢疏通 河川。上天就賜給他民衆,建立了夏朝。(大禹之後,)啟做了國君,上天並不怕啟的德行不够,派皋陶來到人間作卿士,他們二人都有神力,能達於上天,知道上天的威嚴,了解民衆的善惡,所以上天就永久保佑夏朝。夏朝明智的國君,恭敬畏懼上天的命令,終日祭祀,不敢享樂,治理民衆,勤於政事。上天因此不厭棄他們,長久保佑夏朝。在那個時候,如果在位的後王,(比如夏桀,)能够祭祀禹、啟、孔甲三王,(遵從他們的法度,)就可永保其國,是這樣嗎?"

厚父向武王磕頭行禮,説:"是啊,天子! 古時上天降下民衆,建立衆多的國家,都要爲其設立國君,設立老師,目的是幫助上天治理民衆。但是到了那些不好的國君,卻遺忘了他們的使命,不用先王孔甲的典刑,違背了他的德行,沉湎於不合禮法的事情,上天於是不加寬赦,中斷了他們的命,亡了他們的國。那些夏朝的臣子、民衆,都是上天的孩子,也是上天的臣民,只是不謹慎他們的德行,因而不再享國。"

武王説："努力啊,厚父! 我常常想到你的高祖能够效法上天的政事,虔誠地秉持德行,侍奉禹、啟、孔甲三王。你以後遇事當聽從龜筮的話,不要輕易改變。(我想問的是,)民衆的德行到底如何呢?"

厚父説："哎,天子! 天命不可相信啊,民心難以觀測。民衆既能够心存敬畏,畏忌不祥,保守、效法顯明的德行,謹慎祭祀,這往往是官吏教化的結果。也能够不講誠信,無所畏忌。民衆不懂得誠信、畏忌,就會遭罹禍患,這也是官吏導致的結果。民衆都説自己能够保守、效法顯明的德行,但很少有人能够認真謀劃。

"所以説民心是根本,他們的行爲是枝葉。如果能對友人忠貞誠信,使心長久向善,如同山終成其高,如同水終成其深,如同從石頭中雕琢出玉,如同從朱色中提煉出丹,如此才成其爲人。上天監督著官吏,就徵狀就好比四肢要服從身體。民衆應該恭敬德行,而不應沉迷於酒。民衆既可用酒來祭祀,也可用酒來享樂。酒不是一般的食物,只有神可以享用。民衆會因爲飲酒敗壞行爲,也會因爲飲酒而經常發狂。"

三

作爲夏、商、周主導的意識形態和宗教信仰,"民主"説實際是一種君權神授的思想,是服務於王權統治,是爲其合法性提供理論根據的。但三代的"民主"説,從一開始就包含有重民、保民的因素,並呈現出從强調做民之主到重視爲民做主的變化。《厚父》的發現,以及其與《孟子》所引《書》的關聯,從一個特殊的角度,向我們揭示了這一變化的具體過程和内容,具有重要的意義。不過,周人雖然在對民的態度和認識上,較之以往有了根本性的變化,並提出了"敬德保民"的政治主張,以及"天視自我民視,天聽自我民聽"這樣熠熠生輝的思想命題,但這些具有鮮明民本色彩的主張和命題仍主要是從屬於"民主"説的,是後者的有機組成部分。因爲周人的天命信仰,所關注的仍主要是政權的授予與得失,是一種政治神學,"敬德保民"是爲了配享天命,是爲了"以小民受天永命"(《尚書·召公》),某種意義上也可以説,"用康保民"(《康誥》)、爲民作主是手段,"宅天命"、作民之主才是目的。因此準確的表達或許應該是,周人具有了民本的萌芽和觀念,但還不具有完整、獨立的民本學説。周人的政治理念依然是"民主"説,而"民主"從根本上講是君本,周人的民本的價值理念與君本的實際追求混雜在一起,共同構成"民主"説的基本内容。到了春秋時期,隨著國人地位的提高,並在政治領域開始發揮一定的影響和作用,民本思想得到進一步發展。《左傳》桓公六年記隨大夫季梁曰:

夫民，神之主也，是以聖王先成民而後致力于神。

"夫民，神之主也"是"夫君，神之主"的反命題。由於古代政治的合法性來自天命、神意，掌握了祭祀權，壟斷了與神聖天意的溝通，也就掌握了現實的統治權，故"夫君，神之主"是以天命、神意的形式肯定了君本。而季梁"夫民，神之主"的命題則扭轉了傳統的認識，認爲民才是真正的主祭祀者，不是國君提供的祭品，而是"民力之普存"，"民和年豐"，"皆有嘉德"，也就是民衆的福祉、德行才會得到神的降福，所以要"先成民而後致力于神"，"于是乎民和而神降之福"。若"民各有心"，則"鬼神乏主"，"乏主"即乏主祭祀者，故是以天命、神意的形式肯定了民本。又《左傳》文公十三年記邾文公就遷都於繹一事進行占卜，結果出現"利于民而不利于君"的情況，邾子曰：

苟利于民，孤之利也。天生民而樹之君，以利之也。民既利矣，孤必與焉。

當時邾文公已在位五十一年，年事已高，經不起遷都之勞。故左右曰："命可長也，君何弗爲？"如不遷都壽命還可延長，爲何不這樣做呢？邾子曰："命在養民。死之短長，時也。民苟利矣，遷也，吉莫如之！""命在養民"指國君的使命在於養民，命是使命之命，指天之所命。至於壽命的短長，只可説是時運了。"遂遷于繹。五月，邾文公卒。"（同上）當國君的利益與民衆的利益發生衝突時，邾文公依然選擇了後者，認爲國君的利益是從屬於民衆利益的，民衆既然得利，君主自然也有利，這當然是一種民本思想。邾文公之所以提出這樣的思想，顯然與"天生民而樹之君，以利之也"的信念有關，這一信念來自於《孟子》所引的"天降下民，作之君，作之師，惟曰其助上帝寵之"，是對周人保民、養民説的進一步繼承和發展。不過春秋時期，雖然民本思想得到一定發展，但在現實中依然是以君爲本，故當時更多的思想家是試圖將民本與君本協調、統一。《左傳》襄公十四年記師曠對晉悼公説：

天生民而立之君，使司牧之，勿使失性。

師曠認爲"天生民而立之君"，職責是"司牧之"，不同於邾文公的"以利之"，所强調的是教民、治民，而不是保民、養民，主要繼承的是《厚父》的思想，是對後者的進一步發展。如果説邾文公從《孟子》所引的"助上帝寵之"發展出民本思想的話，那麼師曠則從《厚父》的"助上帝亂下民"完善了君本説，提出"夫君，神之主而民之望也"（同上）的主張和命題。不過師曠生活於民本思想得到發展的春秋時代，不能不受其影響，不能不考慮約束君權的問題,這樣他又試圖立足於民本來限制君本。

　　　天之愛民甚矣,豈其使一人肆于民上,以從其淫,而棄天地之性? 必不然矣。

　　“天之愛民甚矣”,近於孟子所引的“助上帝寵之”,是對後者的進一步發展。由於天寵愛民衆,所以就不會允許國君一人肆虐於民衆之上,放縱其淫欲。這不同於師曠前文的君本思想,而具有鮮明的民本色彩,所突出的是保民、養民,而不是教民、治民。在同一段話中,師曠將“天生民而立之君,使司牧之”和“天之愛民甚矣”兩個分別具有君本、民本傾向的命題聯繫在一起,反映了其思想調和、折中的特點。所以他一方面主張,“良君將賞善而刑淫,養民如子,蓋之如天,容之如地。民奉其君,愛之如父母,仰之如日月,敬之如神明,畏之如雷霆”,認爲民衆應該熱愛、敬畏君;另一方面又提出,“有君而爲之貳,使師保之,勿使過度”(同上),甚至認爲對於無道的國君可以流放。這説明春秋時期的民本思想雖然有所發展,並與君本思想産生緊張、對立,但思想界的情況是複雜的,有人試圖從民本突破君本,也有人試圖調和民本與君本。後一種情況不僅存在於師曠這裏,在一些儒家學者的思想中也有所反映。如子思主張“恒稱其君之惡者,可謂忠臣矣”(郭店竹簡《魯穆公問子思》),具有鮮明的民本色彩,但他同時又宣稱:

　　　子曰:“民以君爲心,君以民爲體。心莊則體舒,心肅則容敬。心好之,身必安之;君好之,民必欲之。心以體全,亦以體傷,君以民存,亦以民亡。”(《禮記·緇衣》)

如果以人爲喻的話,君好比是心,民好比是身。心是身的統率,身體要聽命於心,故民要聽命於君,這是典型的君本思想。當然,心不能脱離身體而存在,君也因民而存亡,這又具有調和的色彩。之所以出現這種情況,主要是因爲民本是孕育於“民主”説之中,是從後者發展出來的,故往往與君本糾纏在一起。很多人是在治道而不是政道上談論民本,是在君本的前提下倡導民本,民本無法上升爲國家最高的價值、政治原則,即使有一些閃光的民本思想和舉措,也無法突破現實中的以君爲本。這樣實際上是二本,政道上是君本,治道上是民本,而無法真正做到一本——以民爲本。要想突破“民主”的束縛,真正做到以民爲本,就需要從權力私有走向權力公有,從“君權神授”走向“君權民授”。戰國時的儒者某種程度上已認識到這一點,《禮記·禮運》云:

> 大道之行也，天下爲公，選賢與能，講信修睦……是謂大同。

"天下爲公"，即"天下非一人之天下也，天下之天下也"（《吕氏春秋·孟春紀·貴公》）。"立天子以爲天下，非立天下以爲天子也"（《慎子·威德》）。指權力公有。而要實現權力公有，就需要"選賢與能"，把最有才能的人選拔出來，替民衆管理天下，此乃理想之大同之世。大同社會雖有君、有民，但其關係不同於權力私有的小康之世。《禮運》云：

> 君者所明也，非明人者也。君者所養也，非養人者也。君者所事也，非事人者也。故君明人則有過，養人則不足，事人則失位。故百姓則君以自治也，養君以自安也，事君以自顯也。

明，動詞，教導、明白之意。國君是需要被教導、明白的，而不是去教導，使別人明白的。不是國君教導民衆，而是國君需要聽取民衆的意見和臣下的教導，這與"民主"説強調國君對民衆的教化顯然有所不同。同樣，國君是被民衆養活的，而不是國君養活了民衆，這與師曠所言國君"養民如子"、"民奉其君"、"敬之如神明，畏之如雷霆"也有根本的不同。凡主張君本者，無不以爲是國君養活了民衆；而主張民本者，則認爲是民衆養活了國君。君養活民，還是民養活君，是區分君本與民本的一個重要標準。國君的身份不同於民衆，是專門的管理者，是政治領袖，因此民衆應該服從、侍奉君，而不應讓君服從、侍奉民，這是從治道上講，指管理上的統屬關係，而不是政道上的國之根本。君、民的這種關係決定了，如果國君去教導民衆，就會產生過錯；去養活民衆，就會財物不足；去服從民衆，就會失去君位。而民衆效法國君，是爲了達到自治；奉養國君，是爲了生活安定；侍奉國君，是爲了自己顯貴。可見，民爲主而君爲客，民雖然奉養、侍奉君，但不是君的奴隸、臣僕，國君應虛心納諫，聽從民衆的意見、建議。筆者曾經考證，戰國時期曾出現一個宣揚禪讓的社會思潮，並發生燕王噲讓國的政治事件，《禮運》篇就是在這一背景下創作完成的，[㉒]其對君、民關係的獨特理解，顯然與"天下爲公"的政治理念是密切相關的。

　　《禮運》之後，孟子、荀子兩位大儒均接受"天下爲公"的政治理念，但在對民本與君本關係的理解上又有所偏重。孟子曾以堯舜禪讓爲例，説明天下非天子的私有物，而是屬於天下民衆的。其理由是"天子能薦人于天，不能使天與之天下"，最高權力是在天手裏，給誰不給誰應由天説了算，而不能由天子私自決定。但"天不言，以行與事示之而已矣"，天是根據人們的行爲和事件表示天命授予的。當初堯讓舜"主祭而百

神享之,是天受之;使之主事而事治,百姓安之,是民受之也",所以舜之得天下可以
説是:

天與之,人與之。故曰:"天子不能以天下與人。"(《孟子·萬章上》)

舜的天子之位既來自天,也是民衆的授予。而在孟子這裏,天是形式,民衆的意志、意
願才是最高目的。孟子認爲"天子不能以天下與人",而應經過天與民衆的認可,"這
種區分的内在含義,在於肯定天下非天子個人的天下,而是天下之人或天下之民的天
下"。⑤故在孟子看來,天子不過是受"天"與"民"委託的管理者,只具有管理、行政權,
而不具有對天下的所有權。正是在這個意義上,孟子提出"民爲貴,社稷次之,君爲
輕"(《盡心下》)。"民爲貴"不僅是價值原則,也是政治原則,不僅認爲民衆的生命、財
産與君主、社稷相比,更爲貴重、重要,同時也强調,國君的職責、義務在於保護民衆的
生命、財産,否則便不具有合法性,可以"革命"、"易位"。

　　不過在經歷了燕王噲讓國失敗之後,孟子對"選賢與能"、實行禪讓持保留態度,
認爲"唐、虞禪,夏后、殷、周繼,其義一也"(《萬章上》),表明他不再看重禪讓與世襲的
差別,不再强調對於天子、國君選賢與能的必要。在《禮運》那裏,被認爲存在根本差
別且分別屬於"大同"、"小康"的政治原則,卻被孟子説成是"其義一也",這不能不説
是一種退步。本來"天下爲公"、"選賢與能"、"以民爲本"是三位一體,相輔相成的。
"天下爲公"是政治原則,"選賢與能"是制度設計,"以民爲本"是價值目的。只有選賢
與能、實行禪讓,才能保證天下爲公、權力公有,只有天下爲公、權力公有,民貴君輕、
以民爲本才能得到落實和實現。由於孟子不再堅持選賢與能、實行禪讓,天子即位之
後,除非殘暴"若桀、紂者",否則也不會被輕易廢棄。而一般的人想要成爲天子,"德
必若舜、禹,而又有天子薦之者"(同上),才可以實現。這樣權力公有就成爲空洞的口
號而無法落實,民貴君輕也成爲道德説辭而失去現實的意義。孟子放棄禪讓是在特
定歷史背景下的抉擇,具有某種無奈甚至必然,但對其民本思想則産生了消極的影
響,使其無法突破君本的束縛和限制。孟子的思想或許可以概括爲政道上的民本,治
道上的君本,至於政道與治道如何統一,則是其没有解決的問題。

　　如果説孟子主要繼承了周人"民主"説中的保民、養民説,以及春秋時期的民本思
想,而向前做進一步發展的話,那麽荀子則更多地吸收了古代"民主"説中的治民、教
民説,同時與保民、養民説相調和,因而其與《厚父》的内容多有相近之處。以往學者
認爲,荀子也有民本思想,主要根據是《荀子·大略》:

天之生民，非爲君也；天之立君，以爲民也。

這是以天命的形式肯定生民不是爲君，而立君則是爲了民，確有民本的性質。但仔細分析又不難發現，荀子對"以爲民也"並没有作具體規定，上天設立國君，究竟如何爲民？是教之、治之，還是保之、養之，並没有詳細説明。如果與《厚父》的"亂下民"，或周人的"寵之"、"以利之也"作一個比較，不難發現後者對國君的職責作了明確規定，而荀子卻没有，只是籠統提出要爲了民。如果上天設立國君，其目的是寵愛或者有利於民，那麼國君的職責就在於關注和保護民衆的利益，這往往具有民本的性質。相反，如果上天設立國君，其目的是治理民，甚至是懲罰民衆的過錯，那麼國君的職責就在於建構與維護政治秩序，這又具有君本的傾向。從荀子的一些論述來看，其所謂的"以爲民也"，實際包括了治民與養民兩個方面，是對《厚父》與周人思想的折中與調和。在荀子看來，君之爲民，首先是制定禮義，確立法度，使民衆擺脱"偏險悖亂"的困境，以達到"正理平治"的目的。"人生而有欲，欲而不得則不能無求，求而無度量分界則不能不爭，爭則亂，亂則窮。先王惡其亂也，故制禮義以分之，以養人之欲，給人之求。"（《荀子·禮論》）先王制定禮義是爲了治理民衆，消除混亂，最終的結果則是"養人之欲，給人之求"，"故禮者，養也"（同上）。所以治民與養民是統一的，只有治民，才能養民；只有建立起禮義秩序，才能保障民衆的生命財産和物質利益。"人之生，不能無群，群而無分則爭，爭則亂，亂則窮矣。故無分者，人之大害也；有分者，天下之本利也。而人君者，所以管分之樞要也。"（《富國》）禮義、名分才是天下最大的利益，國君則是制定和管理名分的關鍵所在。"今當試（注：嘗試）去君上之勢，無禮義之化，去法正之治，無刑罰之禁，倚而觀天下民人之相與也。若是，則夫強者害弱而奪之，衆者暴寡而嘩之，天下之悖亂而相亡不待頃矣。"（《性惡》）一旦没有了國君、禮義，社會就會陷入"強者害弱"、"衆者暴寡"的混亂局面，故"夫先王之道，仁義之統，……彼固天下之大慮也，將爲天下生民之屬長慮顧後而保萬世也"（《榮辱》）。先王制定的仁義禮法才是對民衆的最大關切和照顧。故荀子的"天之立君，以爲民也"實際是指治民以養民，它雖然具有民本的性質，但也強化了君主的地位和權力。與孟子不同的是，荀子並不強調君主的權力需要經過民衆的授予，這就使其權力公有的觀念大打折扣。與孟子相同的是，在經歷了燕王噲讓國失敗後，荀子對禪讓同樣持否定態度，"'堯、舜擅讓'，是虛言也，是淺者之傳，陋者之説也"，"擅讓惡用矣哉？"（《正論》）這樣就使權力公有的觀念失去了制度保障。所謂"以爲民也"，主要是一種道德的職責和説教，至於如何爲民，則取決於君主的抉擇和判斷。這樣荀子思想中又存在明顯屬於君本的内容："君者何也？曰：能群也。能群也者何也？曰：善生養人者也，善班治人者也，善顯設人者也,善藩飾人者也。"(《君道》)君不僅能治理人,還能撫養人,更能重用人、文飾以區別人,"故美之者,是美天下之本也;安之者,是安天下之本也;貴之者,是貴天下之本也"(《富國》)。這是明確肯定君乃天下之本,屬於典型的君本説。有學者稱,荀子"天之生民,非爲君也;天之立君,以爲民也"的命題,"上通孟子'民貴君輕'之義,下接梨州'君客民主'之論,僅此一語,荀子已可堂堂在儒門中占據一席崇高之地位",⑧顯然誇大了該命題的積極意義,忽略了其内涵的特殊性和複雜性。前文説過,"天下爲公"、"選賢與能"、"以民爲本"三者是相互聯繫,彼此影響的。荀子既然對於前兩項或有所保留,或根本放棄,作爲第三項的"以民爲本"自然也大打折扣,籠統將荀子思想概括爲民本,是不恰當也不準確的。

在荀子看來,君與民更像是車與馬、舟與水的關係。"馬駭輿則君子不安輿,庶人駭政則君子不安位。……《傳》曰:'君者,舟也;庶人者,水也。水則載舟,水則覆舟。'此之謂也。故君人者欲安則莫若平政愛民矣。"(《王制》)馬能拉車也能驚車,水能載舟也能覆舟,故君主若要獲得平安,"莫若平政愛民"。這是在治道、君本的前提下講民本,"平政愛民"是手段,"君人者欲安"則是目的。故一方面,"君者,儀也;民者,景也,儀正而景正。君者,槃也;民者,水也,槃圓而水圓。君者,盂也,盂方而水方"(《君道》)。君是本,民是末,君影響、制約著民。另一方面,"人主欲强固安樂,則莫若反之民;欲附下一民,則莫若反之政;欲修政美國,則莫若求其人"(同上)。君主要獲得安定,就要反過來愛護民衆。最能反映荀子君民思想的,應是下面的文字:

> 君者,民之原也,原清則流清,原濁則流濁。故有社稷者而不能愛民,不能利民,而求民之親愛己,不可得也。民不親不愛,而求其爲己用,爲己死,不可得也。(同上)

君是源,民是流,君的治理、教化決定了民的表現。君若能愛民、利民,民則能爲君所用;相反,若對民不親不愛,而求其爲己所用,則完全不可能。荀子的君民思想,似可概括爲政道上的君本、民本混合,治道上地地道道的君本,實際是對古代"民主"説中教民、治民説與保民、養民説的折中與調和,但同時又作了進一步發展。從這一點看,真正與《厚父》思想相近甚至可能受其影響的應該是荀子,而不是之前學者所關注的孟子。首先,《厚父》雖然没有提出明確的人性主張,但認爲"民心難測",民心既可能向善,"克恭心敬畏",也可能向惡,"民其亡諒,乃弗畏不祥",這是一種民心(性)可善可惡説。其與孟子的性善論顯然有所不同,而與荀子的性惡心善説較爲接近,荀子的人性論應受到《厚父》或與之類似思想的影響。⑩其次,《厚父》突出"司民"的作用,認爲民向善向惡,在於官吏的教化,是"司民啟之",而荀子認爲"今人無師法則偏險而不正,無禮義則悖亂而不治"(《性惡》)。可見,在推崇"師法"、重視外在教化上,荀子與《厚父》也有相近之處。還有,《厚父》重視刑罰,主張以典刑治國,但也提到德與彝的概念,而彝就是常法,指禮而言,⑧這與荀子"隆禮重法"的思想有相近之處,而與孔孟反對刑罰的思想明顯不同。只是在對禮、法(刑)關係的認識和理解上,《厚父》與荀子存在一定差異而已。不過總體來看,與《厚父》思想相近甚至受其影響的顯然是荀子,而不是曾經引用了與《厚父》相近文字的孟子。

綜上所論,三代的主流意識形態乃"民主"説,包含了做民之主和爲民做主兩個方面,並呈現出從強調教民、治民到重視保民、養民的變化。春秋以降,"民主"思想的發展演變實際存在三條思想綫索:一是突出古代"民主"説中藴含的民本思想,由"民主"而民本,以春秋時期的邾文公、戰國時期的《禮運》、孟子爲代表,並經明末清初黃宗羲,下接近代的民主(Democracy),構成了"民主"—民本—民主的思想綫索。由於一部近代思想史就是從"民主"到民主的歷史,故此綫索乃中國近代政治思想的主綫,也最具有思想和理論價值。需要説明的是,民本與民主雖然有古今的差異,但中國古代哲人關於民之地位、作用的思考,實際已經觸及或接近民主思想,傳統民本中的權力公有、選賢與能和以民爲本三大理念若真正得以實現,民本就可能完成向民主的轉化,而要完成這一轉化,就需承認民衆有基本的政治權利和自治能力。從這一點看,民本與民主雖有差別,但在精神上是相通的,其對近代國人接受西方民主觀念也起到了積極的推動作用。誠如梁啟超所言:"要之我國有力之政治思想,乃欲在君主統治之下,行民本主義精神。此理想雖不能完全實現,然影響於國民意識者既已至深。故雖累經專制摧殘,而精神不能磨滅。歐美人睹中華民國猝然成立,輒疑爲無源之水,非知言也。"⑨第二條綫索是將"民主"説中的君本、民本相融合,既強調做民之主,又要求爲民做主;既肯定君主治民、教民的合理性,又要求其保民、養民,照顧到民衆的利益。這條路綫以春秋的師曠、戰國的荀子爲代表,秦漢以後更是大行天下,成爲兩千年帝制的主導思想。如漢代賈誼稱:"夫民者,唯君者有之。"(《新書·大政上》)這是從政道上肯定君本。但同時又説:"故夫民者,至賤而不可簡(注:輕視)也,至愚而不可欺也。故自古至于今,與民爲仇者,有遲有速,而民必勝之。"(同上)這是從治道上強調必須以民爲本。民雖然低賤、愚笨,但由於其人數衆多,不可戰勝,所以就必須以民爲本。"國以爲本,君以爲本,吏以爲本。故國以民爲安危,君以民爲威侮,吏以民爲貴賤,此之謂民無不爲本也。""夫民者,萬世之本也,不可欺。"(同上)這樣君本與民本交融在一起,雖然實際是以君爲本,但要長治久安,又必須以民爲本。徐復觀先生説,"在中國過去,政治中存有一個基本的矛盾問題,政治的理念,民才是主體,而政治的現實,君才是主體,這種二重的主體性,便是無可調和的對立,對立的程度的大小,即形成歷史上的治亂興衰。"⑩與這種二重主體性相應,在秦漢以後的帝制社會中,實際産生影響的便是源自荀子的調和君本與民本的思想。譚嗣同稱"兩千年來之學,荀學也",⑪未必準確,但若是指君民關係的話,仍是可以成立的。第三條綫索則是繼承"民主"説中的君本説,發展爲尊君卑臣、崇君弱民的思想,所謂"天主聖明,臣罪當誅",其在法家思想以及後世的政治實踐中不絕如縷,發揮著作用。以上三條綫索中,第一種思想最有價值,屬於古代民本思想的精華,並對理解、吸收近代的民主觀念起到接引的作用;第二種思想在傳統社會中影響最大,是帝制時代的統治思想,雖然也打著民本的外衣,實際卻是民本與君本的混合,是君本前提下的民本。第三種思想是赤裸裸的君本,雖然是一個暗流,但被歷史上的獨夫民賊所信奉,成爲其壓迫、摧殘民衆的理論依據。以上三種思想都源自古代"民主"説,是從後者發展分化出來的,"民主"説才是古代政治思想的母題,搞清"民主"説的具體内涵和發展演變,才能對中國古代政治思想作出全面、準確的把握,中國古代政治思想研究需要從民本範式轉向"民主"範式。

附記:本文曾發表於《哲學研究》2018 年第 11 期,因篇幅限制,當時略有删減。

(作者單位:中國人民大學國學院)

注釋:

① 寧鎮疆:《清華簡〈厚父〉"天降下民"句的觀念源流與豳公盨銘文再釋——兼説先秦"民本"思想的起源問題》,《出土文獻》第七輯,中西書局 2015 年;杜勇:《清華簡〈厚父〉與早期民本思想》,《西華師範大學學報》2016 年第 2 期。

② 王坤鵬:《論清華簡〈厚父〉的思想意藴與文獻性質》,《史學集刊》2017 年第 2 期。

③ 李若暉:《〈厚父〉"典刑"考》,《哲學與文化》2017 年第 10 期。

④ 參見王震中:《中國王權的誕生——兼論王權與夏商西周複合制國家結構之關係》,《中國社會科學》2016 年第 6 期。

⑤ 林堯叟:《春秋左傳句解》,王道焜編:《左傳杜林合注》卷二十七,明萬曆吳興閔氏刻本。

⑥ 《禮記·表記》還説道:"夏道尊命,事鬼敬神而遠之,近人而忠焉,先禄而後威,先賞而後罰,親而不尊。其民之敝,惷而愚,喬而野,朴而不文。"但學者一般認爲,這是爲了與殷道、周道類比而做的拼凑,並不可信。如郭沫若説:"這所説的'夏道'是没有根據的,但所説的殷人和周人則頗近乎事實。"參《青銅時代·先秦天道觀之進展》,《郭沫若全集·歷史編》第一卷第 331 頁,人民出版社 1982 年。

⑦ 關於"皇極",僞孔釋"皇,大也;極,中也",認爲是"大中之道",孔疏從之。見《尚書正義》卷十二,李學勤主編:《十三經注疏》第 299—300 頁,北京大學出版社 1999 年。朱熹則稱,"蓋皇者君之稱也,極者至極之

義,標準之名",認爲"皇"爲"君"之義,"極"爲"標準"之義。見朱熹:《皇極辨》,見《晦庵先生朱文公文集》卷七十二,《朱子全書》第二十四册第3453頁,上海古籍出版社、安徽教育出版社2002年。朱子之説應符合"皇極"本意。漢唐至南宋關於"皇極"的討論,參見吳震:《宋代政治思想史上的"皇極"解釋——以朱熹〈皇極辨〉爲中心》,《復旦學報》2012年第6期。

⑧《尚書正義》第382頁,北京大學出版社2000年。

⑨ 顧頡剛、劉起釪:《尚書校釋譯論》第三册第1194頁,中華書局2005年。

⑩ 晁福林:《説彝倫——殷周之際社會秩序的重構》,《歷史研究》2009年第4期;又見晁福林:《天命與彝倫——先秦社會思想探研》第178、177頁,北京師範大學出版社2012年。

⑪ 參見拙文《〈尚書·高宗肜日〉新探——兼論殷周的兩次宗教變革及"民"的發現》,待刊。

⑫ 楊樹達:《〈尚書〉"典祀無豐于昵"甲文證》,見《積微居甲骨文説》第49頁,大通書局1974年。

⑬ 晁福林:《從"民本"到"君本"——試論先秦時期專制王權觀念的形成》,《中國史研究》2013年第4期。

⑭ 李澤厚:《中國古代思想史論》第86頁,人民出版社1987年。

⑮ 王國維:《殷周制度論》,《觀堂集林》第242頁,河北教育出版社2001年。

⑯ 鄭開:《德禮之間——前諸子時期的思想史》第165頁,生活·讀書·新知三聯書店2009年。

⑰ 常金倉:《中國古代國家產生的形式及影響》,《二十世紀古史研究反思録》第230頁,中國社會科學出版社2005年。

⑱ 李學勤:《清華簡〈厚父〉與〈孟子〉引〈書〉》,《深圳大學學報》2015年第3期;程浩:《清華簡〈厚父〉"周書"説》,《出土文獻》第五輯第145—147頁,中西書局2014年。

⑲ 劉國忠:《也談清華簡〈厚父〉的撰作時代和性質》,《揚州大學學報》2017年第6期。

⑳ 原字整理者隸定爲"威",釋爲"通"。富祥釋爲"朕"(《〈厚父〉簡1"朕"字臆説》,簡帛網,2015年4月28日),今從之。

㉑ 原字作"巠",整理者認爲是"孕"之異體字,釋爲"固"。黃國輝認爲當讀爲"恐"(《清華簡〈厚父〉補釋一則》,簡帛網,2015年4月30日),今從之。

㉒ 燹公盨有"降民,監德",裘錫圭説:"大概上古傳説認爲洪水使下民死亡殆盡,所以在禹平水土之後,上帝要降民。"(裘錫圭:《燹公盨銘文考釋》,《中國歷史文物》2002年第6期)是以"降民"爲"生民"。

㉓ 朱右曾輯,王國維校補:《古本竹書紀年輯校》,《王國維遺書》第十二册第1頁,上海古籍書店1983年影印。

㉔ "敘"字的訓釋,參見余培林:《詩經正詁》第643頁,三民書局2007年。

㉕ "之愿"有學者主張上讀,作"惟曰其助上帝亂下民之愿"。參見清華大學出土文獻讀書會:《清華簡第五册整理報告補正》,清華大學出土文獻研究與保護中心網,2015年4月8日。這樣《厚父》突出刑罰的意味更濃,但語句不通,故不從。

㉖ 孫董霞:《先秦"德"義新解》,《甘肅社會科學》2015年第1期。

㉗ 王德培:《〈書〉傳求是札記(上)》,《天津師大學報》1983年第4期;趙伯雄:《先秦"敬"德研究》,《内蒙古大學學報》1985年第2期。

㉘ 趙平安:《〈厚父〉的性質及其蘊含的夏代歷史文化》,《文物》2014年第12期。

㉙ 李若輝:《〈厚父〉"典刑"考》,《哲學與文化》2017年第10期。

㉚ 整理者隸定爲"潨",當釋爲"沁",讀爲"忱"。見吳琳:《清華簡(伍)〈厚父〉篇集釋》,復旦大學出土文獻與古文字研究中心網,2015 年 7 月 26 日。

㉛ 王坤鵬認爲,《厚父》對民屬性的認識,"其一,並没有預設民衆是良善無罪的一方;其二,揭示民衆的表現具有兩面性,不時產生矛盾,統治者因此難以洞曉民心;其三,民衆自己的説法不一定反映本心,相反往往具有欺騙性。"見《論清華簡〈厚父〉的思想意藴與文獻性質》,《史學集刊》2017 年第 2 期。

㉜ 鵬宇:《〈清華大學藏戰國竹簡(伍)〉零識》,清華大學出土文獻研究與保護中心網,2015 年 4 月 10 日。

㉝ 晁福林:《説彝倫——殷周之際社會秩序的重構》,《歷史研究》2009 年第 4 期;又見晁福林:《天命與彝倫——先秦社會思想探研》第 182 頁。

㉞ 參見拙作《郭店竹簡與思孟學派》第 158—183 頁,中國人民大學出版社 2008 年。

㉟ 楊國榮:《儒家政治哲學的多重面向——以孟子爲中心的思考》,《浙江學刊》2005 年第 5 期。

㊱ 金耀基:《中國民本思想史》第 83 頁,臺灣商務印書館 1993 年。

㊲ 關於荀子性惡心善説,參見拙文《荀子人性論辨正——論〈荀子·性惡〉的性惡、心善説》,《哲學研究》2015 年第 5 期。

㊳ 關於"彝",參見徐復觀:《中國人性論史·先秦卷》(第三章第二節"禮與彝的問題")第 36—39 頁,生活·讀書·新知三聯書店 2001 年。

㊴ 梁啟超:《先秦政治思想史》第 5 頁,東方出版社 1996 年。

㊵ 徐復觀:《學術與政治之間》第 104 頁,學生書局 1985 年。

㊶ 譚詞同:《仁學:譚詞同集》第 70 頁,遼寧人民出版社 1994 年。

從語言角度看清華簡《厚父》和《封許之命》的寫成時代

周寶宏

已公布的清華簡中屬於《尚書》類的文獻，存在一個斷代的問題，比如它寫成於夏代、商代，還是寫成於周代？寫成於周代，是寫成於西周早期還是寫成於西周中晚期？甚至是否寫成於春秋戰國？目前所見清華簡中《尚書》類文獻也包括《逸周書》類的文獻，學者斷定其寫成時代主要是從其所記載的歷史内容、哲學思想等作爲斷代的出發點。很少有人從語言角度斷定它們的寫成時代。但是無論是傳世文獻還是出土的戰國楚簡中的《尚書》類文獻，因爲它們畢竟不是出土夏商西周實物上的文獻，這就需要從語言的角度，也就是看這些文獻所使用的語言是商代、西周還是春秋戰國時代。一篇文獻寫成於某個時代肯定是用那個時代的詞語，也可能使用前代的詞語，但是不可能使用後代所產生的新詞語。也就是説西周金文有可能使用商代詞彙，但是絕對不可能使用春秋戰國時代產生的新詞彙。即使是後代擬寫的前代作品，比如戰國人擬寫的商代或者周代的文獻也免不了經常流露出擬寫者那個時代的語言。因爲那個時代他們並不是刻意去造假，他們只是借用夏商周的故事表達自己的觀點而已，所以使用擬寫者生活的那個時代的語言是正常的，或者加工、編寫傳説當中的夏商周的故事而已。因此裏面的歷史内容和思想觀點可能來源於夏商周，也有可能是春秋戰國時代的作者杜撰的，因此從歷史内容、思想觀點來判斷它的寫成時代往往容易出錯。總之，語言應該是判斷文獻寫成時代的最主要的，也是最重要的標準，其他都是輔助標準。

一、《厚父》篇的寫成時代

《厚父》篇的寫成時代，有的學者説是夏代，有的學者説是商代，還有的學者説是周代。但是，從它所使用的語言情況看，如"前文人"、"若否"、"哲王"、"皇天"、"庶民"、"弗戁"、"拜手稽首"、"天子"、"下民"、"典刑"、"顛覆厥德"、"沉湎于非彝"、"墜厥命"、"臣民"、"天命"、"民心"、"威儀"、"經德"、"明德"、"慎厥德"、"敬德"等,都是習見於西周金文和可信的西周文獻,而不見於商代甲骨文和商代金文。傳世《尚書》中的《虞夏書》現在公認爲不是那個時代寫成的,現在更未見能夠記錄語言的夏代古文字資料,因此那個時代的語言使用情況我們現在還不知道,這就無法證明《厚父》篇爲夏代文獻。商代除商末甲骨文金文外,傳世的《尚書·商書》和《詩經·商頌》學術界主流也不認爲是寫成於商代。即使被認爲是可信的商代文獻《盤庚》篇也公認是經過西周人的改寫,因爲《盤庚》篇中有很多只有西周才有的詞語。因此傳世商代文獻還不能用來證明《厚父》篇所使用的語言爲商代語言。總之,從語言的角度看,完全可以否定《厚父》篇爲夏代文獻和商代文獻或撰寫於夏代和商代的觀點。

上文我們已經說了《厚父》篇有很多習見於西周金文和西周文獻的詞語,但是,還不能證明它就是西周文獻或撰寫於西周時代。因爲在《厚父》篇中還有些詞語只見於春秋戰國金文和傳世春秋戰國文獻,比如:

> 在夏之哲王,廼嚴寅畏皇天上帝之命

周按:"嚴寅畏皇天上帝之命"類似的詞語見於春秋戰國秦公簋:"秦公曰:十又二公不墜在下,嚴恭寅天命。"又見於《尚書·無逸》篇:"周公曰:嗚呼,我聞曰:昔在殷王中宗,嚴恭寅畏天命……"《無逸》篇現在學術界一般也認爲寫成於春秋時代,但可以肯定地說,它絕對不可能寫成於西周早期。"嚴寅畏"這三個同義詞疊加在一起表示恭敬之意絕不見於西周金文和西周文獻,這說明這種用法不是西周時代的用法,而是春秋時代的用法。

《厚父》篇中又有下面的詞語:

> 其在時後王之卿,或肆祀三后,永敘在服,惟如台?
> 茲小人之德,惟如台?

周按:上引"如台"一詞,意同"如何",未見於西周金文和西周文獻。但見於《尚書·商書》下列文獻:

> 予惟聞汝衆言,夏氏有罪。予畏上帝,不敢不正。今汝其曰:"夏罪其如台?"
>
> 《湯誓》

不能胥匡以生，卜稽曰：其如台？　　　　　　　　　　　　　　　（《盤庚上》）

天既孚命正厥德，乃曰：其如台？　　　　　　　　　　　　　　　（《高宗肜日》）

大命不摯，今王其如台？　　　　　　　　　　　　　　　　　　　（《西伯戡黎》）

《湯誓》《盤庚》《高宗肜日》《西伯戡黎》的寫成時代絕不可能在商代，其歷史内容有可能來源於商代，但應該是春秋時代的人根據當時的傳説撰寫而成，其寫成時代應該在春秋時代。有人據上引四篇文獻中的"其如台"證明《厚父》篇也爲商代文獻，是不可信的。西周春秋文獻如《詩經》不見"如台"，但習見"如何"一詞，但基本見於《國風》和《小雅》。總之"如台"一詞應該是春秋時代的用語。

　　《厚父》篇又有下面的詞語：

　　　　王曰：欽之哉，厚父！

周按："欽哉"一詞習見於《尚書·堯典》（凡六見）、《皋陶謨》（凡三見），《堯典》雖然保存了見於商代甲骨文的"四方風"方面的資料，但其寫成時代目前學術界公認爲在春秋時代，《皋陶謨》也應該是春秋戰國時代撰寫而成，目前還没有人認爲《堯典》《皋陶謨》是夏代時寫成。"欽哉"和上文"如台"一樣，都不見於西周金文和可靠的西周文獻，甚至不見於《詩經》的《國風》和《小雅》，只能説明它産生的時代在春秋戰國。

　　《厚父》篇又有：

　　　　惟所役之司民啟之，民其亡諒。

　　　　廼弗畏不祥，亡顯于民，亦惟禍之攸及，惟司民之所取。

周按：上文"所役"、"所取"，"所"字放在動詞前這種用法目前在西周金文中還没有發現，也就是説，到目前爲止西周金文當中還没有發現"所"字，西周晚期敔簋銘文有"所"字，但爲摹本，僅此一見。但是"所"加動詞的結構習見於《詩經》和《尚書》，值得注意的是《尚書》中凡四見"所"字結構，如：

　　　　子弗知乃所頌。　　　　　　　　　　　　　　　　　　　　（《盤庚》）

　　　　乃得周公所自以爲功代武王之説。　　　　　　　　　　　　（《金縢》）

　　　　凡大木所偃。　　　　　　　　　　　　　　　　　　　　　（《金縢》）

　　　　則罔所愆。　　　　　　　　　　　　　　　　　　　　　　（《秦誓》）

有所字結構的三篇文獻中也都寫成於春秋時代,即使《金縢》篇保留了周初周公與周成王的故事,但其寫成時代也應在春秋戰國時代,這從語言上有很多證據可以證明。《詩經》的《小雅》《國風》習見"所"字結構,但它們都是西周晚期到春秋時代的作品,見於《大雅》《頌》的不多。總之,"所"字結構盛行於西周晚期到春秋之後的語言形式,不可能在夏商和西周早期出現。

此外,《厚父》篇説:

> 王若曰:"厚父! 我聞禹□□□□□□□□□□川,乃降之民,建夏邦。啟惟后……"

周按:上引這段簡文是把禹和夏聯繫在一起的,但實際上在西周文獻當中,禹和夏是沒有聯繫的。在西周春秋早期文獻中,禹是一個創造山河大地的天神,如《詩經》中的下列文獻:

> 信彼南山,維禹甸之。　　　　　　　　　　　　　　　(《信南山》)
> 豐水東注,維禹之績。　　　　　　　　　　　　　　　(《文王有聲》)
> 奕奕梁山,維禹甸之。　　　　　　　　　　　　　　　(《韓奕》)
> 是生后稷……纘禹之緒。　　　　　　　　　　　　　　(《閟宫》)
> 洪水茫茫,禹敷下方土。　　　　　　　　　　　　　　(《長發》)
> 天命多辟,設都于禹之績。　　　　　　　　　　　　　(《殷武》)

禹是否有天神性,禹與夏有没有關係? 顧頡剛《討論古史答劉胡二先生》(見於《顧頡剛古史論文集》第 130 頁,中華書局 1988 年)已經有詳細的研究,其結論就是禹是天神,禹和夏没有關係。其論證嚴密,證據確鑿,很難推翻,只能相信。即使近年發現的豳公盨銘文,其内容也只能證明大禹是開創大地高山河流的天神。在上引顧頡剛的論文裏已經證明《詩經》《尚書》没有將禹和夏聯繫在一起,但《左傳》《墨子》《孟子》已經有"夏禹"一稱,説明至春秋晚期已經把禹和夏聯繫在一起了。《厚父》篇把禹和夏聯繫在一起,説明它的寫成時代最早應該在春秋末年。

二、《封許之命》的寫成時代

《封許之命》都認爲寫成於成王時代,没有分歧。但是篇中有一些詞語明顯出現很晚:

雩在天下,故天勸之亡斁,尚純厥德,應受大命……

周按:"勸"字在此句當中應爲鼓勵、勉勵之意,詞義清楚,不會有分歧。"勸"字習見於《尚書》的《盤庚》《大誥》《君奭》《多方》《顧命》,其中《多方》凡七見,但不作鼓勵、勉勵講,而用爲觀,詳于省吾先生《雙劍誃尚書新證》:

不克終日勸于帝之迪　慎厥麗乃勸厥民刑用勸　亦克用勸(《多方》)

　　按勸舊讀如字,非是,勸皆觀之訛,《君奭》"割申勸"之"勸"《禮記》作"觀",金文"觀"作"雚",勸、觀形近聲亦通,迪即由,"不克終日勸于帝之迪",言不克終日觀於上帝之所由也,下之"乃勸"、"用勸",應作"乃觀"、"用觀",觀讀去聲,嘉量銘"以觀四國",《釋文》:"觀,示也。"

周按:上引于省吾先生的考證説明西周時代還没有"勸",《尚書》等西周文獻中的所謂"勸",其實都應該讀爲"觀"。這個説法是可信的。

《封許之命》中説:

亦惟汝吕丁,扞楠武王……

周按:"楠"用作"輔佐"之"輔",這是没有疑義的。但是"輔"有"輔佐"之意産生很晚。在西周金文晚期當中已見"輔"字,但不用爲"輔佐"之意。春秋蔡侯盤銘文"肇輔天子"始見"輔佐"之意。《詩經·魯頌·閟宮》"大啟爾宇,爲周室輔",此篇爲春秋文獻。《尚書·湯誓》"爾尚輔予一人",此篇也爲春秋文獻。西周金文未見"輔"用爲輔佐之意,西周文獻僅《尚書·洛誥》有"亂爲四輔"之語,存疑待考。總之,西周時代"輔"字還没有産生"輔佐"之意,《封許之命》篇有"扞楠武王"之語,可見其寫成時代絶不會在西周早期。

　　在《封許之命》中成王賜給吕丁的青銅器中有盤、鑑、鼎、簋諸器,其中鑑從上下語言環境看只能是水器鑑,但是據現在的考古出土的青銅鑑,最早産生於春秋時代,西周時代没有鑑這種青銅器。

　　《封許之命》中説:

靡念非尚(常)。

周按:"非常",相同的詞語見於《詩經·大雅·文王》"侯服于周,天命靡常"。《尚書·盤庚上》兩見"不常"一詞,《詩經·唐風·鴇羽》有"悠悠蒼天,曷其有常"。西周金文有的"尚"可能用於"常",但未見"非尚(常)"、"靡尚(常)"、"不尚(常)"、"有尚(常)"之類的詞語。上引《文王》篇是西周晚期的作品,《盤庚》篇和《鴇羽》篇也是西周晚期到春秋時代的作品。總之,《封許之命》有"非常"一詞,現在還無法證明此篇在西周早期產生。

(作者單位:天津師範大學文學院)

《封許之命》"盤簠"補證[*]

羅衛東

    清華簡《封許之命》篇"是周初分封許國的文件",^①記錄了周王賞賜給許國的物品以及贈送給許國始封之君吕丁的"荐彝"——成組禮器。自 2015 年 4 月《清華大學藏戰國竹簡(伍)》出版以來,清華大學出土文獻研究與保護中心、復旦大學出土文獻與古文字研究中心、武漢大學簡帛網等網站有多篇文章與帖子討論該篇,《出土文獻》《簡帛》等刊物上也發表了研究《封許之命》的成果。安徽大學、華東師範大學、福建師範大學幾位研究生還分別彙集過《封許之命》的研究成果,做出《集釋》。^②本文將討論《封許之命》簡 7 的兩個字形:![字形],即周王所贈禮器之一。整理者將這兩個字形隸定爲"周(雕)匧(匚)"。^③筆者查檢古文字與古文獻資料,結合前賢時彦的研究,補充證明"![字形]"即"盤簠",《封許之命》簡 7 的"盤簠"是一個雙音複合詞。吕丁被賜的禮器,有"鉦"這樣的單音詞,也有"巨(柜)鬯"這樣的雙音詞,"盤簠"也是雙音複合詞,試疏證如下。

一、釋"![字形]"爲"盤"補證

    關於"![字形]"字,整理者釋爲"周(雕)","雕鏤紋飾"之義。《清華大學藏戰國竹簡(伍)》另有記錄"雕鏤"、"彫刻"義的字,即《湯處於湯丘》簡 16"器不敚(雕)鏤"句的"敚",^④寫作![字形]。戰國時期楚系竹簡常用从攴的敚來記錄彫刻義。

    當然我們也不能排除《封許之命》簡 7 不用"![字形]",而是用"![字形]"來記錄"雕鏤"義。整理者認爲"![字形]"是雕鏤紋飾,用來修飾器物。查檢現有資料,"![字形]"在已公布的七册清華簡中有以下用法:

    * 本文寫作得到北京市哲學社會科學重點項目(19ZDYYA001)、北京語言大學校級重大項目(18ZD001)資助。

1. 朝代、王室名。例如：

　　　殹(乃)屰＝(小子)螜(發)取 [image_ref] 廷杍(梓)桓(樹)……　　　　（清華壹《程寤》簡 1）
　　　[image_ref] 武王又疾。　　　　　　　　　　　　　　　　　　（清華壹《金縢》簡 14 背）
　　　[image_ref] 乃亡。　　　　　　　　　　　　　　　　　　　　（清華貳《繫年》簡 7）

2. 至,極。例如：

　　　朕聞(聞) [image_ref] 長不式(貳)。　　　　　　　　　　　　　（清華壹《程寤》簡 6）

3. 鴡。⑤例如：

　　　[image_ref] 鴡　　　　　　　　　　　　　　　　　　　　　　（清華壹《金縢》簡 9）

4. 細密。例如：

　　　上下乃 [image_ref] 。　　　　　　　　　　　　　　　　　　　（清華陸《子產》簡 2）

5. 合。例如：

　　　余棄惡 [image_ref] 好。　　　　　　　　　　　　　　　　　　（清華柒《趙簡子》簡 19）

　　上列五種意義,用來解釋周王贈送給呂丁的禮器“[image_ref]”,都不合適。如果定爲朝代“周”加器名,沒有書證。⑥商周甲金文中有“[image_ref]”字,諸家有多種分析。⑦王襄分析：“[image_ref],古鹵字,象田中鹽結之形。”吳大澂、孫詒讓判定此字即“周”之省,商承祚、郭沫若、孫海波、李孝定也認同“[image_ref]”即“周”。關於“周”的構形理據,學者多據《說文解字》解釋：

　　　《說文解字》口部：“周,密也。从用口。[image_ref],古文周字,从古文及。”
　　　段玉裁在“从用口”下注：“善用其口則密,不密者皆由於口。”⑧

　　有的學者依據古文字分析“周”字構形理據,如葉玉森分析：

"▦"之異體作▦、▦、▦等形。予往者徧檢卜辭未見金字,因疑金文中之
金字即由卜辭之▦、▦譌變……

葉氏認爲"殷代文字流傳至周,往往厥形尚存而音訓迥異",其釋金文中"▦"爲"周",
指出"田象古代盛金粒之器,有界格"。

李孝定肯定《説文解字》解釋,認爲甲骨文"周"字正象"密致周匝之形"。

晁福林分析甲骨文"周"字與舟船有關係。晁先生認爲:

> 周字並不以田爲偏旁,而是以桴(舟)形爲偏旁的……甲骨文"周""即編木而
> 成的桴形",爲桴(舟)上運載的銅礦石之形,它由桴(舟)得其音讀,所以古代文獻
> 裏周與舟每相通諧。⑨

董珊分析甲金文的"周"可能是"疇"字的表意初文。"周"的早期字形與田疇之疇
的本義相近。⑩

朱芳圃等釋金文的"▦"、"周"爲"琱",象"治玉琢文之形"。⑪後來寫作"彫"、
"雕"。《封許之命》的整理者也將"周"釋爲"雕"。也有學者不同意將"周"釋爲"雕"。
主要有以下幾種不同觀點:

1. 釋"周"爲"舟"

鵬宇首先提出周字讀爲"舟":

> 整理者意見可從,此外也不排除"周"字或可逕讀爲"舟"。……舟是古代祭
> 祀中常用之器。……"舟,尊下臺,若今時承檠。"
> 考古實物中常有尊盤同出的現象……所謂舟乃是盛放尊的一種盤形器。⑫

王寧、子居等也贊同讀爲"舟"。王寧認爲,讀爲"舟"可從,"舟"是承器的托盤。⑬
子居認爲,從上下文來看,讀"周"爲"舟"甚是,當從之。⑭

2. 釋"周"爲"盤"

蘇建洲認爲讀"舟"不妥:

> 《封許之命》簡7"周(雕)▦(簠)"的"周",有研究者釋爲"舟",以爲是尊下
> 臺,若今時承檠。謹案:出土文物是否有表示承檠的"舟"很值得懷疑,所謂"舟"
> 恐怕不少是"盤"的初文。⑮

桂馥曾以"周旋"、"舟旋"並舉:

> 《説文解字》殳部:"般,辟也。象舟之旋,从舟从殳,殳所以旋也。"
> 《説文解字義證》:"上下一心以舟施。馥謂施當爲'旋'字之誤也,本書'旋'。周旋,旌旗之指麾也。"⑯

如果查檢文獻用例,"周"、"舟"有通假現象,也有異文例證:⑰

> 《詩經·小雅·大東》:"舟人之子。"鄭玄箋:"舟當作周。"
> 《左傳》襄公二十三年:"齊華周,字還。"《説苑》以"舟"爲之。
> 　馬王堆帛書《春秋事語·齊桓公與蔡夫人乘舟章》:"齊亘(桓)公與蔡夫人乘周,夫人湯(蕩)周……"
> 《説文解字》虫部:"蜩,蟬也。从虫,周聲。《詩》曰:'五月鳴蜩。'蚍,蜩或从舟。"

羅振玉、王襄、郭沫若、吳其昌、李孝定、饒宗頤、張桂光等先生都分析了"凡"、"舟"、"般"、"槃"的關係。⑱李孝定認爲:

> 槃(凡)之原始象形字當作𠘧,以與古文舟作𣍩者形近,故篆文誤从舟耳。

于思泊《釋汎》:

> 《管子·小問》:"意者君乘駮馬而洀桓,迎日而馳乎?"尹注:"洀,古盤字。"按尹説是也。《管子·乘馬》:"蔓山,其木可以爲材,可以爲軸,斤斧得入焉,九而當一;汎山,其木可以爲棺,可以爲車,斤斧得入焉,十而當一。"按汎即洀,即盤,古文字从舟、从凡一也。"⑲

近年陳英傑在分析蘇公盤自名時,也詳細分析了"盤"用"攴"、"舟"、"凡"形體記録的現象。⑳

"𦨶"、"舟"既雙聲又疊韻,同屬幽部、照紐,𦨶讀爲"舟",它是否就是表示承槃的"舟"呢? 因爲《封許之命》賞賜物品僅有文字,没有對應的圖像或實物,不能肯定是"尊下臺"。比較金文中"舟"的用法,蘇建洲推測𦨶與"盤"相關是有道理的。

金文中"盤"有幾種形體記録。例如:

1. （虢季子白盤）

佳（唯）十又二年正月初吉丁亥，虢季子白乍（作）寶盤。

2. （中子化盤）

卑（中）子化用保楚王，用正（征）桕（莒），用霝（擇）甘（其）吉金，自乍（作）盤（浣）盤。

3. （蔡侯申盤）

用詐（作）大孟姬媵彝醯（盤）。

4. （番昶伯君盤）

佳（唯）番昶白（伯）者君，自乍（作）寶般（盤）。

5. （伯侯父盤）

白（伯）医（侯）父艃（媵）弔（叔）嫣娶（聯）母盤（盤）。

6. （強伯盤）

強伯作澄（盤）。

7. （函皇父盤）

圅（函）皇父乍（作）媥般（盤）盂隌（尊）器鼎殷一鼑（具）。

8. （晉韋父盤）

晉（晉）韋父乍（作）寶舟（盤）。

9. （作公鋬）

乍（作）公舟（般、盤）烾（鋬）。

上列金文"盤"字都有構件"舟"。

"舟"、"凡"是"盤"的初文，上列第8例晉韋父盤和第9例作公鋬用"凡"記録"盤"。依此分析，一些金文資料著録書中的器物，可以由"舟"更名爲"凡（盤）"。例如《殷周金文集成》10017號和《商周青銅器銘文暨圖像集成》14303號舟盤，字形作""，這一個器物名稱是"凡（盤）盤"。

綜上所述，《封許之命》簡7的""通"舟"，"舟"即"盤"。

二、釋“▨”爲“簠”補證

“匚金”，整理者括注爲“匚”。注釋：“匚金”字從匚，《説文》：“匚，受物之器，讀若方。”㉑華東師範大學中文系出土文獻研究工作室將此器物讀爲“禁”：

> 按，此字罕見，亦可理解爲從匚金聲，讀爲“禁”。“禁”可用以奠置酒器，《儀禮》多見。此字從金，且上下文詞彙皆爲銅器，疑此字即爲銅禁之本字。㉒

《封許之命》幾種《集釋》的作者們都没有關注到已有學者改釋此字爲他字。謝明文釋“匚金”爲“簠”：

> “匚金”應分析爲從金、匚（匚）聲，金文中作爲器物自名見於京叔姬簠（《集成》04504）、仲其父簠（《集成》04482）、仲其父簠（《集成》04483），它指的就是青銅器中習見的那類作長方形、斗狀、器蓋同形的簠類器。㉓

“匚金”即簠，作爲器物自名還見於 1997 年 7 月陝西扶風縣段家鎮大同村西周墓出土的宰獸簋：

> 用乍(作)朕(朕)剌(烈)且(祖)幽中(仲)益姜寶匚金(簠)殷(簋)

自名爲“匚金殷”，“簠”字形寫作 。

“簠”、“瑚”、“鋪”、“豆”等器物名稱和形制的關係，已有前賢時彦探討。㉔我們蒐集《商周金文資料通鑑》所有“簠”類容器，可見該類器物有多種形體記録，㉕形聲結構的“匚金”、“▨”、“▨”、“▨”、“▨”等字，聲符由“古”、“夫”或“吾”等充當。例如：

（射南簠，西周晚期）　　（劃伯簠，西周晚期）

（季宫父簠，西周晚期）　　（伊設簠，西周晚期）

（史叟簠，西周晚期）　　（伯公父簠，西周晚期）

（曾伯克父簠甲,春秋早期）　　（商丘叔簠,春秋早期）

（京叔姬簠,春秋早期）　　（尹氏叔䌛簠,春秋早期）

（魯士浮父簠,春秋早期）　　（夒膚簠,春秋中期）

（彭子射兒簠,春秋晚期）　　（大府簠,戰國晚期）

（西替簠,戰國時期）

會意結構類型的"簠",由""、"金"構成,例如：

（仲其父簠甲,西周晚期）

《封許之命》呂丁所受賞賜物品正是"",即"簠"。

三、盤簠及相關問題考證

戰國時期多種文字資料中,"般"、"槃"、"鎜"、"盤"等形體記錄容器"盤",少見"周"用作"盤"的例證。[㉖]《戰國古文字典》"周"字沒有收錄"盤"的用例。查檢現存金文材料,[㉗]青銅器銘文中沒有"盤簠"連稱。出現過"盤盂"、"盤鑒"、"盤匜"連稱。例如：

雁（應）厌（侯）乍（作）寶般（盤）盂。　　　　　　　　（應侯盤,西周晚期）
盩（鑄）寶般（盤）鑒。　　　　　　　　　　　　　　　（周晉鑒,西周中期）
白（伯）大父乍（作）行般（盤）也（匜）。　　　　　　　（伯大父盤,春秋早期）

我們查檢到戰國早期的陳曼簠銘文如下：

齊陞（陳）寅（曼）不敢（敢）逸康,肇董（謹）經德,乍（作）皇考獻（獻）弔（叔）饙（饋）厥（盤）,永保用臣（簠）。

該器"盤"寫作"","簠"寫作""。陳佩芬認爲陳曼簠"銘文上言爲'饌盤'下言爲'匡',實爲一物"。⑱

《封許之命》""因無實物可以比照,所以無法判定是一物還是兩物。從考古學角度分析,"盤"、"簠"組合在戰國時期各個級別的墓葬中都有出土,當然同時還組合有其他容器。⑳1973 年 11 月河南淮陽縣大連公社堌堆李莊村南出土曹公盤、曹公簠,就是盤簠組合。㉚以上是我們對《封許之命》""釋爲"盤簠"的補證,所證必有不妥,敬請大家指教。

附記:拙文曾於 2018 年 11 月在清華大學紀念清華簡入藏十周年會議上宣讀,收入《清華簡研究》第四輯時保留了會議論文原貌。拙文修改、補充後,曾發表於《民俗典籍文字研究》第二十五輯,請大家參看、指正。

(作者單位: 北京語言大學人文社科學部北京文獻語言與文化傳承研究基地)

注釋:
① 清華大學出土文獻研究與保護中心編,李學勤主編:《清華大學藏戰國竹簡(伍)》上冊第 41 頁、下冊第 117 頁,中西書局 2015 年。爲簡略起見,本文在提及學者名字時,皆省略"先生"二字,特此説明。
② 黃凌倩:《清華伍〈厚父〉、〈封許之命〉集釋》,碩士學位論文,安徽大學 2016 年;郭倩文:《〈清華五〉、〈上博九〉集釋及新見文字現象整理與研究》,碩士學位論文,華東師範大學 2016 年;劉偉浠:《清華大學藏戰國竹簡(五)疑難字詞集釋》,復旦大學出土文獻與古文字研究中心網,2016 年 5 月 10 日。這幾種《集釋》收集了《封許之命》研究成果,可惜並非窮盡性的收集。
③ 清華大學出土文獻研究與保護中心編,李學勤主編:《清華大學藏戰國竹簡(伍)》下冊第 122 頁。
④ 清華大學出土文獻研究與保護中心編,李學勤主編:《清華大學藏戰國竹簡(伍)》上冊第 68 頁。
⑤ 整理者疑"周"讀爲"雕"。復旦大學出土文獻與古文字研究中心研究生讀書會認爲"周"與"鴟"聲音相近,"周鴞"即今本《詩經·豳風·鴟鴞》之"鴟鴞"。見《清華簡〈金縢〉研讀札記》,復旦大學出土文獻與古文字研究中心網,2011 年 1 月 5 日。
⑥ 在古籍數據庫中輸入"周"加器名,例如"周簠",僅僅檢索出清代金文著録書如《商周彝器釋銘》中有"周簠",是指周代器物類別,不是專指某一個器物。
⑦ 詳見于省吾主編:《甲骨文字詁林》第 2127—2128 頁,中華書局 1996 年。
⑧ 丁福保編纂:《説文解字詁林》第 2186 頁,中華書局 1988 年。
⑨ 何景成編撰:《甲骨文字詁林補編》第 534—535 頁,中華書局 2017 年。
⑩ 董珊:《試論殷墟卜辭之"周"爲金文中的妘姓之琱》,《中國國家博物館館刊》2013 年第 7 期,第 56 頁。
⑪ 張世超、孫凌安、金國泰、馬如森:《金文形義通解》第 191 頁,中文出版社 1996 年。
⑫ 鵬宇:《〈清華大學藏戰國竹簡(伍)〉零識》,清華大學出土文獻研究與保護中心網,2015 年 4 月 10 日。

⑬ 王寧：《讀〈封許之命〉散札》，復旦大學出土文獻與古文字研究中心網，2015 年 4 月 28 日。

⑭ 子居：《清華簡〈封許之命〉解析》，清華大學出土文獻研究與保護中心網，2015 年 7 月 16 日。

⑮ 蘇建洲：《清華簡第五册字詞考釋》，《出土文獻》第七輯第 150 頁，中西書局 2015 年。

⑯ 桂馥：《説文解字義證》第 743 頁，中華書局 1987 年。

⑰ 前兩例參見王輝：《古文字通假字典》第 200 頁，中華書局 2008 年。第三例參見朱駿聲：《説文通訓定聲》第 257 頁，中華書局 1984 年。

⑱ 詳見于省吾主編：《甲骨文字詁林》第 2843—2850、3161—3162 頁。

⑲ 于省吾：《甲骨文字釋林》第 115 頁，中華書局 2009 年。

⑳ 陳英傑：《青銅盤自名考釋三則》，《中國文字研究》第十九輯第 26—27 頁，上海書店出版社 2014 年。

㉑ 清華大學出土文獻研究與保護中心編，李學勤主編：《清華大學藏戰國竹簡（伍）》下册第 122 頁。

㉒ 詳見華東師範大學中文系出土文獻研究工作室：《讀〈清華大學藏戰國竹簡（伍）〉書後（一）》，簡帛網，2015 年 4 月 12 日。

㉓ 謝明文：《談談青銅酒器中所謂三足爵形器的一種別稱》，復旦大學出土文獻與古文字研究中心網，2015 年 4 月 1 日。

㉔ 2018 年 11 月 18 日，筆者參加"紀念清華簡入藏暨清華大學出土文獻研究與保護中心成立十周年國際學術研討會"，會議間隙，承蒙孟蓬生、王志平二位先生指教，提醒筆者注意"簠"與其他器物形制、名稱的關係。我們分析時依據的是吳鎮烽先生提供的青銅簠圖像與拓片。

㉕ 詳見吳沙沙：《青銅簠自名、定名整理與研究》，碩士學位論文，北京語言大學 2018 年。

㉖ 參見何琳儀：《戰國古文字典》第 1058 頁，中華書局 1998 年。

㉗ 我們所做統計的材料範圍是吳鎮烽：《商周金文資料通鑒》（3.0），2016 年。

㉘ 陳佩芬：《夏商周青銅器研究》第 311 頁，上海古籍出版社 2004 年。

㉙ 參見劉彬徽：《楚系青銅器研究》第 83—109 頁，湖北教育出版社 1995 年。

㉚ 淮陽縣太昊陵文物保管所：《淮陽縣發現兩件西周銅器》，《中原文物》1981 年第 2 期，第 59 頁。

也説清華簡从"黽"之字

[日] 大西克也

一

清華六和清華七中出現了幾個从"黽"从"甘"或从"黽"从"廾"之字(下以"△"代之),如:

1. (清華六《管仲》16—17)

桓公又問於管仲曰:"仲父! △天下之邦君,孰可以爲君,孰不可以爲君?"

2. (清華七《子犯子餘》11—12)

用果念(咸)政(定)九州而△君之。

3. (清華七《趙簡子》1)

趙簡子既受△將軍,在朝,范獻子進諫曰……

4. (清華七《趙簡子》2—3)

今吾子既爲△將軍已(矣),如有過,則非人之罪,將子之咎。

有學者指出郭店《窮達以時》中亦有此字,[①]如:

5. (郭店簡《窮達以時》7)

百里遷鬻五羊,爲伯牧牛,釋鞭箠而爲△卿,遇秦穆。

據宮島和也君的統計，②《趙簡子》"△將軍"中的△字，有"承、命、孟、元、偏、貴、篷、冢、尚、上、禆、政"等十幾種不同解釋。他在 2017 年 11 月 25 日召開的"上海博楚簡研究會"上對這十幾種説法一一加以仔細檢討，並暫從許文獻先生的看法讀作"禆"。③後來文章正式發表時，改從黄縣人先生④和我的看法，⑤讀作"偏"，並把我的主要論點用日文寫出來。宮島君的文章是對《趙簡子》的譯注，對《趙簡子》之外用例的討論較爲簡略。因此，在這篇小文中，我們準備詳細解釋△字在簡文中的意義，並對△字的形音義提出初步論斷。

二

△字的解釋存在很大的分歧，主要有兩點原因：第一，△字在楚簡中本來不少見，據宋華强先生的研究，見於包山、信陽、天星觀、新蔡、郭店楚簡等材料中。⑥不過這些用例多數出現在遣策或卜筮祭禱簡中，要麽簡文殘斷，要麽語境不明，無法確定釋讀方向，只能作推測性探討。第二，不少學者認爲△字从"黽"得聲，並由此入手進行解釋。不過"黽"聲的古音亦有各種不同的説法，如蒸部、陽部、耕部、真部、元部等。⑦

在如此進退兩難的情況下，應該採取什麽樣的辦法擺脱窘境呢？我們認爲陳偉先生《也説楚簡从"黽"之字》⑧一文可以借鑒。他只認定上舉例(1)～(5)是"文句含義大致可曉者"，不管其他的例子，並根據楊蒙生先生讀"命"的意見解釋例句。陳偉先生先就上下文較爲明確的例子進行考釋，方法很值得參考，但他的結論仍有討論空間。比如例(1)讀作"命天下之邦君"，"邦"字就不太好落實，能號令天下的已經不是一國之君，而是霸主或天下之君，定語和中心語的語義不匹配。例(4)"命將軍"這樣的説法也不見於典籍。再説，"命"字極爲常見，爲什麽偏要在這些地方寫成"黽"聲字呢？因此，本文準備在上舉例(1)至例(5)五個例子的基礎上繼續探討△字的讀音和意義。

三

先説"黽"字的讀音。《廣韻》中"黽"字有三音，即軫韻"武盡切"（A 音）、獮韻"彌兗切"（B 音）和耿韻"武幸切"（C 音）。A 音和 B 音皆爲河南黽池之"黽"，C 音釋爲電屬。A 音爲明母真韻重紐四等（以平賅上去，下同），按規律來自上古真部；B 音爲明母仙韻重紐四等，按規律來自上古元部；C 音爲明母耕韻二等，上古來源爲蒸部或耕部。⑨A 音和 B 音都表“黽池”，二音的關係暫時無法判斷，只好並存。C 音是否作蒸部的“繩”、“蠅”等字的聲符，不同學者有不同的處理，如許思萊(Axel Schuessler)先生認爲“黽”爲聲符，將“黽”、“蠅”、“繩”三字都歸入蒸部，分別擬爲 ˟mrêŋ(明母)、˟ləŋ(以母)及 ˟m-ləŋ(船母)。⑩但是《説文》以“蠅”字爲會意字，解“繩”字爲“从糸蠅省聲”，所以段玉裁《説文解字注》據大徐反切“莫杏切”把“黽”歸入陽部，而“蠅”、“繩”都歸入蒸部。此外，定州漢簡《論語·先進》簡 274“閔子”作“黽子”，⑪“閔”是文部字，“黽”有真部和元部讀音，真、文、元三部有某種程度的通轉關係，⑫所以文部讀音也不能排除在外。“黽”字涉及的韻部很多，有真、文、元、蒸、耕、陽，聲母主要是唇音，也有舌音(章系和以母)。看起來古音似乎不能提供有用的信息，其實不然，雖然“黽”字古音涉及的方面比較廣，但也不是漫無邊際，沒有涉及所有的音節。如果在上述古音範圍之內能找到一個解釋力較強的字，很可能就是“黽”字所記錄的詞或音節，即便不能百分之百地證明。我們認爲這就是黃縣人先生提到的“偏”字，“偏”是中古滂母仙韻重紐四等字，上古屬元部，與“黽”的 B 音極爲接近。下面用此音來解釋上面的例(1)至例(5)。

四

黃縣人先生針對例 3 和例 4(兩例均出清華七《趙簡子》)，提出將△字讀“偏”：

> 有的古音學家把黽歸爲元部。如此，寗將軍或可讀爲“偏將軍”。先秦典籍偏將軍僅見於《老子》“偏將軍居左，上將軍居右”。偏將軍與上將軍相對應。⑬

對此許文獻先生有所保留：

> 黃縣人先生讀爲“偏”，有一定之啟示意義，且其釋讀具《老子》之實證，有其可信度，郭店《老子》簡以“卞”字代“偏”，其與“黽”之關係尚且不明，因此，簡文此例是否仍可讀爲“偏”，似仍有續作補證之空間。⑭

許先生將△字讀作“裨”。其實讀“偏”或讀“裨”，意思相同，都表副佐之意。“裨”是支部字，不在上述“黽”字古音範圍之內，因此我們認爲不如讀“偏”。偏將軍即佐將軍，如果范獻子爲中軍將，趙簡子則爲中軍佐；若果范獻子爲上軍將，趙簡子則爲上軍佐。

這裏附帶討論簡文"趙簡子既受△（偏）將軍，在朝，范獻子進諫曰"的含義。據顧棟高《春秋大事表・晉中軍表》，范鞅（獻子）將中軍在晉定公三年（前509），趙鞅（簡子）繼任范鞅，將中軍，是晉定公十五年的事情。⑮童書業先生《春秋左傳研究》説：

> 魏獻子卒（定元年），蓋范獻子爲政（定元年傳杜注云然），故定四年傳載"晉荀寅求貨於蔡侯，弗得，言於范獻子"云云。范獻子之後蓋趙簡子爲政，定八年傳載"晉士鞅、趙鞅、荀寅救我"，是趙鞅之位僅次於范鞅也。⑯

這很好地説明了趙簡子和范獻子的上下關係，爲執政和將中軍都是范獻子在前而趙簡子在後。但是簡文云："范獻子進諫。""進諫"一詞在典籍中屢見不鮮，都表下級向上級的行爲，如"王弗忍，欲許之。范蠡進諫曰……"（《國語・越語下》）、"令初下，群臣進諫，門庭若市"（《戰國策・齊策一》"鄒忌脩八尺有餘"章）等，簡文似乎顛倒上下之序。

其實不然，簡文作者顯然有意把趙簡子的地位放在范獻子之上。《史記・晉世家》云：

> 十五年，趙鞅使邯鄲大夫午，不信，欲殺午，午與中行寅、范吉射親攻趙鞅，鞅走保晉陽。定公圍晉陽。荀櫟、韓不信、魏侈與范、中行爲仇，乃移兵伐范、中行。范、中行反，晉君擊之，敗范、中行。范、中行走朝歌，保之。韓、魏爲趙鞅謝晉君，乃赦趙鞅，復位。二十二年，晉敗范、中行氏，二子奔齊。

范吉射是范獻子之子，晉定公二十二年（前490）被趙簡子打敗，出奔齊國，失去晉國六卿的地位。後至公元前453年三晉分立，在位趙君爲趙簡子之子趙襄子。《趙簡子》的作者有意將趙簡子放在范獻子之上，大概有這麼一個歷史背景。這也就是説，《趙簡子》很可能在趙國成書，否則作者沒有必要對趙簡子特殊對待。

<h1 style="text-align:center">五</h1>

其次談例1。我們認爲清華六《管仲》此例中的△字可以讀"徧"或"遍"。"徧"義即"盡"，"徧天下之邦君"即"盡天下邦君"。簡文"△（徧）天下之邦君，孰可以爲君，孰不可以爲君"可譯爲：所有的天下邦君中，誰可以當天下之君，誰不可以當天下之君。

《孟子·離婁下》云:"蚤起,施從良人之所之,徧國中無與立談者。""徧國中"即"盡國中",其用法與《管仲》完全相同。《墨子·尚同下》:"是以遍天下之人,皆欲得其長上之賞譽,避其毀罰,是以見善不善者告之。"此"遍天下之人"與"△(徧)天下之邦君"也是同樣的結構。⑰

劉洪濤先生把△讀作"繩":

　　　　其字在此應讀爲"繩",意思是衡量。《禮記·學記》"省其文采,以繩德厚",鄭玄注:"繩,猶度也。"⑱

令人疑惑的是,楚簡中"繩"字皆爲"興"聲字,諸如上博六《天子建州》乙本簡5~6:"天子坐以矩,食以義,立以縣,行以興(繩)。"清華六《管仲》簡11:"執德如縣,執政如纆(繩)。"清華七《子犯子餘》簡8~9:"在上之人,上纆(繩)不失,近亦不僭。"因此△字能否讀"繩",還有待進一步驗證。《説文》糸部:"繩,索也。从糸,蠅省聲。"上博一《孔子詩論》簡28"蠅"字从䖵,興聲。⑲"繩"爲"蠅"省聲的説法能否在楚簡中成立尚缺可靠證據。

《禮記·樂記》"以繩德厚",《正義》解釋爲"準度以道德仁厚",意思是利用音樂按"德厚"的觀點來糾正人民,"繩"字的賓語"德厚"不是對象而是標準。如果簡文△字讀作"繩",動賓關係就和《禮記》不一致了。

王寧先生認爲"△天下之邦君"當即"尚(上)天下之君":管仲在回答的時候談到殷的先王湯,是"可以爲君"者;又舉了紂,是"不可以爲君"者。湯、紂都算是"上天下之邦君"。⑳其實,桓公問的不是上古邦君中誰可當天子的問題。湯開創商朝,紂失去天下是誰都知道的常識,根本不用問。管仲回答説:"若夫湯者可以爲君哉!……若后辛者,不可以爲君哉!"回答顯然也是針對當前邦君的。此△字絕不可能讀作"上"。㉑王寧先生也把《趙簡子》中的△字讀作"上將軍",㉒此説獨立地看似乎可以講得過去,但和《管仲》該字合起來看,未免顯得説服力不夠。

六

接著談例2。清華七《子犯子餘》的△字也可以讀作"徧"或"遍"。簡文"用果念政九州而△君之","用果"文意不大好懂,但"念政九州而△君之"讀作"咸定九州而遍君之",應該沒有太大的問題。"念"讀"咸",從陳偉先生。㉓"念"从"今"聲,"今"、"咸"都是侵部字。"定九州"見《史記・越王句踐世家》："禹之功大矣,漸九川,定九州,至于今諸夏艾安。""遍君之"即"遍君九州",意思與《管子・山至數》"徧有天下"相同。

明珍先生指出"△君之"的△字讀"竈",用法與金文"竈囿四方"近同。或讀爲"造",始也。㉔林少平先生贊同此説,讀爲"簉",訓作"副"。㉕二位先生把△字和金文的"竈"字聯繫起來討論,思路很好,但結論尚有可商之處,"竈"、"造"都是幽部字,古音不在"䖵"聲管轄範圍之内。

現在看來,秦公簋的所謂"竈"字也應讀"遍","遍囿四方"亦同《管子》"徧有天下"。秦公簋原篆作 ,从"穴"从"䖵",應與△爲同一字。《趙簡子》該字所从之"廾",大概是"䖵"的後肢訛變。見於秦公簋之字,李零先生讀作"奄":

> (傳世秦公鎛)竈又下國,應即《詩・魯頌・閟宮》"奄有下國",秦公殷"竈囿",鐘銘作"匍有"可證,此從舊釋。《石鼓・吳人》:"䩆(載)西䩆(載)北,勿(忽)竈勿(忽)代",竈亦奄字。或以之爲竈,恐非是。㉖

按,典籍中表普遍的"奄"字不少見,如《尚書・立政》"式商受命,奄甸萬姓"、《詩・大雅・皇矣》"受禄無喪,奄有四方"、《左傳》襄公十三年"赫赫楚國,而君臨之,撫有蠻夷,奄征南海"、《莊子・大宗師》"傅説得之,以相武丁,奄有天下"等。這些"奄"字往往訓"同"、"覆"等,我們認爲也有可能是△字訛變。秦公大墓出土石磬也有 字,銘文云:"鹽(固)天命,曰:△專綿(蠻)夏。"㉗"△專"二字王輝先生讀作"肇敷","敷"訓遍布。㉘按,此字亦可讀作"遍","遍敷"同義連文。

不過秦系文字中還確實有一個从"穴"从"䖵"讀作"竈"的字,如荆州博物館藏五十二年秦戈銘文有"蜀郡守竈";㉙睡虎地秦簡《法律答問》簡192云:"何謂纍人?古主爨竈者殹。"因此,秦公簋中該字和睡簡中的"竈"字是否有淵源,二字有什麼關係,尚有待研究。㉚

這裏順帶簡單討論《子犯子餘》中例2所在語段的釋讀。我們認爲,簡11到簡12的一段文字可以作如下釋讀:

> 昔者成湯以神事山川,以德和民。四方尸(夷)莫(貊)句(后)與人面,見湯若霓(逢)雨,方奔之而麀(比)雁(應)安(焉)。用果念(咸)政(定)九州而霫(遍)君之。

"四方尸莫句與人面"八字的釋讀和句讀,主要從陶金先生的看法,"尸莫"讀作"夷貊","人面"即《墨子》《國語》《鹽鐵論》等文獻中所見的"人面",㉛是古人對夷貊人民的蔑稱。“句”字讀作“后”，“后與人面”指夷貉之君和其人民。“魼”字疑可讀“逢”。“魼”是中古並母虞韻三等字，上古來源爲魚部或侯部。清華一《尹至》簡5用“魼”作“附”，如“湯往征弗魼(附)”，[②]由此可見“魼”的古音可歸侯部。並母侯部“魼”字讀作並母東部之“逢”，在音理上沒有問題，在語義上也很順。《孟子·滕文公下》云：

> 湯始征，自葛載，十一征而無敵於天下。東面而征，西夷怨；南面而征，北狄怨，曰：“奚爲後我？”民之望之，若大旱之望雨也。

“逢雨”即“望雨”，《孟子》所記爲湯尚未到之時，所以稱“望”；《子犯子餘》所記爲既見成湯之後，所以稱“逢”。“麗”字圖版作▨，頭部稍訛，可能未必從“鹿”，但下從“比”聲應無問題。“比”表親附，“應”表應和，同義連文。全段可翻譯爲：

> 往昔成湯用祀神的方式來事奉山川，用仁德和諧人民。四方夷貉之君帶著人民去見湯，一看見就旱天逢雨似的，都向湯投奔並且比附他。因此湯最後能够平定全國而君臨天下。

七

最後討論例5。郭店簡《窮達以時》簡7“△卿”，過去有“朝卿”、“名卿”、“命卿”、“軍卿”等說法。[③]清華六、清華七出版之後，又出現了不少新的說法。例如宋華強先生讀作“丞卿”，爲卿之輔佐；[④]林少平先生認爲“△卿”即“次卿”。[⑤]如果本文上述解釋無誤，△字也可以讀作“偏”。《左傳》襄公三十年：“且司馬，令尹之偏。”杜注：“偏，佐也。”“偏卿”應即典籍中的“亞卿”或“次卿”。《左傳》文公六年：“先君是以愛其子，而仕諸秦，爲亞卿焉。”《說苑·臣術》：“故百里奚爲上卿以制之，公孫支爲次卿以佐之也。”可見“次卿”的職務爲輔佐上卿。《史記·秦本紀》：“繆公大說，授之國政，號曰五羖大夫。”百里奚被秦穆公用五羖羊皮買來後，被稱“五羖大夫”，其地位應與“次卿”相當，最後相秦。可見簡文“釋鞭箠而爲△(偏)卿，遇秦穆”與史實吻合。

八

總之，以上五個文意較爲明確的例子(實際上是四個例子)都可以用元部唇音字解釋,讀作"偏"、"遍"等字。

但是,包括楚系文字在内的古文字資料中,還有不少从"黽"聲的字,這些字能否適用元部讀音,目前難以得到確鑿的結論。

比如邵鐘銘文有一从"宀"从"黽"之字,圖版作 ,[36]云:"大鐘八聿(肆),其△四齞(堵)。"過去孫詒讓釋"竈"讀"篊"。[37]關於銘文中的單位詞"肆"和"堵"的所指,學界有不同的説法。[38]黄錫全、于炳文先生解釋説:

> 根據曾侯乙墓出土完整編鐘的排列情況,我們以爲,所謂"鐘一肆",可能是指大小相次的編鐘一組,多少不等。曾侯乙墓編鐘三排,上下各三層,共9組,65件。……所謂"堵",可能就是一虡(一排,似一堵牆),有上下三層或兩層。邵鐘"大鐘八肆,其竈四堵",可能就是八組大鐘,分四虡(排)懸掛,每虡二層。鄭玄所謂"二八在一虡爲一堵",可能是指一虡兩層,一層8件。[39]

如果這個解釋對的話,銘文"其△四堵"可以讀作"其編四堵",意爲大鐘八肆(不知共有多少件)分四堵編排。

至於散見包山、新蔡、信陽楚簡等遣策、卜筮祭禱簡中的例子,由於相關知識缺乏、簡文殘斷等原因,正如王寧先生説,"可以提出多種解釋,都有道理又都無堅實根據",[40]目前只好等待新的材料的出現再去研究。另外,上博九《陳公治兵》簡20有 、字,此字右旁或釋"黿"、[41]或釋"黽",[42]目前看來還無法確定。

九

最後,楚系文字中的"黽"爲何字,這裏談一個不成熟的看法。如馮勝君先生指出,楚系文字中單體"黽"字確實用爲"黿"。[43]後來襧健聰先生進一步指出,楚文字的所謂"黽"字就是"黿"。[44]但是清華簡六、七的△字,難以用"黿"音解釋。《説文》黽部:"黽,鼃黽也。"按,黿、黽都屬水蟲類,但形體、用途都有異,本表黿的"黽"字用爲"鼃黽",有點不可思議,需要一番解釋。西周金文師同鼎有 字,字形似"黽"。李學勤先生釋爲"黿",説:"這個字在商代就有兩種寫法,一種是側視的,一種是俯視的。"[45]我們推測,从△字有"偏"、"遍"等音來看,楚系文字可能將俯視的"黿"字用爲"鼊","黽"字有"黿"、"鼊"二讀。"鼊"是幫母月部字,"鼊"、"偏"通假完全没有問題。讀"鼊"的"黽"字爲了和"黿"區别,加以"甘"或"収"。秦漢時期表鼊的"黽"字加上"敝"聲作

"鼈"作爲專字,如睡虎地秦簡《秦律十八種·田律》簡 5 作 ▨,⁴⁶馬王堆帛書《繆和》58
行下有"鼈"字作 ▨,⁴⁷上博二《容成氏》簡 5 "魚鼈獻"的"鼈"字作 ▨,從虵釆聲作,實爲
"蟞"字。"黽"、"虫"二旁往往互換,如《説文》"鼈"或作"蟞","鼃"或作"蛙"。

　　鼈比黿更象龜,黿比龜更象鼈。本表龜的"黽"字表黿,鼈爲聯繫二者的橋梁(參
下圖)。古人動物分類有"内骨"、"外骨"的説法,如《説文》龜部:"龜,舊也。外骨内肉
者也。"《周禮·考工記·梓人》"外骨、内骨",鄭注云:"外骨龜屬,内骨鼈屬。"正義云:
"龜、鼈皆外骨,但此經外骨、内骨相對,以鼈外有肉緣故爲内骨也。"此説顯示出鼈正
在龜和黿的中間,龜屬外骨,黿屬内骨,鼈時歸外骨,時歸内骨。這就是"黽"字也轉作
"武幸切"之黽字的原因。

龜(外骨)⁴⁸　　　　　　鼈(外骨/内骨)⁴⁹　　　　　　黿(内骨)⁵⁰

　　總之,目前看來,寫作"黽"之字古有三音:

　　黽 A 爲龜,古音見母之部,今音讀脂韻"居追切",未爲後代字書所收。

　　黽 B 爲鼈,古音幫母月部,借爲元部之"偏"、"遍",黽池之"黽"、黽勉之"黽"也是
其借字。今音則讀明母獮韻"彌充切",讀軫韻"武盡切"者應爲異讀或方音。

　　黽 C 爲黿鼃,古音明母蒸部,秦漢以後作"繩"、"蠅"的聲符,今音讀耿韻"武幸切"。

附記:

　　本文修改稿寫完後,請北京大學中文系博士生(東京大學特別研究學生)雷瑭洵
君檢查中文。他除了糾正了不少錯誤,還指出了明代楊慎有"黽"讀"蔑"音的説法,與
本文的論旨相合。現在得到雷瑭洵君的允諾,迻録如下,並致以謝忱。

　　瑭洵謹按:《抱朴子外篇·審舉》引東漢獻靈時人語:"舉秀才,不知書;察孝廉,父
別居。寒素清白濁如泥,高第良將怯如雞。"這句話是押韻的,書、居押魚部;泥、雞爲
脂、支合韻。這段謠諺的後一句,還有另一個版本,唐代馬總的《意林》卷四引作"高第
良將怯如黽",《太平御覽》卷四九六《人事部一百三十七·諺下》引作"高第良將怯如
蠅",《新唐書》卷一二二《魏元忠傳》載袁楚客《規魏元忠書》作"高第良將吝如繩",《文

苑英華》卷四七九載唐代張倚《對長才廣度沉迹下僚策》作"高第良將怯如龜",諸引文可證,確有一版本作黽。

作"黽"則殊難押韻。明代楊慎提出應讀"蔑",《譚苑醍醐》卷五、《丹鉛總録》卷十五"黽音蔑"條:

> 《抱朴子》"舉秀才,不知書;舉孝廉,父别居。寒素清白濁如泥,高第良將怯如黽。"泥音涅,《後漢書》引《論語》"涅而不緇"作"泥而不滓",可證也。黽音蔑,《爾雅》注引"黽勉從事"或作"鼃没",又作"密勿",可證也。泥音涅,則黽當音蔑;黽或音密,則泥當音匿。古音例無定也。《晉書》作"怯如雞",蓋不得其音而改之。

近日重讀先生之文,知"黽"可讀爲"黿"字,則文意、押韻俱合。似可作爲傳世文獻的證據,録於此供先生參考。

（作者單位： 日本東京大學人文社會系研究科）

注釋:

① 如陳治軍:《清華簡〈趙簡子〉中从"黽"字釋例》,復旦大學出土文獻與古文字研究中心網,2017 年 4 月 29 日。

② 宫島和也:《清華大學藏戰國竹簡(柒)〈趙簡子〉譯注》,《中國出土資料研究》第 22 號第 168 頁,(東京)中國出土資料學會 2018 年。

③ 許文獻:《清華七〈趙簡子〉从黽二例釋讀小議》,簡帛網,2017 年 5 月 8 日。

④ 見簡帛網簡帛論壇《清華七〈趙簡子〉初讀》第 5 樓黄縣人先生發言,2017 年 5 月 25 日。

⑤ 2017 年 11 月 25 日"上海博楚簡研究會"上的發言和東京大學 2017 年度"楚系文字研究"課堂發言。

⑥ 宋華强:《戰國楚文字从"黽"从"甘"之字新考》,《簡帛》第十三輯第 1—9 頁,上海古籍出版社 2016 年。

⑦ 參見陳復華、何九盈:《古韻通曉》第 368—370 頁,中國社會科學出版社 1987 年;麥耘:《"黽"字上古音歸部説》,《華學》第五輯第 168—173 頁,中山大學出版社 2001 年;鄭張尚芳:《上古音系》第 421—422 頁,上海教育出版社 2003 年。

⑧ 陳偉:《也説楚簡从"黽"之字》,簡帛網,2017 年 4 月 29 日。

⑨ 據白一平先生的古音體系,參見 Baxter, William H., *A Handbook of Old Chinese Phonology*, Mouton De Gruyter, 1992。

⑩ Schuessler, Axel, *Minimal Old Chinese and Later Han Chinese*, p.118, University of Hawai'i Press, 2009.

⑪ 河北省文物研究所定州漢簡整理小組:《定州漢墓竹簡論語》第 50 頁,文物出版社 1997 年。

⑫ 具體的例子可參李存智:《上博楚簡通假字音韻研究》第 225—246 頁,萬卷樓圖書股份有限公司 2010 年。

⑬ 簡帛網簡帛論壇《清華七〈趙簡子〉初讀》第 5 樓黃縣人先生發言。

⑭ 許文獻:《清華七〈趙簡子〉从黽二例釋讀小議》,簡帛網,2017 年 5 月 8 日。

⑮ 顧棟高:《春秋大事表》第 557—558 頁,鼎文書局 1974 年。

⑯ 童書業:《春秋左傳研究》第 105 頁,上海人民出版社 1980 年。

⑰ 蘇建洲先生認爲此字从"黽"聲,讀作"鈞",訓爲"同樣"。在簡文的理解上,蘇先生的看法和本文相同,參見蘇建洲:《談談楚文字的"黽"與"譻"》,"出土文獻與物質文化——第五屆出土文獻青年學者論壇"論文,香港浸會大學饒宗頤國學院 2016 年。遺憾的是撰寫初稿時無法看到蘇先生此文,文章的大意參見譚生力、張峰:《楚文字中的"黽"與从"黽"之字》,《華夏考古》2017 年第 1 期,第 145 頁。後來蘇先生惠賜大作電子文稿,在此表示衷心的感謝。

⑱ 劉洪濤:《〈釋"蠅"及相關諸字〉補證》,復旦大學出土文獻與古文字研究中心網,2016 年 5 月 22 日,此説已正式發表於《簡帛研究二〇一八(春夏卷)》第 17 頁,廣西師範大學出版社 2018 年。

⑲ 譚生力、張峰:《楚文字中的"黽"與从"黽"之字》,《華夏考古》2017 年第 1 期,第 140 頁。

⑳ 王寧:《釋楚簡文字中讀爲"上"的"嘗"》,復旦大學出土文獻與古文字研究中心網,2017 年 4 月 27 日。

㉑ 整理者據"黽"聲讀作"舊",也有同樣的問題。

㉒ 王寧:《史説清華簡七〈趙簡子〉中的"上將軍"》,復旦大學出土文獻與古文字研究中心網,2017 年 5 月 10 日。

㉓ 陳偉:《清華七〈子犯子餘〉校讀(續)》,簡帛網,2017 年 5 月 1 日。

㉔ 簡帛網簡帛論壇《〈趙簡子〉初讀》第 10 樓明珍先生發言,2017 年 4 月 26 日。

㉕ 林少平:《也説清華簡〈趙簡子〉从黽字》,復旦大學出土文獻與古文字研究中心網,2017 年 5 月 10 日。

㉖ 李零:《春秋秦器試探——新出秦公鐘、鎛銘與過去著錄秦公鐘、毁銘的對讀》,《考古》1979 年第 6 期,第 521 頁尾注。

㉗ 銘文見王輝、焦南鋒、馬振智:《秦公大墓石磬殘銘考釋》,《"中研院"歷史語言研究所集刊》第 67 本第 2 分,1996 年,第 311 頁。"圖"字讀"固",參見李學勤:《棗莊徐樓村宋公鼎與費國》,《史學月刊》2012 年第 1 期,第 128 頁。

㉘ 王輝、焦南鋒、馬振智:《秦公大墓石磬殘銘考釋》,《"中研院"歷史語言研究所集刊》第 67 本第 2 分,第 278 頁。

㉙ "蜀郡守竈"即張家山漢簡《奏讞書》的"蒼梧守竈",參見王丹、夏曉燕:《荆州博物館藏"五十二年"秦戈考》,《文物》2018 年第 9 期,第 40 頁;徐世權:《秦"五十二年蜀假守竈戈"新考》,《古文字研究》第三十三輯第 641 頁,中華書局 2020 年。

㉚ 秦系文字"竈"字所从之"黽"有可能又讀作"鼀"。《説文》穴部:"竈,炊竈也。从穴鼀省聲。"

㉛ 陶金:《清華簡七〈子犯子餘〉"人面"試解》,簡帛網,2017 年 5 月 26 日。

㉜ 復旦大學出土文獻與古文字研究中心研究生讀書會:《清華簡〈尹至〉〈尹誥〉研讀札記(附〈尹至〉〈尹誥〉〈程寤〉釋文)》,復旦大學出土文獻與古文字研究中心網,2011 年 1 月 5 日。

㉝ 參見劉洪濤:《郭店〈窮達以時〉所載百里奚事迹考》,簡帛網,2009 年 2 月 28 日。

㉞ 宋華強:《戰國楚文字从"黽"从"甘"之字新考》,《簡帛》第十三輯第 7 頁。

㉟ 林少平:《也説清華簡〈趙簡子〉从黽字》,復旦大學出土文獻與古文字研究中心網,2017 年 5 月 10 日。

㊱ 中國社會科學院考古研究所:《殷周金文集成》第一册第 252 頁,中華書局 1984 年。

㊲ 孫詒讓:《籀高述林》卷七《邵鐘拓本跋》,《孫籀廎先生集》第 404 頁,藝文印書館 1962 年。

㊳ 可參王清雷:《也談瘋鐘的堵與肆》,《音樂研究》2007 年第 1 期,第 53—54 頁。

㊴ 黃錫全、于炳文:《山西晉侯墓地所出楚公逆鐘銘文初釋》,《考古》1995 年第 2 期,第 175 頁。

㊵ 王寧:《釋楚簡文字中讀爲"上"的"嘗"》,復旦大學出土文獻與古文字研究中心網,2017 年 4 月 27 日。

㊶ 張峰:《〈上博九〉讀書筆記》,簡帛網,2013 年 1 月 7 日;高佑仁:《上博九〈陳公治兵〉綜合研究》,《漢學研究》第 33 卷第 4 期,2015 年,第 308 頁;禤健聰:《戰國楚系簡帛用字習慣研究》第 282 頁,科學出版社 2017 年。

㊷ 簡帛網簡帛論壇《〈陳公治兵〉初讀》第 10 樓 youren 先生發言,2013 年 1 月 5 日。

㊸ 馮勝君:《戰國楚文字"黽"用作"龜"補議》,《漢字研究》第一輯第 477—479 頁,學苑出版社 2005 年。

㊹ 禤健聰:《釋楚文字的"龜"和"蠅"》,《考古與文物》2010 年第 4 期,第 102—104 頁;亦見禤健聰:《戰國楚系簡帛用字習慣研究》第 524—528 頁。

㊺ 李學勤:《師同鼎試探》,《新出青銅器研究》第 117 頁,文物出版社 1990 年。

㊻ 睡虎地秦墓竹簡整理小組編:《睡虎地秦墓竹簡》第 15 頁,文物出版社 1990 年。

㊼ 湖南省博物館、復旦大學出土文獻與古文字研究中心編纂,裘錫圭主編:《長沙馬王堆漢墓簡帛集成(壹)》第 46 頁,中華書局 2014 年。

㊽ 引自 https://ja.wikipedia.org/wiki/%E3%82%AF%E3%82%B5%E3%82%AC%E3%83%A1♯/media/File:Kusagame01.jpg。

㊾ 引自 https://mainichi.jp/articles/20160706/k00/00m/040/086000c。

㊿ 引自 http://www.hkr.ne.jp/～rieokun/frog/yamaaka.htm。

清華簡《子犯子餘》所見"僉"字*

鄧佩玲

一

《清華大學藏戰國竹簡(柒)》刊載有《子犯子餘》一篇,竹簡共 15 支,屬於重耳流亡至秦國期間史事的記錄。竹書大體由四段對話組成,前三段分別記秦穆公問於子犯、子餘及蹇叔,末段則是重耳問於蹇叔,討論內容主要圍繞爲政及治國之道。由於竹書爲從來未見的先秦佚籍,其發表即引起古文字學界的廣泛關注,研究者嘗就其文字釋讀及內容提出不少意見,成果豐碩。然而,簡文用字較爲艱澀,詞彙及句式能與先秦古籍參照者不多,故學者釋讀往往見解不一,許多問題尚未達致共識。

竹書第二段記載秦穆公向子餘提出重耳"無良右(左)右也虖(乎)"的詰難,子餘以重耳虛懷納諫、善於用人及從不諉過答覆,此等性格特點皆與古書所記晉文公形象吻合。其中一段簡文較爲重要,但學者於部分關鍵字的釋讀上存在頗多分歧。《子犯子餘》簡 5 云:

> 幸曼(得)又(有)利不忻蜀(獨),欲皆**𦵩**之。事又(有)訛(過)女(焉),不忻以人,必身廛(擅)之。

"忻"字出現共兩次,整理者引《玉篇》訓"喜",[①]馮勝君認爲"忻"通"慭","不忻(慭)"表示不肯、不願的意思。[②]其實,古書中"忻"可解作喜悅、歡欣,用法與"欣"相通,倘若置於動詞前作狀語,可以理解爲樂意做某事的意思,"不忻"即不願意。至於"廛"字,簡

---

* 本論文爲香港特別行政區大學資助委員會優配研究金(General Research Fund)資助項目成果之一(RGC Ref No.17600121),謹此致謝。

文書作"",整理者讀爲"擅",並引《説文》訓"專"。③""字嘗見於郭店簡《緇衣》簡36：

《少(小)夏(雅)》員(云)："允也君子,廛(展)也大城(成)。"

郭店簡《緇衣》"廛(廛)"字,上博簡《緇衣》書作"(墨)"(簡18),今本《禮記·緇衣》作"展",④語句見今本《小雅·車政》"允矣君子,展也大成",⑤學者嘗據此提出《子犯子餘》"廛"當讀爲"展",具省視之意。⑥然而,簡文上句云"不忻以人",古籍中"以"可通"予",即給予之意,如《廣雅·釋詁三》："以,予也。"⑦又《詩·周頌·載芟》"侯彊侯以"下馬瑞辰《傳箋通釋》："予、以古通,予即與也,與猶以也。"⑧"不忻以人"乃言不將過錯推諉於人,"必身廛之"與此相對,可以理解爲願意親自承擔行爲的過失。當中,"身"有親身、親自的意思,用作副詞,類似用例見於《墨子·號令》："若能身捕罪人若告之吏,皆構之。"⑨又《韓非子·喻老》云："句踐入宦於吳,身執干戈爲吳王洗馬,故能殺夫差於姑蘇。"⑩整理者讀"廛"爲"擅",其説法較爲可取。在上古音中,"廛"、"擅"皆爲元部字,古書時有"廛"、"亶"聲系相通之例,如《周禮·地官·序官》云"廛人,中士二人,下士四人",鄭玄注："故書'廛'爲'壇',杜子春讀'壇'爲'廛',説云:市中空地。玄謂'廛',民居區域之稱。"⑪又《戰國策·楚策》"江乙説於安陵君"云："王大説,乃封壇爲安陵君。"⑫安陵君名"壇",其名於《説苑·權謀》篇作"安陵纏"。⑬《周禮·天官·內司服》有"展衣"的記載,《禮記·玉藻》《雜記》《喪大記》均作"襢衣",鄭玄注："展衣以禮見王及賓客之服,字當爲襢,襢之言亶,亶,誠也。"⑭楚簡中"廛"、"展"二字既然互用,"展"、"襢"於古書中亦相通,此等例子可以作爲簡文"廛"讀"擅"之輔證。在先秦漢語中,"擅"有獨攬、據有之意,如《戰國策·秦策三》"范雎至秦"："且昔者,中山之地,方五百里,趙獨擅之,功成、名立、利附,則天下莫能害。"⑮又《荀子·君道》云："天子三公,諸侯一相,大夫擅官,士保職,不法度而公,是所以班治之也。"王先謙《集解》引《説文》訓"擅"爲"專",並云:"言得專其官事。"⑯因此,簡文云"事又(有)訛(過)女(焉),不忻以人,必身廛(擅)之",乃指重耳在行事上倘若有所過失,不會將錯誤推諉於別人,必定親自承擔。此句説明了重耳願意承擔責任、絕不諉過於人的良好德行。

二

通過上述的文字梳理,《子犯子餘》簡5的一段簡文的大意可以理解爲:重耳得到利益時,不會願意獨占;而行事有所過失時,亦不會諉過,必親自承擔。然而,簡文"幸旻(得)又(有)利不忻蜀(獨)"下緊接有"欲皆□之"一句,整理者視"□"爲疑難字,不直接釋讀,僅於附注中説明疑"□"爲"僉"字。事實上,"□"於楚簡中並非首見,但過去釋讀存在頗多分歧,引致諸家在"欲皆□之"的解釋上意見不一。迄今所見,有關《子犯子餘》"□"的隸定,大致有"僉"、"共"、"咒"三種意見:

1."僉":整理者疑"□"爲"僉"字,並引《小爾雅·廣言》訓"同"。⑰暮四郎、黑白熊從其説,皆讀"僉"爲"斂",後者更謂包山簡"僉殺"是指多人殺一人的案件,與《子犯子餘》簡文意思相近。王寧以爲"僉"的意思相當於"共"。⑱

2."共":羅小虎以爲"□"應該是"共"字異構,意思與"擅"相對,可解釋爲共同。⑲

3."咒":子居認爲"□"字與"僉"在字形上有明顯差別,"□"多出了類似於"並"的雙橫筆,古字書中"咒"與"昆"同,故"□"即"咒",具"同"的意思。⑳

戰國楚簡"共"字書作"□"(包山簡228)、"□"(郭店《五行》50)、"□"(上博《昔者君老》4)等,與"□"在字形上存在一定差異。而"咒"字的出現甚晚,最早見於明末張自烈《正字通》,來源不可考,故"□"爲"咒"之説不足以採信。㉑

"□"字嘗見於包山簡文書,共有三例:

> 秦競夫人之人舒慶坦屍陰侯之東郭之里,敢告於視日:陰人苛冒、趄卯以宋客盛公騁之散(歲)習(荆)层之月癸巳之日,□殺僕之胜(兄)朋。 (簡133)
>
> 苛冒、趄卯□殺僕之胜(兄)朋,佥(陰)人墜(陳)臧、墜(陳)旦、墜(陳)阤、墜(陳)卻、墜(陳)寵、連利皆智(知)其殺之。 (簡135)
>
> 逌、埕皆言曰:苛冒、佢卯□殺舒朋。 (簡136)

有關包山簡所見"□"字的釋讀,較早期的論著如劉彬徽等《包山二號楚墓簡牘釋文與考釋》及張光裕《包山楚簡文字編》皆釋爲"並"。㉒後來,周鳳五注意到包山簡121另有"□殺"一語,並且從劉釗釋"□"爲"僉",認爲是"僉之省",推斷"□"當是"□字省其上部倒口之訛變",字可訓爲"同"、"並"。㉓周氏的説法爲不少學者採納,如陳偉、李零皆釋"□"爲"僉",黃德寬等讀爲"劍",認爲"劍殺"是指"用劍殺死"。㉔此外,裘錫圭曾經提出"□"是"戔"的變體,可讀"戔"或讀"殘"。㉕

2007年,《上海博物藏戰國楚竹書(六)》出版,《用曰》篇有"□"字,見於簡17:

> 用曰:莫衆而粗(迷)。□之不肯,而塵之不能。韓衆誚諫,頎(羞)聑(聞)亞(惡)謀。

"{image}",整理者疑爲"競"字。㉖何有祖把包山"{image}"聯繫"{image}",釋爲"僉",讀"僉"或"斂",並以爲下句之"廛"讀"展","展"、"僉"意義相對。㉗凡國棟亦釋"{image}"作"僉",但讀"僉",解作節儉、儉樸。㉘徐在國意見相同,釋"{image}"爲"僉",讀"僉"。㉙蘇建洲引楚簡"無"、"踐"字形提出"{image}"、"{image}"、"{image}"三形互作,證明"{image}"相當於"{image}",並據裘錫圭釋讀作"戔",讀"殘",指殘害。㉚隨著《用曰》新材料的出現,其後學者於包山簡"{image}"的釋讀變得較爲一致,如李守奎《包山楚墓文字全編》雖將"{image}"置於附錄疑難字中,但案語云"或釋爲僉之省形"。㉛朱曉雪《包山楚簡綜述》直接釋"{image}"爲"僉",認爲訓"皆"的意見可從。㉜至於廣瀨薰雄綜合包山簡及上博簡字形梳理諸家衆説,其文章雖然無提出明確的釋讀意見,但大致偏向釋"{image}"、"{image}"爲"僉",認爲字形之所以較"{image}"多出一橫筆,或者可解釋爲類化現象。㉝

三

　　過去學者於"{image}"、"{image}"的釋讀雖然不完全相同,但大多認爲兩字有所聯繫,或爲一字之異體。其實,我們借助新公布的清華簡《子犯子餘》篇,可以證明"{image}"與"{image}"是同一個字:第一,結合上下文可見,《子犯子餘》及《用曰》兩段簡文後均有"廛"字,可知該字與"廛"是相對的概念。第二,從簡文整體內容來說,兩者皆是討論統治者對於規諫所取的態度,指出虛心納諫乃是良治的根本,如《子犯子餘》簡4云:

　　　　虗(吾)宔(主)之式(二)晶(三)臣,不閉良誄(規),不誚(敝)又(有)善。

簡文指重耳願意聽從有益的規諫,不敝塞善士。至於《用曰》簡17亦謂:

　　　　用曰:莫衆而粇(迷)。

"用曰"於篇中多次出現,其後"多屬引以爲戒,或足以致用之嘉言",㉞簡文"莫衆而粇(迷)"亦應該屬於此類。"莫衆而迷"見於《韓非子》,是當時的諺語,《内儲説上》云:

　　　　魯哀公問於孔子曰:"鄙諺曰:'莫衆而迷。'今寡人舉事群臣慮之,而國愈亂,其故何也?"㉟

尹知章注："舉事不與眾謀者，必迷惑。"㉟"莫眾而迷"指謀事不與眾人商量，必被迷惑，其後復有"莫三人而迷"之說，㊱故《用曰》所引"莫眾而粸（迷）"乃警誡爲政者須多聽意見，虛心納諫。由是可見，在兩篇簡文中，"莽"、"䒇"二字出現的語境大致相同，均是與爲政者善納諫言之論述相關。

　　隨著清華簡《子犯子餘》的出現，我們已能够基本肯定"莽"、"䒇"是一字之異體，但兩者究竟應當釋讀爲何字？蘇建洲於論述"莽"、"䒇"的關係時，曾經列舉楚簡"無"、"踐"字形證明兩字間的譌變關係。㊲事實上，我們認同"莽"、"䒇"爲同一字之異體，"莽"所從之"丱"應該是從"僉"之"吅"譌變而來，故"莽"、"䒇"皆應隸定爲"僉"，以下嘗試借助"無"的金文及楚簡字形作更具體的説明：

靜簋，西周早期　　　弭伯匜，西周晚期　　　新蔡簡甲 3.17　　　新蔡簡甲 3.232、95　　　包山簡 2.250
《集成》4273　　　　《集成》10215

從上列字形可知，"吅"明顯與"丱"有先後演變的關係。"無"的甲骨文作"𣥂"（《合》20970）、"𣥂"（《合》14473）、"𣥂"（《合》32986）等，象人翩翩起舞之形，金文"無"出現譌變，人形"大"兩旁有類似於"廿"（口）之形，當"廿"之橫畫兩旁凸出，然後將並列的"口"連接起來，底下再累增橫畫成爲"丱"，寫法與"莽"之"丱"完全相同。從古文字"無"的字形演變可知，"莽"之"丱"極有可能是從"僉"之"吅"譌變而來。

　　另外，"僉"的部件包括"亼"、二"口"、二"人"，造成字下半部的寫法類似於"覞"。金文"兄"所從之"口"已出現"廿"的寫法，如"𠑗"（伯公父簋，《集成》4628）及"𠑗"（黏鎛，《集成》271），又楚帛書"祝"書作"祝"（帛甲 6.5）。㊳因此，從"兄"的寫法可以再次印證，"僉"之"吅"演變爲"丱"的可能性是存在的。

　　除此之外，"僉"、"莽"之關係亦可借助傳鈔古文得以證明，《説文》心部收錄有"愢"字：

　　　　愢（愢），疾利口也。从心从册。《詩》曰："相時愢民。"㊴

"相時愢民"一語其實見於《尚書·盤庚》，但作"相時憸民"，清段玉裁據此指出"愢"、"憸"爲同一字。㊶段氏所言甚是，《説文》心部云：

　　　　憸，詖也。憸利於上，佞人也。从心，僉聲。㊷

《説文》言部訓"詖"爲"辯論也"，㊸"愢"、"憸"二字皆與説話詭辯有關，意義相近。過去學者多從古音角度分析兩字相通的原因，如孟蓬生認爲上古音談支可以通轉，“愗”從“册”得聲，大徐本“息廉切”，“憸”則從“僉”得聲，息廉切。⑭我們認爲除了字音以外，“愗”、“憸”異文亦可能與字形類近有關，故此例子可以作爲楚簡“□”即“僉”之輔證。在戰國楚簡中，“册”書作“□”（新蔡簡甲 3.17）、“□”（上博簡《季庚子問於孔子》11），“典”亦作“□”（包山簡 2.7）、“□”（望山簡 2.1），“輪”書作“□”（曾侯乙簡 31）、“□”（郭店《語叢四》20），“□”與“册”在字形上存在相類近的地方。包山簡曾經出現“輪”訛書作“輪”的例子，如簡 268、273 及 276 有“翟輪”一名，即指以翟作爲彩繪之輪，⑮此三例中“輪”字皆書作“□（輪）”，左旁“僉”是“侖”之誤書，⑯“僉”之“□”的寫法不從“⿰口口”，與“册”相訛混的可能性便更高。由此可見，《説文》“愗”、“憸”異文，除了是由於“册”、“僉”音近之外，亦不排除是因字形相近而誤寫，此例子能從另一方面證明“□”當即“僉”字。

廣瀬薫雄雖然偏向釋“□”爲“僉”，但卻最後仍然提出：

> 　　楚文字中“僉”或從僉的字已經有不少例子，如“僉、㑹、斂、隒、鐱、贛、贈、輪、繪”等。但省略“亼”的例子，除了本文引用的 3 例，一例也沒有。目前有些學者採取慎重的態度，不把△、“㫺”和“㑹”看作一個字，可能是因爲這個原因。要徹底消除這個懷疑，還有待新材料的出現。⑰

包山簡“□”字，劉釗認爲是“僉”之省，⑱誠如廣瀬薫雄所言，古文字“僉”或從“僉”的字多從“亼”從“日”。其實，楚簡“僉”不從“日”者雖占少數，但仍是有個別例子存在的，如“□”（上博簡《凡物流形》甲 24）、“□”（上博簡《顏淵問於孔子》7）；然而，不從“亼”的例子確實從來未見。不過，“□”、“□”雖然不從“亼”，但仍無礙於釋讀爲“僉”。從古文字可知，字形中部件“亼”之增減似乎不會影響文字的釋讀。金文“龢”大多從“侖”，如“□”（戲鐘，《集成》92）、“□”（中義鐘，《集成》29）、“□”（虢叔旅鐘，《集成》240），但亦有個別例子省“亼”，如“□”（益公鐘，《集成》16）、“□”（臧孫鐘，《集成》94）、“□”（邾公牼鐘，《集成》151），“侖”與“僉”同樣於“亼”下有“⿰口口”，構形方式類近。此外，甲骨文“鄉”書作“□”（《合》23378），字中間部件本爲表示食器之“皀”，但部分金文字形於“皀”上增益“亼”變爲“食”，如“□”（師虎簋，《集成》4316）、“□”（效卣，《集成》5433）、“□”（曾伯陭壺，《集成》9712）、“□”（中山王䑗壺，《集成》9735）等，而“皀”、“食”相通亦有義近偏旁替換的可能性。由是可見，在部分情況下，“亼”之存在與否並不影響文字的釋讀，故楚簡“□”、“□”雖然皆不從“亼”，但釋爲“僉”應該是没問題的。

四

我們既然已經肯定楚簡"**𦱤**"可釋爲"僉",但各用例應該如何解釋,本節將會逐一說明。

清華簡《子犯子餘》云:"幸旻(得)又(有)利不忻蜀(獨),欲皆**𦱤**(僉)之。"整理者訓"僉"爲"同",似乎能够勉强讀通,但典籍中"僉,同也"僅見於兩處,分別爲《小爾雅·廣言》及《慧琳音義》卷一百"僉曰"注引郭注,[49]皆屬字書訓釋,實際用例未見。而且,字書中"僉"之所以訓"同",表示的應該是"僉,皆也"的用法,屬於副詞,在詞性上與簡文"僉"用爲動詞並不相同。例如,《書·堯典》云:"僉曰:'於!鯀哉!'"孔安國《傳》:"僉,皆也。"[50]"僉"乃副詞,修飾動詞"曰"。至於部分學者讀"僉"爲"斂"或"歛",訓"共",但文獻中"斂"主要有收聚、聚集之義,訓"共"之例從來未見,其説仍可斟酌。

段玉裁於解説《説文》心部"憸"字時,曾經提及《盤庚》"憸民"另有石經異文作"散民":

> 而憸从册,蓋从删省聲,如珊、姍字之比。漢石經《尚書》殘碑,此字作散,散即散,疑古文《盤庚》作憸,今文《盤庚》作"散",異字同音。[51]

屈萬里《尚書異文彙録》亦輯録"相時憸民"異文云:

> 洪适《隸釋》卷十四載漢石經殘字,憸作散。《説文》心部憸下,引《商書》此文,憸作憸。鈔本《北堂書鈔·藝文部六》云:"相時息人。"憸作息。敦煌本Ｐ二六四三作㥁;岩崎本、内野本作愻;雲窗一本作愻。[52]

"相時憸民"之"憸"於漢石經作"散",從古音來説,"憸"爲談部字,"散"爲元部字。楚簡中談、元二部關係密切,可能是楚方言的特點,參見蘇建洲的相關論述。[53]因此,《尚書·盤庚》"憸"、"散"異文或許能爲清華簡《子犯子餘》"**𦱤**(僉)"的釋讀提供重要資料。

《子犯子餘》云:"幸旻(得)又(有)利不忻蜀(獨),欲皆**𦱤**(僉)之。"結合上下文可知,簡文大意是指重耳收獲益利時不會獨占,並希望能與人分享。"僉"極有可能不是讀如字,而是讀爲"散"。"散"在古漢語中雖然多解釋爲分離、分散,但卻存在一個獨

特的用法,可解釋作分發,多指將錢財分發予人,如《尚書·武成》云:

> 散鹿臺之財,發鉅橋之粟,大賚于四海,而萬姓悦服。㊹

孔穎達《疏》:"'散'者言其分布,'發'者言其開出,互相見也。""散利"於古書中屢次出現,應該是當時習見的説法,《周禮·地官·司徒》云:

> 以荒政十有二聚萬民:一曰散利,二曰薄征,三曰緩刑,四曰弛力,五曰舍禁,六曰去幾,七曰眚禮,八曰殺哀,九曰蕃樂,十曰多昏,十有一曰索鬼神,十有二曰除盗賊。㊻

又曰:

> 旅師:掌聚野之鋤粟、屋粟、間粟,而用之,以質劑致民,平頒其興積,施其惠,散其利,而均其政令。㊼

"散利",鄭玄注引鄭司農云:"貸種食也。"㊽賈公彦《疏》:"'一曰散利'者,謂豐時聚之,荒時散之。積而能散,使民利益,故云一曰散利。"㊾又云:"云'散利,貸種食也'者,謂豐時斂之,凶時散之,其民無者,從公貸之。"㊿據此,《尚書·盤庚》"憸"、"散"二字相通,不僅是由於讀音接近,亦可能與意義相關。據《周禮·地官·司徒》記載,"散財"是當時的"荒政"之一,指官府斂收財貨後,凶年時再發給百姓。而且,"斂"雖然在古漢語中主要解釋爲收聚、聚集,但"歛"在字書、韻書中卻同時可解釋爲給予,如《廣雅·釋詁三》:"歛,與也。"《集韻·闞韻》:"歛,予也。"㊿睡虎地秦簡《爲吏之道》中"歛"、"斂"相通:"賦歛(斂)毋(無)度",故"歛"之所以訓爲"與"、"予",極有可能與"散利"之説有關。

　　除了《周禮》之外,類似於"散利"的説法在先秦古書多次出現,"散"解作分發應該是習見的用法,例如:

> 於是反國,發廩粟以賦衆貧,散府餘財以賜孤寡,倉無陳粟,府無餘財;宮婦不御者出嫁之,七十受禄米,鬻德惠施於民也。　　(《韓非子·外儲説右上》)㊿
> 論其罪人而救出之;分府庫之金,散倉廩之粟,以鎮撫其衆,不私其財。
> 　　　　　　　　　　　　　　　　　　　(《吕氏春秋·孟秋紀·懷寵》)㊿

　　　　管子對曰:"毀其備,散其積,奪之食,則無固城矣。"　　　　　《管子·小問》⑥

　　　　弛刑罰,赦有罪,散倉粟以食之。　　　　　　　　　　　　　　《管子·入國》⑭

清華簡《子犯子餘》:"幸昜(得)又(有)利不忻蜀(獨),欲皆𢼡(僉—散)之。"此兩句主要敘述重耳得到利益時不會獨占,願意分發予人,乃謂重耳如獲財貨時,必樂意與百姓共享。

　　至於上博簡《用曰》云"𢼡(僉—散)之不肯,而麈(擅)之不能",其用詞既與清華簡《子犯子餘》接近,我們認爲兩者可以相互補證:

清華簡《子犯子餘》	上博簡《用曰》
幸昜(得)又(有)利不忻蜀(獨),欲皆𢼡(僉—散)之。	𢼡(僉—散)之不肯
事又(有)訛(過)女(焉),不忻以人,必身麈(擅)之。	而麈(擅)之不能

上博簡《用曰》兩句結構基本相同,"不肯"與"不能"對言。"肯",簡文書作"𦙾",整理者原釋爲"骨",讀"滑",⑥何有祖則讀"禍",⑥董珊提出簡文"不骨"當讀"不過"。⑥凡國棟則讀"骨"爲"固",認爲簡文可與《論語·述而》"儉則固"對讀。⑥其後,晏昌貴提出"𦙾"實是"肯"字,在簡文中用作"可"。⑥事實上,隨著更多楚簡的新發現,"𦙾"基本上已可肯定爲"肯"。"𦙾"雖與《説文》所録古文"𦙾(肯)"有一定差異,⑦但卻與清華簡"𣎵"(《皇門》7)及"𣎵"(《皇門》8)的寫法相合,而"𣎵"(《周公之琴舞》6)、"𣎵"(《芮良夫毖》5)及"𣎵"(《子產》28)有可能是"𦙾"之省寫。羅濤嘗就"𦙾"、"𦙾"的關係云:"《説文》古文綫條更加圓潤,中間的短橫不是相接而是斷開。楚簡的寫法筆畫棱角更加鮮見,但應該視作一個字。"⑦

　　由是可見,上博簡《用曰》"僉(散)之不肯,而麈(擅)之不能"的意思與清華簡《子犯子餘》相反,並且爲其縮略形式;類似句式於兩種楚簡中同時出現,可知是屬於當時廣泛應用的熟語。通過兩者的對照,"僉(散)之不肯,而麈(擅)之不能"中"之"雖然出現兩次,但所稱代的事物並不相同,前者是"幸昜(得)又(有)利不忻蜀(獨)"之"利",後者即"事又(有)訛(過)女(焉),不忻以人"之"過"。因此,簡文乃上承"莫衆而迷"一語,繼續從反面論述治國之道,指出倘若獲利卻不肯與民同享,犯下過錯又不承擔責任,再加上"韓(違)衆誚諫,䐿(羞)誾(聞)亞(惡)謀",必定"事既無𢒰(功)",謀事將不會得到成功。

　　至於包山簡中"𢼡殺"出現凡三次,現在既可肯定"𢼡"是"僉"字,"僉殺"一語當作如何解釋? 我們認爲,"僉殺"前既有苟冒、趄卯二人之名,簡文記載兩人共殺盺,故仍宜依從過去學者讀如字，"僉"訓爲"皆"，表示都、一同。正如前文所論，古籍中"僉"可用作副詞，除了《書·堯典》例句之外，《周禮·春官·宗伯》"乃立春官宗伯"下鄭玄云："僉曰：'伯夷。'"[72] 陸德明《釋文》："僉，皆也。"[73] 又《爾雅·釋詁下》云："僉，皆也。"[74] 邢昺《疏》："謂衆皆也。"[75]《方言》卷七："僉，皆也。自山而東五國之郊曰僉。"[76]"僉"用爲"皆"或者是屬於方言用法。

（作者單位：香港大學中文學院）

注釋：

① 清華大學出土文獻研究與保護中心編，李學勤主編：《清華大學藏戰國竹簡（柒）》第 95 頁，中西書局 2017 年。

② 馮勝君：《清華簡〈子犯子餘〉篇"不忻"解》，簡帛網，2017 年 5 月 5 日。

③ 清華大學出土文獻研究與保護中心編，李學勤主編：《清華大學藏戰國竹簡（柒）》第 96 頁。

④《禮記正義》（《十三經注疏》）第 1771 頁，北京大學出版社 2000 年。

⑤《毛詩正義》（《十三經注疏》）第 767 頁，北京大學出版社 2000 年。

⑥ 參見伊諾：《清華柒〈子犯子餘〉集釋》，復旦大學出土文獻與古文字研究中心網，2018 年 1 月 28 日。

⑦ 王念孫：《廣雅疏證》第 98 頁，江蘇古籍出版社 2000 年。

⑧ 馬瑞辰撰，陳金生點校：《毛詩傳箋通釋》第 1103 頁，中華書局 1989 年。

⑨ 吳毓江撰，孫啟治點校：《墨子校注》第 919 頁，中華書局 1993 年。

⑩ 王先慎撰，鍾哲點校：《韓非子集解》第 164 頁，中華書局 1998 年。

⑪《周禮注疏》（《十三經注疏》）第 272 頁，北京大學出版社 2000 年。

⑫ 劉向集録：《戰國策》第 490 頁，上海古籍出版社 1985 年。

⑬ 劉向撰，向宗魯校證：《説苑》第 336—337 頁，中華書局 1987 年。

⑭《周禮注疏》第 239 頁。

⑮ 劉向集録：《戰國策》第 190 頁。

⑯ 王先謙撰，沈嘯寰、王星賢點校：《荀子集解》第 237 頁，中華書局 1988 年。

⑰ 清華大學出土文獻研究與保護中心編，李學勤主編：《清華大學藏戰國竹簡（柒）》第 95 頁。

⑱ 見《清華七〈子犯子餘〉初讀》帖文，簡帛網簡帛論壇，2017 年 4 月 24 日。

⑲ 見《清華七〈子犯子餘〉初讀》帖文，簡帛網簡帛論壇，2017 年 7 月 2 日。

⑳ 子居：《清華簡柒〈子犯子餘〉韻讀》，中國先秦史網，2017 年 10 月 28 日。

㉑ 伊諾云："子居先生釋此㜸字爲'覞'字，亦不妥。首先，'覞'，目前古文字中未見，當出現較晚；其次，子居所據《正字通》爲明代字書，時代較晚，所收字形未必可靠。古書用例都是'昆'或'混'，故釋'覞'當也不可靠。"（伊諾：《清華柒〈子犯子餘〉集釋》，復旦大學出土文獻與古文字研究中心網，2018 年 1 月 28 日）

㉒ 劉彬徽等：《包山二號楚墓簡牘釋文與考釋》，湖北省荊沙鐵路考古隊：《包山楚簡》第 26、49 頁，文物出版社 1991 年；張光裕主編：《包山楚簡文字編》第 9 頁，藝文印書館 1992 年。

㉓ 周鳳五：《〈舍罪命案文書〉箋釋——包山楚簡司法文書研究之一》,《朋齋學術文集》第 504 頁,臺灣大學出版中心 2016 年；該文原載《臺灣大學文史哲學報》第 41 期,1994 年。

㉔ 陳偉：《包山楚司法簡 131—139 號考析》,《江漢考古》1994 年第 4 期,第 67、71 頁；李零：《讀〈楚系簡帛文字編〉》,《出土文獻研究》第五輯第 149 頁,科學出版社 1999 年；黃德寬主編：《古文字譜系疏證》第 4056 頁,商務印書館 2007 年。

㉕ 裘錫圭：《〈太一生水〉"名字"章解釋——兼論〈太一生水〉的分章問題》,《古文字研究》第二十二輯第 225 頁,中華書局 2000 年。後來,裘錫圭意見改變,認爲"𦱣"與"戔"無關。參裘錫圭：《〈太一生水〉"名字"章解釋——兼論〈太一生水〉的分章問題》,《裘錫圭學術文集·簡牘帛書卷》第 355 頁,復旦大學出版社 2015 年。

㉖ 馬承源主編：《上海博物館藏戰國楚竹書（六）》第 303—304 頁,上海古籍出版社 2007 年。

㉗ 何有祖：《讀〈上博六〉札記》,簡帛網,2007 年 7 月 9 日。

㉘ 凡國棟：《上博六〈用曰〉篇初讀》,簡帛網,2007 年 7 月 10 日。

㉙ 徐在國：《上博楚簡文字聲系》第 3254 頁,安徽大學出版社 2013 年。

㉚ 蘇建洲：《初讀〈上博（六）〉》,簡帛網,2007 年 7 月 19 日。

㉛ 李守奎、賈連翔、馬楠：《包山楚墓文字全編》第 565 頁,上海古籍出版社 2012 年。

㉜ 朱曉雪：《包山楚簡綜述》第 421 頁,福建人民出版社 2013 年。

㉝ 廣瀬薰雄：《包山簡 131—139 號簡文所見"僉殺"之"僉"字之釋祛疑》,《古文字研究》第三十一輯第 276—280 頁,中華書局 2016 年。

㉞ 馬承源主編：《上海博物館藏戰國楚竹書（六）》第 285 頁。

㉟ 王先慎撰,鍾哲點校：《韓非子集解》第 217 頁。

㊱ 王先慎撰,鍾哲點校：《韓非子集解》第 217 頁。

㊲ 《韓非子·內儲說上》："哀公問曰：'語曰：莫三人而迷。今寡人與一國慮之,魯不免於亂,何也。'"王先慎撰,鍾哲點校：《韓非子集解》第 218 頁。

㊳ 蘇建洲：《初讀〈上博（六）〉》,簡帛網,2007 年 7 月 19 日。

㊴ "祝"本從口從卩,象人跪坐於神主前之形,但左旁譌變後類似於"兄"。

㊵ 許慎撰,徐鉉校定：《説文解字（附檢字）》第 219 頁,中華書局 1963 年。

㊶ 許慎撰,段玉裁注：《説文解字注》第 508 頁,上海古籍出版社 1988 年。

㊷ 許慎撰,徐鉉校定：《説文解字（附檢字）》第 219 頁。

㊸ 許慎撰,徐鉉校定：《説文解字（附檢字）》第 51 頁。

㊹ 孟蓬生：《〈説文〉"者"讀若"耿"疏證——談支通轉例説之一》,見朴慧莉、程少軒編：《古文字與漢語歷史比較音韻學》第 217 頁,復旦大學出版社 2017 年。

㊺ 參劉信芳：《楚系簡帛釋例》第 128 頁,安徽大學出版社 2011 年。

㊻ 參李守奎、賈連翔、馬楠：《包山楚墓文字全編》第 501 頁。

㊼ 廣瀬薰雄：《包山簡 131—139 號簡文所見"僉殺"之"僉"字之釋祛疑》第 278 頁。

㊽ 劉釗：《包山楚簡文字考釋》,《出土簡帛文字叢考》第 20 頁,臺灣古籍出版社 2004 年；該文原爲"中國古文字研究會第九屆學術討論會"論文,南京 1992 年；又載《東方文化》1998 年第 1、2 期合刊,第 56 頁。

㊾ 參宗福邦、陳世鐃、蕭海波主編:《故訓匯纂》第 151 頁,商務印書館 2003 年。

㊿《尚書正義》(《十三經注疏》)第 47 頁,北京大學出版社 2000 年。

(51) 許慎撰,段玉裁注:《説文解字注》第 508 頁。

(52) 屈萬里:《尚書異文彙録》第 52 頁,聯經出版事業股份有限公司 1983 年。

(53) 蘇建洲:《楚文字論集》第 244—245 頁,萬卷樓圖書股份有限公司 2011 年。

(54)《尚書正義》第 348—349 頁。

(55)《周禮注疏》第 306 頁。

(56)《周禮注疏》第 477 頁。

(57)《周禮注疏》第 306 頁。

(58)《周禮注疏》第 306 頁。

(59)《周禮注疏》第 307 頁。

(60) 丁度等編:《宋刻集韻》第 180 頁,中華書局 1989 年。

(61) 王先慎撰,鍾哲點校:《韓非子集解》第 311 頁。

(62) 張雙棣、張萬彬、殷國光、陳濤譯注:《吕氏春秋譯注》第 201 頁,吉林文史出版社 1987 年。

(63) 黎翔鳳撰,梁運華整理:《管子校注》第 955 頁,中華書局 2004 年。

(64) 黎翔鳳撰,梁運華整理:《管子校注》第 1034—1035 頁。

(65) 馬承源主編:《上海博物館藏戰國楚竹書(六)》第 303 頁。

(66) 何有祖:《讀〈上博六〉札記》,簡帛網,2007 年 7 月 9 日。

(67) 董珊:《讀〈上博六〉雜記》,簡帛網,2007 年 7 月 10 日。

(68) 凡國棟:《上博六〈用曰〉篇初讀》,簡帛網,2007 年 7 月 10 日。

(69) 晏昌貴:《讀〈用曰〉札記一則》,簡帛網,2007 年 7 月 27 日。

(70) 見《説文》肉部(許慎撰,徐鉉校定:《説文解字〔附檢字〕》第 90 頁)。

(71) 羅濤:《楚簡二則校讀》,《漢字漢語研究》2018 年第 2 期,第 86 頁。

(72)《周禮注疏》第 509 頁。

(73)《周禮注疏》第 509 頁。

(74)《爾雅注疏》(《十三經注疏》)第 54 頁,北京大學出版社 2000 年。

(75)《爾雅注疏》第 54 頁。

(76) 周祖謨校箋:《方言校箋(附索引)》第 47 頁,中華書局 1993 年。

《鄭武夫人規孺子》再讀[*]

陳　偉

　　《鄭武夫人規孺子》是《清華大學藏戰國竹簡(陸)》中的一篇。[①]竹書記述在鄭國爲武公治喪期間,鄭武夫人、鄭莊公以及邊父等大臣之間的角力,或許可看作《左傳》隱公元年所記鄭伯克段於鄢之事的"前傳"。

　　這篇竹書難字不多,但不易通讀。2016 年 4 月 16 日,在清華大學召開的"《清華大學藏戰國竹簡(陸)》成果發布會"上,筆者作有題爲《〈鄭武夫人規孺子〉初步研讀》的發言,對"胡寧"、"畜"、"免"等字詞的解讀提出自己的想法。5 月 30 日,基於這一發言部分内容改寫的小文《鄭伯克段"前傳"的歷史敘事》在《中國社會科學報》發表。從資料刊布前後至今兩年多來,約有一二十位學者對這篇竹書的編聯、解讀發表見解。[②]有的問題已達成共識;也有的問題,反而產生更多的歧見。本文嘗試對這篇竹書的釋讀再作探討。

　　以下討論以整理本爲底本進行。先按個人目前的理解逐録簡文,然後再作一些説明。

　　本篇竹書的編聯,採用尉侯凱和"子居"二位的意見,將 9 號簡改置於 13、14 號簡之間。[③]經過這一調整,這篇竹書基本完整。[④]

　　寫作時,參考了郝花萍、朱忠恒二位所作的集釋,[⑤]因而減輕了檢閲之勞。本文只對討論涉及的學者意見加以引述。如欲了解其他學者的意見,可看郝、朱二位的集釋。

　　　　奠(鄭)武公卒,既殯(殣)。武夫人規孺子曰:"昔吾先君,女(如)邦將又(有)大事,必再三進大夫而與之皆(偕)₀₁圖。既得圖,乃爲之毀(尾)[一]。圖所旣者[二],爲申之以龜筮。古(故)君與大夫羴(晏)焉不相得恶。區區奠(鄭)邦₀₂望吾君亡(無)不溢(逞)其志於吾君之君己也[三]。使人姚䚻(問)於邦,邦亦無大縣

　　* 本文寫作得到國家社會科學基金重大項目"雲夢睡虎地 77 號西漢墓出土簡牘整理與研究"(16ZDA115)的支持。

賻（賦）於萬民。吾君函（陷）03於大难之中，凥（處）於衛三年，不見其邦，亦不見其室。女（如）母（毋）又（有）良臣，三年無君，邦家亂已（也）。04自衛與奠（鄭）若卑耳而昏（謀）。今是（寔）臣臣，其可不寶（保）吾先君之常心[四]。其可（何）不述（遂）？今吾君既〈即〉某（世），孺子05女（如）母（毋）智（知）邦正（政），誈（屬）之大夫，老婦亦將丩（收）攸（修）宮中之正（政），門檻之外母（毋）敢又（有）智（知）焉[五]。老婦亦不敢06以兄弟昏（婚）因（姻）之言以亂大夫之正（政），孺子亦母（毋）以執（蓺）豎卑御、勤力奊馭、娏妁之臣躬（躬）共（恭）其顏色，07鹽（豔）於其考（巧）語，以亂大夫之正（政）[六]。孺子女（如）共大夫且以教焉，女（如）及三岁，幸果善之，孺子其童（重）得良08臣，四鄰以吾先君爲能敘。女（如）弗果善，欸吾先君而孤孺子，其辠（罪）亦跣（足）妻（數）也。邦人既盡聒（聞）之，孺子10或（又）延（誕）告吾先君女（如）忍孺子之志，亦猷（猶）跣（足）。吾先君必將相孺子，以定奠（鄭）邦之社襪（稷）。"

孺子拜，乃皆臨。自是11旹（幾）以至葬日[七]，孺子母（毋）敢又（有）智（知）焉，誈（屬）之大夫及百執事。

人皆懼，各共（恭）其事。舅（邊）父規大夫曰："君共（拱）而12不言，加（假）盙（主）於大夫[八]。女（如）慎盙（主）君毇（喪）而舊（鳩）之於上[九]。"

三月少（小）兼（祥）[十]，大夫聚昏（謀），乃使舅（邊）父於君曰："二三老13臣使哉（禦）寇也尃（布）圖於君[十一]。昔吾先君使二三臣，抑早（遭）前句（後）之以言。思群臣得執焉，【虞（且）】09母（毋）交（效）於死[十二]。今君定荸（拱）而不言[十三]。二三臣事於邦，远远（惶惶）焉女（如）宵昔器於巽臧之中[十四]，母（毋）乍（措）手止，殆於14爲敗。胡寧君是又（有）臣而爲執（蓺）辟（嬖）[十五]，幾（豈）既臣之膢（獲）辠（罪），或（又）辱吾先君，曰是其儳臣也？"

君畣（答）舅（邊）15父曰："二三大夫不尚母然。二三大夫皆吾先君之所付孫也。吾先君智（知）二三子之不二心，甬（用）厬（兼）受（授）之16邦[十六]。不是然，或（又）再（稱）起吾先君於大难之中。今二三大夫畜孤而乍（作）焉[十七]，幾孤其跣（足）爲免[十八]，抑亡（無）女（如）17吾先君之憂可（何）[十九]？"18

[一] 毀，疑當讀爲"尾"。⑥《戰國策·秦策五》"謂秦王"章云："今王破宜陽，殘三川，而使天下之士不敢言；雍天下之國，徙兩周之疆，而世主不敢交；塞陽侯，取黃棘，而韓、楚之兵不敢進。王若能爲此尾，則三王不足四，五伯不足六。王若不能爲此尾，而有後患。"高誘注："尾，後也。言王爲策討之，始得之矣。如能終卒没，則王伯之道立也。故曰三王不足四，五伯不足六。"鮑彪注："尾，言善其後。"吳師道云："尾，終也，

即上文能終之説。”⑦本章上文説:“《詩》云:‘靡不有初,鮮克有終。’故先王之所重者,唯始與終。”後文説:“《詩》云:‘行百里者,半於九十。’此言末路之難也。”通觀全篇文意,高誘、鮑彪、吳師道三人的注釋,應可憑信。即“尾”本指動物尾部,引伸指事情終了,再引伸指善始善終。高誘注正好説到“爲策”,與本篇竹書的“圖”對應。對於“尾”,本篇也和《戰國策》同樣用“爲”作謂語。因而將竹書的“毀”讀爲“尾”,理解爲有了計謀,就要付諸實施,堅持到底,應該是合適的。

[二]臤,整理本讀爲“賢”,未作説明。研究者多理解爲“善”。沈培先生解釋爲“多”。他把“乃爲之毀圖所賢者”連讀,理解爲“把圖謀中多餘者撤除或廢棄”。在按本文斷讀時,用“多”訓“賢”,似更爲合理。即當有多個方案時,再用龜筮來取捨。

臤,抑或讀爲“艱”。⑧簡文是説在謀劃困難時,求助於卜筮。

《尚書·洪範》云:“汝則有大疑,謀及乃心,謀及卿士,謀及庶人,謀及卜筮。”簡文反映的決策程序與此有別。《左傳》桓公十一年記楚鬭廉説:“卜以決疑,不疑何卜。”《國語·晉語一》記晉獻公説:“立太子之道三:身鈞以年,年同以愛,愛疑決之以卜、筮。”卜、筮用於決疑,則與竹書相同。

[三]“盈”讀爲“逞”,是王挺斌先生的意見。⑨整理本在“望吾君”後著逗號,實當連讀。“吾君無不逞其志於吾君之君己也”皆是“望”的賓語,“吾君”則是“逞其志”的主體。

[四]整理者注釋:“是臣,這樣的臣。其下‘臣’字爲動詞。”今按:是,疑當讀爲“寔”,實也。在這種情形下,前一個“臣”爲動詞,後一個爲名詞。簡文是説鄭莊公即君位如先君一樣臣待諸臣。可,如字讀,是“ee”和黃傑先生的意見。⑩“其”至“常心”一句讀,是郝花萍先生的意見。⑪

[五]“女”讀爲“如”,“丩”讀爲“收”,筆者在發布會發言中提出,認爲這裏明顯是在談判,可以説是要挾,而不是一般意義上母子間的規勸。劉光先生亦將女讀爲“如”。⑫“ee”則提出,若讀爲“如”,“如”應訓爲“不如”。⑬這裏“孺子如”與“老婦亦將”對應,“如”爲假設連詞。

[六]豔,整理本讀爲“掩”,注釋説:“《戰國策·趙策二》‘豈掩於衆人之言’,鮑注:‘猶蔽。’”今按,恐當讀爲“豔”。⑭“豔”可用來指文辭華美。《韓非子·外儲説左上》:“夫不謀治强之功,而豔乎辯説文麗之聲,是卻有術之士而任壞屋折弓也。”《漢書·敘傳下》:“文豔用寡,子虛烏有,寓言淫麗,託風終始……述《司馬相如傳》第二十七。”范寧《〈春秋穀梁傳〉序》:“左氏豔而富,其失也巫。”在這個意義上,“豔”正與“巧語”對應。

“孺子”至“之政”一句讀,是馬楠先生的意見。⑮

[七]整理者注釋:“旨,讀爲‘期’,《楚辭·九歌》‘與佳期兮夕張’,蔣驥注:‘約

也。'"李守奎先生則認爲:"是期"即"既羿"即武公即世之後五日。葬日,下葬之日。《禮記·王制》"諸侯五月而葬",《左傳》隱公元年也有天子七月而葬,諸侯五月,大夫三月,士逾月的記載。[16]對於"旮"字,這裏改從裘先生之説讀爲"幾",訓爲"期"。[17]本篇此字,當從李守奎先生理解爲日期,而不能如整理者注釋那樣理解爲"約"。因爲如果是孺子與鄭武夫人相約,期限應該是鄭武夫人强調的"三年"或"三歲",而不應是"以至葬日"即五個月。如果是孺子與大夫相約,後面大夫的惶恐便顯得多餘。葛陵楚簡甲四3號記:"……太,備(佩)玉赳。罢(擇)日於是旮,窎(賽)禱司命、司録(禄)……"[18]雖然簡文殘缺,其中"是旮"指某個日期而不是在約定時間應無疑義。這也可以支持上述判斷。

　　"自是幾"云云,整理本未加引號,李守奎先生則認爲是武夫人的規定。[19]由於所述期間遠低於鄭武夫人的要求,這是對行事記敘的可能性更大。

　　[八]本句和下句中的"甎",整理本均讀爲"重"。李守奎先生針對下一個"甎"字説:這是雙音符字,可以讀爲"重",也可以讀爲"主"。我個人以爲在此讀爲"主"似更合適。[20]我們進而將兩處均讀爲"主"。在這種情形下,"加"恐應讀爲"假"。[21]假主,指授權主持,與上文"屬之大夫及百執事"呼應。

　　[九]李守奎先生指出,"慎甎君羿而舊之於上三月"一句釋讀很困難。在甎字讀"重"或"主"的糾結之外,李先生還指出,"三月"屬上讀、屬下讀皆不合古書所記禮制。屬下讀,則三個月行小祥之祭未聞。又疑上、下皆不連屬自爲一讀記時,但全篇無記時之例。若屬上讀,則"舊"讀爲"久",是楚文字的習慣用法。"久之於上三月"就是禮制五個月之外再加三月,是爲緩葬。曾疑讀爲"汝慎重君葬,柩之於上。三月小祥,大夫聚謀",仔細考慮,既不合禮制,又不合情理。[22]其實,這裏還有一個問題未曾涉及,即李先生的幾種讀法中,"上"字均未得到合理的解釋。[23]我們懷疑,"上"指鄭莊公,即竹書別處所稱的"孺子"或"君"。相應地,"舊"似當讀爲"鳩"。[24]《左傳》定公四年"若鳩楚境",杜預注:"鳩,安集也。"《國語·晉語九》"可以鑒而鳩趙宗乎",韋昭注:"鳩,安也。"女,整理本讀爲"汝"。也可能讀爲"如",意猶"不如"。[25]羿,整理本讀爲"葬"。讀爲"喪",是王寧先生的意見。[26]其時武公已入葬,不當仍然讀爲"葬"。

　　[十]"三月"與上文斷讀後,李守奎先生已指出"自爲一讀記時"因爲全篇無記時之例而顯得可疑。這樣理解還有一個疑點,就是"小祥"應在具體某一日舉行,而不當籠統地説在某一月。《儀禮·士虞禮》:"期而小祥。"鄭玄注:"期,周年。"如果"鄭武公卒"至"葬日"歷時五月,而自"邊父規大夫"至"小祥"三月,則"葬日"至"邊父規大夫"並非同時,而是可能經過了四個月的時間。竹書用"人皆懼,各恭其事"而過渡。另外一種可能性似乎也不能排除。即"小祥"就在"鄭武公卒"八個月之後舉行,當時並未

嚴格遵循"期而小祥"的規定,甚至這一規定尚未形成。

　　[十一]"子居"指出"禦寇"當爲邊父之名。如然,"二三老臣"至"於君"應作一句讀。"也"用在句中的主語之後表示停頓。㉗

　　[十二]早,疑應讀爲"遭"。㉘前後,指前後之人、關係密切者。思,同"使"。㉙執,拘囚。虔,下部殘去,從"子居"擬釋。㉚這段簡文大致是説:先君與大臣的關係,曾被周圍人言説。先君派群臣將言説者拘禁起來,以不使自己致於死地。㉛

　　[十三]"今君"至"不言"一句讀,從黄傑先生説。㉜定,一定。

　　[十四]"女〓"析讀爲"焉女(如)",從王寧先生説。㉝

　　[十五]整理本"胡寧君"爲句,注釋説:"'姑',姑且。寧,安慰。句云姑且安慰一下邦君。"筆者在4月16日發布會發言提出,"胡寧君"連下讀。《詩經》中幾次出現"胡寧"的説法。《小雅·四月》説:"先祖匪人,胡寧忍予?"《大雅·雲漢》説:"父母先祖,胡寧忍予!"又説"胡寧瘨我以旱? 憯不知其故。"這三處"胡寧",鄭玄箋分别解釋爲"何爲曾"、"何爲"、"何曾",表示强烈質問的語氣。㉞

　　[十六]"兼"字釋讀,從李守奎先生説。

　　[十七]畜,整理者注釋訓爲"順"。筆者在發布會發言指出:應爲容納的意思。《左傳》襄公二十六年:"獲罪於兩君,天下誰畜之?"杜預注:"畜,猶容也。"

　　[十八]幾,整理者讀爲"豈"。免,整理本讀爲"勉"。筆者在發布會發言指出:幾,庶幾,差不多的意思。㉟免,恐怕不能讀爲"勉勵"的"勉",而是指免於罪責。《左傳》文公十七年:"雖敝邑之事君,何以不免?"杜預注:"免,免罪也。"

　　[十九]先君之憂,筆者在發布會發言指出:大概是因爲武公在確定莊公繼位後,對武姜與莊公母子,以及莊公與共叔段兄弟之間的衝突懷有憂慮。因而這段話很可能意味著,莊公決定在大夫支持下,正面與鄭武夫人抗衡,直接親政。

(作者單位:武漢大學簡帛研究中心、

"古文字與中華文明傳承發展工程"協同攻關創新平臺)

注釋:

① 清華大學出土文獻研究與保護中心編,李學勤主編:《清華大學藏戰國竹簡(陸)》第2—5頁(原大圖版)、第27—35頁(放大圖版)、第103—109頁(釋文注釋),中西書局2016年。

② 參看郝花萍:《〈清華大學藏戰國竹簡(陸)〉鄭國三篇集釋》,碩士學位論文,西南大學2017年;朱忠恒:《〈清華大學藏戰國竹簡(陸)〉集釋》,碩士學位論文,武漢大學2018年。

③ "悦園"(尉侯凱)簡帛網簡帛論壇《清華六〈鄭武夫人規孺子〉初讀》第50層發言,2016年5月30日;尉侯凱:《清華簡六〈鄭武夫人規孺子〉編聯獻疑》,簡帛網,2016年6月9日;尉侯凱:《讀清華簡六札記(六

則)》,《出土文獻》第十輯,中西書局 2017 年。"子居"簡帛網簡帛論壇《清華六〈鄭武夫人規孺子〉初讀》第 51 層發言,2016 年 5 月 31 日;子居:《清華簡〈鄭武夫人規孺子〉解析》,中國先秦史網,2016 年 6 月 26 日。

④ 參看賈連翔:《清華簡〈鄭武夫人規孺子〉篇的再編連與復原》,《文獻》2018 年第 3 期。

⑤ 郝花萍:《〈清華大學藏戰國竹簡(陸)〉鄭國三篇集釋》;朱忠恒:《〈清華大學藏戰國竹簡(陸)〉集釋》。

⑥ 從"尾"的"焜"與從"毀"的"燬"字通用,參看張儒、劉毓慶:《漢字通用聲素》第 870 頁,山西古籍出版社 2002 年。

⑦ 諸祖耿:《戰國策集注會考》第 420、428 頁,江蘇古籍出版社 1985 年。

⑧ 從"艮"得聲的"硍"與從"臤"得聲的"鏗"字通用,參看張儒、劉毓慶:《漢字通用聲素》第 960 頁。又,《史記·周本紀》"懿王囏",《漢書·古今人表》作"堅"。"囏"同"艱"。

⑨ 清華大學出土文獻讀書會:《清華六整理報告補正》,清華大學出土文獻研究與保護中心網,2016 年 4 月 16 日。

⑩ "ee"簡帛網簡帛論壇《清華六〈鄭武夫人規孺子〉初讀》第 7 層發言,2016 年 4 月 17 日;"暮四郎"(黃傑)簡帛網簡帛論壇《清華六〈鄭武夫人規孺子〉初讀》第 11 層發言,2016 年 4 月 18 日。

⑪ 郝花萍:《〈清華大學藏戰國竹簡(陸)〉鄭國三篇集釋》第 26 頁。郝氏沿用整理本將"可"讀爲"何"。

⑫ 清華大學出土文獻讀書會:《清華六整理報告補正》,清華大學出土文獻研究與保護中心網,2016 年 4 月 16 日。

⑬ "ee"簡帛網簡帛論壇《清華六〈鄭武夫人規孺子〉初讀》0 層發言,2016 年 4 月 16 日。

⑭ 鹽、豔通用,參看張儒、劉毓慶:《漢字通用聲素》第 1055 頁。

⑮ 清華大學出土文獻讀書會:《清華六整理報告補正》,清華大學出土文獻研究與保護中心網,2016 年 4 月 16 日。

⑯ 李守奎:《〈鄭武夫人規孺子〉中的喪禮用語與相關的禮制問題》,《中國史研究》2016 年第 1 期。

⑰ 裘錫圭:《釋戰國楚簡中的"呂"字》,《裘錫圭學術文集·簡牘帛書卷》,復旦大學出版社 2012 年。參看"bulang"簡帛網簡帛論壇《清華六〈鄭武夫人規孺子〉初讀》第 17 層發言,2016 年 4 月 18 日。

⑱ 彭浩、賈連敏、劉國勝:《葛陵楚墓竹簡 長臺關楚墓竹簡》第 11 頁,文物出版社 2013 年。

⑲ 李守奎:《〈鄭武夫人規孺子〉中的喪禮用語與相關的禮制問題》,《中國史研究》2016 年第 1 期。

⑳ 李守奎:《〈鄭武夫人規孺子〉中的喪禮用語與相關的禮制問題》,《中國史研究》2016 年第 1 期。

㉑ 參看張儒、劉毓慶:《漢字通用聲素》第 380 頁。

㉒ 李守奎:《〈鄭武夫人規孺子〉中的喪禮用語與相關的禮制問題》,《中國史研究》2016 年第 1 期。

㉓ 王寧、羅小虎、易泉、暮四郎、子居諸氏亦各有猜測,參看見朱忠恒:《〈清華大學藏戰國竹簡(陸)〉集釋》第 24 頁。

㉔ 臼、九相通,參看張儒、劉毓慶:《漢字通用聲素》第 165 頁。

㉕ 參看解惠全、崔永琳、鄭天一:《古書虛詞通解》第 575 頁,中華書局 2008 年;沈培:《由上博簡證"如"可訓爲"不如"》,簡帛網,2007 年 7 月 15 日。

㉖ 王寧:《清華簡六〈鄭武夫人規孺子〉寬式文本校讀》,復旦大學出土文獻與古文字研究中心網,2016 年 5 月 1 日。

㉗ 參看解惠全、崔永琳、鄭天一:《古書虛詞通解》第 852—853 頁;伊強:《秦簡虛詞及句式考察》第 292—293

頁,武漢大學出版社 2017 年。

㉘ "早"與從"曹"得聲之字通用,參看張儒、劉毓慶:《漢字通用聲素》第 144 頁。

㉙ "bulang"簡帛網簡帛論壇《清華六〈鄭武夫人規孺子〉初讀》第 16 層發言(2016 年 4 月 18 日)指出,"思"讀爲"使"較通順。

㉚ 子居:《清華簡〈鄭武夫人規孺子〉解析》,中國先秦史網,2016 年 6 月 26 日。

㉛ "且"猶"以",參看解惠全、崔永琳、鄭天一:《古書虛詞通解》第 535 頁。

㉜ "暮四郎"(黃傑)簡帛網簡帛論壇《清華六〈鄭武夫人規孺子〉初讀》第 15 層發言,2016 年 4 月 18 日。

㉝ 王寧:《清華簡六〈鄭武夫人規孺子〉寬式文本校讀》,復旦大學出土文獻與古文字研究中心網,2016 年 5 月 1 日。

㉞ "cc"簡帛網簡帛論壇《清華六〈鄭武夫人規孺子〉初讀》第 14 層發言(2016 年 4 月 18 日)也指出這一問題。這種場合"寧"字的進一步分析,可參看徐道彬:《皖派學術與傳承》第 413 頁,黃山書社 2012 年。

㉟ 李守奎先生即如字讀。"暮四郎"(黃傑)簡帛網簡帛論壇《清華六〈鄭武夫人規孺子〉初讀》第 21 層發言(2016 年 4 月 18 日)也指出,此字讀爲"豈"不可信,初步推測其意相當於"庶幾"。

一粟居讀簡記（十）

王　輝

一

　　清華楚簡《越公其事》簡 10："天不朌賜於雩（越）邦之利。"影本注："朌，仍，重複，再一次。《説文》：'仍，因也。从人，乃聲。'疑小篆'人'旁爲'乃'旁之訛變。"①又簡 73："殹民生不朌，王亓（其）母（毋）死。"影本注："民生不仍，猶人生不再，意爲人只有一次生命。《國語·吳語》作'民生不長'。"②

　　按《説文》："乃，曳，詞之難也……᷂，籀文乃。"依《説文》"朌"當是乃之籀文。簡文"乃"仍讀爲仍。睡虎地秦簡《爲吏之道》所附《魏户律》："故某慮（閭）贅壻某叟之乃孫。""乃孫"即仍孫。《爾雅·釋親》："晜（昆）孫之子爲仍孫。"③

　　乃或作乃，或作朌，並不奇怪。本篇同字異形或用不同的字表達同一個詞，其例甚多。如使或作"史"，簡 1："乃史夫=（大夫）住（種）行成於吳帀（師）。"或作"使"，簡 9："吳王䎽（聞）雩（越）彶（使）之柔以弜（剛）也。"或作"事"，簡 15："吳王乃出，親見事者曰……"或作"兹"，簡 28："兹（使）民砭（暇）自相，蓐（農）工昃（得）寺（時）。"又如越或作"雩"（通篇）；或作"郔"，簡 71～72："今天以郔（越）邦賜吳。"又如襲或作"閣"，簡 26："吳人既閣雩（越）邦。"或作"袞"，簡 27："乃因司袞尚（常）。"

二

　　《越公其事》簡 3："虘（吾）君天王，以身被甲冒（胄），戟（敦）力毇（殳）鎗（槍），建（挾）弜秉橐（枹），䎽（振）鳴□□□[鐘鼓以]親辱於募（寡）人之柜=（敝邑）。"影本注："弜，見於馬王堆漢墓遣册，當是弓箭類兵器。'弜'字亦見於齊國陶文，與字書中弧度義之'痙'不是一字。"又引俞樾曰："世無臨陣而讀兵書者，'經'當讀爲'莖'，謂劍莖也。《考工記·桃氏》曰：'以其臘廣爲之莖圍。'注曰：'鄭司農云："莖謂劍夾，人所握鐔以上也。"玄謂：莖，在夾中者。莖長五寸。'此云挾莖，正謂此矣。作'經'者，假字耳。"④與簡文相似的話見《國語·吳語》："十行一嬖大夫，建旌提鼓，挾經秉枹。十旌一將軍，載常建鼓，兵經秉枹。"韋昭注："經，兵書也。"俞氏的説法是對韋注的批評。

我以爲以上兩種説法皆有道理，但以俞説爲優。

古時武將多有隨身挾弓之習慣。《越絕書·吳內傳》："伍子胥父誅於楚，子胥挾弓，身干闔廬。"⑤《公羊傳》定公四年："伍子胥父誅乎楚，挾弓而去楚，以干闔廬。"《穀梁傳》定公四年："子胥父誅於楚也，挾弓持矢而干闔廬。"又《越絕書·德序外傳記》："子胥賜劍將自殺，歎曰：'……吾挾弓矢以逸鄭楚之間……'""子胥挾弓去楚，唯夫子獨知其道。"⑥又《越絕書·荊平王內傳》："子胥介胄彀弓，出見使者。"⑦大意亦同。又《吳越春秋·王僚使公子光傳》："楚得子尚，復遣追捕子胥。胥乃貫弓執矢去楚。楚追之，見其妻。曰：'胥亡矣，去三百里。'使者追及無人之野，胥乃張弓布矢，欲害使者，使者俯伏而走。"⑧又《吳越春秋·夫差內傳》："子胥歸，謂被離曰：'吾貫弓接矢於鄭楚之界，越渡江淮，自致於斯。'"⑨張覺曰："徐天祐曰：'烏還切。'覺按：貫（wān）：通'彎'。貫弓，彎弓，張滿弓。此文《太平御覽》卷三百九十三引作：'子胥以夜半時臥覺，忽而仰天悲歎，言曰："父兄俱死，誰當歸乎?"泣下交流，恐爲楚所得，乃貫弓執矢，步出東郭。'本文已被刪節。"⑩貫，彎。貫弓，彎弓，張弓，與"挾弓"意微別。但這只是不同文本、不同語境下的細微差別，沒有本質不同。

與"挾弓"相連的還有"持矢"、"執矢"、"布矢"、"接（疑爲持或挾之誤）矢"。矢有別名"赤莖"，只是時代較晚。《太公六韜》："陷堅陣，敗強敵，大黃參連弩，飛鳧電景自副。"注云："飛鳧，矢名，赤莖白羽。"⑪

劍分爲身、莖、格（鐔）三部分，莖即劍柄。⑫人手握劍時握莖，即鄭司農所説"人所握鐔以上也"。莖引申又指劍。桂馥《札樸》卷四："（劍）通謂之身，亦謂之莖。"⑬

古書多有君王持劍之例。《國語·吳語》："吾先君闔廬不貰不忍，被甲帶劍，挺鈹搢鐸，以與楚昭王毒逐於中原柏舉……夫差不貰不忍，被甲帶劍，挺鈹搢鐸，遵汶伐博，簦笠相望於艾陵。"

《説文》："夾，持也。"《説文》："挾，俾持也。"《慧琳音義》卷八引《字書》："帶，繫也。"⑭《文選·班固〈西都賦〉》"挾灃灞"，李周瀚注："挾，帶也。"挾、帶互訓，簡文"夾莖"或即《吳語》"帶劍"。

鈹爲短劍。《説文》："挺，拔也。""挺鈹"、"帶劍"義近。

上文《吳語》韋昭注："搢，振也。"鐸，軍樂器。枹，鼓槌。"搢鐸"與"振鳴鐘鼓"、

"秉枹"意義相近。簡文"身被甲胄……夾弳秉枹,振鳴鐘鼓"與《吳語》"被甲帶劍,挺鈹搢鐸"語例相似。故簡文"弳"以讀爲莖、解爲劍之別名爲佳。

古書帶弓者多爲武將,帶劍者多爲君王。簡文"天王"指吳王夫差,故簡文"弳"解爲劍也較合適。

因莖有解爲弓類器及劍兩種可能,所以古人理解上常有混淆。《越絶書•外傳記吳王占夢》:"越王撫步光之劍,杖屈盧之矛。"李步嘉校:"錢培名曰'"杖屈盧之矛","矛"原作誤"弓"。"弓"不可"杖"。《吳越春秋》作"矛",《記越地傳篇》亦云"杖物盧之矛"。今改。'步嘉謹按:樂祖謀校本作'杖屈盧之弓',按錢説是,今依錢校改。"⑮

三

《越公其事》簡 30～33:"五政之初,王好蓐(農)工(功)。王親自䈉(耕),又(有)厶(私)畯(畦)。王親涉沟(溝)淳淴(浡)塗,日靚(靖)蓐(農)事以勸怠(勉)蓐(農)夫。……王聝(聞)之,乃以箮(熟)飤(食)脂鹽(醢)翁(脯)肜(羹)多從。亓(其)見蓐(農)夫老弱堇歷者,王必酓(飲)飤(食)之……塱(舉)雩(越)庶民,乃夫婦皆劰(耕),㝃(至于)鄥(邊)徥(縣)尖(小大)遠礼(邇),亦夫婦皆……雩(越)邦乃大多飤(食)。"影本注:"肜即'肓',陽部字,疑讀爲'羹'……脯羹,《禮記•內則》:'脯羹兔醢。'"⑯今按亡聲字未見讀如羹者,而讀無則習見。疑"肜"讀爲膴,甚或就是膴的異構字。《説文》:"脯,乾肉也。"又云:"膴,無骨腊也。楊雄説:鳥腊也。从肉,無聲。《周禮》有膴判。讀若謨。"膴爲無骨腊肉,與脯義近。《廣雅•釋器》:"膴,脯也。"膴、脯常連用。《周禮•天官•腊人》:"共豆脯薦脯膴胖凡腊物。"鄭玄注引鄭司農云:"膴,膺(胸)肉。"

關於"堇歷",影本注:"'堇',疑讀爲'勤'。'歷',疑讀爲'厤',《説文》:'治也。'"⑰其説不能説沒有道理,但仍可推敲。《説文》:"厤,治也。从厂,秝聲。"段玉裁注:"甘部厤下云:'从甘、厤。厤,調也。'按:調和即治之義也。"王筠句讀:"此治玉、金之治,謂磨厲之也。"簡文無調治、治玉、治金之義,且古書似亦無"勤厤"一詞。

我懷疑"堇"可讀爲謹,慎也。"歷"可讀爲厤或曆。《玉篇》:"曆,古本作厤。"《易•革》象曰:"澤中有火,革,君子以治厤明時。"王弼注:"厤數時會,存乎變也。"孔穎達疏:"'君子以治厤明時'者,天時改變,故須厤數,所以君子觀兹《革》象,修治厤數,以明天時也。""謹曆"即謹慎地推算曆數,或謹慎地遵從曆數,不違農時。宋王珪《內中侍御以下賀皇帝冬節詞》:"伏以漢臺謹曆,測星候以觀祥,嶰籥均時,聽葭鳴而升煦。"《吳越春秋•勾踐陰謀外傳》計硯曰:"夫興師舉兵,必且內蓄五穀,實其金銀,滿其府庫，勵其兵甲。凡此四者，必察天地之氣，原於陰陽，明於孤虛，審於存亡，乃可量數。”又曰：“春種八穀，夏長而養，秋成而聚，冬畜而藏。夫天時有生，而不敷種，是一死也……夫天時有生，勸者老，作者少，反氣應數，不失厥理，一生也。留意省察，謹除苗穢，穢除苗盛，二生也。前時設備，物至則收，國無逋稅，民無失德，三生也。倉已封塗，除陳入新，君樂臣歡，男女及信，四生也。”《吳越春秋》又云：“越王曰：‘善哉，子之道也！’乃仰觀天文，集察緯宿，曆象四時。以下者上，虛設八倉，從陰收著，望陽出糶，筴其極計。三年五倍，越國熾富。”⑱簡文“老弱謹曆”即《吳越》之“天時有生，勸者老，作者少，反氣應數”，是説百姓老少皆順應、謹守時令，勤奮耕作，才能有好收成。簡文説越王“勸勉農夫”，《吳越》説“勸者老”；簡文之“王”、“農夫”、“庶民”、“夫婦”即《吳越》之“民”、“君”、“臣”、“男女”；簡文説“越邦乃大多食”，《吳越》説“倉已封塗，除陳入新”，“虛設八倉，從陰收著，望陽出糶，筴其極計，三年五倍，越國熾富”，二者語境亦相似。

　　類似的話還見於《越絶書·吳内傳》：“天道盈而不溢，盛而不驕者，言天生萬物，以養天下。蝝飛蠕動，各得其性。春生夏長，秋收冬藏，不失其常……人道不逆四時者，言王者以下，至於庶人，皆當和陰陽四時之變，順之者有福，逆之者有殃。”⑲“不逆四時”即“謹曆”；“順之者有福，逆之者有殃”，一順一逆，福禍隨之。又《越絶書·外傳枕中》：“故天下之君，發號施令，必審於四時。四時不正，則陰陽不調，寒暑失常。如此，則歲惡，五穀不登。聖主施令，必審於四時，此至禁也。”⑳大意亦同。

四

　　簡本《越公其事》記述吳滅越後越向吳求和，採取措施使越積聚力量，逐漸強大，終於滅吳。其重點不在敘事，而在記述越公重農、好信、徵人、好兵、飭民等治國措施。這些措施在《國語·吳語》《越語》，以及《越絶書》《吳越春秋》等書中亦有記述，只是諸書的重點是敘事而已。

　　《越絶書·計倪内經》云：“興師者必先蓄積食、錢、布、帛，不先蓄積，士卒數饑……（王）必先省賦斂，重農桑。”《外傳記地傳》：“后稷産穡，制器械，人事備矣。疇糞桑麻，播種五穀，必以手足。”此重農也。

　　《越絶書·請糴内傳》：“種觀夫吳甚富而財有餘，其刑繁法逆，民習於戰守，莫不知也。其大臣好相傷，莫能信也……君王卑身重禮，以素忠爲信，以請糴於吳。天若棄之，吳必許諾……胥，先王之老臣，不忠不信，則不得爲先王之老臣。”又《外傳計倪》：“故賢君用臣，略責於絶……内告以匱，以知其信。”同樣的話又見於《吳越春秋·

勾踐陰謀外傳》。又《勾踐入臣外傳》："大夫皓進曰：'一心齊志，上與等之；下不違令，動從君命，守信溫故。'"《勾踐伐吳外傳》："大夫曳庸曰：'審賞則可戰也。審其賞，明其信，無功不及。'……勾踐恐民不信，使以征不義聞於周室，令諸侯不怨於外……各守其職，以盡其信。"此好信也。

　　《越絕書·計倪內經》："守法度，任賢使能，償其成事，傳其驗而已。如此，則邦富兵强而不衰矣……今夫萬民有明父母，亦如邦有明主。父母利源流，明其法術，以其賢子，徼成其事而已，則家富而不衰矣。"《記范伯》："子貢曰：'薦一言，得及身，任一身，得顯名。'"《內傳陳成恒》："子貢曰：'臣聞之，明主任人不失其能，直士舉賢不容於世。故臨財分利則使仁，涉危拒難則使勇，用衆治民則使賢，正天下、定諸侯則使聖人。'"《外傳計倪》："計倪對曰：'夫仁義者，治之門，士民者，君之根本也。……願君王公選於衆，精煉左右，非君子至誠之士，無與居家。使邪僻之氣無漸以生，仁義之行有階，人知其能，官知其治。爵賞刑罰，一由君出，則臣下不敢毀譽以言，無功者不敢干治。故明主用人，不由所從，不問其先，說取一焉……越王大媿，乃壞池填塹，開倉穀，貸貧乏，乃使群臣身問疾病，躬視死喪，不厄窮僻，尊有德，與民同苦樂，激河泉井，示不獨食。行之六年，士民一心，不謀同辭，不呼自來，皆欲伐吳。'"《吳越春秋·勾踐伐吳外傳》："（越王）因約其父母昆弟而誓之曰：'寡人聞古之賢君，四方之民歸之若水。寡人不能爲政，將率二三子夫婦以蕃。'令壯者無娶老妻，老者無娶壯婦。女子十七未嫁，其父母有罪；丈夫二十未娶，其父母有罪。將免者以告於孤，令醫守之。生男二，貺之以壺酒、一犬；生女二，賜以壺酒、一豚。生子三人，孤以乳母；生子二人，孤與一養。長子死，三年釋吾政；季子死，三月釋吾政；必哭泣葬埋之，如吾子也。令孤子、寡婦、疾疹、貧病者，納官其子。欲仕，量其居，好其衣，飽其食，而簡銳之義。四方之士來者，必朝而禮之，載飯與羹以游國中，國中僮子游而遇孤，孤餔而啜之，施以愛，問其名。"此寬泛意義之徵人也。

　　《越絕書·內經九術》："八曰邦家富而備器；九曰堅厲甲兵，以承其弊。"《記軍氣》："夫聖人行兵，上與天合德，下與地合明，中與人合心。"《吳越春秋·闔閭內傳》："孫子者，名武，吳人也，僻隱深居，世人莫知其能。胥乃明知鑒辨，知孫子可以折衝銷敵，乃一旦與吳王論兵，七薦孫子……子胥諫曰：'臣聞：兵者，凶事，不可空試。故爲兵者，誅伐不行，兵道不明。今大王虔心思士，欲興兵戈以誅暴楚，以霸天下而威諸侯，非孫武之將，而誰能涉淮、踰泗、越千里而戰者乎？'"《吳越春秋·勾踐歸國外傳》："越王乃緩刑薄罰，省其賦斂。於是人民殷富，皆有帶甲之勇……今吳乘諸侯之威，以號令於天下，不知德薄而恩淺、道狹而怨廣、權懸而智衰、力竭而威折、兵挫而軍退、士散而衆解。臣請按師整兵，待其壞敗。隨而襲之。兵不血刃，士不旋踵，吳之君臣爲虜矣。"《吳越春秋·勾踐陰謀外傳》:"夫九術者……八曰君王國富而備利器;九曰利甲兵以承其弊……越王又問相國范蠡曰:'孤有報復之謀,水戰則乘舟,陸行則乘輿。輿舟之利,頓於兵弩。今子爲寡人謀事,莫不謬者乎?'范蠡對曰:'臣聞古之聖君莫不習戰用兵,然行陣、隊伍、軍鼓之事,吉凶決在其工。今聞越之南有處女出於南林,國人稱善,願王見之。'……於是范蠡復進善射者陳音……於是乃使陳音教士習射於北郊之外。三月,軍士皆能用弓弩之巧。"此寬泛意義之好兵也。

至於越公派使臣行成於吳,很多段落語句都同於《國語·吳語》《越語》。

由以上引述材料來看,在戰國時期,關於越王勾踐復國的事迹曾在社會上廣泛流傳,有種種不同的版本。後世著述摘抄或整理這些事迹,依據其主題各取所需,或嚴謹,或粗疏,其價值或珍貴,或較低。

我以爲,《越公其事》整理越王勾踐事迹,態度有欠嚴謹,抄録多有錯誤,是一種較差的版本,故從整體上看,此篇價值不高。以下試舉一例。

《越公其事》簡9:"吳王餌(聞)孚(越)徒(使)之柔以弜(剛)也,思道迖(路)之彶(修)隓(險),乃思(懼),告繻(申)疋(胥)曰:……繻(申)疋(胥)乃思(懼),許諾。"《國語·吳語》則曰:"吳、晉爭霸未成,邊遽乃至,以越亂告。吳王懼,乃合大夫而謀曰:'越爲不道,背其齊盟,今吾道路修遠,無會而歸,與會而先晉,孰利?'"《吳語》説的是吳王北伐齊後,參加黃池之會時,與晉爭長,未有結果。越國趁吳國内部空虛,大舉襲吳,"入其郛,焚其姑蘇"。吳王聽聞此事,顧忌"道路修遠",乃"懼",與諸大夫謀議該如何應對。《越公》説吳王聽了越使者求成的話,"思道路之修險,乃懼",顯然不通。吳、越相距甚近,如《越絶書·請糴内傳》申胥所説是"接地鄰境,道徑通達,三江環之,其民無所移";又如《吳越春秋·勾踐入臣外傳》吳王説是"同土連城",何談"道路修險"?此時吳滅越,越人卑辭求成,吳王何懼之有?對越之求成,吳王許其成,伍子胥一直是反對的,犯顏强諫吳王不要接受,這在各書記載都是一致的。簡文説聽了吳王的幾句話,子胥就"懼,允諾",這完全不符合事實,是張冠李戴。《吳越春秋·夫差内傳》:"十二年,夫差復北伐齊。越王聞之,率衆以朝於吳,而以重寶厚獻太宰嚭。嚭喜受越之賂,愛信越殊甚,日夜爲言於吳王。王信用嚭之計,伍胥大懼,曰:'是棄吳也。'"子胥所懼者,乃吳王聽信太宰嚭之言伐齊,是毁掉吳國,與簡文所説也完全不搭界。

又《越公》簡3"挾弪秉枹,振鳴鐘鼓……"一段話是越王説的吳伐越的軍陣氣勢,《國語·吳語》中類似的話卻説的是吳軍偷襲晉軍營寨之事。簡文是張他人威風,《吳語》是揚自己的氣勢。兩相比較,以《吳語》較爲合理。

(作者單位:陝西考古研究院)

注釋:

① 清華大學出土文獻研究與保護中心編,李學勤主編:《清華大學藏戰國竹簡(柒)》第 120 頁,中西書局 2017 年。

② 清華大學出土文獻研究與保護中心編,李學勤主編:《清華大學藏戰國竹簡(柒)》第 151 頁。

③ 王輝:《古文字通假字典》第 349 頁,中華書局 2008 年。

④ 清華大學出土文獻研究與保護中心編,李學勤主編:《清華大學藏戰國竹簡(柒)》第 116 頁。

⑤ 李步嘉:《越絕書校釋》第 81 頁,中華書局 2013 年。

⑥ 李步嘉:《越絕書校釋》第 368—369 頁。

⑦ 李步嘉:《越絕書校釋》第 17 頁。

⑧ 張覺:《吳越春秋校證注疏》第 43 頁,知識産權出版社 2014 年。

⑨ 張覺:《吳越春秋校證注疏》第 151 頁。

⑩ 張覺:《吳越春秋校證注疏》第 44 頁。

⑪ 徐堅:《初學記》第 534 頁,中華書局 1962 年。

⑫ 朱鳳瀚:《古代中國青銅器》第 271 頁,南開大學出版社 1995 年。

⑬ 宗福邦、陳世鐃、蕭海波主編:《故訓匯纂》第 1934 頁引,商務印書館 2003 年。

⑭ 宗福邦、陳世鐃、蕭海波主編:《故訓匯纂》第 672 頁引。

⑮ 李步嘉:《越絕書校釋》第 298 頁。

⑯ 清華大學出土文獻研究與保護中心編,李學勤主編:《清華大學藏戰國竹簡(柒)》第 131 頁。

⑰ 清華大學出土文獻研究與保護中心編,李學勤主編:《清華大學藏戰國竹簡(柒)》第 131 頁。

⑱ 張覺:《吳越春秋校證注疏》第 264—265 頁。

⑲ 李步嘉:《越絕書校釋》第 82 頁。

⑳ 李步嘉:《越絕書校釋》第 338 頁。

由《越公其事》與《國語》
看越王勾踐滅吳

黄懷信

清華簡第七册所載《越公其事》記越王勾踐事,《國語》之《吳語》與《越語》亦有相關甚或相同的記載。比較三者異同,不僅可以看出各自記事之側重,更可還原相關歷史事件之真相。以下先以《越公其事》之章節爲序進行比較。

《越公其事》第一章①記越王句踐"赶(翹著尾巴逃)登於會稽之山","乃使大夫種行成於吳師",及其求成之辭約二百餘字。《國語·越語上》"遂使之行成於吳"前有越王句踐"乃號令於三軍曰:凡我父兄昆弟及國子姓,有能助寡人謀而退吳者,吾與之共知越國之政",及"大夫種進對曰"等一百餘字,②於事件原委交代較爲清楚。以下求成之辭,《越公其事》稱"寡人不忍君之武勵兵甲之威,播弃宗廟,迁在會稽,寡人有帶甲八千,有旬之糧","君如曰'余其必滅絶越邦之命于天下,勿使勾踐繼纂於越邦矣',君乃陳吳甲云云,王親鼓之,以觀勾踐之以此八千人者死也",兩言"帶甲八千",而且語氣較爲強硬。《國語·越語上》辭雖稍多,但前則曰"寡君句踐乏無所使,使其下臣種,不敢徹聲聞於天王,私於下執事曰:寡君之師徒不足以辱君矣,願以金玉、子女賂君之辱,請句踐女女於王,大夫女女於大夫,士女女於士。越國之寶器畢從,寡君帥越國之衆,以從君之師徒,唯君左右之",③不僅爲《越公其事》所無,而且祈求語氣較明顯。以下始言:"若以越國之罪爲不可赦也,將焚宗廟,係妻孥,沈金玉於江,有帶甲五千人,將以致死,乃必有偶。是以帶甲萬人事君也,無乃即傷君王之所愛乎?與其殺是人也,寧其得此國也,其孰利乎?"④很明顯,《越公其事》突出越王句踐的意味較濃。

《國語·吳語》首段記"吳王夫差起師伐越,越王句踐起師逆之,大夫種乃獻謀曰"云云,無"栖於會稽"及號令於三軍以求謀士之説。以下大夫種所獻謀曰"夫吳之與越,唯天所授,王其無庸戰","不如設戎,約辭行成,以喜其民,以廣侈吳王之心"云云,⑤與《越公其事》及《國語·越語上》又不相同。再下《吳語》作"越王許諾,乃命諸稽郢行成於吳",及其求成之辭,不僅行成之人作諸稽郢而非大夫種,而且辭曰"天王親趨玉趾，以心孤句踐，而又宥赦之。君王之於越也，醫起死人而肉白骨也"，⑥似已是第二次求成，而省略了大夫種的第一次求成。《吳語》最後還有"將盟，越王又使諸稽郢辭"，"吳王乃許之，荒成不盟"一段，亦爲《越公其事》及《越語上》所無，可見《吳語》於此記述較爲詳備。

《越公其事》第二章⑦記吳王"聞越使之柔以剛也，思道路之修險，乃懼，告申胥其將許越成"，申胥勸其勿許，以及"彼既大北（敗）於平原"，不可能有"帶甲八千以敦刃偕死"，而吳王不聽，"申胥乃懼，許諾"之事。

《國語·越語上》有夫差將欲聽與之成，子胥諫言一百餘字，及越人飾美女八人納之太宰嚭，太宰嚭諫夫差接受越成，以及夫差與越成而去之的過程，⑧皆爲《越公其事》所無，看來是有所隱諱，因爲這些事件對於勾踐來説皆有不利。可見《越公其事》確是贊譽越王勾踐之作。

《吳語》記勾踐在一番客套之後，直言"句踐請盟"及其所答應的條件，包括"一介嫡女，執箕掃以眩姓（？）於王宮；一介嫡男，奉盤匜以隨諸御；春秋貢獻，不解（懈）於王府"等，⑨以求夫差應允。以下更有吳王夫差乃告諸大夫"孤將有大志於齊，吾將許越成"、遂伐齊，以及申胥進諫之言，⑩亦《越語》及《越公其事》所無。《吳語》自以記吳事爲主，而《越公其事》不言其事，看來確有替勾踐隱的意味。

《越公其事》第三章⑪記吳王親見越國使者，許越成，以及越使者返命越王，"乃盟，男女服，師乃還"之事。其中吳王對越使者所言近三百字，詞氣較爲謙卑，如開首曰"君越公不命使人而大夫親辱，孤敢脱罪於大夫。孤所得罪，無良邊人稱瘝怨惡，交鬥吳越，使吾二邑之父兄子弟朝夕粲然爲豺狼"等，將責任推給了邊人下屬。這種説法雖似不近情理，但結合《吳語》所記其伐齊、北征之志與事，似亦不是完全没有可能。

《國語·越語上》無上述事，而記勾踐説於國人悔罪請更，以及休養生息，又卑事夫差，身親爲夫差前馬等事約四百字，⑫爲《越公其事》所無。二者結合，事件方屬完整。

《吳語》記吳王夫差既許越成，乃"大戒師徒，將以伐齊"，申胥進諫，以及伐齊獲勝，逼殺申胥諸事約千餘字，⑬又皆《越公其事》及《越語上》所無，看來是因爲諸事本來就屬吳國之事，與勾踐没有關係，所以越人不記。

《越公其事》第四章⑭記"吳人既襲越邦，越王勾踐將惎（毒也）復吳"的各種政策措施與行動，包括"建宗廟"、"以祈民之寧"、"作安邦"、"因司襲常"，以及各種惠民舉措諸如"不戮不罰，蔑弃怨罪，不稱民惡，縱輕遊民，不稱貸役"等，以至"始作紀五政之律"終，皆爲《越語》所無。《吳語》記"吳王夫差既殺申胥，不稔於歲，乃起師北征"，"以會晉公午於黃池”，以及“於是越王句踐乃命范蠡、舌庸，率師沿海溯淮以絶吳路。敗王子友於姑熊夷。越王句踐乃率中軍溯江以襲吳，入其郊，焚其姑蘇，徙其大舟”，⑮又《越公其事》及《越語上》所並無，可見是互有側重。

《越公其事》第五、第六、第七、第八、第九五章具體分記越王勾踐“作五政”之事，其中第五章⑯記其“好農工”，“日靖農事以勤勉農夫”，以至“越邦乃大多食”之事約二百餘字；第六章⑰記“越邦服農多食，王乃好信，乃修市政”，以至“舉越邦乃皆好信”約二百餘字；第七章⑱記“越邦乃服信，王乃好徵人”至“越地乃大多人”約二百五十字；第八章⑲記“越邦皆服徵人，多人，王乃好兵”至“舉越邦至于邊縣城市乃皆好兵甲，越邦乃大多兵”凡一百餘字；第九章⑳記“越邦多兵，王乃敕民、修令、審刑”，至“越邦庶民則皆震動，荒畏勾踐，無敢不敬。徇命若命，禁御莫蹕，民乃敕齊”約二百餘字，皆《越語上》及《吳語》所無。可見《越公其事》確如其名，於越王勾踐之事記述較詳備。而以其所言諸事觀，顯然非向壁所虛造，如所謂“好農工”、“服農多食”、“好徵人”、“好兵”等以至具體的“王親自耕”，“其見農夫老弱勤麻者王必飲食之；其見農夫稽頂足見，顔色順比而將耕者王亦飲食之”等，皆可在《越語》中找到類似的影子。如《越語上》記“（勾踐）非其身之所種則不食，非其夫人之所織則不衣”，“句踐載稻與脂於舟以行，國之孺子之游者，無不哺之也，無不歠也”等，㉑正可相互印證與補充。

《越公其事》第十章㉒記“王監越邦之既敬，無敢蹕命，王乃試民”，至“越師乃遂襲吳”，近四百字，尤其是對所謂“試民”的措施如“竊焚舟室，鼓命邦人救火”，以及命范蠡、太甬“大歷越民，比（庀）卒協兵”諸事，記述尤爲詳細。《越語上》無具體諸事，而有國之父兄兩次請戰、勾踐最終答應，以至“敗吳於囿，又敗之於没，又郊敗之”的記載，㉓可見是省略了前事，於後事交待又較完整。

另外《越公其事》本章所記“王乃試民，竊焚舟室，鼓命邦人救火。舉邦走火，進者莫退，王懼，鼓而退之，死者三百人，王大喜”，正可印證《韓非子·内儲説上》“越王問於大夫種曰：‘吳欲伐吳，可乎？’對曰：‘可矣！吾賞厚而信，嚴伐而必。君欲知之，何不試焚宫室’”云云，㉔以及《墨子·兼愛中》“昔越王勾踐好士之勇，教馴其卒和合之，焚舟失火，試其士曰：‘越國之寶盡在此！’士聞鼓音，破碎亂行，蹈火而死者左右百有餘人，越王擊金而退之”，《兼愛下》“昔者越王勾踐好勇，教其士臣三年，以其知爲未足以知之也，焚舟失火，鼓而進之，其士偃前列、伏水火而死者有不可勝數也”㉕等記載，説明諸書所記皆非空言，而是具有重要價値的史料。

本章之末言“越師乃因軍吳，吳人昆奴乃入越師，越師乃遂襲吳”，亦爲《吳語》《楚語》所無。所謂吳人昆奴入越師，疑是吳人“昆奴”臨陣而降。此無疑也應是越王勾踐之所以迅速獲勝的重要因素。

《越公其事》第十一章⑩記越人“襲吳邦,圍王宮。吳王懼,行成”,勾踐弗許,以至吳王夫差自殺之前所言諸事,與《越語上》和《吳語》所記大意基本相同,可證三者有共同的史料來源。

除上而外,《越語下》還記吳王使王孫雒行成於越,勾踐始不許,後因吳使者往而復來,“辭愈卑,禮愈尊”,又欲許之,而范蠡諫止。勾踐復使范蠡回應吳使者,申以滅吳之志遂滅吳,以及最後范蠡退隱諸事約八百字,⑪主要突出范蠡,自當是《越公其事》及《吳語》之所無。

由上可知,《越公其事》確實偏重記述越王勾踐之事,尤其是所謂“作五政”諸事,皆《越語》《吳語》所無,可補史書之缺。而《越語》《吳語》,又皆各有側重與隱諱。所以,綜合三篇之所記,可以恢復吳王夫差伐越至越王勾踐滅吳的真實全過程:

初,吳王夫差伐越,大敗之。越王勾踐率餘眾“赶”(翹著尾巴逃)上會稽山,乃號令三軍求賢退吳,而得大夫種。勾踐遂使之往吳師求和,並威脅吳王若其不從,將以“帶甲八千”致死。蓋因語氣不够謙和,加以申胥勸諫,吳王未許其成。第二次越王派諸稽郢前往求成,辭氣謙卑,並許以“一介嫡女執箕掃以晐姓於王宮,一介嫡男奉盤匜以隨諸御,春秋貢獻不解於王府”。吳王夫差欲許之前,先告其諸大夫“孤將有大志於齊,吾將許越成,而無拂吾慮”。越人又以美女賄賂太宰嚭,太宰嚭遂諫吳王,致使申胥雖陳厲害強諫而不從,吳王最終遂許越成而去之。

吳人撤退後,越王勾踐建宗廟,葬死問傷,養生吊憂。三年,“作五政”,“好農工”,發展經濟,並鼓勵生育,繁殖人口。然後“卑事夫差,宦士三百人於吳,其身親爲夫差前馬”,以換取吳王信任。

經過數年休養生息,“越邦乃大多食”,國力恢復,民衆思報吳仇。“王乃試民,竊焚舟室,鼓命邦人救火”,以考察之。勾踐進而要求民衆“進則思賞,退則思刑,如此則有常賞。進不用命,退則無恥,如此則有常刑”,致使“國人皆勸,父勉其子,兄勉其弟,婦勉其夫”,人人願爲之致死拼命。

此間吳王夫差起師北征,會晉公午於黃池,兩國爭霸,持久未決。越王勾踐趁機率師沿海溯淮,絕吳歸路,先“敗吳於囿,又敗之於没,又郊敗之”,遂圍吳王宮。

夫差不得已乃行成求和。越王勾踐以“昔天以越予吳,而吳不受命;今天以吳予越,越可以無聽天之命,而聽君之令乎”爲由不許,而答應將其遣送到甬句以東海島之上。夫差又以其“禮先壹飯”求爲藩屬,而勾踐終不許。夫差以無顏面對天下,遂自殺,越人乃滅吳。

以上所述吳越兩國之恩怨及最終之結局,以及所涉及的人物、事件,皆當符合歷史之本真。由此可見,凡歷史文獻或出土文獻之所記,均有其真實的一面,也各有其未可遽信的一面。科學的態度，應當是對照分析，參互結合，最終得出符合事實的結論，方可還原歷史。

（作者單位：曲阜師範大學孔子文化研究院）

注釋：

① 清華大學出土文獻研究與保護中心編，李學勤主編：《清華大學藏戰國竹簡（柒）》第 114 頁，中西書局 2017 年。

②《國語·越語上》第 229 頁，上海書店 1987 年。

③《國語·越語上》第 229 頁。

④《國語·越語上》第 229 頁。

⑤《國語·吳語》第 215 頁。

⑥《國語·吳語》第 215—216 頁。

⑦ 清華大學出土文獻研究與保護中心編，李學勤主編：《清華大學藏戰國竹簡（柒）》第 119 頁。

⑧《國語·越語上》第 230 頁。

⑨《國語·吳語》第 216 頁。

⑩《國語·吳語》第 216 頁。

⑪ 清華大學出土文獻研究與保護中心編，李學勤主編：《清華大學藏戰國竹簡（柒）》第 122 頁。

⑫《國語·越語上》第 230 頁。

⑬《國語·越語上》第 230 頁。

⑭ 清華大學出土文獻研究與保護中心編，李學勤主編：《清華大學藏戰國竹簡（柒）》第 127 頁。

⑮《國語·吳語》第 219 頁。

⑯ 清華大學出土文獻研究與保護中心編，李學勤主編：《清華大學藏戰國竹簡（柒）》第 130 頁。

⑰ 清華大學出土文獻研究與保護中心編，李學勤主編：《清華大學藏戰國竹簡（柒）》第 133 頁。

⑱ 清華大學出土文獻研究與保護中心編，李學勤主編：《清華大學藏戰國竹簡（柒）》第 137 頁。

⑲ 清華大學出土文獻研究與保護中心編，李學勤主編：《清華大學藏戰國竹簡（柒）》第 140 頁。

⑳ 清華大學出土文獻研究與保護中心編，李學勤主編：《清華大學藏戰國竹簡（柒）》第 141 頁。

㉑《國語·越語上》第 231 頁。

㉒ 清華大學出土文獻研究與保護中心編，李學勤主編：《清華大學藏戰國竹簡（柒）》第 145 頁。

㉓《國語·越語上》第 231—232 頁。

㉔ 清華大學出土文獻研究與保護中心編，李學勤主編：《清華大學藏戰國竹簡（柒）》第 149 頁附二。

㉕ 清華大學出土文獻研究與保護中心編，李學勤主編：《清華大學藏戰國竹簡（柒）》第 148 頁附一。

㉖ 清華大學出土文獻研究與保護中心編，李學勤主編：《清華大學藏戰國竹簡（柒）》第 150 頁。

㉗《國語·吳語》第 234 頁。

讀清華簡《越公其事》札記一則[*]

張富海

清華簡《越公其事》第九章敘述越國"多兵"之後，越王勾踐在"敕民、修令、審刑"方面的種種舉措，結尾(簡58～59)寫作如下一段話：

> 雩(越)邦庶民則皆屬(震)僮(動)，犹鬼(畏)句戔(踐)，亡(無)敢不敬(敬)，詢(徇)命若命，敚(禁)御莫徹(躐)，民乃整(敕)齊。

整理者李守奎先生的釋文在"敬"下標句號，今從魏棟先生的意見改爲逗號，^①其他句讀皆據原釋文。

"徇命若命"句比較難理解，整理者注云："若，順。《穀梁傳》莊公元年'不若於道者，天絶之也'，范甯注：'若，順。'徇命若命，大意是上面發布命令，下面則如命踐行。"^②魏棟先生認爲："考慮到本章上文有'(越)王乃大詢(徇)命于邦'云云，將此句解釋爲'越王勾踐發布命令，庶民就順從命令'應更準確些。"^③兩者大同小異，並無實質差別。網友"易泉"把"徇命"和"若命"斷開來分屬兩句，即讀作："……無敢不敬徇命。若命，禁御莫躐，民乃敕齊。"他説："徇，訓作順，《左傳》文公十一年'國人弗徇'，杜預注：'徇，順也。'徇命即順命，指遵循上命。'無敢不敬徇命'當連讀。'若'訓如果。若命，若果有命下達。"^④按：這樣解釋"徇命"與上文"王大徇命于邦"之"徇命"指宣示命令不一致，而且"徇"之順義不是一般的順從，而是曲從，如"徇私"之"徇"，用在簡文此處並不合適。"若命"理解爲如果有命令，也與前文不符，因爲勾踐下命令是既有的事實，不需要假設。所以，整理者和魏棟先生的理解雖然不無可怪之處，但不管從文意上還是從韻律上來看，仍是比較合理的。

---

　* 本文爲國家社科基金冷門"絶學"和國別史等研究專項"基於古文字諧聲假借的漢語上古音研究"(19VJX115)、國家社科基金冷門絶學研究專項學術團隊專案"中國出土典籍的分類整理與綜合研究"(20VJXT018)的階段性成果。

　　"禁御莫蹣,民乃敕齊"句,整理者注云:"蹣,逾越,不守規矩。越王身邊的親近不敢凌越不尊,民乃整飭。""禁御"見於前文(簡 54~55),與"庶姓"和"民司事"並舉,整理者解釋爲"身邊親近的侍從",⑤當可從。"禁御莫蹣"之"蹣",即《禮記·學記》"學不蹣等"之"蹣",理解爲逾越也是切合文意的。緊接此段簡文的第十章首句云:"王監雩(越)邦之既茍(敬),亡(無)敢徹(蹣)命,王乃犾(試)民。"從"無敢蹣命"可知,"禁御莫蹣"之"蹣"的賓語是前面出現的"徇命若命"的"命",不過承前省略了。"既敬"則呼應前文的"無敢不敬","徇命若命"是對"敬"的具體表現的説明。"民乃敕齊"是整段話的結語,與此章開頭的"敕民"相呼應,所謂"民"應包含了"庶民"和"禁御"。

　　綜上,上引簡文"無敢不敬"以下大意是:(越國老百姓)做事没有敢不敬慎的,王宣布命令,就順從命令,王的近侍也没有人違背王命,於是人民得以整飭(即全國人民的思想行動皆統一於王的意志)。

　　下面主要討論"犾鬼(畏)句戔(踐)"的"犾"字。

　　"犾"字從犬亡聲,見於甲骨文,爲獸名,羅振玉、商承祚等釋"狼",葉玉森、郭沫若等釋"狐"。⑥但"亡"聲與"狼"、"狐"的讀音都不密合,兩種釋讀皆不可信。⑦楚簡中,"犾"字已見於郭店簡《性自命出》和上博簡《性情論》(但字形均作上下結構,與《越公其事》此字的左右結構不同)。郭店簡《性自命出》簡 46~47:"不又(有)夫憙(奮)犾(猛)之青(情)則悉(侮)。"⑧上博簡《性情論》簡 38:"不又(有)夫奞(奮)犾(猛)之情則悉(侮)。"⑨是此字讀爲"猛",楚簡中當即"猛"字的異體,與甲骨文之獸名"犾"爲同形字。"亡"與"猛"的上古聲母和韻部皆同,讀音相近,爲"猛"這個詞造從犬亡聲的字形是很合理的。但"猛畏勾踐"顯然不通,此處"犾"字必不用本義,而是一個假借字。

　　《越公其事》簡 21 也出現了"犾"字,辭例爲:"君不尚(嘗)新(親)有(宥)寡(寡)人,⑩印(抑)犾弃(棄)孤。"此"犾"字,整理者讀爲訓廢的"荒",⑪可從。"荒棄"猶《尚書·盤庚上》"無荒失朕命"之"荒失"。但義爲廢的"荒"若用在"荒畏句踐"句上,顯然也是講不通的。整理者讀"犾畏句踐"的"犾"爲訓大的"荒",注云:"犾,讀爲'荒',大。《書·酒誥》:'惟荒腆(引者按:原文誤作"腼")于酒。'"⑫如此,"荒畏句踐"猶言"大畏句踐",看起來似乎是文從句順,實則大有疑問。"大"固然可以修飾"畏",指畏懼的程度深,訓爲大的"荒"是否同樣可以用來修飾"畏"而指畏懼的程度深呢? 這並非不證自明的。

　　《尚書·酒誥》:"惟荒腆于酒,不惟自息,乃逸。"僞孔傳:"言紂大厚於酒,晝夜不念自息,乃過差。"僞孔傳以"大厚"釋"荒腆",整理者引此句似乎證明了"荒"可以作狀語表示程度深,但僞孔傳的解釋其實不可信,此"荒"非大義。蔡沈《書經集傳》申講此句云:"而受荒怠、益厚于酒,不思自息其逸。"以荒怠釋"荒",比僞孔傳的解釋要合理。

"荒"確實有怠義。《國語·周語上》："國之將亡,其君貪冒辟邪、淫佚荒怠、麤穢暴虐。"清華簡《周公之琴舞》簡13:"玟(孝)敬肥(非)綏(怠)亢(荒)。""荒"與"怠"同義並列。《尚書·無逸》："不敢荒寧。"《文侯之命》:"無荒寧。"毛公鼎銘文(《集成》2841):"女(汝)母(無)敢安(荒)寧。"晉姜鼎銘文(《集成》2826):"余不叚妄(荒)寧。"這些"荒寧"中的"荒"明顯也是怠義。清華簡《芮良夫毖》簡6:"敬斨(哉)君子,恪斨(哉)母(毋)亢(荒)。"《周公之琴舞》簡11:"弻(弗)敢亢(荒)才(在)立(位),鼻(恭)畏才(在)上,敬㬎(顯)才(在)下。"這些"荒"也應該是怠義。簡朝亮《尚書集注述疏》注《酒誥》此句云:"荒者,樂之無厭也。……《孟子》云:'從獸無厭謂之荒,樂酒無厭謂之亡。'蓋荒、亡者,對文則異,散文則通也。《詩·抑》云:'荒湛于酒。'又云:'女雖湛樂從。'言樂之無厭也。"[13]楊筠如《尚書覈詁》云:"荒腆,猶言荒湎,《詩·抑》篇'荒湛于酒',是其義也。"[14]簡氏和楊氏均引《詩經》的"荒湛于酒"來對讀《酒誥》的"荒腆于酒",可知"荒腆"猶"荒湛","荒"與"湛(耽)"義近,即沉迷之義,比理解爲懈怠更貼切。《孔子家語·賢君》:"荒於淫樂,耽湎於酒。""荒"與"耽湎"同義對舉。《詩·唐風·蟋蟀》云:"好樂無荒",即好樂而有節制,不沉迷其中,"荒"亦此義。毛傳訓大,簡直莫名其妙;鄭箋訓廢亂,也不準確。

除了《蟋蟀》篇,《詩經》中還有兩處"荒"字毛傳亦訓爲大,即《大雅·公劉》"豳居允荒"和《周頌·天作》"天作高山,大王荒之"。[15]朱熹《詩經集傳》訓"大王荒之"之"荒"爲治,文意較通順。高亨《詩經今注》釋"豳居允荒"之"荒"爲開荒,[16]"大王荒之"之"荒"爲居。[17]林義光《詩經通解》注"豳居允荒"云:"荒,度也。測度古謂之妄。《易》'无妄之災'、'无妄之疾',《戰國策》'無妄之福'、'無妄之禍'是也。妄字變作荒。妄、荒古今字。毛公鼎'汝母妄寧',妄寧即荒寧。《天作》篇'大王荒之',《皋陶謨》'惟荒度土功',《呂刑》'荒度作刑',荒亦皆訓爲度。豳居允荒,言公劉信已荒度豳居也。允荒,文義與《崧高》篇'信邁誠歸'相同。"[18]注"大王荒之"云:"大王荒之者,太王始居岐山,量度其地,拔柞棫,通道路,爲之宮室門社,如《緜》篇所言者是也。"[19]林氏此説義長,似勝於他説。

《尚書·皋陶謨》:"啟呱呱而泣,予弗子,惟荒度土功。"僞孔傳:"禹治水過門不入,聞啟泣聲,不暇子名之,以大治度水土之功故。"是訓"荒"爲大,而且是修飾"度"的狀語。鄭玄注:"荒,奄也,奄大九州四海之土。"[20]是既訓奄又訓大,且看作動詞。對於此"荒"字訓大,後世學者多無異辭,只有上引林義光説認爲"荒"是與"度"同義的動詞。林氏提到的另外一例"荒度"見《尚書·呂刑》篇首,云:"惟呂命王,享國百年,耄,荒度作刑,以詰四方。"通常"荒"字與"耄"連讀,林氏屬下讀。楊筠如《尚書覈詁》同林氏,亦"荒度"連讀,但他訓"荒"爲大。[21]按"荒度"之"荒"究竟是大義還是度義,恐怕很難確定。如果是大義,那就應該看作"度"的狀語,形容規模大、範圍廣。

《左傳》昭公七年:"周文王之法曰'有亡,荒閲',所以得天下也。"杜預注:"荒,大也。閲,蒐也。有亡人當大蒐其衆。"未見後世學者提出不同解釋。"荒閲"理解爲大規模、大範圍地搜討,無疑是十分切合文義的。此"荒"字作狀語,也是形容規模大、範圍廣。

綜上所述,《詩》《書》中一些"荒"字過去或訓爲"大",然而多不可信,包括整理者作爲例證的句子中的"荒"。但"荒"在上古漢語中確實有"大"義,而且可以作狀語修飾動詞,形容規模大、範圍廣。關鍵是這樣用法的"荒"能否用來修飾"畏",表示畏懼的程度深?我認爲是極爲可疑的,"荒畏句踐"這樣的話大概很難成立。

蕭旭先生不同意整理者對"狂"字的讀法,他說:"按:狂,讀爲茫,怖遽、害怕。《方言》卷二:'茫、矜、奄,遽也。吳、揚曰茫,陳潁之間曰奄,秦、晉或曰矜或曰遽。'字亦作㤀,《廣雅》:'㤀,遽也。'俗字作忙、忙,P.2011 王仁昫《刊謬補缺切韻》:'忙,怖。㤀,遽。'《玄應音義》卷十九:'蒼茫:又作㤀,同。㤀,遽也。經文從心作忙,非體也。'"②按《方言》中訓爲"遽"的"茫"以及《廣雅》等書中訓爲"遽"的"㤀"是同一個詞,即現在常用的慌忙的"忙"(《集韻》:"忙,心迫也。"),此義用在簡文顯然講不通。"忙"訓爲"怖"亦見於《廣韻》(異體作"忙")以及其他《切韻》系韻書,而《玉篇》訓"憂也",《集韻》訓"憂皃"。又《字彙》:"忙,憂貌,又失據貌。"引《列子·楊朱》:"子産忙然無以應之。"均非"怖"義。《切韻》系韻書"忙"訓"怖"無其他材料的佐證,更無文獻用例,十分可疑。按《玄應音義》卷十九有"茫怖"一詞(出《佛本行集經》第十六卷。《慧琳音義》卷三十九寫作"忙怖",出《不空羂索經》第六卷),"茫"訓遽。③疑《切韻》系韻書"忙"訓"怖"與"忙怖"有關,可能是因爲"忙"、"怖"連言而誤以爲"忙"與"怖"同義。所以蕭旭先生把簡文"狂畏句踐"讀爲"忙畏句踐","忙"爲害怕義,同樣存在問題。

我認爲,簡文"狂畏句踐"之"狂"可以讀爲訓尊的"明"。王念孫《讀書雜志·管子第五·君臣下》"明立寵設六句"條:"明立寵設,不以逐子傷義。禮私愛驪,勢不並倫。爵位雖尊,禮無不行。劉曰:言庶子雖有才有寵,亦不以逐嫡子而傷義,故禮愛隆而不敢並嫡子,爵位尊而亦事嫡子也。注皆非。念孫案:明猶尊也。《禮運》:'故君者所明也,非明人者也。'《大傳》:'庶子不祭,明其宗也。'鄭注並曰:'明猶尊也。'《祭義》:'明命鬼神。'注曰:'明命,猶尊名也。'本書《牧民》篇曰:'明鬼神,祇山川。'《墨子·明鬼》篇:'鬼神不可不尊明也。'言庶子雖尊寵,不以代嫡子也。"④又《讀書雜志·荀子第二·非相》"知士不能明"條:"知行淺薄,曲直有以相縣矣,然而仁人不能推,知士不能明。楊注曰:曲直,猶能否也。言智慮德行至淺薄,其能否與人又相縣遠,而不能推讓明白之言,不知己之不及也。念孫案:楊以明爲明白,非也。明者,尊也。言不能尊智士也。仁人不能推,智士不能明,明與推皆尊崇之謂也。古者多謂尊爲明。《禮運》:'故君者所明也,非明人者也。'《大傳》:'庶子不祭,明其宗也。'鄭注並曰:'明猶尊也。'《祭義》:'明命鬼神。'注曰:'明命,猶尊名也。'《晉語》曰:'晉公子可謂賢矣,而君蔑之,是不明賢也。'《管子·牧民》篇曰:'明鬼神,祗山川。'《墨子·明鬼》篇:'鬼神不可不尊明也。'皆其證矣。"⑤是"明"有尊敬義,見於《禮記》《國語》《管子》《荀子》《墨子》等先秦古書,在上古漢語中不算太生僻的詞。⑥從王念孫舉出的用例來看,尊敬義的"明"多用作及物動詞,其賓語可以是鬼神,也可以是人,因此簡文"明畏句踐"的説法是可以成立的。"明畏"猶古書常見的"敬畏"、"寅畏"、"祗畏"、"祗懼",又清華簡《周公之琴舞》簡11"彌(弗)敢亢(荒)才(在)立(位),龏(恭)畏才(在)上"之"恭畏",《墨子·尚賢上》"故當是時,雖在於厚禄尊位之臣,莫不敬懼而施"之"敬懼",都是表示尊敬的詞和表示畏懼的詞相組合。

下面把上引整段簡文串釋一遍:越國老百姓就都受到了震動,個個敬畏勾踐,做事沒有敢不敬慎的,王宣布命令,就順從命令,王的近侍也沒有人違背王命,於是人民得以整飭。

(作者單位: 復旦大學出土文獻與古文字研究中心、
"古文字與中華文明傳承發展工程"協同攻關創新平臺)

注釋:

① 清華大學出土文獻讀書會:《清華七整理報告補正》,清華大學出土文獻研究與保護中心網,2017 年 4 月 23 日。

② 清華大學出土文獻研究與保護中心編,李學勤主編:《清華大學藏戰國竹簡(柒)》第 144 頁注 20,中西書局 2017 年。

③ 清華大學出土文獻讀書會:《清華七整理報告補正》,清華大學出土文獻研究與保護中心網,2017 年 4 月 23 日。

④ 簡帛網簡帛論壇《清華七〈越公其事〉初讀》第 35 樓,2017 年 4 月 26 日。

⑤ 清華大學出土文獻研究與保護中心編,李學勤主編:《清華大學藏戰國竹簡(柒)》第 142 頁注 8。

⑥ 參于省吾主編:《甲骨文字詁林》第 1580—1582 頁,中華書局 1996 年。

⑦ 甲骨文的"犾",陳偉武先生釋爲"獏"。見陳偉武:《説"獏"及其相關諸字》,《古文字研究》第二十五輯,中華書局 2004 年;收入氏著《愈愚齋磨牙集》第 38—45 頁,中西書局 2014 年。

⑧ 郭店簡"犾"字的釋讀,見馮勝君:《郭店簡與上博簡對比研究》第 235 頁,綫裝書局 2007 年。

⑨ 馬承源主編:《上海博物館藏戰國楚竹書(一)》第 273 頁,上海古籍出版社 2001 年。

⑩ "有"讀爲"宥",見石小力:《清華簡第七册字詞釋讀札記》,《出土文獻》第十一輯第 244 頁,中西書局 2017 年。

⑪ 清華大學出土文獻研究與保護中心編,李學勤主編:《清華大學藏戰國竹簡(柒)》第 122 頁、第 125 頁注 25。

⑫ 清華大學出土文獻研究與保護中心編,李學勤主編:《清華大學藏戰國竹簡(柒)》第 143 頁注 19。

⑬ 《續修四庫全書》第五十二册第 396—397 頁,上海古籍出版社 2002 年。

⑭ 楊筠如:《尚書覈詁》第 286 頁,陝西人民出版社 2005 年。

⑮ 《國語·晉語四》:"叔詹諫曰:……在《周頌》曰:'天作高山,大王荒之。'荒,大之也。大天所作,可謂親有天矣。"是毛傳所本。

⑯ 高亨:《詩經今注》第 416 頁,上海古籍出版社 1980 年。

⑰ 高亨:《詩經今注》第 479 頁。

⑱ 林義光:《詩經通解》第 345 頁,中西書局 2012 年。

⑲ 林義光:《詩經通解》第 395 頁。

⑳ 見《詩·商頌·殷武》疏。

㉑ 楊筠如:《尚書覈詁》第 444—445 頁。

㉒ 蕭旭:《清華簡(七)校補(二)》,復旦大學出土文獻與古文字研究中心網,2017 年 6 月 5 日。

㉓ 徐時儀校注:《一切經音義三種校本合刊(修訂本)》第 398、1177 頁,上海古籍出版社 2012 年。

㉔ 王念孫:《讀書雜志》第 458 頁,江蘇古籍出版社 1985 年影印。

㉕ 王念孫:《讀書雜志》第 651 頁。

㉖ 蔡侯申盤(《集成》10171)"罍(祇)盟嘗啻(禘)"之"盟"可能也應該讀爲尊敬義的"明","祇明"猶祇敬。

清華簡八《攝命》章句*

劉信芳

據整理者説明，本篇計 32 簡，簡長約 45 釐米，寬約 0.6 釐米。第 3、25、29 簡略有殘缺，其他基本完整。簡背有序號，無篇題，整理者擬爲"攝命"。①

本篇正文計 10 章，皆爲"王曰"，可以認爲源自史官實録。簡 32 記册命儀式，格式與師詢簋"唯元年二月既望庚寅，王格于大室，榮内右詢"等高度一致，乃研究西周晚期册命及相關制度的重要文獻，可補經史之闕。

《文心雕龍·章句》："夫人之立言，因字而生句，積句而爲章，積章而成篇。篇之彪炳，章無疵也；章之明靡，句無玷也；句之清英，字不妄也；振本而末從，知一而萬畢矣。"筆者始讀《攝命》，知原簡自帶分章，而斷句甚難。因審核句讀，尋繹章旨，是有本"章句"之作。

王曰："劫姪（侄）卯（恧）巽（攝），亡（無）丞（承）朕鄉（饗），余弗造民庚（康），余亦復窈亡可事（使）。余一人無晝夕₁難（勤）卹，戚（湛）圛在悬（憂）。余亦闓（横）于四方，宏（宏）臂（乂）亡（無）諓（戁），其余（餘）我邦之若否，雩（越）少（小）大命。鯀（肆）余₂釐（載）猷（繇）卜乃身，休，卜吉。"

【劫姪（侄）卯（恧）巽（攝）】　簡 31"余既明寁（啟）劫卯（恧）女（汝）"與本例相呼應。劫，整理者引李學勤比對戎生編鐘"劫遣"、晉姜鼎"嘉遣"，以爲"劫"義同於"嘉"。②"姪"如字，兄弟之子。恧，從《廣韻》訓"告"。③石小力引清華簡叁《説命下》簡 7"王曰'敓（説），余既訳（諟）敁（劫）諆（恧）女（汝），思（使）若玉冰，上下罔不我義（儀）'"，斷言"訳敁諆"無疑與《攝命》之"劫姪卯"意同。④王寧認爲"劫恧姪攝"亦可曰"劫姪恧攝"，意思就是告誡或訓誡侄子伯攝。⑤王説可資參考。《書·酒誥》："厥誥毖庶邦庶士越少正御事。"又，"汝劫毖殷獻臣。"《説文》："劫，慎也。"簡文劫毖猶謹告也。⑥

* 本文爲 2020 年國家社科基金重點項目"清華簡（六—九）釋讀與研究"（20AZS002）階段性成果。

【𡘋(攝)】　整理者推測"'攝'或即懿王太子夷王燮",[⑦]"篇中周天子當爲孝王辟方",[⑧]又將本篇"攝命"與《書》"冏命"相聯繫。[⑨]按:本篇與《書·冏命》内容相差太遠,不宜混爲一談。《書·冏命》開篇云"王若曰:伯冏",而本篇開篇直稱"攝",結尾語"王乎(呼)乍(作)册任册命白(伯)𡘋(攝):虔(且)","攝"經册命而後曰"伯攝",是"攝命"、"冏命"行文背景不同。攝、燮通假的可能性是存在的,不過即令以後能證明"冏"即"攝",也只能説《攝命》與《冏命》時間有先後,是兩篇不同的文獻。兹事體大,在缺乏必須環節的情況下,没有必要作推測。由此而滋生的"證僞"之説已不算少,其實先秦同題文獻或有多種傳本(弟子太多,手自抄録),[⑩]如《墨子》有多篇上、中、下之例,不能讀到"上"就用來證"中、下"之僞。古人不説話了,但凡"證僞",得出示完整證據鏈。有如誰起訴,誰舉證,疑罪從無!前人提出懷疑,後人引其"懷疑",於是懷疑也成了證據。凡此諸多,還是應該本著學術求真的宗旨,有一分材料説一分話,慎重行事。

【亡(無)丞(承)朕鄉(饗)】　整理者:"鄉,訓爲'往'、'昔'。《大誥》'洪惟我幼沖人……弗造哲迪民康',謂我不遭賢人進用,致民人康安。"許文獻讀鄉爲"卿"。[⑪]論者云:"簡1'亡承朕鄉',疑讀作'無承朕享',與《書·康誥》'無我殄享'爲相似表述。"[⑫]寧鎮疆認爲"當理解爲鄉祭、鄉祀之'鄉'",引《左傳》文公十五年"君之先臣督,得罪于宋殤公,名在諸侯之策。臣承其祀,其敢辱君",引師詢簋銘"王曰:'師詢,哀哉,今旻天疾畏(威)降喪,若德不克乂,故亡承于先王鄉。汝彶[⑬]純恤周邦,綏立余小子,載乃事。'"(《集成》4342),解句意"周王語帶憂患地訓誥伯攝,説他無以承受社稷之重任"。[⑭]按:論者、寧鎮疆説"鄉"乃正解,筆者初稿有誤,兹作訂正。鄉、享、饗經史、銅器銘文多通用。《書·顧命》:"上宗曰饗。"《詩·周頌·昊天有成命》"伊嘏文王,既右饗之",鄭箋:"文王既右而饗之,言受而福之。"有周主太室之祭者,君王也。下文"余亦闐(横)于四方"云云,時王並非"無以承受社稷之重任",本例宜解爲朕鄉(饗)無以承繼。師詢簋"故亡承于先王鄉",意思是説,天疾威降喪,若德不克乂,導致先王鄉難以承繼。"鄉(饗)"的含義與本文下引《莊王既成》"萅(春)秌(秋)之嘗(嘗)"相聯繫,楚莊王"既果城(成)亡(無)鏌(射),㠯(以)共萅(春)秌(秋)之嘗(嘗)"是治世氣象,本例"亡丞(承)朕鄉,余弗造民庚(康)"云云是"王"曾經的時艱。[⑮]

"亡承朕鄉"以下述經驗教訓,册命"攝"之背景,亦即"攝"受命責任之所在。

【余弗造民庚(康),余亦𡙕窮亡可事(使)】　造,詣也,至也。整理者解《大誥》"弗造哲迪民康"之"造"爲"遭"是錯誤的。[⑯]𡙕,整理者隸作"㝮",讀爲"曼",鄔可晶釋"𡙕",讀爲"惸"。引《詩·邶風·擊鼓》"于嗟洵兮",釋文引《韓詩》"洵"作"𡙕"。清華簡《説命》"旬(徇)求"之"旬(徇)",《説文》引作"𡙕"。《詩·小雅·正月》"哿矣富人,哀此惸獨",孔疏:"哀哉此單獨之民窮而無告。"[⑰]𡙕窮可解爲孤獨困窘。

【余一人無畫夕難（勤）卹】　難，整理者注："《説文》以爲堇聲，簡文四見，皆讀爲
'勤'。勤卹，見《召告》'上下勤卹'、《國語·周語上》'勤卹民隱'。"

【咸（湛）圂在惥（憂）】　整理者讀咸爲"湛"，引毛公鼎"淵湛于艱"。⑱抱小引清華
簡伍《封許之命》簡7～8"余既監于殷之不若，█童才（在）惥（憂），林（靡）念非尚
（常）……"，謂"清華簡的'咸圂'、'圂童'與毛公鼎的'圂湛'就是同一語詞的不同書寫
形式"。⑲憂，整理者解爲"疢"，不必，是乃國君憂天下之憂。

【余亦闑（橫）于四方】　整理者："《墨子·兼愛》引《泰誓》有'光于四方'，《堯典》
云'光被四表'，《漢書·王莽傳》《後漢書·崔駰列傳》等作'橫被'，孔傳訓'被'爲
'充'。"論者已指出孔傳訓"光"爲"充"，整理者引文有誤。⑳

【宓（宏）臂（乂）亡誠（斁）】　亡誠（斁），《書·太甲中》"朕承王之休無斁"，傳："王
所行如此，則我承王之美無斁。"《書·微子之命》："世世享德，萬邦作式，俾我有周無
斁。"《書·周官》："永康兆民，萬邦惟無斁。"字亦作"無射"，㉑《詩·大雅·思齊》："不
顯亦臨，無射亦保。""無射"乃治世、盛世之頌辭。上博簡六《莊王既成》："臧（莊）王既
成亡（無）鎛（射），昌（以）昏（問）醓（沈）尹子桱（莖）曰：虖（吾）既果城（成）亡（無）鎛
（射），昌（以）共瞢（春）秌（秋）之棠（嘗），昌（以）時（待）四叟（鄰）之貪（賓）客，遜（後）
之人幾可（何）保之？"莊王既成無射者，成就治世之偉業也。

【甚余（餘）我邦之若否，雫（越）少（小）大命】　余，讀爲"餘"，餘聚也。參清華簡
八《邦家處位》簡6"夫堂（嘗）隫（貢）亦曰余（餘）"，《周禮·地官·委人》"凡其余聚，以
待頒賜，以式灋共祭祀之薪蒸木材，賓客共其芻薪，喪紀共其薪蒸木材，軍旅共其委積
薪芻。凡疏材共野委兵器，與其野圃財用"，注："余當爲餘，聲之誤也。餘謂縣都畜聚
之物。"越，整理者注："《尚書》中多用爲連詞。"句例承上謂"無射"之治世，我邦之若
否，小大命甚有餘聚，皆走上小康正道也。

【絘（肆）余蠹（載）猷（緜）卜乃身，休，卜吉】　"余"後一字整理者隸作"書"，注：
"《爾雅·釋詁》：'肆、故，今也。'《尚書》'肆'字多用於分句句首表結果。'書'字不識，
上半所從與金文'妻'同，疑讀爲'卦'。猷，讀爲'緜'。"安大簡《小戎》簡47"我念君子，
書寁書興"，《詩·秦風·小戎》"我念君子，載寢載興"，整理者注："'書'，簡文作'█'，
字形又見於《清華捌·攝命》簡三，從'聿'，'食'聲，讀爲'載'。或疑'書'爲'飤'之異
體。《廣雅·釋詁四》：'飤，詞也。'《説文·卂部》：'飤，設飪也。從卂，從食，才聲。讀
若載。'《韓詩》'載'作'再'。"㉒段注："石鼓詩載作飤。"馮聰有專題討論。㉓

附字形比較：

█ 本例蠹　　　　　█ 安大簡《小戎》蠹

按:《説文》:"刊,持也。"就以上二例字形而言,解釐爲"'龏'之異體"是正確的意見。字從刊食,會意,兹改隸作"釐",㉔同"龏",載也。㉕石鼓"龏"以"才"爲聲符。《儀禮·士冠禮》"載合升",注:"在鼎曰升,在俎曰載。"略與《説文》所解本義"設飪"合。本例"釐(載)"如"載書"之"載",《周禮·秋官·司盟》"掌盟載之灋",注:"載,盟辭也。盟者書其辭於策,殺牲取血,坎其牲,加書於上而埋之,謂之載書。"《書·洛誥》"我乃卜澗水東,瀍水西,惟洛食。我又卜瀍水東,亦惟洛食",傳:"卜必先墨畫龜,然後灼之,兆順食墨。"《左傳》閔公二年"成風聞成季之繇",注:"繇,卦兆之占辭。"《爾雅·釋詁》"繇,於也",注:"繇,辭。"疏:"卦兆之辭也。"簡文"載繇"類於周公"卜澗水東,瀍水西"、"卜瀍水東"之畫龜,灼之成兆,兆順食墨,指向"乃身",乃身者,攝也。《書·大禹謨》"禹曰:枚卜功臣,惟吉之從",傳:"枚謂歷卜之,而從其吉。"簡文之例,"釐(載)獸(繇)"於龜如"墨畫龜",預設某、某,由兆解神之意旨以作選擇。休,卜吉,整理者引《大誥》:"我有大事,休,朕卜并吉。"

以上第一章。

王曰:攝,聽朕訓誡。朕鄉(饗)無以承繼,余曾經不能給民帶來安康,也曾經孤獨困窘於身邊無人可使。余一人不分晝夜勤政憂民,就連上厠所踩在泥水裏都在憂天下。余終於扭轉局面,光於四方,成就宏乂無射之治世,我邦之若否,小大命(大政方針,各項政策)度支甚有餘聚。(考慮承繼朕饗之人選),余載繇於龜卜問你這個人(乃身),兆順食墨指向"攝",得吉卜。

王曰:"奭(攝),今余既明命女(汝)曰:肇(肇)出内(納)朕命,虞(且)。今民不(丕)造不庚(康),□□□₃㫐(怨),雩(越)四方少(小)大邦,雩(越)御事庶百(伯)又(有)告有眚(譖)。今是亡(無)其奔告,非女(汝)亡(無)其歠(協),即行女(汝)。"

【肇(肇)出内(納)朕命,虞(且)】　肇,字見於《集韻》,同"肇"。《書·舜典》"肇十有二州",傳:"肇,始也。"虞,整理者句讀下屬,兹改爲上屬,説參簡32"虞"字注引。

【今民不(丕)造不庚(康)】　不造,造也。有如《詩·大雅·文王》不顯,顯也。造,整理者釋"遭",未可從,説參簡1"弗造民庚(康)"注引。本例謂今民不得安康。

【雩(越)四方少(小)大邦】　整理者注:"'四方小大邦'謂畿外諸侯。"

【雩(越)御事庶百(伯)又(有)告有眚(譖)】　御事,整理者注:"畿内王官。"庶,《禮記·燕義》:"古者周天子之官有庶子官,庶子官職諸侯卿大夫士之庶子之卒,掌其戒令,與其教治,别其等,正其位。"《周禮·夏官·諸子》:"諸子掌國子之倅,掌其戒令,與其教治,辨其等,正其位。"百,林少平讀爲"伯",《書·酒誥》:"庶士有正,越庶伯君子。"㉖省，或作"眚"，整理者引李學勤説釋"粦"，"有省"讀爲"有嫌"，"眚明"讀爲"廉明"。㉗陳劍系統梳理金文有關字形，最重要的是舉出傳抄古文"僭"、"潜"諸字形，其聲旁就是《攝命》簡的"眚"字（隸定略有不同），讀"眚明"爲"崇明"，讀"有省"爲"有訟"。㉘秦漢簡牘司法文書有"譖訊"多例，陳偉武指出張家山漢簡《奏讞書》"譖"指起訴，"譖訊"意爲起訴審訊。㉙眚从自炎聲，省从自炎省聲。茲依陳斯鵬説釋"譖"。㉚《説文》："譖，愬也。"又"訴，告也。从言席聲。"譖或从言朔，或从朔心作愬。又告有省，猶有告有訴也。陳説正確可信，相關辭例如簡10"敬學眚（僭）明"，簡21"凡人有獄有眚（譖），女（汝）勿受艁（幣）"，簡22"凡人無獄亡（無）眚（譖），廼佳（唯）惪（德）亯（享）"，以及銅器銘文有關辭例依陳説皆可斟酌作解。

【今是亡（無）其奔告】　奔告，整理者注："見於《西伯戡黎》。"

【非女（汝）亡（無）其歡（協），即行女（汝）】　行，《吕氏春秋·季夏紀》"入山行木"，注："行，察也。"即行汝，命汝巡視。

以上第二章。

王命攝出納朕命。其時民得不到安康，頗有怨言。畿外諸侯，畿内百官有告有訴，王室缺人手奔告以應對各地訴求，只有攝是合適人選，即命攝履職巡視。

王曰：₄"巽（攝），敬哉，母（毋）閟（閉）于乃佳（唯）𣹣（沖）子少（小）子，母（毋）遞（遞）才（在）服，難（勤）鰭（祇）乃事。有曰：女（汝）佳（唯）墮（衛）事墮（衛）命，女（汝）佳（唯）₅𣹣（沖）子少（小）子，女（汝）鬼（威）由覞（表）由誈（望），不畜（適）女（汝）鬼（威），則由譞（勸）女（汝）訓言之譔。女（汝）能謫（歷），女（汝）能并命，并命難（勤）₆綠（肆）。女（汝）其骰（敬）哉，欮（虔）卹乃事。"

【母（毋）閟（閉）于乃佳（唯）𣹣（沖）子少（小）子，母（毋）遞（遞）才（在）服】　閉，整理者注："《大誥》'予不敢閉于天降威'，'閉'訓爲閉塞。"遞，整理者引《説文》："更易也。"謂"'毋遞'略同於詩書之'勿替'"，又或説讀爲"弛"。石小力："遞，當以或説讀'弛'爲是。"㉛按：整理者引《説文》"更易"是合適的。《爾雅·釋言》"遞，迭也"，注："更迭。"《周禮·夏官·掌固》"庶民之守"，注："庶民遞守。"遞守有如換防，而攝乃"出内（納）朕命"之重臣，責無旁貸。

【難（勤）鰭（祇）乃事】　整理者注："《多方》有'克勤乃事'。祇，《爾雅·釋詁》：'敬也。'"

【墮（衛）事墮（衛）命】　衛，護也，猶軍人守衛陣地。凡封疆大吏，守土有責；凡國之重臣，治國興邦，民之瞻望也。㉜

【女(汝)鬼(威)由覣(表)由誼(望)】　威,威儀,己之威儀,人之敬畏也。表,《禮記·緇衣》"故上之所好惡,不可不慎也,是民之表也",注:"言民之從君如影逐表。"望,《禮記·緇衣》引《詩》"行歸于周,萬民所望"。己之表率,民望而知所行也。

【不啻(適)女(汝)鬼(威),則由譐(勸)女(汝)訓言之譔】　不啻,整理者注:"見《多士》《無逸》《秦誓》等,謂'不但'。"勸,《説文》:"勉也。"譔,《説文》:"專教也。"按:啻讀爲"適","不啻(適)女(汝)鬼(威)"應與簡14～15"女迺敢整(正)恕(恆),女(汝)則亦佳(唯)肇不(丕)子不(丕)學不(丕)啻(適),女(汝)亦鬼(威)。蔓(獲)懃(勤)朕心"相聯繫作解。句謂你受命執政之初,你的威儀沒有號召力,民有所不從,則用你訓言專教的激勵作引導;及至"女迺敢整(正)恕(恆)"之時,"不適"漸進於"丕適",你就有了威望,有了號召力,你的勤政就會得到朕的認可(獲勤朕心,甚合孤意)。

【女(汝)能謫(歷),女(汝)能并命,并命難(勤)繇(肆)】　歷,蒙下文省賓語"命"。《書·盤庚下》"歷告爾百姓于朕志",歷告,徧告也。《漢書·劉向傳》"歷周唐之所進以爲法",師古注:"歷謂歷觀之。"并,兼也(《玉篇》)。命,承上文"明命女(汝)"之"命",王命也。㉝肆,整理者讀爲"肆",論者讀爲"肆",㉞後説義長。《詩·邶風·谷風》"有洸有潰,既詒我肆",傳:"肆,勞也。"句謂王命你能歷聽;王命有委命,有訓誡,有教誨,有勉勵,你能兼聽。一樁樁、一件件你都得記住,還須勤於政務,不辭勞苦。

【女(汝)能敀(敬)哉,狄(虔)卹乃事】　王之勉勵,語重心長。

女(汝)母(毋)敢怙偈(句)余曰乃娸(毓),有曰四方大嬴(贏)亡民,亦斯欽我₇御事。今亦敀(股)宓(肱)難(勤)乃事,乃事亡(無)池(他),女(汝)佳(唯)言之司,佳(唯)言乃事我非易。引(矧)行劈(墮)敬茅(懋),惠₈不惠,亦乃服。佳(惟)民卣(攸)敿(協),弗躬(恭)其魯(旅),亦勿殺(侮)其遄(從)通(恫)罴(瘝)寡罴(鰥),惠于少(小)民。龔龔(翼翼)鬼(畏)₉少(小)心,躬(恭)民長長。

【女(汝)母(毋)敢怙偈(句)余曰乃娸(毓)】　怙,《詩·小雅·蓼莪》:"無父何怙,無母何恃。"偈,整理者讀爲"遏"。原簡該字右上從勾,參簡14"亦則勾逆于朕"之"勾",勾余,乞見王。毓,王寧:"當讀'胄'。下簡28之'娸(毓)子',亦即《書·舜典》中'教胄子'的'胄子'。"㉟毓子、胄子是"攝"的身份,是乃家禮;於君臣則只能是牛馬走之"御事",見君不可以稱"毓子"作憑恃。

【有曰四方大嬴(贏)亡民,亦斯欽我御事】　整理者解句意:"四方嬴儙流民尚能敬我御事。"可從。御事者,服事於國,服事於君也。本例話中有話,率土之濱,莫非王臣。朝堂之上,"毓子"亦是服王事之"臣"。

【今亦敀(股)宓(肱)難(勤)乃事】　敀宓,整理者注:"或説'肩肱'猶云'股肱',訓爲輔佐。"或説可参。原簡啟字右下作"肞",可以分析爲从户肞聲,从支與从殳多互换之例,是啟可解爲"股"之異構。

【乃事亡(無)佗(他),女(汝)隹(唯)言之司,隹(唯)言乃事我非易】 司,《説文》:"臣司事於外者。"主也,守也。我,朕自指。"隹(唯)言之司",蒙後省"我"。句謂唯朕言是司,唯朕言乃事。謹守君言,實施於外,不得改易也。

【引(矧)行劈(墮)敬茅(懋),惠不惠,亦乃服】《書・康誥》"我聞曰:怨不在大,亦不在小。惠不惠,懋不懋,已。汝惟小子,乃服惟弘王",傳:"不在大,起於小;不在小,小至於大。言怨不可爲。故當使不順者順,不勉者勉。"《左傳》昭公八年"《周書》曰:惠不惠,茂不茂。康叔所以服弘大也",注:"言當施惠於不惠者,勸勉於不免者。"整理者引以上例並解句意:"簡文謂行墮者亦敬勉之,不惠者亦當施惠,亦汝之服。"其説已備。惟下文有"惠于少(小)民",本例"惠不惠"宜依孔傳作解。惠於小民者何?使至於大也。

【隹(惟)民卣(攸)龖(協),弗龏(恭)其魯(旅)】 整理者作一句讀,兹改爲"協"下斷句。㊱佳,整理者讀爲"唯",兹讀爲"惟"。《説文》:"協,衆之同和也。"有如協和萬邦,"惟民攸協"是國家制度要求。魯(旅),整理者注:"訓爲衆。"不妥,《儀禮・鄉飲酒禮》"司正升相旅,曰:某子受酬",注:"旅,序也。""弗恭其旅"是背離"協",是民衆情緒的表達,甚者造反,爲統治者忌憚,《書・湯誓》:"有衆率怠弗協,曰:時日曷喪,予及汝皆亡。"

【亦勿殳(侮)其邐(從)通(恫)罙(瘝)寡罞(鰥),惠于少(小)民】 整理者"邐"下斷句,兹改爲一句讀。邐,整理者讀爲"童";王寧讀爲"從",又以爲讀"種"義較勝。㊲通(恫)罙(瘝)寡罞(鰥),整理者引《書・康誥》"恫瘝乃身",毛公鼎"廼侮鰥寡",是爲正解。按:邐讀爲"從"是也。"從"謂附從,恫瘝寡鰥皆附和者也。有如今村民或有"弗協",往往以老弱婦孺占道,執法人員不會對法有所不及者論處。

【龔龔(翼翼)鬼(畏)少(小)心,龏(恭)民長長】 整理者注:"《詩・大雅・大明》:'維此文王,小心翼翼。''長長'見於《荀子》,用法同《康誥》云文王'不敢侮鰥寡,庸庸,祇祇,威威'。"㊳

女(汝)亦母(毋)敢豕〈彖〉(惰)才(在)乃死(尸)服,毃(敬)學黹(懋)明,勿縣之庶不訓(順)。女(汝)亦母(毋)不嬰(夙)夕坙(經)悳(德),₁₀甬(用)事朕命,谷(欲)女(汝)龣龣(繹繹)弗玧(功)。

【女(汝)亦母(毋)敢豕〈彖〉(惰)才(在)乃死(尸)服】 豕,整理者解爲"彖"字之訛,讀爲"惰",引逆鐘"毋彖(惰)乃政"(《集成》63),毛公鼎"汝毋敢彖(惰)在乃服",述盤"不彖（惰）口服"。㊳尸服，主事。"乃"後一字原簡字形作 ![字形]，論者隸作"伊"。㊵待定。

【敬學沓（憎）明】　沓，陳斯鵬："最直接的當然是讀爲'潛'。"㊶潛明有解釋之難，依陳氏思路，或可讀爲"憎"或"瞌"，《文選》卷十三《風賦》"憎悽惏慄"，李善注："《楚詞》曰'憎悽增欷'，鄭玄曰：'憎，憂也。'"《方言》卷一"瞌，憂也。宋衛或謂之慎，或曰瞌"，注："瞌者，憂而不動也。"《爾雅·釋詁》："憂，思也。"《集韻》卷八："瞌，閉目思也，一曰憂也。"敬學思明，可以成辭。

【勿絲之庶不訓（順）】　整理者注："絲，用。'之'，指代'庶不順'。"王寧認爲當讀"由"，放縱義。㊷按：《説文》："絲，隨從也。"之，承上文指代"民"，庶，衆也。"弗鞏（恭）其魯（旅）"之民，有所不"協"，是"庶不順"也。對此應作引導，勿放任自流也。郭店簡《成之聞之》簡 15："民可敬道（導）也，而不可穿（弇）也；可駈（御）也，而不可挈（牽）也。"

【女（汝）亦母（毋）不嬰（夙）夕巠（經）悳（德）】　整理者注："句法同《康誥》'汝亦罔不克敬典'。'經德'見《酒誥》《孟子·盡心下》，趙注：'經，行也。'齊陳曼簠：'肇勤經德。'（《集成》4596）者沪鐘：'汝亦虔秉丕經德。'（《集成》120）"其説已備。按：嬰，整理者隸作"殀"，兹依原簡字形改訂。

【甬（用）事朕命，谷（欲）女（汝）纍纍（繹繹）弗巭（功）】　整理者句讀"繹繹"下斷句，其下以"弗巭（功）我一人才（在）立（位）"爲句，未可從。繹繹，整理者引《漢書·韋玄成傳》"繹繹六轡"，注："繹繹，和調之貌。"弗功，清華簡三《周公之琴舞》簡 10"亘（宣）禼（稱）亓（其）又（有）若，曰言（享）合（答）舍（余）一人"，家天下，臣服事於君，功在家國，在"余一人"，臣弗以爲己功。臣之功另有考核渠道，歷來"功多有厚賞，不迪有顯戮"。參簡 19"余佳（唯）亦巭（功）乍（作）女（汝）"，"功作汝"者，汝之功，汝之成就，天子會承認，會有相應封賞。

"我一人才（在）立（位），亦則乃身，亡（無）能諫（予）甬（用）非頌（容）。女（汝）正命，女（汝）有告于₁₁朕，女（汝）母（毋）敢有退于之自一話一言，女（汝）亦母（毋）敢遊（洪）于之。言佳（唯）明母（毋）淫，母（毋）弗龺（節），其亦佳（唯）₁₃余事。女（汝）有命正，有即正，亦若之頌（容）弜（弼）羕（永）。女（汝）有退進于朕命，乃佳（唯）誙（望）亡毅（逢），則或（有）即命。₁₂乃亦佳（唯）肇愳（謀），亦則勼逆于朕，是佳（唯）君子秉心，是女（汝）則佳（唯）肇悽（濟）弜（弼）羕（永），乃既晢（誨），女迺敢₁₄整（正）恖（恆），女（汝）則亦佳（唯）肇不（丕）子不（丕）學不（丕）啻（適），女（汝）亦鬼（威），蒦（獲）懃（勤）朕心。"

【我一人才（在）立（位），亦則乃身】　整理者"亦則乃身"下屬，句讀爲"亦則乃身亡能諫（像）甬（用）非頌（庸）女（汝）正命"，未可從。則乃身，乃身之準則。身，《書·伊訓》："與人不求備，檢身若不及。"蓋安身立命之"身"，服事王命之"身"。

【亡（無）能諫（予）甬（用）非頌（容）】　諫，整理者讀爲"像"，注："段玉裁以爲與'豫'、'娰'等字通用。"頌，整理者讀爲"庸"。按：諫讀爲"予"，頌讀爲"容"。㊽參清華簡三《周公之琴舞》簡14"不畀甬（用）非頌（容）"，㊹非容者，不予用也。本例用周公語，可資互證。

【女（汝）正命，女（汝）有告于朕】　正命，整理者注："見塱盨'厥非正命'（《集成》4469）。"簡11下接簡13，依王寧簡序調整意見。

【女（汝）母（毋）敢有退于之自一話一言】　整理者"之"後斷句，兹改爲一句讀。《書·立政》："相我受民，和我庶獄庶慎，時則勿有間之自一話一言，我則末惟成德之彦，以乂我受民。"舊注"之"後斷句，其實亦應作一句讀。《書》例省略假設分句，應理解爲"若有間之自一話一言，我則末惟成德之彦"。經史、出土簡帛多此類省略句，別有説。本例謂，你説的一話一言，不能打折扣。

【女（汝）亦母（毋）敢遊（泆）于之】　遊，整理者注："讀爲'泆'，訓爲淫放。"按：《詩·大雅·抑》："慎爾出話，敬爾威儀。"《禮記·緇衣》："可言也，不可行，君子弗言也；可行也，不可言，君子弗行也。"以上簡文"退于之"，謂所説的話未能做到；"遊（泆）于之"，超出"言"的範圍，蓋濫作濫爲也。

【言佳（唯）明母（毋）淫，母（毋）弗奎（節），其亦佳（唯）余事】　言，整理者釋文句讀下屬，注："'言'或上屬爲句。"下屬是也。淫，亂也。節，度也。"母（毋）淫，母（毋）弗奎（節）"，在上文"退于之"、"遊（泆）于之"基礎上進一步作界定，册命重臣乃核心政治，慎之又慎也。唯余事，承上謂唯余言是事也。㊺王寧："疑是古代的編簡者將12和簡13弄倒了，也就是其順序本來是簡11＋簡13＋簡12＋簡14。"㊻可謂別具隻眼。

【女（汝）有命正，有即正】　命正，與下文"有退進于朕命"相照應，奉君命執政，有臨事權變之"正"。即正，與下文"即命"相照應，緊急關頭，突發事件，命懸一綫，當機立斷，即時裁決。有如將在外，君命有所不受。

【亦若之頌（容）弝（弼）羕（永）】　頌，整理者讀爲"庸"。弝羕，整理者釋"勿永"。按：下文"弝（弼）羕（永）"與"女（汝）亦鬼（威）"相聯繫，"勿永"之解明顯不妥。頌讀爲"容"，與威儀相聯繫。君有威儀，執政重臣輔君行政，當然也有威嚴，也是必須樹立威信的。弼，輔也。永，長也。

【女（汝）有退進于朕命，乃佳（唯）諲（望）亡（無）毅（逢），則或（有）即命】　退進，整理者注："猶云進退。"《周禮·秋官·小司寇》"以圖國用而進退之"，注："進退，猶損

益也。"望,《說文》:"出亡在外,望其還也。"有退進于朕命,是有"命正";盼望面君磋商,時無相逢機會,則有"即命"。㊼

【乃亦佳(唯)肇悲(謀),亦則句逆于朕】　肇謀,始謀。"命正"、"即命"是權變,是損益,自主謀劃,此所以爲"肇謀"。句,整理者讀爲"遏",注:"'遏逆于朕',略同於《君奭》'遏佚前人光在家'、清華簡《厚父》'王廼遏失其命'。"按《書》"遏"多釋爲"絕","遏逆于朕"是很嚴重的背離,是說未可從。兹依"句"本音本義讀,《漢書·文帝紀》"令至其悉思朕之過失,及知見之所不及,句以啟告朕",師古注:"句亦乞也。"逆,奏事上書曰逆。㊽簡文"句逆"乃謙辭,重臣權變之"謀",事後必須復命於君。

【是佳(唯)君子秉心】　整理者注引《詩·大雅·桑柔》:"君子實維,秉心無競。"

【是女(汝)則佳(唯)肇悽(濟)弜(弼)羕(永)】　悽,整理者讀爲"咨",兹讀爲"濟"。㊾本例與上文"亦若之頌(容)弜(弼)羕(永)"相照應。

【乃既昬(謀),女廼敢整(正)恕(恆)】　昬,整理者讀爲"悔",兹讀爲"謀"。"既謀"與"肇謀"適相呼應。整,承上"命正"、"即正"讀爲"正"。恕,整理者讀爲極、殛,訓爲"罰","整極謂至於殛罰"。未可從,兹讀恕爲"恆",常也。汝有"命正"、有"即正",有始謀,有主見,有擔當,獨當一面,汝之行政乃有持續性,成爲常態。

【女(汝)則亦佳(唯)肇不(丕)子不(丕)學不(丕)啻(適)】　整理者句讀爲"肇不(丕)子不學,不啻女(汝)",王寧:"此數句疑當斷讀爲'女(汝)則亦佳(唯)肇不子、不學、不啻(適),女(汝)亦鬼(畏)獲懃朕心。'"㊿按:"不"字三例,皆讀爲"丕",大也。子,攝爲沖子,簡18"引(矧)女(汝)佳(唯)子",參簡7"女(汝)母(毋)敢怙偈(句)余曰乃妭(毓)"毓字注引,蓋父父子子之"子"。簡文"丕子"指向繼體之子,與家禮以"毓子"爲憑恃之頑皮沖子相對而言。學,參簡10"敬學瞀(懋)明",簡25"子則克悉甬(用)王教(教)王學"。適,參簡6"不啻(適)女(汝)鬼(威),則由謨(勉)女(汝)訓言之譔"。

【女(汝)亦鬼(威),蒦(獲)懃(勤)朕心】　整理者句讀爲"女(汝)亦鬼(畏)蒦(獲)懃朕心",兹改"鬼"下斷句。鬼讀爲"威"。懃,同"勤"。女(汝)亦鬼(威)者,你的威儀也得到展示。蒦(獲)懃(勤)朕心者,汝以勤政獲朕心。若一定要緊扣句法,獲是動詞謂語,主語汝承前省,獲朕心者何? 汝之勤政也。

　　以上第三章。

　　攝出納朕命具體要求:其一,汝作爲輔相重臣,責無旁貸。其二,汝唯朕言是司,唯朕言乃事。謹守朕言,實施於外,不得改易。其三,汝所主職守不得怠惰,敬學思明,夙夕經德,用事朕命,弗以爲己功。其四,朕不予用"非容"。慎爾出話,敬爾威儀。女(汝)有命正,有即正,汝有退進于朕命,有權變之"謀",是唯君子秉心。汝以勤政展示你的威儀(容),才能得到朕的認可。

　　王曰:"奊(攝),女(汝)有佳(唯)淐(沖)子,余既埶(設)₁₅乃服,女(汝)母(毋)敢匎(朋)涗(酗)于酉(酒),勿教(教)人悥(德)我。曰:母(毋)匎(朋)多匎(朋),鮮佳(唯)楚(胥)台(以)婴(夙)夕敓(敬),亡(罔)非楚(胥)以劈(墮)₁₆遚(愆);鮮佳(唯)楚(胥)學于威義(儀)遈(德),亡(罔)非楚(胥)以淫〈淫〉惢(恆)。"

　　【余既埶(設)乃服】　乃服,汝之職事。承上文"出内(納)朕命","衛(衛)事衛(衛)命","惠不惠,亦乃服","女(汝)有命正,有即正",凡此諸項,皆"余"之既設也。

　　【女(汝)母(毋)敢匎(朋)涗(酗)於酉(酒),勿教(教)人悥(德)我】　整理者注:"汝毋敢朋酗於酒,使人以爲我德。"按:德,外得於人,内得於己也(《説文》)。本例是兩層意思,前句是嚴厲的訓誡;後句謂不要教人以我爲德(恭維我有得到公認之"德"),言外義,"德"是公衆對你的評價,不是要來的,不能自我標榜。

　　【母(毋)匎(朋)多匎(朋),鮮佳(唯)楚(胥)台(以)婴(夙)夕敓(敬),亡(罔)非楚(胥)以劈(墮)遚(愆);鮮佳(唯)楚(胥)學于威義(儀)遈(德),亡(罔)非楚(胥)以淫〈淫〉惢(恆)】　鮮,少也。胥,整理者釋爲相率。以上句例整理者云:"句謂毋結交朋黨,鮮有相率夙夕敬者,皆相率以墮愆;鮮有相率效於威儀者,皆相率以淫極。"可從。惟"惢"筆者有不同理解,字乃"恆"之異構,淫恆,沉湎於酒者,長夜之飲以爲常也。⑤

　　以上第四章。

　　特別告誡,重申周公之誥,汝毋敢朋酗於酒。一幫酒黨相率墮落,夜夜宴飲,醉醺醺讓人恭維汝有德,成何體統!

　　王曰:"奊(攝),余辟相唯卸(御)事,余厭既異氒(厥)心氒(厥)₁₇遈(德),不迡(止)則寁(俾)于余。引(矧)女(汝)佳(唯)子,今乃辟余,少(小)大乃有霝(聞)智(知)嚚(弼)恙(永)。女(汝)其有斁(斁)有甚(湛),₁₈乃罙余言,乃智(知)佳(唯)子不佳(唯)之頌(容),是亦尚弗毅(逢)乃彝。乃乍(作)穆穆,佳(唯)觲(恭)威義(儀),甬(用)辟余才(在)₁₉立(位),乃克甬(用)之彝。女(汝)不廼是,佳(唯)人乃亦無智(知)亡(無)霝(聞)于民若否。乃身都(載)佳(唯)明佳(唯)寅(寅),女(汝)亦母(毋)₂₀敢鬼(威)甬(用)不審不允。"

　　【余辟相唯卸(御)事】　辟,《爾雅·釋詁》"帝、皇、王、后、辟、公、侯,君也",疏:"皆天子諸侯南面之君異稱也。"《書·金縢》:"我之弗辟,我無以告我先王。"周公東征誅管、蔡,稱"辟",攝政代成王行令也。⑥《書·太甲》:"克左右厥辟。"湯使伊尹正天下,是伊尹之"辟"也。《詩·小雅·桑扈》"之屏之翰,百辟爲憲",鄭箋:"辟,君也。王者之德外能捍蔽四表之患難,内能立功立事爲之楨幹,則百辟卿士莫不修職而法象之。"天子之治,天子之命,皆"辟"也。相,輔相。句謂余爲天子,任命輔相,皆御事也。下文"今乃辟余",謂"攝"受命輔相余也。整理者引《酒誥》:"自成湯咸至于帝乙,成王畏。相惟御事,厥棐有恭。"引文句讀有誤。㉝"相"字上屬,"成王畏相"的意思是"從湯至帝乙中間之王猶保成其王道,畏敬輔相之臣"(孔傳)。"惟御事,厥棐有恭"作一句讀。原文爲"惟御事厥棐有恭,不敢自暇自逸"。爲援例而如此引文,誤解難免。

【余厭既異乒(厥)心乒(厥)遣(德),不迸(止)則宲(俾)于余】　厭,《論語·雍也》"天厭之,天厭之",邢疏:"厭,棄也……願天厭棄我。"蓋厭惡也。迸,整理者注:"讀爲'之',訓爲'往'、'適'。"按:迸,楚簡亦作"垈",同"止"。㉞宲(俾),整理者引《爾雅·釋詁》:"俾、使,從也。"解句意"則不從己志,而從於我。"添字解經仍不可通。《説文》俾,"一曰俾,門侍人",段注:"或曰:如寢門之内豎,是閹寺之屬。"句謂余厭棄既已異厥心厥德輔相之臣,若不懸崖勒馬,則離心離德者之於我,乃奴婢耳。蕭旭讀宲爲"卑",㉟亦可以講通。

【引(矧)女(汝)佳(唯)子】　子,稱"子"而不稱"沖子",明爲家禮之子。

【今乃辟余,少(小)大乃有䛅(聞)智(知)彋(弼)恙(永)】　今乃辟余,説參上注。彋(弼)恙(永),整理者讀恙爲"詳"。按:小大與下文"若否"(簡20)互文見義。聞知,含官員之聞知;官員以其"聞知"及時復命,君王得以知全局。㊱《書·益稷》:"臣作朕股肱耳目。"《書·胤征》:"羲和尸厥官,罔聞知,昏迷于天象,以干先王之誅。"弼,輔也。官員之聞知是調查研究;"罔聞知"是不作爲,是失職,惡劣者罪至於誅。句謂今汝受命輔相余,事之小大若否輕重緩急,有聞知,了解具體情況,復命於君,是乃輔政之常例。

【女(汝)其有鼻(斁)有甚(湛),乃眔余言】　整理者:"鼻,讀爲'斁',訓爲'敗'。甚,讀爲'湛',《説文》:'沒也。'眔,訓爲'及'、'逮'。"按:句承上謂汝有違於"聞知"復命之常例,等到事情辦砸了(斁),㊲收不了場(沒也),才來對我(余)説。

【乃智(知)佳(唯)子不佳(唯)之頌(容),是亦尚弗毅(逢)乃彝】　子,承上文"引(矧)女(汝)佳(唯)子"。頌,整理者讀爲"庸",已有論者讀爲"容"。尚,參簡27"高誺(逢)乃身"注引。逢,整理者注:"《説文》:'遇也。'彝,常。'弗逢乃彝'與下'克用之彝'對文。"按:所謂"遇",遇不遇,時也。"攝"經天子龜卜而受命,是"攝"之遇也。㊳句謂:乃知汝只是頑皮之"子",不成儀容,還是未得知遇受命的那副樣子(頑皮孩子常態之"彝")。

【乃乍(作)穆穆】　《爾雅·釋訓》:"穆穆、肅肅,敬也。""乃"以上"有鼻(斁)有甚

（湛）”是不可作也，“乃”以下，是君王教“攝”如何作也。

【佳（唯）龏（恭）威義（儀），甬（用）辟余才（在）立（位），乃克甬（用）之彝】　乃作穆穆，是恭敬從事也。自尊的同時，也是恭敬天子權威，維護君王在位，是乃堪用之輔相也。彝，常也。爲臣之道，歷來如此，是其常也。

【女（汝）不廼是，佳（唯）人乃亦無智（知）亡（無）矞（聞）于民若否】　無知無聞，與上文“聞知”相照應。若否，與上文“小大”互補。人，指向王公大臣，輔相無聞知，王公大臣亦無聞知，後果不堪設想。

【乃身都（載）佳（唯）明佳（唯）盧（寅），女（汝）亦母（毋）敢鬼（威）甬（用）不審不允】　寅，敬也。審，悉也。鬼，整理者讀爲“畏”，茲讀爲“威”。允，信也。

以上第五章。

余爲天子，任命輔相，皆御事也。離心離德者將視如奴婢。汝須聞知民情，事之小大若否輕重緩急，了解具體情況，及時復命於朕。事情辦砸了，收不了場，再來見朕，那就只能讓朕認定汝不堪用。只有穆穆恭敬，恪盡職守，才是堪用之輔相。

王曰：“燛（攝），已女（汝）佳（唯）澢（沖）子，余既明命女（汝），乃服佳（唯）盧（寅），女（汝）母（毋）敢橐橐。凡人有₂₁獄有譖（譖），女（汝）勿受賵（幣），不明于民。民其聖（聽）女（汝），寺（時）佳（唯）子乃弗受賵（幣），亦尚𠬝（辯）逆于朕；凡人無₂₂獄亡（無）譖（譖），廼佳（唯）惪（德）亯（享）。亯（享）都（載）不閜（孚），是亦引休，女（汝）則亦受賵（幣），女（汝）廼尚耑（祇）逆告于朕。”

【已女（汝）佳（唯）澢（沖）子】　整理者“已”下點逗號，不作解釋。茲改爲一句讀。[59]已，往也，提醒“攝”既受命，“沖子”時代已經過去。與簡5“母（毋）閇（閉）于乃佳（唯）澢（沖）子少（小）子”用意近。“子”是父母及周邊人群眼中的孩子，没長大；“沖子”已包含對王室子弟的相應要求，可以放大理解爲權力圈内之人對子弟的相應期望值。[60]“已”則是畫了一條跨越綫，跨過這條成人綫，最鮮明的標誌是“責任”。但凡不知“責任”者，謂之“子”可也。

【乃服佳（唯）盧（寅）】　整理者引《康誥》：“汝惟小子，乃服惟弘。”王寧：“由《攝命》看，‘盧’即‘寅’字繁構，則《康誥》之‘弘’當作‘引’，乃音近通假字。《説文》‘寅，敬惕也’，小心謹慎之意。”按：謂《康誥》之“弘”當作“引”，不必。古人書法避複，有唯一性之美；行文措辭法先王而有心裁，有自己的表達方式。是“弘”、“盧”之異，各有所取也。

【女（汝）母（毋）敢橐橐】　橐，整理者隸作“橐”，“疑即‘韜’字異體，讀爲‘滔’，訓爲‘慢’”。石小力改隸作“橐”，四十三年逑鼎、毛公鼎銘文“鼏鼏橐橐”，“是官員斷獄時的一種不良行爲，導致的後果是‘有宥縱，侮鰥寡’，是斷獄時應極力避免的”。⑥據四十三年逑鼎銘文行文邏輯，斷獄“不中不型”、“宥縱”是“鼏鼏橐橐”描寫、解釋語。鼏鼏、橐橐乃連語，連語記音，用字往往無定，或讀與蘢蘢、蒙蒙、蒙蘢近，⑥謂斷獄之舞弊、欺瞞、暗箱操作行爲。《左傳》昭公元年“蒙其先君”，注：“蒙，欺也。”《廣雅·釋訓》：“蒙蒙，暗也。”《釋名·釋疾病》：“聾，籠也。如在蒙籠之内，聽不察也。”《漢書·晁錯傳》“蒙蘢”，師古注：“蒙蘢，覆蔽之貌也。”從簡文行文邏輯來看，王告誡“攝”乃服唯敬，不能再以“沖子”看待自己，毋敢朦朦朧朧裝萌干壞事，能夠説通。

【凡人有獄有詧（譖）】　詧，陳斯鵬釋“譖”，秦漢司法簡牘“譖訊”例多見。⑥《論語·憲問》“公伯寮愬子路於季孫”，注：“愬，譖也。”《逸周書·謚法》：“譖訴不行曰明。”参簡 4“又告有省（譖）”注引。“獄”字本含爭訟義，獄譖可以視爲早於“獄訟”的用語。

【女（汝）勿受鼺（幣），不明于民。民其聖（聽）女（汝），寺（時）佳（唯）子乃弗受鼺（幣），亦尚夏（辯）逆于朕】　受幣，整理者注：“‘受幣’見《周禮·小宰》。”按：簡文“受幣”二例，含義有別。本例爲獄譖之受幣，下例爲享祭之受幣。整理者注：“《周禮·大司寇》云兩造‘入束矢於朝，然後聽之’。簡文‘幣’功能與‘束矢’相當，⑥‘受幣’則謂受理獄訟。”大略可從。不明于民，整理者注：“句謂有獄訟之事不明，則勿受幣，而使上告於朕。”誤。從簡文内容不難看出，理獄乃“攝”職守所在，“人”有獄有譖而不受理，不明於民之獄譖，是輔相重臣之失職。亦尚夏（辯）逆于朕，句謂繳納訴訟費是聽汝斷獄的，汝不受理，官司會一直申辯上訴於朕。言下之意，你這不是給朕找麻煩嗎！

【凡人無獄亡（無）詧（譖），廼佳（唯）惪（德）宣（享）】　原簡行文有省略，“廼佳（唯）惪（德）宣（享）”應理解爲諸侯以玉幣致享，廼爲王之德惠及天下，朝覲以行三享之禮。

【宣（享）卻（載）不閛（孚），是亦引休】　閛，整理者注：“‘閛’字‘門’中所從爲上博簡《緇衣》‘萬邦作孚’之‘孚’字。‘孚’訓‘信’。”引《左傳》莊公十年：“公曰：‘犧牲玉帛，弗敢加也，必以信。’對曰：‘小信未孚，神弗福也。’”⑥引，相薦達曰引。《史記·魏其武安侯列傳》“灌夫亦倚魏其而通列侯宗室爲名高，兩人相爲引重”，集解引張晏曰：“相薦達爲聲勢。”《後漢書·張皓王龔列傳》：“顯登者以貴塗易引。”休，止也。諸侯納幣，“攝”是相薦達經手人，倘若“受幣之事”出現舞弊，不能盡數入庫，是“引休”也。

【女（汝）則亦受鼺（幣）】　“受幣”乃“攝”職守，下文言及“女（汝）母（毋）縠（婪）”，知“亦受幣”話中有話。《周禮·天官》小宰之職，“凡賓客贊祼，凡受爵之事，凡受幣之事"。《周禮·春官·小宗伯》"大賓客受其將幣之齎",注:"謂所齎來貢獻之財物。"疏:"此謂諸侯來朝覲,禮畢,每國於廟貢國所有,行三享之禮。諸侯以玉幣致享,既訖,其庭實之物則小宗伯受之。""人""隹(唯)悥(德)言(享)"而助祭,汝亦受幣,是輔相重臣之索賄受賄,是瀆職。

【女(汝)廼尚鲁(祗)逆告于朕】　諸侯朝覲玉幣致享,地方納貢,涉及"胙之土而命之氏"之分封,涉及設官分職,國之大事,不容玩忽職守。汝須恭敬從事,如實復命於朕。

以上第六章。

特別告誡,余既明命汝,不得如沖子般矇矇朧朧干壞事。凡人有獄有諝,汝須履職受理,不得玩忽職守;凡人無獄無諝,如諸侯以玉幣致享,汝履職受幣,不得瀆職舞弊。

王曰:"𢄵(攝),余肇₂₃事(使)女(汝),女(汝)母(毋)㪔(婪),女(汝)亦引母(毋)好宏,好宏㪔(創)悥(德)。有女(汝)由(胄)子,隹(惟)余其卹。"

【女(汝)母(毋)㪔(婪)】　㪔,字又見於清華簡《子產》《吳人既襲越邦越王勾踐將基復吳》等篇,整理者釋爲鐘鎛銘文習見"林鐘"之"林",讀爲"貪婪"之"婪"。引大簋蓋銘"余弗敢㪔(婪)"。

【女(汝)亦引母(毋)好宏,好宏㪔(創)悥(德)】　整理者句讀爲"女(汝)亦引母(毋)好=(好好)、宏=(宏宏)、㪔(創)悥(德)",兹改"母(毋)好宏"下斷句,"好宏㪔(創)悥(德)"作一句讀。引,承上文"(享)都(載)不閼(孚),是亦引休"。好宏,好大也。創德猶壞德、敗德。意謂諸侯朝覲,汝引以薦達,不得好大。若"受幣之事"出現舞弊,是好大妄爲,是其敗德,此所以言"母(毋)好宏"以示訓誡也。

【有女(汝)由(胄)子,隹(惟)余其卹】　由,整理者解爲"用",注:"有汝,故用子,汝當恤我。"輔相恤天子?説不可從。按:由讀爲"胄",⑯或釋胄爲"長",注家多解胄子爲國子。《書·舜典》"帝曰:夔,命汝典樂,教胄子",傳:"胄,長也。謂元子以下至卿大夫子弟。"疏:"《説文》云:胄,胤也。《釋詁》云:胤,繼也。繼父世者惟長子耳,故以胄爲長也。"《説文》:"胤,子孫相承續也。"《左傳》昭公七年:"況良霄,我先君穆公之胄,子良之孫,子耳之子,敝邑之卿,從政三世矣。"《左傳》襄公十四年"四嶽之裔胄也",注:"胄,後也。"《漢書·禮樂志》"帝舜命夔曰,女典樂,教胄子",師古注:"胄子即國子也。"隹(惟)余其卹,余正反舉例,諄諄教誨,所以如此,余其憂者,惟汝胄子也。

以上第七章。

　　特別再次告誡,汝不得貪婪,諸侯朝覲,汝引以薦達,不得好大。好大妄爲,是其敗德。

　　王曰:"奠(攝),乃克悉甬(用)朕命,雩(雩、越)朕₂₄卬(恣)朕毅(教),民甸(朋)〔則〕興從顯女(汝),從㪁(恭)女(汝)與女(汝),曰:穆穆不(丕)顯,卻(載)允非尚(常)人。王子則克悉甬(用)₂₅王毅(教)王學,亦義若寺(時),我少(小)人佳(唯)由,民有曰之。余一人害(匄)叚(叚、嘏),不(丕)則哉(識)智(知)之䆼(聞)之言;余₂₆害(匄)叚(叚、嘏),不(丕)則高(尚)讀(逢)乃身,亦余一人永膚(顔、顯)才(在)立(位)。所弗克哉(識)甬(用)朕命朕毅(教),民甸(朋)亦則興安(仇)冐(怨)₂₇女(汝),安(仇)□女(汝),亦則佳(唯)肇(肇)不悽(濟),逆所(忤)朕命,蔓(獲)䏠(羞)妣(毓)子。"

　　【乃克悉甬(用)朕命,雩(雩、越)朕卬(恣)朕毅(教),民甸(朋)〔則〕興從顯女(汝),從㪁(恭)女(汝)與女(汝)】　民朋〔則〕興,"民"、"興"二字原簡字殘,整理者已作復原,"則"依例補。"民朋〔則〕興"云云與下文"民朋亦則興"云云形成正反舉例之對應。以上乃條件複句,朕命、朕恣、朕教,皆汝克悉用,是爲條件;能夠做到,民從顯汝,從恭汝,相與汝也。⑰

　　【曰:穆穆不(丕)顯,卻(載)允非尚(常)人。王子則克悉甬(用)王毅(教)王學,亦義若寺(時),我少(小)人佳(唯)由,民有曰之】　上"曰",民曰。王子則克悉甬(用)王毅(教)王學,承上文"悉甬(用)朕命,雩(雩、越)朕卬(恣)朕毅(教)",民是有此讚譽之言也。時,善也。由,從也。⑱民有曰之,整理者注:"謂民有如此之言者。"

　　【余一人害(匄)叚(叚、嘏),不(丕)則哉(識)智(知)之䆼(聞)之言】　害叚,整理者讀爲"曷假",郜士華等改讀"匄嘏","害(匄)叚(嘏)即求福"。引克鐘(《集成》205、207)、克鎛(《集成》209)"用匄屯(純)叚(嘏)永令(命)",《詩·魯頌·閟宫》"天錫公純嘏,眉壽保魯",鄭箋:"受福曰嘏。"⑲其說是。按:《詩·大雅·卷阿》"豈弟君子,俾爾彌爾性,純嘏爾常矣",毛傳:"嘏,大也。"孔疏:"毛以爲王得賢者,與之承順天地,則所受天之性命得久長矣。"簡文"匄嘏"是祈求長治久安的意思,下文"永顯在位",意尤明白。"哉(識)智(知)之䆼(聞)之言",廣聞知之路,委"攝"以重任,是踐行"匄嘏"之具體。不則,則也。⑳哉,整理者讀爲"職",兹讀爲"識",認也,記也,志也。《禮記·檀弓下》:"小子識之,苛政猛於虎也。"民不能直接知聞王教王學,由"王子則克悉甬(用)王毅(教)王學"而"識"之於王;王很難直接訓導天下之民,由輔相之"用","民有曰之"之反饋而"識"朕命、朕恣、朕教是否爲民知聞。以上乃"余一人"之設問。

　　【余害(匄)叚(叚、嘏),不(丕)則高(尚)讀(逢)乃身,亦余一人永膚(顔、顯)才

(在)立(位)】　高譀,整理者釋爲"高奉",未妥。⑦高以釋爲"尚"義長。譀,簡文亦作"毅",參簡 19"尚弗毅(逢)乃彝"注引。逢,知遇,天子知遇"攝",是委"攝"以重任的意思。永,長也。有如商湯知遇伊尹,"舉任以國政","伊尹攝行政當國",有臣如伊尹,君王可長治久安也。顏,整理者讀爲"安",邰士華等改讀爲"顯",引《書·無逸》"乃逸乃諺",諺,漢石經作"憲"。《詩·大雅·假樂》"顯顯令德",《禮記·中庸》引作"憲憲令德"。清華簡三《周公之琴舞》12"不(丕)㬎(顯)亓(其)又(有)立(位)"。⑫以上乃"余一人"自答。

【所弗克戠(識)甬(用)朕命朕毅(教)】　識,記也,志也。若不能牢記用朕教,與上文"乃克悉甬(用)朕命"相反而設例。

【民匐(朋)亦則興妥(仇)㫃(怨)女(汝),妥(仇)□女(汝)】　空圍之字王寧分析爲上從艸,下從訢聲,疑讀爲"恨"。⑬

【亦則隹(唯)肇(肇)不悽(濟),逆所(忤)朕命,蔑(獲)脤(羞)毓(毓)子】　整理者"逆所朕命"上屬,兹改"悽"下點逗號。所,整理者讀爲"許",論者:"不如讀爲'忤',逆忤即忤逆。"⑭論者引《詩·小雅·伐木》"伐木許許",《説文》"所"下引作"伐木所所",⑮亦見邰士華等所引。⑯悽,整理者讀爲"咨",兹讀爲"濟"。不濟,簡 12"若之頌(容)弜(弼)羕(永)",簡 14"女(汝)則隹(唯)肇悽(濟)弜(弼)羕(永)",⑰是王教"攝"應當遵循的,而"不濟"則違背王訓,逆忤朕命,王爲之羞。

以上第八章。

特別告誡,汝克悉用朕命、朕毖、朕教,民由汝之勤政聞知王教王學而歌功頌德;亦由汝不用朕命、朕教之失職而怨聲載道。切記,逆忤朕命,將令朕蒙羞。

王曰:"㚄(攝),人有言多,隹(唯)我鮮。隹(唯)朕₂₈□□□窬(箴)毅(教)女(汝),余隹(唯)亦㺇(功)乍(作)女(汝),余亦隹(唯)𧬁(折)燬(毀)兑(説)女(汝)。有女(汝)隹(唯)淊(沖)子,余亦隹(唯)肇(肇)歆(稽)女(汝)惪(德)₂₉行隹(唯)毅(穀)罘非毅(穀)。"

【人有言多,隹(唯)我鮮】　鮮,整理者注:"鮮,少。《酒誥》:'予不惟若兹多誥。'"

【隹(唯)朕□□□窬(箴)毅(教)女(汝),余隹(唯)亦㺇(功)乍(作)女(汝)】　功,周官歷來"功多有厚賞,不迪有顯戮"。作猶相士作乘馬,⑱蒼頡"初造書契",⑲伯益初作井,⑳儀狄始作酒醪,少康作秫酒諸例之"作",㉑古漢語名動相因,"功作汝"者,汝之功,汝之成就,天子會承認,會有相應封賞。

【余亦隹(唯)𧬁(折)燬(毀)兑(説)女(汝)】　整理者注:"𧬁,疑從言,折省聲,即

'誓'字。燬,不識。"王寧讀豬爲"折",解"燬"爲"燬",讀爲"毀",云:"'折毀'本是損壞、破壞義,引申爲誹毀義,《孔叢子·陳士義》:'雖然,古之賢聖豈有似子者乎?吾將舉以折毀子者。'"⑩説,《廣雅·釋詁》:"説,論也。"按:豬燬與上文功作相對而成辭,"功作"有封賞,若玩忽職守,婪貪敗德,則以"豬燬"論汝也。

【有女(汝)佳(唯)浩(沖)子,余亦佳(唯)肇(肇)歆(稽)女(汝)悳(德)行佳(唯)穀(穀)叕非穀(穀)】 整理者"行"下點逗號,兹作一句讀。歆,整理者讀爲"耆",引《周頌》"耆定爾功",毛傳:"耆,致也。"按:字應讀爲"稽",⑬《易·繫辭下》"於稽其類",注:"稽,猶考也。"《周禮·天官·小宰》"聽師田以簡稽",注:"簡,閱也。稽,計也。"《周禮·天官·宮正》"稽其功緒,糾其德行",注:"稽猶考也。"德行稽考乃周公定下的傳統,《書·酒誥》"丕惟曰:爾克永觀省作稽中德",傳:"我大惟教汝曰:汝能長觀省古道,爲考中正之德,則君道成矣。"其實"省作"謂審查(或反省)作爲,"稽中德"謂稽考"德"之中與不中也,有如簡文稽考汝德行是善(穀)還是不善(非穀)。

以上第九章。

特別警示,先王"功多有厚賞,不迪有顯戮",汝之功,汝之成就,朕有相應封賞;汝玩忽職守,婪貪敗德,則以"折毀"論汝。依例稽考,警鐘長鳴。

王曰:"奡(攝),殸(敬)哉,狨(虔)聖(聽)乃命,余既明䦙(啟)劼毖(毖)女(汝),亡(無)多朕言曰丝(兹)。女(汝)母(毋)弗殸(敬),₃₀甚谷(欲)女(汝)寵乃服,弗爲我一人顮(羞)。"₃₁

【余既明䦙(啟)劼毖(毖)女(汝)】 參簡1"劼姪(侄)毖(毖)奡(攝)"注引。

【亡(無)多朕言曰丝(兹)】 整理者注:"謂朕言如此,無以朕言爲多。"

【甚谷(欲)女(汝)寵乃服】 寵,論者或讀爲"髀"。⑱寵,尊榮。《書·周官》:"居寵思危。"可以不改讀。整理者引毛公鼎:"俗(欲)我弗作先王羞。"句謂朕非常希望汝以受命職守爲尊榮。

簡31句末有粗寫(今黑體)勾號,表示王之"劼姪(侄)毖(毖)奡(攝)"行文終結。

以上第十章。

特別勉勵,汝虔敬乃命,朕非常希望汝以受命職守爲尊榮,朕當欣慰。不要讓朕失望。

佳(唯)九月既望壬申,王在嵩(鎬)京,各(格)于大室,即立(位),咸。士荝右白(伯)奡(攝),立才(在)中廷,北鄉(嚮)。王乎(呼)乍(作)册任册命白(伯)奡(攝),虔(且)。₃₂

【王在蒿（鎬）京】　整理者注：“鎬京，宗周。《世本》‘懿王徙於犬丘’，《漢書•地理志》云在右扶風槐里縣……懿王時‘犬丘’似爲‘離宮別館’，册命場所依然多在宗周鎬京。”按：“離宮別館”云云，並無實據，兹闕。

【各（格）于大室，即立（位），咸。士枼右白（伯）娛（攝），立才（在）中廷，北鄉（嚮）】　枼，論者指出原簡字形 🀫 與曾侯乙墓竹簡 🀫 形體非常接近。⑧曾簡該字多例，整理者指出與金文舊釋爲“渫”的字聲符相同，如何隸定尚有分歧。⑧士枼右白（伯）娛（攝），整理者注：“右者爲‘士枼’。《堯典》皋陶作士……士卑不嫌與君匹敵。”按：“士卑”云云，過於曲説！“士枼”依例爲人名，其“右白（伯）娛（攝）”，如下引益公、榮之“右”例。相關册命儀式整理者引詢簋銘文：“唯王十有七祀，王在射日宮，旦，王格，益公入右詢。”（《集成》4321）師詢簋銘文：“佳元年二月既望庚寅，王格于大室，榮内右詢。”（《集成》4342）

【王乎（呼）乍（作）册任册命白（伯）娛（攝），虞（且）】　整理者注：“虞，金文多作‘虡’形，句首語詞。楊樹達説《費誓》‘徂兹淮夷、徐戎并興’，‘徂’即金文‘虡’字，讀爲‘嗟’……王曰‘虞’收束全篇。”整理者句讀“娛（攝）”下點冒號，“虞”加引號。“虞”是否爲王曰，王寧提出質疑：“簡32全文均陳述王册命伯攝的經過，並没有引某人的語言，也没有‘曰’或‘王曰’的字樣，且單用一個句首語詞的‘嗟’作全篇結尾，甚覺怪異。”王寧解“虞”爲“且”，云：“‘王呼作册任册命伯攝且’，相當於説‘王呼作册任册命伯攝焉’。”⑰

按：虞讀爲“且”（子余切），謂“攝”經册命且字稱“伯攝”也。且字之“伯”是以法的形式確立“攝”的政治地位，同時也是以法的形式規定以“攝”爲宗一系家族社會地位。周代且字之禮，筆者討論過郭店簡《五行》中的相關内容，⑱不妨再次解説如下：

郭店簡《五行》37：“共（恭）而專交，禮也。”馬王堆漢墓帛書《五行•傳》第270行：“伯者辯也，言其能柏，然笱（後）禮也。”整理者注：“伯、柏、博，疑皆讀爲泊，澹泊亦即恬靜之義。”⑲龐樸《校注》云：“似與文意不恰。”⑳

按：帛書《傳》之“伯”、“柏”，“柏”亦“伯”也。《儀禮•鄉飲酒禮》“司正升相旅，曰：某子受酬”，鄭注：“旅，序也……某者，衆賓姓也。同姓則以伯仲別之。又同則以且字別之。”賈疏：“衆賓之内有同姓，司正命之則呼伯仲別之也。云又同則以且字別之者，爲同姓之中有伯仲同者，則以某甫，且字別之也。”《儀禮•少牢饋食禮》“孝孫某，來日丁亥，用薦歲事于皇祖伯某”，鄭注：“皇，君也。伯某，且字也。大夫或因字爲謚。《春秋傳》曰：魯無駭卒，請謚與族，公命之以字爲展氏是也。某，仲、叔、季亦曰仲某、叔某、季某。”據此知帛書《五行》之《傳》乃以饋食禮解《經》，“伯者，辯也”，應讀爲“伯者，別也”，如賈公彦疏“正命之則呼伯仲別之也”。只是此《傳》亦過於簡略，可據上引鄭注理解爲：伯某、叔某、季某者，別也，言其能別伯某、叔某、季某，然後可以依於禮也。鄭注既解"伯某"爲"且字"，知《傳》以"伯者，辯也"解《經》之"甫"，是很準確的。⑨

　　現在再來看簡3："王曰：奠(攝)，今余既明命女(汝)曰：肈(肇)出内(納)朕命，虞(且)。"句謂既經册命，始以且字稱"伯攝"出納朕命也。由此可知，《攝命》計10節正文，是"王"在册命儀式上發表的"劼毖"訓誡。

　　以上簡32單列，記册命儀式，置於正文之後。師詢簋"唯元年二月既望庚寅，王格于大室，榮内右詢"亦置於銘文之末。從文章結構上説，本例視爲後序可也。《攝命》與師詢簋銘背景相近，行文風格相類。

2018 年 12 月初稿
2021 年 5 月 27 日修訂

(作者單位：安徽大學歷史學院)

注釋：

① 清華大學出土文獻研究與保護中心編,李學勤主編：《清華大學藏戰國竹簡(捌)》,中西書局 2018 年。

② 李學勤：《戎生編鐘論釋》,《文物》1999 年第 9 期,第 75～82 頁。

③ 清華簡三《琴舞》簡 1："周公叏(作)多士敬恕(毖)。"清華簡三《芮良夫毖》簡 2："内(芮)良夫乃叏(作)誐(毖)再冬(終)。"誐,經史作"毖",整理者引王念孫《廣雅疏證》"皆戒救之意也"(清華大學出土文獻研究與保護中心編,李學勤主編：《清華大學藏戰國竹簡(叁)》,中西書局 2012 年,第 148 頁)。

④ 石小力：《清華簡第八輯字詞補釋》,清華大學出土文獻研究與保護中心網,2018 年 11 月 17 日;紀念清華簡入藏暨清華大學出土文獻研究與保護中心成立十周年國際學術討論會論文,清華大學 2018 年 11 月。

⑤ 王寧：《清華簡〈攝命〉讀札》,復旦大學出土文獻與古文字研究中心網,2018 年 11 月 27 日。

⑥ 許兆昌："'劼毖'即'慎敕'、'慎告'之義。"其説是。參許兆昌：《清華簡〈攝命〉考釋二則》,《貴州社會科學》2020 年第 7 期,第 63～73 頁。

⑦ "'攝'或即懿王太子夷王燮",依史家慣例,恐怕只能説"'攝'或即懿王太子燮,燮後爲夷王"。

⑧ 目前討論本篇"王"有"穆王説"、"孝王説"之分歧,均未能論定。參趙爭、丁宇：《略議清華簡〈攝命〉記事年代問題》,《歷史文獻研究》總第四十五輯第 70～77 頁,廣陵書社 2020 年;杜勇：《清華簡〈攝命〉人物關係辨析》,《中原文化研究》2020 年第 3 期,第 68～74 頁;王志平：《〈攝命〉稱謂與宗法制度》,《出土文獻綜合研究集刊》第十輯第 27～41 頁,巴蜀書社 2020 年。

⑨ 參賈連翔：《"攝命"即〈書序〉"冏命""冏命"説》,《清華大學學報》2018 年第 5 期,第 49～53 頁。

⑩ 孔子講的話有道理,"子張書諸紳",設若孔子講的一大段話,弟子或現場實録,或事後回憶追録,於是就會有不同文本。弟子再傳弟子,於是有傳有説有補,先秦文獻就會有"黔首"之類。以"黔首"之類證文獻年代,穿牆打洞,其例多有。

⑪ 許文獻：《關於清華八〈攝命〉簡中幾個“難”字之釋讀》，復旦大學出土文獻與古文字研究中心網，2018 年 11 月 28 日。

⑫ 簡帛網簡帛論壇《清華簡八〈攝命〉初讀》，2018 年 11 月 26 日。以下或簡稱“《初讀》”。

⑬ 彶，同“及”，《説文》：“及，逮也。”汝正趕上。

⑭ 寧鎮疆：《清華簡〈攝命〉“亡承朕鄉”句解——兼説師詢簋相關文句的斷讀及理解問題》，簡帛網，2019 年 1 月 2 日；《中華文化論壇》2019 年第 2 期，第 50～55 頁。

⑮ “亡承朕鄉（饗）”簡單通俗的解釋是：朕無以承繼先王饗祭，包括財政無以爲繼或政治軍事等方面的危機。

⑯ 《書·大誥》“惟我幼沖人，嗣無疆大歷服，弗造哲迪民康”，傳：“言子孫承繼祖考，無窮大數服行其政，而不能爲智道以安人。”“弗造哲迪民康”的意思是説，我幼沖人還没有達到（造）“哲”的高度，尚未給民帶來安康。

⑰ 鄔可晶：《試釋清華簡〈攝命〉的“复”字》，復旦大學出土文獻與古文字研究中心網，2018 年 11 月 17 日。《清華大學藏戰國竹簡（肆）》所收《筮法》43 號簡有 字。

⑱ 《殷周金文集成》2841，中華書局 1984 年。按：《楚辭·離騷》：“世溷濁而不分兮。”湛溷、溷湛字面意是陷於泥水。遠古廁所簡陋，人畜共用，進廁所難免踩泥水。

⑲ 抱小：《〈攝命〉“湛圂在憂”與〈封許之命〉“圂童在憂”合證》，復旦大學出土文獻與古文字研究中心網，2018 年 11 月 22 日。

⑳ 同上引王寧《讀札》。

㉑ 陳民鎮認爲“誃”亦可讀作“射”。陳民鎮：《清華簡（捌）讀札》，清華大學出土文獻研究與保護中心網，2018 年 11 月 17 日。

㉒ 安徽大學漢字發展與應用研究中心編，黃德寬、徐在國主編：《安徽大學藏戰國竹簡（壹）》第 105 頁，中西書局 2019 年。

㉓ 馮聰：《據安大簡談〈攝命〉“書獸卜乃身”》，《漢字漢語研究》2020 年第 3 期，第 56～59 頁。

㉔ 隸作“䍙”有待字形方面的可靠例證，供參考。

㉕ 筆者初稿解爲“畫”字異構，誤。

㉖ 簡帛網簡帛論壇《清華簡八〈攝命〉初讀》，2018 年 10 月 8 日。

㉗ 李學勤：《清華八〈攝命〉中的“嫌”、“簾”》，《文物》2018 年第 9 期。

㉘ 陳劍：《試爲西周金文和清華簡〈攝命〉所謂“弇”字進一解》，《出土文獻》第十三輯，中西書局 2018 年；紀念清華簡入藏暨清華大學出土文獻研究與保護中心成立十周年國際學術討論會論文，清華大學 2018 年 11 月。

㉙ 陳偉武：《秦漢文字釋讀散札》，澳門漢字學會第五屆學術年會論文，陝西師範大學 2018 年 10 月。

㉚ 陳斯鵬：《舊釋“弇”字及相關問題檢討》，紀念清華簡入藏暨清華大學出土文獻研究與保護中心成立十周年國際學術討論會論文，清華大學 2018 年 11 月。

㉛ 石小力：《清華簡第八輯字詞補釋》，清華大學出土文獻研究與保護中心網，2018 年 11 月 17 日；紀念清華簡入藏暨清華大學出土文獻研究與保護中心成立十周年國際學術討論會論文，清華大學 2018 年 11 月。

㉜ 整理者釋衛，“訓爲護衛，蔽捍”，是正確的意見。論者或釋爲“睿”、“畏”，不可取。

㉝ 論者或釋並命爲“拼命”，未可從。

㉞ 簡帛網簡帛論壇《清華簡八〈攝命〉初讀》,2018 年 12 月 21 日。

㉟ 同上引王寧《讀札》。

㊱ 已有論者於"協"下點逗號,參簡帛網簡帛論壇《清華簡八〈攝命〉初讀》,2018 年 11 月 18 日。附帶説一句,但凡學術討論,應具實名。署名的意義是坦誠相見,以自稱其名的方式尊重對方,是承擔相應的學術責任。網友確實有真知灼見,但筆者愚鈍,引用後不知如何稱呼,困於應對。專題學術網有明顯傳播優勢,而且去功利,不計工作量,無論文、專著計分算獎勵之等差,體現的是學術精神。走規範化之路,推動社會進步,可望成爲人類文明積累前所未有的重要載體,網上學術討論需要參與者共同努力,營造良好氛圍。本文凡署實名者具姓名,不知實名者以"論者"代稱。

㊲ 同上引王寧《讀札》。

㊳ 蕭旭:"上'長'是動詞,猶言尊敬。下'長'是名詞,指老人。《廣雅》:'長,老也。'《國語·周語中》:'尊貴、明賢、庸勳、長老、愛親、禮新、親舊。'韋昭注:'長老,尚齒也。''長長'即'長老'義。"(《清華簡(八)〈攝命〉校補》,復旦大學出土文獻與古文字研究中心網,2018 年 12 月 7 日)

㊴ 整理者引陳劍《金文"彖"字考釋》,陳劍:《甲骨金文考釋論集》第 243～372 頁,綫裝書局 2007 年。

㊵ 簡帛網簡帛論壇《清華簡八〈攝命〉初讀》,2018 年 11 月 30 日。

㊶ 陳斯鵬:《舊釋"粦"字及相關問題檢討》,紀念清華簡入藏暨清華大學出土文獻研究與保護中心成立十周年國際學術討論會論文,清華大學 2018 年 11 月。

㊷ 同上引王寧《讀札》。王説可以講通。

㊸ 簡文"誎"或爲"豫"之異構。頌、容,諧聲通假。

㊹ 畀,《詩·鄘風·干旄》"何以畀之",毛傳:"畀,予也。"

㊺ 整理者注:"'其亦唯'未詳。"蓋原簡編聯有問題,不可讀也。

㊻ 王寧:《清華簡〈攝命〉讀札》,復旦大學出土文獻與古文字研究中心網,2018 年 11 月 27 日。

㊼ 蕭旭:《清華簡(八)〈攝命〉校補》,復旦大學出土文獻與古文字研究中心網,2018 年 12 月 7 日。毅,讀爲夆。《説文》:"夆,啎也。"違逆、抵牾之意。字亦作逢,《爾雅》:"逢,遻也。"郭璞注:"轉復爲相觸遻。""遻"即"啎"。雙聲音轉又作"犯"。簡文謂汝可以退進於朕命,但不要有所違逆。

㊽ 王寧:"整理者讀匃爲遏,似不通,當依字讀,'匃'是乞求、希望之意。'逆'是指臣下向王奏事。"同上引王寧《讀札》。清華藏八《邦家處位》簡 1"君謷(速)臣,臣啻(適)逆君",參劉信芳《清華藏竹書〈邦家處位〉章句》注引,簡帛網,2018 年 11 月 18 日。

㊾ 妻,齊也。聲訓之例多見。郭店簡《成之聞之》簡 25:"允帀(師)淒(濟)悳(德)。此言也,言信於衆之可㠯(以)淒(濟)悳(德)也。"筆者初稿讀爲"齊",論者讀爲"濟",參簡帛網簡帛論壇《清華簡八〈攝命〉初讀》,2018 年 12 月 3 日。兹作改訂。

㊿ 王寧:《清華簡〈攝命〉讀札》,復旦大學出土文獻與古文字研究中心網,2018 年 11 月 27 日。

(51) 有必要説明,學者或解郭店簡"亙先"爲"極先",附和者衆,筆者一直不以爲然。清華藏八《邦家之政》簡 6～7"下賠(瞻)亓(其)上女(如)父母,上下相敂(復)也,女(如)是者亙(恆)興",《治邦之道》簡 8"皮(彼)善與不善,幾(豈)有亙(恆)穜(種)才(哉)",亙不可讀爲"極",是很清楚的。清華藏八《攝命》簡 14"女廼敢整(正)悈(恆)",簡 17"亡(罔)非楚(胥)以涇〈淫〉悈(恆)",悈明明是"恆"之異構,整理者皆釋爲"極"。其實不必。

㊿ 辟,《釋文》:"馬鄭音避,謂避居東都。"現在看來,辟應解爲攝政行令。

㊼ 王寧已引"傳統的斷讀"。同上引王寧《讀札》。

㊴ 郭店簡《五行》簡 10:"亦既見坒(止),亦既詢(覯)坒(止),我心則〔兌(説)〕。"坒,帛本《五行》179 作"之",《詩·召南·草蟲》作"止"。

㊵ 蕭旭:"窜,讀爲卑,賤也,小也,猶言鄙薄、輕視。'窜于余'之'于'表示被動句式。簡文謂我治理國家唯有御事,我厭恨他們已經離心德德,他們不歸順於我,則爲我所鄙視。"(《清華簡(八)〈攝命〉校補》,復旦大學出土文獻與古文字研究中心網,2018 年 12 月 7 日)

㊶ 參清華簡九《治政之道》簡 12~13:"聖人聖(聽)聰貝(視)盟(明),夫幾(豈)訐(信)耳目之力才(哉),皮(彼)又(有)强(强)補(輔)以爲异(己)聖(聽)貝(視)于外,古(故)天下之情愚(僞)皆可尋(得)而智(知)。"

㊷ 蕭旭:"訓敗的本字爲'殬','斁'亦借字。"同上引蕭旭《校補》。

㊸ 參《邦家處位》簡 2:"人甬(用)唯遇利御,必屮(中)元(其)備(服)。"

㊹ 《書·康誥》"我聞曰:怨不在大,亦不在小。惠不惠,懋不懋,已汝惟小子,乃服惟弘王",《十三經注疏》本句讀:"已。汝,惟小子,乃服惟弘王。"現在看來,"已"下可以不點句號,"汝"下不當點逗號。參孔傳:"已乎汝惟小子,乃當服行德政,惟弘大王道。"阮元校刻:《十三經注疏》第 203 頁,中華書局 1980 年。

㊿ 是乃家天下時代局限。有教無類則"沖子"與百姓之"子"無別。

㊶ 石小力:《清華簡第八輯字詞補釋》,清華大學出土文獻研究與保護中心網,2018 年 11 月 17 日;紀念清華簡入藏暨清華大學出土文獻研究與保護中心成立十周年國際學術討論會論文,清華大學 2018 年 11 月。

㊷ 橐從缶聲,缶、橐上古音聲紐皆爲脣音,閉口發聲,可視爲準雙聲。

㊸ 陳斯鵬:《舊釋"舜"字及相關問題檢討》,紀念清華簡入藏暨清華大學出土文獻研究與保護中心成立十周年國際學術討論會論文,清華大學 2018 年 11 月。

㊹ 嚴格地説,整理者所謂"'幣'功能與'束矢'相當"是不準確的。與"束矢"相聯繫之"幣"是繳納的訴訟費,而享祭之"幣"本質上屬於貢賦。

㊺ 王寧:"'閜'當即'閽'字。"《康熙字典·門部》云"《篇海》音閽,出《釋典》",非其古音古義。疑此字乃邞郭之"郭"的或體,故从門會意,亦得讀爲"孚"訓"信",然整理者理解文意似有可商。"德"字當讀"置",二字同端紐職部,音同可通。"置享"即《説文》"奠,置祭也"之"置祭",謂舉行祭祀。簡文的"孚"亦即此中的"信"和"孚"。蓋古人祭祀,向祖先、神靈獻祭的祭品(犧牲玉帛)都有定數,是與祭祀對象約定好的,祭祀時足數而貢則爲"信"爲"孚",不足數就是"不信"、"不孚"。同上引王寧《讀札》。

㊻ 已有論者讀由爲"胄",參簡帛網簡帛論壇《清華簡八〈攝命〉初讀》,2018 年 12 月 3 日。

㊼ 與汝,程浩下屬讀"與汝曰",兹從整理者句讀。程浩:《清華簡第八册整理報告拾遺》,紀念清華簡入藏暨清華大學出土文獻研究與保護中心成立十周年國際學術討論會論文,清華大學 2018 年 11 月。

㊽ 程浩句讀作"我小人唯由民",云:"'民'或字應上讀,'亦義若時,我小人唯由民'乃是王本人發出的感慨。"未可從。同上引程浩《拾遺》。或以"有(又)曰:之余一人害(曷)叚(假)"爲句,亦不可從。參王寧《讀札》。

㊾ 邰士華、黄傑:《清華簡〈攝命〉26~28 號簡的斷句與釋讀》,《簡帛》第十八輯第 25 頁,上海古籍出版社 2019 年。

㊿ 整理者依"不"本音本義釋文,不出注。有通讀之難。

㊶ "奉"一般用以下奉上,《書·胤征》"今予以爾有衆,奉將天罰",傳:"奉王命行王誅。"若解爲天子高奉

"攝",恐難以爲説。

⑫ 邸士華、黃傑:《清華簡〈攝命〉26～28 號簡的斷句與釋讀》,《簡帛》第十八輯第 26 頁。

⑬ 王寧:"仇"後之字整理者缺釋。從字形上看,此字上從艸,下面當是"訢"或"訓",似乎更接近從"訢",即從艸訢聲,此處疑讀爲"很"。(訢,上博五《競》7)、(訓,《攝命》6)。參王寧:《清華簡〈攝命〉讀札》,復旦大學出土文獻與古文字研究中心網,2018 年 11 月 27 日。

⑭ 簡帛網簡帛論壇《清華簡八〈攝命〉初讀》,2018 年 11 月 19 日。

⑮ 簡帛網簡帛論壇《清華簡八〈攝命〉初讀》,2018 年 12 月 4 日。

⑯ 邸士華、黃傑:《清華簡〈攝命〉26～28 號簡的斷句與釋讀》,《簡帛》第十八輯第 27 頁。

⑰ 參簡 14"肇悽(濟)"注引。

⑱《周禮·秋官·校人》注引《世本·作》篇。

⑲《説文·序》。

⑳《説文》井,"伯益初作井"。

㉑《六家詩名物疏》卷九引《世本》。

㉒ 同上引王寧《讀札》。

㉓ 參簡帛網簡帛論壇《清華簡八〈攝命〉初讀》,2018 年 11 月 18 日。

㉔ 簡帛網簡帛論壇《清華簡八〈攝命〉初讀》,2018 年 12 月 1 日。

㉕ 簡帛網簡帛論壇《清華簡八〈攝命〉初讀》,2018 年 11 月 30 日。

㉖ 參劉信芳《楚系簡帛釋例》(安徽大學出版社 2011 年)所引諸説(第 129～131 頁)。

㉗ 同上引王寧《讀札》。

㉘ 劉信芳:《簡帛〈五行〉研究》第 187 頁,高等教育出版社 2016 年。

㉙ 國家文物局古文獻研究室:《馬王堆漢墓帛書〔壹〕》第 21 頁,第 27 頁注 58,文物出版社 1980 年。

㉚ 龐樸:《帛書五行篇研究》第 69 頁,齊魯書社 1988 年。

㉛《説文》"且,所目薦也",段玉裁有大段解説,其小結云:"古言表德之字,謂之且字,往往可證者如是。蓋古二十而冠,祇云某甫。五十而後以伯仲某甫者,所以藉伯仲也。故鄭注《禮》之某甫如是,何注《春秋》之札、卷、糾皆爲且字,與鄭無不合。作正義者多不能憭,致轉寫多譌。而其不譌者,固可攷而知也。經注之且字非許書則不憭矣。"

清華簡《攝命》性質小議[*]

陳民鎮

《清華大學藏戰國竹簡》第八輯收録了一篇擬題爲“攝命”的“書”類文獻，係時王對伯攝的訓誥與册命。李學勤先生很早便指出該篇可能即《書序》中的《冏命》，亦即《史記·周本紀》中的《臩命》。^①據《書序》：

> 穆王命伯冏爲周太僕正，作《冏命》。

《史記·周本紀》則載：

> 穆王即位，春秋已五十矣。王道衰微，穆王閔文武之道缺，乃命伯臩申誡太僕國之政，作《臩命》，復寧。

若《攝命》即《冏（臩）命》，且以上説法可信，那麽該篇出現的“王”當爲周穆王。

賈連翔先生從字形的角度論證所謂“臩”實際上是“奭（攝）”（寫作𢆉）的譌誤，而“冏”則是用作“攝”的⚡字之訛，强調《攝命》當爲穆王時期的作品。^②程浩先生則試圖推證《攝命》文末册命儀式出現的𫞉和任爲穆王時人。^③

《攝命》一篇由馬楠女士整理，她在《清華簡〈攝命〉初讀》（以下簡稱“馬文”）一文中雖認同“臩”係“奭”之訛，但並不認爲該篇是穆王時期作品，而是傾向於將“王”限定爲周孝王，並指出伯攝或即懿王太子夷王燮。^④此説同樣值得重視。

《攝命》所見伯攝究竟是穆王時人還是夷王燮呢？《攝命》是否即亡佚的《冏（臩）命》呢？這些問題有必要結合該篇的内容及相關背景作進一步的探析。

* 本文係國家社會科學基金重大項目“清華簡與儒家經典的形成發展研究”（16ZDA114）的階段性成果。在本文的寫作過程中，馬楠女士提供了重要幫助，謹致謝忱。

一、出納朕命：太僕及伯攝的司職

馬文認爲《書序》《周本紀》之説在簡文中並無内證，恐係伏生以來《尚書》學者相承之説。不過從伯攝的司職看，其與舊説並非没有牽連。

《書序》稱"穆王命伯冏爲周太僕正"，《周本紀》則作"命伯冏申誡太僕國之政"，以"正"爲"政"。就官職而言，以"太僕"爲是。"太僕"當即《周禮·夏官》所見"大僕"，據《周禮》：

> 大僕掌正王之服位，出入王之大命，掌諸侯之復逆。王視朝，則前正位而退。入亦如之。建路鼓于大寢之門外，而掌其政，以待達窮者與遽令，聞鼓聲，則速逆御僕與御庶子。祭祀、賓客、喪紀，正王之服位，詔法儀，贊王牲事。王出入，則自左馭而前驅。凡軍旅、田役，贊王鼓。救日月亦如之。大喪，始崩，戒鼓傳達于四方。窆亦如之。縣喪首服之法于宮門。掌三公、孤、卿之弔勞。王燕飲，則相其法。王射，則贊弓矢。王視燕朝，則正位，掌擯相。王不視朝，則辭于三公及孤、卿。

概言之，太僕主要有如下幾項職能：

1. 負責王行禮的服位，傳達王命，職掌諸侯進言；
2. 引導王上朝時就位；
3. 職掌傳達冤情的路鼓；
4. 協助祭祀、賓客、喪紀諸禮的服位、犧牲諸事；
5. 王出入時任王車前導；
6. 征伐、畋獵、解救日月食，協助王擊鼓；
7. 王崩、下葬等負責擊鼓，傳達訊息，展示喪禮首服的範式。

《周禮》所記太僕職守，頗與《攝命》所見伯攝司職相合。時王命伯攝"肇出納朕命"，又稱伯攝"乃事無他，唯汝言之司"，出納王命是伯攝的首要任務。而"出入王之大命"也正是《周禮》中太僕的基本職責。《周禮》鄭玄注云："出大命，王之教也；入大命，群臣所奏行。"《攝命》一再強調伯攝行王命王教，如"汝唯衛事衛命"、"乃克悉用朕命，越朕惢朕教"，正與此相合。

此外，《攝命》中伯攝輔佐君王、協調諸侯、體恤小民、參與刑獄、執掌禮儀教化，亦可與太僕之職相呼應。雖然《周禮》未必能反映穆王時期的官職制度,但太僕之職與伯攝之職的高度重疊是值得注意的。

太僕一職在早期文獻中難見蹤迹,《史記集解》引應劭語:"太僕,周穆王所置。蓋太御衆僕之長,中大夫也。"據此,太僕一職始於穆王之世。應劭之説當由《書序》《周禮》等材料推衍而出,未必合乎事實。西周中期的趞簋及靜簋可見"僕"這一官職,或以爲與太僕有關。⑤然囿於材料,難以質言。

需要注意的是,《周禮》中的太僕地位並不顯著,據應劭的説法,屬於"中大夫",似與時王對伯攝的仰賴與推重不甚相合。而且,時王强調"有獄有眘"、"無獄亡眘",伯攝之職亦或與獄訟有關。在篇末的册命儀式中,"士桇右伯攝",馬文提出兩種可能:一是"士"爲理官,掌刑獄,攝之執掌亦與刑獄相關;二是作爲階層的士,士卑不嫌與君同。士爲右的例子又見於殷簋銘:"士戌右殷。"按照"右者原則",册命銘文中的受命者與右者一般屬於同一官職系統,或二者職司有相關之處,⑥如果士爲理官,伯攝司職也應與刑獄有關。雖然太僕"建路鼓于大寢之門外,而掌其政,以待達窮者與遽令",但似與刑獄之官非屬同一系統。不過"有獄有眘"、"無獄亡眘"之類的表述均見於册命銘文,與册命密切相關,未必對應官職。《攝命》所見辭例或亦是册命習語,而與官職無涉。

此外,時王囑咐伯攝的"肇出納朕命",也不一定對應具體的官職。類似的表述見於以下文獻:

> 丕顯皇考宄公,穆穆克明厥心,慎厥德,用辟于先王,得純無愍,朢肇帥型皇考,虔夙夜出納王命,不敢不夰不妻。 　　　　　　　　　　　　　　(師望鼎)
>
> 今余唯申就乃命,命汝罙智𢽬胥對各,從司王家外内,毋敢有不聞,司百工,出入姜氏命。 　　　　　　　　　　　　　　　　　　　　(蔡簋)
>
> 經念厥聖保祖師華父,擢克王服,出納王命……王若曰:克,昔余既命汝出納朕命,今余唯申就乃命…… 　　　　　　　　　　　　　　(大克鼎)
>
> 王曰:父厝,越之庶出入事于外,敷命敷政,藝小大楚賦,無唯正聞,弘其唯王知,廼唯是喪我國,歷自今,出入敷命于外,厥非先告父厝,父厝捨命,毋有敢惷,敷命于外。 　　　　　　　　　　　　　　　　　　　　(毛公鼎)
>
> 王命仲山甫,式是百辟。纘戎祖考,王躬是保。出納王命,王之喉舌。賦政于外,四方爰發。 　　　　　　　　　　　　　(《詩·大雅·烝民》)

《尚書·堯典》載舜命龍爲納言:"命汝作納言,夙夜出納朕命,惟允。"孔傳云:"納言,喉舌之官,聽下言納於上,受上言宣於下,必以信。"準此,所謂的"納言"職掌出納王命。但在上述材料中,"出納王命"似乎與受命對象的具體職責無涉,而與王對他們的倚重有關。如此一來,"肇出納朕命"便難以限定伯攝的官職。事實上,西周的册命内容多有套語,《攝命》的許多表述與毛公鼎諸器的銘文很是接近,未必能落實到受命者的具體職責。

二、弗造民康:如何理解政治危機

《周本紀》謂"王道衰微,穆王閔文武之道缺,乃命伯冏申誡太僕國之政",亦頗與《攝命》内容契合。《攝命》開篇云:

> 王曰:"劼姪伲攝:無承朕享。余弗造民康,余亦悼窮無可使。余一人無晝夕勤恤,咸圉在憂。余亦橫于四方,宏乂無射⑦。甚余我邦之若否,越小大命,肆余蠹猷卜乃身休,卜吉。"

時王謂伯攝勿蹈覆轍,他稱自己未能致民康樂,且無人相輔,因而心生憂戚。經過占卜,時王決定委伯攝以大任。因王"無可使",故下文稱"余肇使汝"。簡文繼而言:

> 王曰:"攝,今余既明命汝曰:肇出納朕命,且今民不造不康,□□□怨,越四方小大邦,越御事庶百又告有眚。今是無其奔告,非汝無其協,即行汝。"

時王命伯攝出納王命,百姓未能康樂,而心生仇怨,四方諸侯及群臣皆有怨言。時王謂非伯攝無以協理政事,故任用伯攝。

可見,伯攝是臨危受命,彼時"弗造民康"、"民不造不康",正呼應《周本紀》"穆王閔文武之道缺"的隱憂,亦相當於清華簡《祭公之顧命》中穆王對祭公所言"旻天疾畏,余多寺叚懲"。⑧而在傳世文獻中,穆王以"周行天下"著稱,除了相對不經的《穆天子傳》,還見於如下記述:

> 昔穆王欲肆其心,周行天下,將皆必有車轍馬跡焉。　　(《左傳》昭公十三年)
> 穆王巧梅,夫何爲周流? 環理天下,夫何索求?　　　　(《楚辭·天問》)
> 穆王北征,行流沙千里,積羽千里……穆王十三年,西征,至於青鳥之所

憩……穆王十七年,西征昆侖丘,見西王母。其年來見,賓於昭宫……周穆王三十七年,東至於九江,比黿鼉以爲梁……穆王南征,君子爲鶴,小人爲飛鴞……穆王西征,還里天下,億有九萬里。　　　　　　　　　　(古本《竹書紀年》)

造父以善御幸於周繆王,得驥、温驪、驊駵、騄耳之駟,西巡狩,樂而忘歸。

(《史記·秦本紀》)

“周行天下”、“環理天下”以及西征、東征、南征的軍事行動,正照應《攝命》的“横于四方,宏乂無射”。因其窮兵黷武,且“樂而忘歸”,由此帶來畿内外局勢的動蕩,《列子·周穆王》甚至稱其“不恤國事,不樂臣妾,肆意遠游”。據《國語·周語上》,穆王將征犬戎,祭公謀父進諫,强調“耀德不觀兵”;而穆王拒不納諫,結果“王不聽,遂征之,得四白狼,四白鹿以歸。自是荒服者不至”。這也可與《攝命》中“四方小大邦”的不滿相呼應。

據《周本紀》,《冏(??)命》的内容是“申誡太僕國之政”,正與《攝命》的主旨相契。《爾雅·釋詁下》云:“申,重也。”在《攝命》中,時王委伯攝以大任,反復叮囑伯攝勤勉不懈,以輔助其返歸善政。不過周人向來主張敬天保民,且有深切的憂患意識,《攝命》所體現的重民思想以及政治危機也並非穆王時期所獨有。如夷王並非直接繼承父位,孝王之世或有重大危機,限於史料闕如,我們已難以確知。再如師詢簋銘文也稱“今旻天疾畏降喪”,似是西周中期後段的一種觀念。《攝命》所反映的政治危機雖可與《書序》《周本紀》的舊説相參證,但仍非直接的依據。

三、穆王説的疑點

伯攝的司職確與太僕相合,而《攝命》所體現的政治危機以及理政觀念亦多合乎穆王之世的歷史背景,可進一步佐證《攝命》即《書序》《周本紀》所提及的《冏(??)命》。這是否意味著《書序》《周本紀》的説法便正確無誤呢?

在大段的時王訓誥之後,《攝命》以册命儀式作結:

唯九月既望壬申,王在鎬京,格于太室,即位,咸。士??右伯攝,立在中廷,北嚮。王乎作册任册命伯攝:“虔!……”⑨

上述文字已然是成熟的册命銘文,包括右者與史官代宣王命在内的諸要素具備。

除了金文只見"在中廷",而非簡文的"立在中廷",⑩其他表述完全合乎金文的習慣,顯然淵源有自。類似的册命儀式,可參見以下銘文:

> 唯廿又四年九月既望庚寅,王在周,格太室,即位。司工遘入右親,立中廷,北嚮。王呼作册尹申命親曰:……　　　　　　　　　　　　　　　　　(親簋)
>
> 唯廿又七年三月既生霸戊戌,王在周,格太室,即位。南伯入右裘衛,入門,立中廷,北嚮。王呼内史錫衛緇市、朱衡、鑾。　　　　　　　　　　　(裘衛簋)
>
> 唯廿又八年正月既生霸丁卯,王在宗周,格太室,即位。毛伯入右㝬,立中廷,北嚮。王命作册憲尹錫㝬鑾旂,用胥師毃司甸人。　　　　　(㝬簋)
>
> 唯卅年四月初吉甲戌,王在周新宫,格于太室,密叔入右虎,即位。王呼内史曰:"册命虎。"　　　　　　　　　　　　　　　　　　　(虎簋蓋)

張懋鎔先生認爲上述諸器均爲穆王時器,並因此强調穆王時期是册命金文格式確立、册命禮儀制度成熟的時期,銘文開始寫明舉行册命禮儀的時間地點、參加册命禮儀的人物以及在儀式中的位置、代王宣命的史官等。⑪果其如此,對於《攝命》作於穆王之世的説法是有利的,至少不悖於常理。

不過陳夢家先生曾指出右者與史官代宣王命的制度,只有到共王時才具體載見於銘文。⑫韓巍先生近年重新反思相關器物的年代,進一步强調共王時期纔正式確立成熟的册命銘文格式。⑬親簋、裘衛簋、㝬簋、虎簋蓋諸器更有可能是共王時器,⑭如此一來,《攝命》篇末的册命儀式也就不大可能上溯至穆王時期了。此外,《攝命》所出現的"有獄有眚"、"無獄亡眚",此類表述也不應出現於穆王時期,而是册命銘文成熟後的產物。⑮不過韓巍先生也承認在穆王晚期册命銘文業已發軔,⑯穆王時期是否可能出現《攝命》所見成熟的册命儀式,以及該篇册命儀式的文字是否經過後人增補,尚有待更多材料的驗證。

將册命儀式的内容置於篇末的做法,目前僅見於詢簋與師詢簋。至少從青銅銘文看,這是相對罕見的處理方式。馬文已經指出這暗示了《攝命》的時代性,因爲詢簋與師詢簋均屬於西周中期後段的器物。何景成先生據師詢簋"故亡承于先王"一語,推斷該器是夷王元年時器,暗示夷王非直接繼承父位。⑰《攝命》的特殊形式,應非偶然。

册命銘文的材料對於《攝命》作於穆王説顯然是不利的,攝爲夷王説則可避免這一缺陷。

四、關於攝爲夷王説

馬文認爲伯攝即懿王太子夷王燮，其論據主要有：

1. "攝"、"燮"皆葉部，書母、心母音近可通；

2. 篇首"劼侄毖攝"，與孝王爲夷王叔父的身份相合；

3. 篇中借小民之口，稱伯攝爲"王子"；

4. 天子稱自己當"高奉乃身"，伯攝地位非常；

5. 天子命伯攝"出納朕命"，協於畿内御事百官、畿外四方小大邦，總理庶獄庶言，告誡攝當勤恤政事、恫瘝小民，毋敢怠惰、酗酒，可見册命的等級規格極高，似與《書序》《周本紀》不合。

"攝"與"燮"相通，並無問題。"侄"原文寫作"姪"，就用字習慣而言，讀作"侄"頗爲合理，伯攝確有可能是時王之侄。[18]如若整理者對簡文理解不誤，時王之侄、王子以及嫡長子（伯攝稱"伯"）三大綫索，基本可以將伯攝的身份鎖定——伯攝指涉夷王燮最爲適宜。

前文已述，攝爲夷王説與册命銘文的演變規律也是相契合的，較之穆王説有更有力的支撐。不過此説目前缺乏直接的文獻依據，而且尚有幾個問題需要考慮：

其一，據《周本紀》，"懿王崩，共王弟辟方立，是爲孝王。孝王崩，諸侯復立懿王太子燮，是爲夷王"，懿王去世之後由其弟孝王繼位，一反宗法制下嫡長子繼位的慣例，孝王崩後懿王太子燮纔由諸侯擁立，可以說是西周王位繼承制度的一大波折。馬文也承認"中間必有變故"，但在此微妙的背景下，懿王太子燮扮演了什麼角色？是否可能出現簡文所見册命場景？西周中期的史料相對匱乏，其中"變故"我們已難以知曉。簡文一再稱伯攝爲"沖子"，若時王爲孝王，其情形是否近於周公攝政？

其二，從《攝命》全篇看，伯攝是有較明確的職分的，即出納王命、職掌庶言，同時可能還有刑獄等方面的職能。如若伯攝是懿王太子，是否可能會被委以此類職分？在篇末的册命儀式中，右者爲士，若伯攝是燮，是否規格過低呢？一般而言，右者的官爵要大於受命者。[19]當然，馬文提出了"士"的另一種可能。

其三，由於"書"類文獻多徑稱時王爲"王"，故後人對時王的身份多有誤會。[20]如若《書序》所言有誤，那麼其致誤之由又是什麼？《書序》的説法是否可能是早已有之的誤會，抑或作者限於文本的推斷？而其推斷的理據是否便是《周禮》諸書呢？

囿於材料，《攝命》的寫作背景仍不甚清晰。至少攝爲夷王説最契合文本的内在邏輯,也合乎册命銘文的發展規律,值得重視。而且,無論是穆王説還是馬文的觀點,均承認《攝命》即業已失傳的《冏(絅)命》,故問題不在於《攝命》是否即《冏(絅)命》,而在於《書序》《周本紀》對内容的時代定位是否合理。至於僞古文《冏命》,則可進一步得到證僞。繼清華簡《尹誥》及《傅説之命》三篇之後,《攝命》再次表明"僞古文"並非先秦真本。僞古文《冏命》開篇稱"惟予弗克于德,嗣先人宅丕后。怵惕惟厲,中夜以興,思免厥愆",似與《周本紀》《攝命》所交代的背景相合,當是據舊説敷衍而成。

(作者單位：北京語言大學中華文化研究院)

注釋：

① 李學勤：《清華簡與〈尚書〉〈逸周書〉的研究》,《史學史研究》2011 年第 2 期,第 106 頁；《在〈清華大學藏戰國竹簡(柒)〉成果發布會上的講話》,《出土文獻》第十一輯第 2 頁,中西書局 2017 年。

② 賈連翔：《"攝命"即〈書序〉"絅命""冏命"説》,《清華大學學報(哲學社會科學版)》2018 年第 5 期,第 49—52 頁。

③ 程浩：《清華簡〈攝命〉的性質與結構》,《清華大學學報(哲學社會科學版)》2018 年第 5 期,第 53—57 頁。

④ 馬楠：《清華簡〈攝命〉初讀》,《文物》2018 年第 9 期,第 46—49 頁。另參見《清華大學藏戰國竹簡(捌)》(中西書局 2018 年)整理報告。

⑤ 斯維至：《西周金文所見職官考》,《中國文化研究彙刊》第七卷第 1—25 頁,1947 年 9 月；張亞初、劉雨：《西周金文官制研究》第 55 頁,中華書局 1986 年。

⑥ 陳夢家：《西周銅器斷代》上册第 164 頁,中華書局 2004 年；韓巍：《册命體制與世族政治——西周中晚期王朝政治解析》,《九州學林》2011 年春季號第 8 頁,上海人民出版社 2012 年。

⑦ "誐",整理者讀作"斁"。"誐"亦可讀作"射"(從高中華女士説),"無射"、"無斁"義近相通,參見馬楠：《〈詩毛傳〉指瑕四則》,《中國經學》第十六輯第 97 頁,廣西師範大學出版社 2015 年。然二者似仍有微妙差異,《詩·大雅·思齊》即"無射"、"無斁"並見。《攝命》簡 18 另有"斁",寫作"𭴩"。

⑧ 值得注意的是,《祭公之顧命》與師詢簋用語多相合,參見李學勤：《師詢簋與〈祭公〉》,《古文字研究》第二十二輯第 70—72 頁,中華書局 2000 年。然師詢簋屬於西周中期後段,早不到穆王時期。《祭公之顧命》數見"拜手稽首"一語,但此語的流行不早於共王時期,參見韓巍：《由新出青銅器再論"恭王長年説"——兼論西周中期後段青銅器的變化》,《浙江大學藝術與考古研究》第二輯第 6 頁,浙江大學出版社 2015 年。這些語言現象暗示該篇的成篇早不到穆王時期。

⑨ 《攝命》以訓誥開篇,將册命儀式置後,且册命之語僅有"虔"一字,頗不合常理。整理者指出,末簡容字較前面的簡多,需要留意。末簡的確相對侷促,"虔"後内容可能已被省略。"虔"後又有絶止符,抄手明確抄到此處爲止。除了抄寫過程中的偶然因素,這一現象也有可能是"書"類文獻選擇文本的旨趣所致。"書"類文獻重王言王教,或許正由於此,"虔"之後繁瑣的嘉許頒賜也就相對不那麽重要了。

⑩ 關於這一點,付强先生在其微信公衆號上業已指出。

⑪ 張懋鎔：《新見金文與穆王銅器斷代》,《文博》2013 年第 2 期,第 19—26 頁。

⑫ 陳夢家：《西周銅器斷代》上册第 401 頁。

⑬ 韓巍：《親簋年代及相關問題》，朱鳳瀚主編：《新出金文與西周歷史》第 61 頁，上海古籍出版社 2011 年。

⑭ 朱鳳瀚：《關於西周金文曆日的新資料》，《故宫博物院院刊》2014 年第 6 期，第 11—24 頁。

⑮ 韓巍：《由新出青銅器再論"恭王長年説"——兼論西周中期後段青銅器的變化》，《浙江大學藝術與考古研究》第二輯第 13 頁。

⑯ 韓巍：《親簋年代及相關問題》，朱鳳瀚主編：《新出金文與西周歷史》第 62 頁。

⑰ 何景成：《論師詢簋的史實和年代》，《南方文物》2008 年第 4 期，第 104—107 頁。

⑱ 但從語法上看，"劼毖攝"仍有疑義。"劼毖"連用是習語，"劼姪毖"也有可能即相當於"劼毖"。石小力等先生已有論説。

⑲ 韓巍：《册命體制與世族政治——西周中晚期王朝政治解析》，《九州學林》2011 年春季號第 8 頁。

⑳ 王寧：《由清華簡八〈攝命〉釋〈書序·冏命〉的"太僕正"》，復旦大學出土文獻與古文字研究中心網，2018 年 12 月 6 日。該文認爲《書序》的記載當斷作"穆王命伯冏爲周，太(大)僕(付)正(政)，作《冏命》"。

清華簡捌《天下之道》篇獻芹*

魏　棟

清華簡第八册收録的《天下之道》，是一篇先秦佚文，共計七支竹簡。"簡文分上、下兩篇。上篇由前四支簡組成，有兩個章節符，分别强調了守之道、攻之道的關鍵在於得民心；下篇由三支簡組成，以昔三王取之器、陳之道爲例，説明得民心的方法以及省察民心的重要性，與孟子思想較爲密切，與《孫子兵法》等兵書也有共通之處，對於研究儒家王道政治、早期軍事思想具有重要的學術價值。"① 全部簡文如下：

　　天下之道二而已，一者守之之器，一者攻之之器。今之守者，高其城，<u>深其涇</u>而利其櫨<u>隟</u>，菁其食，是非守之道。昔₁天下之守者，民心是守。如不得其民之情爲（僞）、眚（性）教，亦亡守也。₂今之攻者，<u>多其車兵</u>，<u>至（臻）其橦階</u>，以發其一日之怒，是非攻之道也。所謂攻者，珗（乘）其民之心，是謂攻。如不得□□₃之情，亦亡（無）攻也。₄

　　昔三王者之所以取之之器：一曰歸之以中以安其邦，一曰歸之謀人以敓（悦）忞=（之心），一曰脿（庚）其侑（脩）以纍（纕）其衆。□□₅昔三王之所謂陳者，非陳其車徒，其民心是陳：一曰礍（礪）之，二曰儴（勸）之，三曰駇（驚）之，四曰懯（壯）之，五曰戩（鬬）之。五道₆既成，乃速用之。如不得用之，<u>乃騺（顧）儌（察）之</u>，如弗儌（察），邦家其亂，子孫不昌。₇

整理者篳路藍縷，已經對簡文進行了很好的編聯與注釋。但該篇的個别詞句似乎還存在其他訓釋的可能，今將陋見數則拾綴成文，以供交流，希望能夠對《天下之道》的釋讀有所助益。不當之處，敬請專家指正。

———————————————

　* 本文爲國家社科基金重大項目"清華簡與儒家經典的形成發展研究"（16ZDA114）、國家社科基金青年項目"新出戰國竹簡地理史料的整理與研究"（18CZS073）以及第 62 批中國博士後科學基金面上資助（一等）項目"清華簡楚國地理史料綜合整理與研究"（2017M620033）的階段性成果。

一、深其湽（洿）

《天下之道》簡1記載"深其湽"，整理報告的注釋原作：

> 湽，疑爲沱之譌書。楚之"沱"字乃《玉篇》之"池"字，與《説文》之"沱"字同形，參見《上海博物館藏戰國楚竹書(一—五)文字編》第五一一頁，作家出版社二〇〇七年。

今按，楚文字"沱"的字形爲(上博四《曹沫之陣》簡6)，簡文"湽"字的古文字字形與之頗不相類，湽爲沱之譌書的可能性恐怕不大。由簡文"深其湽"所在語境分析，"湽"字之義必爲護城河之類。"湽"同"洼"。《集韻》麻部云"洼"字"或從亞"。②《説文》水部："洼，深池也。從水，圭聲。"③《方言》卷三："洼，洿也。自關而東或曰洼。"郭璞注："皆洿池也。"④湽字所從亞，古音爲魚部影母；洼字，古音爲支部影母。二字聲類相同，韻部旁轉，存在通假的可能。洿字，古音爲魚部影母，與湽字所從亞雙聲疊韻，二字也存在通假的可能。洼、洿二字先秦已見行用，如《老子》："曲則全，枉則正；洼則盈，弊則新。"⑤《孟子·梁惠王上》："數罟不入洿池。"⑥不過，"洼"字似未見水溝、水渠之義，恐難以充當護城河的作用，與簡文"湽"含義不合。《楚辭·九歌·怨思》："漸藁本於洿瀆。"王逸注："洿瀆，小溝也。"這一用例説明"洿"字與"瀆"義近，在先秦已有溝瀆義，可以充當護城河之用。"湽"與"洿"音、義皆近，故將《天下之道》"深其湽"讀爲"深其洿"是較有可能的。⑦

二、多其車、兵，至其橦、階

《天下之道》簡3記載攻城時"多其車兵，至其橦階"，整理報告云：

> 至，讀爲"臻"，《玉篇》："聚也。"橦階，與前文兩種守城器械對舉，指兩種攻城器械。橦，通作衝，《詩·皇矣》："以爾鉤援，與爾臨衝，以伐崇墉。"毛傳："衝車也。"階，《釋名》："梯也。"《墨子·公輸》："公輸盤爲楚造雲梯之械，成，將以攻宋。"

今按，整理報告對"車兵"未作訓釋。"車兵"一詞見於古書，如《左傳》襄公二十五年："賦車兵、徒兵、甲楯之數。"⑧學界對之存在兩種訓釋：一說指戰車上披甲持械的士兵。杜預注："車兵，甲士。"⑨一說指戰車上士兵所持之兵器。楊伯峻："此兩兵字皆指兵器，車上之戰士與車下之徒卒所執兵器不同，故云車兵徒兵。"⑩不過，簡文"車兵"含義與《左傳》襄公二十五年"車兵"的兩種訓釋恐並不相同，簡文"車兵"應指"車"和"兵"，如同下文"橦、階"一樣，是兩種攻城器械。橦（衝車）、階（雲梯）屬近距離攻城器械。"車"恐不是普通的戰車，否則難以起到攻城之用；"車"疑指"抛車"，是一種遠距離攻城器械，今人多稱爲抛石機、投石機。⑪竊疑"兵"非指兵士，而是指兵器。考慮到"車"和"兵"都用來攻城，且二者並列，所以"兵"有可能是遠距離攻城兵器，如弓箭、弩機之類。

整理者對"橦、階"所作訓釋可以成立，但須略作修訂：（1）"橦"通"轞"。《說文》車部："轞，陷隙車也。"⑫"轞"也作"衝"。（2）"階"訓梯子。《釋名·釋宮室》："階，梯也。"⑬《孟子·萬章上》："父母使舜完廩，捐階，瞽瞍焚廩。"⑭《禮記·喪大記》："復，有林麓則虞人設階；無林麓則狄人設階。"鄭玄注："階，所乘以升屋者。……階，梯也。"⑮

整理報告對簡文"至"的讀釋似可商榷。在簡文"多其車兵，至其橦階"中，"多"、"至"二字語法位置相同，"至"與"多"一樣用作動詞。簡文"至"應如字讀，訓爲盡、窮盡。如《莊子·天下》："選則不徧，教則不至。"郭象注："任其性乃至。"⑯簡文"至其橦階"意思是用盡衝車和雲梯，全力攻城。"盡"的這種訓釋與簡文所假設"今之攻者""發其一日之怒"的猛烈攻城情形相合。

三、歸之謀人以敓（奪）之志

《天下之道》簡5記載："昔三王者之所以取之之器：一曰歸之以中以安其邦，一曰歸之謀人以敓（悅）忎＝（之心）。"整理報告注釋：

> 歸，依歸，歸附。《詩·曹風》"于我歸處"，毛傳："依歸也。"中，中道、中正也。《逸周書·寶典》："中正，是謂權斷，補損知選。"陳逢衡注："中正，不偏倚也。"《詩》云："不剛不柔，布政優優。"《軍志》："允當則歸。"
>
> 敓，順服，悅服。《爾雅·釋詁》："悅，服也。"義疏："孟子所謂'中心悅而誠服'是也。"忎＝，爲"之心"合文，《左傳》宣公十二年云："《軍志》曰：'先人有奪人之心。'"一說"忎＝"爲"之志"合文，敓之志謂奪之志。

今按，根據簡文語境，"歸之以中……歸之謀人"的主語當是"三王"。"歸"可改訓爲"遺"，意思是贈送、給予。《左傳》閔公二年："歸公乘馬。"杜預注："歸，遺也。"[17]清華簡《保訓》記載："昔微假中于河，以復有易，有易服厥罪，微亡害，乃歸中於河。"[18]《保訓》之"歸中"是相對"假中"而言，指"歸還中"，與《天下之道》"歸之以中"含義不同，後者指"將中送予之（民衆）"。簡文"所以取之之器，一曰歸之以中……一曰歸之謀人……"，其中"取"、"歸"相對爲文，含有"欲取之必先予之"的辯證意味。

整理報告將"敓"字宜讀爲"奪"，可訓爲改變、更改。"奪志"意思是改變志向。《論語·子罕》："三軍可奪帥也，匹夫不可奪志也。"[19]"忞="可作"之心"或"之志"的合文。愚以爲當以後者爲是。"奪之志"與《子罕》"奪志"含義相類。[20]

綜上，"昔三王者之所以取之之器：一曰歸之以中以安其邦，一曰歸之謀人以奪之志"字面意思是：三王用來奪取天下的手段，一是送予其（即民衆）中道來安定國家，二是送予其（即民衆）謀士以改變他們的心志。直言之，三王取天下的手段是用中道安邦，用謀士改變民衆心志。

四、乃顧察之

此句出自簡 7，整理報告云：

> 冡，楚文字寡，讀爲顧，訓反省。《書·康誥》："用康乃心，顧乃德。"孔傳："顧省汝德，無令有非。"僉，從人、戔聲，楚文字多用爲察，字形釋讀參見劉釗《古文字構形學》第二七四至二七九頁（福建人民出版社，二〇〇六年）。察之，之指民心。……簡文義爲不察民心，國家將亂，子孫不昌。

今按，簡文云"乃顧僉（察）之，如弗僉（察）……"，前言"顧僉（察）"，後只言"僉（察）"而不言"顧"或"顧僉（察）"，疑"顧"訓爲動詞反省可能不妥，"顧察"並非兩個近義詞連用。《說文》頁部："顧，還視也。"[21]《詩·檜風·匪風》："顧瞻周道，中心怛兮。"毛傳："迴首曰顧。"[22]《論語·鄉黨》："車中内顧，不疾言，不親指。"邢昺疏："顧，謂迴視也。"[23]顧字的本義是回頭看。顧的引申義蘊含回、反、倒一類意思。根據簡文"乃顧察之"的語境，頗疑"乃顧察之"之"顧"應隨文訓釋爲回過頭來、反過來。整理報告云"察之"即察民心，是。《楚辭·離騷》："怨靈脩之浩蕩兮，終不察夫民心。"[24]若以上分析不誤，"顧察之"所在文句的意思爲如果不能利用民心，就要回過頭來對民心進行省察。

如果不進行省察,國家就會動亂,子孫後代將不昌盛。

　　　　　　　　　　　　　　(作者單位：清華大學出土文獻研究與保護中心)

注釋：

① 本文所引《天下之道》整理報告的説明、釋文及注釋皆爲過程稿,特此説明。

② 丁度等編：《集韻》第 210 頁,上海古籍出版社 2017 年。

③ 許慎：《説文解字》第 232 頁下,中華書局 1963 年。

④ 華學誠匯證：《揚雄方言校釋匯證》第 226 頁,中華書局 2006 年。

⑤ 徐梵澄：《老子臆解》第 32 頁,中華書局 1988 年。

⑥ 楊伯峻編著：《孟子譯注》第 5 頁,中華書局 1960 年。

⑦ 聽聞在清華簡第八册整理報告審讀會上,有專家亦持有類似觀點,但尚不清楚名姓。

⑧ 杜預集解：《春秋經傳集解》第 1039 頁,上海古籍出版社 1988 年。

⑨ 杜預集解：《春秋經傳集解》第 1040 頁,注 16。

⑩ 楊伯峻編著：《春秋左傳注》第 1107 頁,中華書局 1990 年。

⑪ 這種器械先秦已經出現。銀雀山漢簡《孫臏兵法·陳忌問壘》："弩次之者,所以當投機也。""投機"即抛石機。見銀雀山漢墓竹簡整理小組編：《銀雀山漢墓竹簡(壹)》之釋文注釋第 55、57 頁,文物出版社 1985 年。抛石機時常用車載,故名"抛車"。

⑫ 許慎：《説文解字》第 301 頁上。

⑬ 劉熙：《釋名》第 81 頁,中華書局 2016 年。

⑭ 楊伯峻編著：《孟子譯注》第 209 頁。

⑮ 鄭玄注,孔穎達疏,龔抗云整理,王文錦審定：《禮記正義》第 1441 頁,北京大學出版社 2000 年。

⑯ 郭象：《莊子注》卷十,《欽定四庫全書》本。

⑰ 杜預集解：《春秋經傳集解》第 223、225 頁,注 18。

⑱ 清華大學出土文獻研究與保護中心編,李學勤主編：《清華大學藏戰國竹簡(壹)》第 143 頁,中西書局 2010 年。

⑲ 何晏注,邢昺疏,朱漢民整理,張豈之審定：《論語注疏》第 121 頁,北京大學出版社 1999 年。

⑳ 馬楠先生告知,她亦有這樣的看法。

㉑ 許慎：《説文解字》第 182 頁下。

㉒ 毛亨傳,鄭玄箋,孔穎達疏,龔抗雲等整理：《毛詩正義》第 466 頁,北京大學出版社 1999 年。

㉓ 何晏注,邢昺疏,朱漢民整理,張豈之審定：《論語注疏》第 140 頁。

㉔ 朱熹撰,蔣立甫點校：《楚辭集注》第 12 頁,上海古籍出版社、安徽教育出版社 2001 年。

清華簡《邦家之政》所反映的儒墨交融[*]

李均明

清華簡《邦家之政》篇假託孔子的名譽論説其爲政觀，①形成的年代當在戰國中期，乃爲孔學後人作品，與孟子所處時代相當。那時的儒、墨兩家既有抗爭，又有交融。當時的孟子深深感受到墨家理論的廣泛影響及威脅，云："楊朱墨翟之言盈天下。天下之言，不歸楊，則歸墨。"主張抗拒楊、墨之言，"能言距楊墨者，聖人之徒也"（《孟子·滕文公下》）。②且還有充分的自信，宣稱"欲平治天下，舍我其誰也"（《孟子·公孫丑下》）。③後人韓非子云："世之顯學，儒墨也。"（《韓非子·顯學》）④表明兩家實力相當，爭論頗爲激烈。不過，孟子對墨家的直接批評僅見《孟子·滕文公下》，而墨子後人則以大量篇幅批判儒家，《墨子》一書中的《兼愛》《非樂》《非命》《非儒》等篇，主要是批判儒家的，它們大多數是後期墨者的作品。由此，人們更多地注重儒墨兩家的分歧，對其共同點及交融現象重視得不夠。早期墨者，原本就脱胎於儒家，《淮南子·要略》："墨子學儒者之業，受孔子之術，以爲其禮煩擾而不説，厚葬靡財而貧民，（久）服傷生而害事，故背周道而用夏政。"⑤孟子雖然反對墨家，但對其某些做法還是很欣賞的，如《孟子·盡心上》："墨子兼愛，摩頂放踵利天下，爲之。"⑥表明儒墨有著共同點，皆爲著改造社會、維護和諧而奮鬥，出發點與目標方向大體是一致的，只是由於二者代表不同的社會階層，因此在方法與策略上有所不同而已，故後人常將儒墨並稱。與傳世古籍相比，清華簡《邦家之政》篇能較多地反映儒墨交融的一面，試舉三個方面的内容來解析。

一、節儉

清華簡《邦家之政》有鮮明的節儉觀，從正反兩面闡述。正面云"宫室小卑以迫，

---

* 本文爲國家社會科學基金重大項目"清華簡與儒家經典的形成發展研究"（16ZDA114）階段性成果。

其器小而粹,其禮菲,其味不齊","其喪薄而哀"。反面云"其宮室坦大以高,其器大,其文章縟,其禮采","其味集而齊","其祭拂以不時"。兩相比較,可知《邦家之政》主張節儉——宮室卑小、器物簡樸、食物簡單、禮儀實用、薄葬思哀,其中後二者與儒家主流不盡合拍。但簡文擺出基本觀點之後沒有作深入的解釋。而墨子對節儉的解釋具體而微,可以幫助我們更好地去理解。《墨子·辭過》:"爲宮室之法,曰:'室高足以辟潤濕,邊足以圉風寒,上足以待雪霜雨露,宮牆之高是以別男女之禮。'謹此則止,凡費財勞力,不加利者,不爲也。"⑦強調宮室只要滿足基本需要即可。奢華必然走向其反面,同篇云:"當今之主,其爲宮室則與此異矣。必厚作斂於百姓,暴奪民衣食之財,以爲宮室臺榭曲直之望、青黃刻鏤之飾。爲宮室若此,故左右皆法象之。是以其財不足以待凶饑,振孤寡,故國貧而民難治也。君實欲天下之治而惡其亂也,當爲宮室不可不節。"⑧奢靡之風一旦形成,相互攀比,便會導致財政失衡,從而削弱當局抵禦天災人禍,撫恤孤寡的能力。同樣是通過正反兩面的比較,申明是否節儉的利與害。故《墨子·七患》將修建豪華宮室列爲七患之首,云:"國有七患。七患者何也? 城郭溝池不可守,而治宮室,一患也。"⑨《邦家之政》當也看到時弊的危害,所以提出與墨子相同的宮室觀。

　關於衣用,《墨子·辭過》云:"爲衣服之法:'冬則練帛之中,足以爲輕且煖;夏則絺綌之中,足以爲輕且清。'謹此則止。故聖人之爲衣服,適身體,和肌膚而足矣,非榮耳目而觀愚民也……是以其民儉而易治,其君用財節而易贍也。府庫實滿,足以待不然,兵革不頓,士民不勞,足以征不服,故霸王之業可行於天下矣。"⑩明確衣服的功能是用來保暖禦寒,不是爲了虛榮而供人觀賞,如此則可節約財政支出,以備不測。批評當今之君主,"必厚作斂於百姓,暴奪民衣食之財,以爲錦繡文采靡曼之衣,鑄金以爲鉤,珠玉以爲佩,女工作文采,男工作刻鏤,以爲身服。此非云益煖之情也,單財勞力,畢歸之於無用也。以此觀之,其爲衣服,非爲身體,皆爲觀好。是以其民淫僻而難治,其君奢侈而難諫也。夫以奢侈之君御好淫僻之民,欲國無亂,不可得也"。⑪如今君主爲了虛榮觀好,採用名貴絲綢,編出華麗紋飾,附加金鉤玉佩。這與簡文所云"其文章縟"的反面形象類同。所以,"君實欲天下之治而惡其亂,當爲衣服不可不節"。⑫即把節儉之衣用觀提高到撥亂反正的高度。以上數段話雖然僅言及衣服,當也涉及使用其他日用物品的原則,說明墨子講實用,不求"觀好"——指表面上的光鮮靚麗。這一原則與《邦家之政》"其器小而粹"的主張也是一致的。

　關於飲食,《墨子·辭過》云:"其爲食也,足以增氣充虛,強體適腹而已矣。故其用財節,其自養儉,民富國治。"⑬用通俗的話說,吃飯是爲了強身健體,不必美味佳餚。今君則不然,"厚作斂於百姓,以爲美食芻豢,蒸炙魚鼈,大國累百器,小國累十器,前方丈，目不能徧視，手不能徧操，口不能徧味，冬則凍冰，夏則飾饐。人君爲飲食如此，故左右象之，是以富貴者奢侈，孤寡者凍餒，雖欲無亂，不可得也”。⑭文中所述，即朱門酒肉臭路有凍死骨的景象。《邦家之政》所謂“其味不齊”之齊，指調和。《禮記·少儀》“凡羞有湆，不以齊”，鄭玄注：“齊，和也。”⑮通俗地説就是不講究豐盛而美味的飲食。與上文及《墨子·節用中》“不極五味之調，芬香之和，不致遠國珍怪異物”⑯的觀點合拍。即只要滿足身體的需要，粗茶淡飯即可，不必美味佳餚。

《邦家之政》“其禮菲”之“菲”，指儉樸。與《論語·八佾》“林放問禮之本。子曰：‘大哉問！禮，與其奢，寧儉。’”⑰意義一致。其反面“禮采”，即文過其實，講排場是儒家主流常犯的毛病，遭墨家批評，《墨子·非儒下》：“且夫繁飾禮樂以淫人，久喪僞哀以謾親，立命緩貧而高浩居，倍本棄事而安怠傲，貪於飲食，惰於作務，陷於飢寒，危於凍餒，無以違之。”⑱儒家很重視喪祭之禮，程式複雜，耗時費力，而《邦家之政》明顯地傾向於墨家的薄葬，故簡文云“其喪薄而哀”。墨家以古聖王爲例辯説薄葬的理由，《節葬下》云：“故古聖王制爲葬埋之法，曰：‘棺三寸，足以朽體；衣衾三領，足以覆惡。以及其葬也，下毋及泉，上毋通臭，壟若參耕之畝，則止矣。死則既已葬矣，生者必無久哭，而疾而從事，人爲其所能，以交相利也。’此聖王之法也。”⑲葬埋的限度即深不及水淹，厚不致泄臭即可。同時列出堯、舜、禹的事例來説服人，云：“昔者堯北教乎八狄，道死，葬蛩山之陰。衣衾三領，榖木之棺，葛以緘之，既窆而後哭，滿垃無封。已葬，而牛馬乘之。舜西教乎七戎，道死，葬南己之市。衣衾三領，榖木之棺，葛以緘之，已葬，而市人乘之。禹東教乎九夷，道死，葬會稽之山。衣衾三領，桐棺三寸，葛以緘之，絞之不合，通之不垃，土地之深，下毋及泉，上毋通臭。既葬，收餘壤其上，壟若參耕之畝，則止矣。若以此若三聖王者觀之，則厚葬久喪果非聖王之道。故三王者，皆貴爲天子，富有天下，豈憂財用之不足哉？以爲如此葬埋之法。”⑳以聖王的事例證明事物的合理性是先秦諸家慣常的做法，容易得到多數人認可，故墨子亦然。喪思哀的觀點儒墨原本一致的。《論語·子張》：“喪思哀。”㉑《墨子·修身》：“喪雖有禮，而哀爲本焉。”㉒《論語·子張》：“祭思敬。”㉓但在喪葬的問題上，儒墨兩家各自走向極端。荀子維護儒家正統，極力主張厚葬，《荀子·禮論》：“故事生不忠厚，不敬文，謂之野。送死不忠厚，不敬文，謂之瘠。君子賤野而羞瘠。故天子棺椁十重，諸侯五重，大夫三重，士再重。然後皆有衣衾多少厚薄之數，皆有翣菨文章之等以敬飾之，使死生始終若一；一足以爲人願，是先王之道，忠臣孝子之極也。天子之喪動四海，屬諸侯；諸侯之喪動通國，屬大夫；大夫之喪動一國，屬修士；修士之喪動一鄉，屬朋友；庶人之喪合族黨，動州里；刑餘罪人之喪，不得合族黨，獨屬妻子，棺椁三寸，衣衾三領，不得飾棺，不得晝行，以昏殣，凡緣而往埋之，反無哭泣之節，無衰麻之服，無親疏月數之等，各反其平，各復其始，已埋葬，若無喪者而止，夫是之謂至辱。”㉔荀子主張的厚葬，耗費大量的人力、物力及時間，規定了不可逾越的等級界限，倫理上還打著“孝”的旗號，顯然是做給後人看的，目的是維護宗法等級制度，維護既得利益。而《邦家之政》的薄葬觀，雖然未知程度如何，明顯地已經偏離了儒家正統而偏向墨家，頂撞了現實中的等級觀念。

二、選賢

　　清華簡《邦家之政》之選賢觀與墨家相類。正面觀點云“其位授能而不外”，“其君子文而情”，“弟子不轉遠人，不納謀夫”；反面觀點“其位用愁民”，“其君子薄於教而行詐，弟子轉遠人而爭窺於謀夫”。其中“授能而不外”是選賢的核心，猶今言不拘一格降人才。賢，賢能，包括道德與能力。外，疏遠。《戰國策·趙策二》“是以外賓客游談之士”，鮑彪注：“外，疏之也。”㉕君子是統治力量的基礎與精英，故重視素質修養，要做到“文而情”。“文”之內涵頗爲豐富。《論語·公冶長》：“敏而好學，不恥下問，是謂之文。”㉖《荀子·不苟》：“君子寬而不僈，廉而不劌，辯而不爭，察而不激，寡立而不勝，堅彊而不暴，柔從而不流，恭敬謹慎而容，夫是之謂至文。”㉗這些品質顯然是通過長期的培養才能形成，而學習是重要的一項。故其反面便爲“薄於教而行詐”。儒者通常強調宗法與血緣，簡文所謂“其君執棟，父兄與於終要”便體現了體制內的血緣紐帶作用。但在更廣的範圍則主張“不轉遠人”，即不排斥關係疏遠的人，不拘一格提拔人才。轉，避。《管子·法法》“引而使之，民不敢轉其力”，尹知章注：“轉，猶避也。”㉘遠人，關係疏遠的人。《左傳》定公元年：“周鞏簡公棄其子弟而好用遠人。”㉙《孟子·離婁下》“武王不泄邇，不忘遠”，趙岐注：“泄，狎；邇，猶近也。不泄狎近賢，不遺忘遠善；近謂朝臣，遠謂諸侯。”㉚《墨子》之《尚賢》三篇詳述選賢使能的必要性及其與治理國家的關係，其核心內容如《尚賢上》所云：“故古者聖王之爲政，列德而尚賢，雖在農與工肆之人，有能則舉之，高予之爵，重與之禄，任之以事，斷予之令，曰‘爵位不高則民弗敬，蓄禄不厚則民不信，政令不斷則民不畏’，舉三者授之賢者，非爲賢賜也，欲其事之成。故當是時，以德就列，以官服事，以勞殿賞，量功而分禄。故官無常貴，而民無終賤，有能則舉之，無能則下之，舉公義，辟私怨，此若言之謂也。故古者堯舉舜於服澤之陽，授之政，天下平；舜舉益於陰方之中，授之政，九州成；湯舉伊尹於庖廚之中，授之政，其謀得；文王舉閎夭泰顛於罝罔之中，授之政，西土服。故當是時，雖在於厚禄尊位之臣，莫不敬懼而施，雖在農與工肆之人，莫不競勸而尚意……夫尚賢者，政之本也。'"㉛顯然，墨子的尚賢是廣泛、徹底的不拘一格，落實在行動中，企圖充分調動上下左右的積極性，達到平治天下的目的。然而，《邦家之政》的尚賢雖然也稱得上不拘一格，卻是不徹底的，簡文云"其君執棟，父兄與於終要"。由於血緣的關係，對父兄是特殊對待的。終要，指成就關鍵。看來重要的軍國大事還是由家族掌控。墨子則不同，《尚賢中》云："故古者聖王甚尊尚賢而任使能，不黨父兄，不偏貴富，不嬖顏色，賢者舉而上之，富而貴之，以爲官長；不肖者抑而廢之，貧而賤之，以爲徒役，是以民皆勸其賞，畏其罰，相率而爲賢，是以賢者衆而不肖者寡，此謂進賢。"㉜其中所謂"不黨父兄"與《邦家之政》的"父兄與於終要"反差極大。對黨父兄的壞處，墨子作了認真的總結，《尚同中》云："政以爲便譬，宗於父兄故舊，以爲左右，置以爲正長。民知上置正長之非正以治民也，是以皆比周隱匿，而莫肯尚同其上。是故上下不同義。若苟上下不同義，賞譽不足以勸善，而刑罰不足以沮暴。"㉝親疏有別，比周隱匿，便使吏民對統治者失去了起碼的信任。尚賢與避不肖並舉，簡文稱之"不納謀夫"。謀夫，指不賢之謀事者。《詩·小旻》"謀夫孔多，是用不集"，鄭箋："謀事者衆而非賢者，是非相奪莫適可從，故所爲不成。"㉞這類人招數往往很多，有小聰明，極不老實，即墨子所謂"不肖者"。《尚賢中》："不肖者在左右，則其所譽不當賢，而所罰不當暴。王公大人尊此以爲政乎國家，則賞亦必不當賢，而罰亦必不當暴。若苟賞不當賢而罰不當暴，則是爲賢者不勸而爲暴者不沮矣。是以入則不慈孝父母，出則不長弟鄉里，居處無節，出入無度，男女無別。使治官府則盜竊，守城則倍畔，君有難則不死，出亡則不從，使斷獄則不中，分財則不均，與謀事不得，舉事不成，入守不固，出誅不彊。故雖昔者三代暴王桀紂幽厲之所以失措其國家，傾覆其社稷者，已此故也。何則？皆以明小物而不明大物也。"㉟《親士》又云："怨結於民心，諂諛在側，善議障塞，則國危矣。"㊱簡文所謂"謀夫"亦當有諂諛的特點。亦即荀子所謂"態臣"、"篡臣"之類。《荀子·臣道》："內不足使一民，外不足使距難，百姓不親，諸侯不信，然而巧敏佞説，善取寵乎上，是態臣者也。上不忠乎君，下善取譽乎民，不卹公道通義，朋黨比周，以環主圖私爲務，是篡臣者也。"㊲佞臣當道，君主蔽塞，就容易偏離正確的軌道，效果即簡文所云"其君聽佞而速變"。《荀子·成相》："遠賢近讒，忠臣蔽塞主埶移。"㊳又，"讒夫多進，反復言語生詐態。"㊴戰國形勢下，無疑需要衆多能人出謀劃策，但良莠不齊的情況在所難免，故"不納謀夫"——甄別是否真賢人，便被提上議事日程。

三、民本

民爲政之本。簡文云"視其民必如傷矣，下瞻其上如父母，上下相復也"，其對立面則"視其民如草芥矣，下瞻其上如寇讎矣，上下皆德"。主要陳述君主與臣民的關係。"視其民必如傷"，語見《左傳》哀公元年："臣聞國之興，視民如傷，是其福也。"⑩《孟子·離婁上》："文王視民如傷。"⑪指如安撫傷病員般愛護百姓。其效果則"下瞻其上如父母，上下相復也"。復，報答。《荀子·臣道》"以德復君而化之"，楊倞注："復，報也。"⑫"上下相復"指君主與百姓互相報恩。對待民衆的兩種態度產生兩種不同的後果。墨子把類似簡文所云兩種不同態度的君主稱之爲"兼君"與"別君"。《兼愛中》："誰以爲二君，使其一君者執兼，使其一君者執別，是故別君之言曰：'吾惡能爲吾萬民之身，若爲吾身，此泰非天下之情也。人之生乎地上之無幾何也，譬之猶駟馳而過隙也。'是故退睹其萬民，飢即不食，寒即不衣，疾病不侍養，死傷不葬埋。別君之言若此，行若此。兼君之言不然，行亦不然。曰：'吾聞明君於天下者，必先萬民之身，後爲其身，然後可以爲明君於天下。'是故退睹其萬民，飢即食之，寒即衣之，疾病侍養之，死喪葬埋之。兼君之言若此，行若此。然即交若之二君者，言相非而行相反與？常使若二君者，言必行，行必果，使言行之合猶合符節也，無言而不行也。然即敢問，今歲有癘疫，萬民多有勤苦凍餒，轉死溝壑中者，既已衆矣。不識將擇之二君者，將何從也？我以爲當其於此也，天下無愚夫愚婦，雖非兼者，必從兼君是也。"⑬墨子所説的"兼"是兼愛的意思，猶今言"博愛"，即普遍廣泛的愛，與儒家的"仁愛"固然有區別，但基礎同是愛。文中"明君於天下者，必先萬民之身，後爲其身"的宗旨與儒家君輕民重的民本思想是一致的。《孟子·盡心下》："孟子曰：'民爲貴，社稷次之，君爲輕。是故得乎丘民而爲天子。'"⑭得民心則國興，《荀子·王霸》："用國者，得百姓之力者富，得百姓之死者彊，得百姓之譽者榮。三得者具而天下歸之，三得者亡而天下去之；天下歸之之謂王，天下去之之謂亡。"⑮利益分配是民本的基礎，簡文云"其分也均而不貪"，主張普遍施惠於民。《論語·季氏》："丘也聞有國有家者，不患寡而患不均，不患貧而患不安。"⑯《荀子·王霸》亦云"天下莫不平均"。⑰此類均分思想與墨子的主張吻合，《尚同中》云"分財不敢不均"。⑱反之，如《墨子·尚賢中》："貪於政者不能分人以事，厚於貨者不能分人以祿……使斷獄則不中，分財則不均，與謀事不得，舉事不成，入守不固，出誅不彊。"⑲但荀子的"均分"是等級制的，他是反對大平均的，《荀子·王制》："分均則不偏，埶齊則不壹，衆齊則不使。有天有地而上下有差，明王始立而處國有制。夫兩貴之不能相事，兩賤之不能相使，是天數也。埶位齊而欲惡同，物不能澹則必爭，爭則必亂，亂則窮矣。先王惡其亂也，故制禮義以分之，使有貧富貴賤之等，足以相兼臨者，是養天下之本也。"⑳這種利益分配僅在同等級內均分，故不可避免地要產生各個階級之間的矛盾與抗爭。從其"父兄與於終要"的宗法觀念考察，《邦家之政》雖然強調愛民，但它的民本思想當未脫離儒家正統的軌道。

綜上，戰國中晚期，儒墨間既有激烈的對抗，也有廣泛的交融，只是交融的程度各有不同而已。所以，此後荀子把儒者大體分爲大儒、雅儒、俗儒三類。他所描述的俗儒表現，包括"其言議談説已無異於墨子矣"，則《邦家之政》所代表的當爲根植於民衆，主張簡樸生活、公平分配乃至社會和諧，與墨家有更多交融的儒者。

（作者單位：清華大學出土文獻研究與保護中心、

"古文字與中華文明傳承發展工程"協同攻關創新平臺）

注釋：

① 清華大學出土文獻研究與保護中心編，李學勤主編：《清華大學藏戰國竹簡（捌）》，中西書局 2018 年。

② 楊伯峻譯注：《孟子譯注》第 155 頁，中華書局 1960 年。

③ 楊伯峻譯注：《孟子譯注》第 109 頁。

④ 陳奇猷校注：《韓非子集解》第 1080 頁，中華書局 1974 年。

⑤ 劉文典：《淮南鴻烈集解》第 862 頁，中華書局 1989 年。

⑥ 楊伯峻譯注：《孟子譯注》第 313 頁。

⑦ 孫詒讓撰，孫以楷點校：《墨子閒詁》第 28 頁，中華書局 1986 年。

⑧ 孫詒讓撰，孫以楷點校：《墨子閒詁》第 29 頁。

⑨ 孫詒讓撰，孫以楷點校：《墨子閒詁》第 21 頁。

⑩ 孫詒讓撰，孫以楷點校：《墨子閒詁》第 30—31 頁。

⑪ 孫詒讓撰，孫以楷點校：《墨子閒詁》第 31—32 頁。

⑫ 孫詒讓撰，孫以楷點校：《墨子閒詁》第 32 頁。

⑬ 孫詒讓撰，孫以楷點校：《墨子閒詁》第 32 頁。

⑭ 孫詒讓撰，孫以楷點校：《墨子閒詁》第 32、33 頁。

⑮ 阮元校刻：《十三經注疏》第 1515 頁，中華書局 1980 年。

⑯ 孫詒讓撰，孫以楷點校：《墨子閒詁》第 149 頁。

⑰ 劉寶楠撰，高流水點校：《論語正義》第 82 頁，中華書局 1990 年。

⑱ 孫詒讓撰，孫以楷點校：《墨子閒詁》第 264 頁。

⑲ 孫詒讓撰，孫以楷點校：《墨子閒詁》第 164、165 頁。

⑳ 孫詒讓撰，孫以楷點校：《墨子閒詁》第 165—168 頁。

㉑ 劉寶楠撰，高流水點校：《論語正義》第 737 頁。

㉒ 孫詒讓撰，孫以楷點校：《墨子閒詁》第 7 頁。

㉓ 劉寶楠撰，高流水點校：《論語正義》第 737 頁。

㉔ 王先謙撰，沈嘯寰、王星賢點校：《荀子集解》第 424—427 頁，中華書局 1988 年。

㉕ 諸祖耿：《戰國策集注彙校》第 939 頁，江蘇古籍出版社 1985 年。

㉖ 劉寶楠撰，高流水點校：《論語正義》第 188 頁。

㉗ 王先謙撰,沈嘯寰、王星賢點校:《荀子集解》第 47、48 頁。

㉘ 黎翔鳳撰,梁運華整理:《管子校注》第 303 頁,中華書局 2004 年。

㉙ 楊伯峻編著:《春秋左傳注》第 1527 頁,中華書局 1981 年。

㉚ 楊伯峻譯注:《孟子譯注》第 192 頁。

㉛ 孫詒讓撰,孫以楷點校:《墨子閒詁》第 41—44 頁。

㉜ 孫詒讓撰,孫以楷點校:《墨子閒詁》第 45 頁。

㉝ 孫詒讓撰,孫以楷點校:《墨子閒詁》第 78、79 頁。

㉞ 阮元校刻:《十三經注疏》第 449 頁。

㉟ 孫詒讓撰,孫以楷點校:《墨子閒詁》第 49、50 頁。

㊱ 孫詒讓撰,孫以楷點校:《墨子閒詁》第 3 頁。

㊲ 王先謙撰,沈嘯寰、王星賢點校:《荀子集解》第 291 頁。

㊳ 王先謙撰,沈嘯寰、王星賢點校:《荀子集解》第 541 頁。

㊴ 王先謙撰,沈嘯寰、王星賢點校:《荀子集解》第 551 頁。

㊵ 楊伯峻編著:《春秋左傳注》第 1607 頁。

㊶ 楊伯峻譯注:《孟子譯注》第 192 頁。

㊷ 王先謙撰,沈嘯寰、王星賢點校:《荀子集解》第 300 頁。

㊸ 孫詒讓撰,孫以楷點校:《墨子閒詁》第 109—110 頁。

㊹ 楊伯峻譯注:《孟子譯注》第 328 頁。

㊺ 王先謙撰,沈嘯寰、王星賢點校:《荀子集解》第 265、266 頁。

㊻ 劉寶楠撰,高流水點校:《論語正義》第 649 頁。

㊼ 王先謙撰,沈嘯寰、王星賢點校:《荀子集解》第 253 頁。

㊽ 孫詒讓撰,孫以楷點校:《墨子閒詁》第 75 頁。

㊾ 孫詒讓撰,孫以楷點校:《墨子閒詁》第 49 頁。

㊿ 王先謙撰,沈嘯寰、王星賢點校:《荀子集解》第 179、180 頁。

清華簡第八輯整理報告拾遺[*]

程　浩

　　清華簡第八輯收録了八篇前所未見的先秦古書,除了《攝命》與《尚書》密切相關外,其餘諸篇講述的也都是治國理政的大法彝倫,内容十分重要。對於各篇的具體内容,整理報告雖然作了詳細的説解,但仍有部分疑難猶有未安之處。本文擬就個別問題試作別解,希望能對整理報告有所補益。

一

　　在拙作《清華簡〈攝命〉的性質與結構》一文中,我們曾分析本篇王的講話乃是藉由"王曰"等標記進行文意的分割,並認爲篇中的"有曰"均應讀爲"又曰"。^①若此説可以成立,則《攝命》篇部分文句的斷讀也應隨之調整。

　　如簡5重新斷讀後作:

> 　　王曰:₄"攝,敬哉,毋閉于乃唯沖子小子,毋遞在服,勤祗乃事。"有(又)曰:"汝唯衛事衛命,汝唯₅^②
>
> 　　　　　　　　　　　　　　　　　　　　　　　　　：

以"王曰"引領的前句是王在教訓伯攝不要借口自己年幼便荒怠職事,而以"又曰"引領的後句則是對伯攝應該如何勤敬政務的具體指導。

　　再如簡7重新斷讀後作:

> 　　汝其敬哉,虔卹乃事。汝毋敢怙過余曰乃毓。"

　　* 本文爲國家社科基金重大項目"清華大學藏戰國竹簡的價值挖掘與傳承傳播研究"(20&ZD309)、國家社科基金重大項目"清華簡與儒家經典的形成發展研究"(16ZDA114)的階段性成果。

有(又)曰:"四方大羸亡民,亦斯欽我₇御事。

前句仍是對伯攝"虔卹乃事"的訓導,"又曰"之後則轉換爲申説執政者應施政惠民的思想。

需要特別作出解釋的是簡 24~26,重新斷讀後的文句爲:

王曰:"攝,乃克悉用朕命,越朕₂₄惢朕教,民[朋則]興從顯汝,從恭汝,與汝曰:'穆穆丕顯,兹允非常人,王子則克悉用₂₅王教王學。'亦義若時,我小人唯由民。"

有(又)曰:"之余一人曷叚,丕則職知之聞之言;余₂₆

以"王曰"引領的前句大意是王申命伯攝要謹遵自己的教誨,如此民衆就會恭敬他、順從他,還會讚美他"允非常人",能"悉用王教王學"。整理報告説:"從'穆穆不顯'至'我小人佳由'爲代民立言",相關斷讀恐非簡文本義。在我們看來,"民"或字應從上讀,"亦義若時,我小人唯由民"乃是王本人發出的感慨,而非假稱民對伯攝説的話。"義"可讀"宜",《尚書‧大誥》"義爾邦君"即如此訓,"義若時"猶"宜若是"。"我小人"蓋即"我小子",是王對伯攝的稱呼。《孔子家語‧觀周》"孔子既讀斯文也,顧謂弟子曰:小人識之",可見尊長對子弟可稱"小人"。"亦宜若是,我小人唯由民"意即王教導伯攝要敬聽王命,善於"用民"。至於以"又曰"引領的後句,則是王警告伯攝如果不用"朕教朕命"會造成的嚴重後果,作爲對前句的呼應。

由此可見,把"有曰"讀爲"又曰",並將其引領的語句理解爲王稍有停頓後轉折了語義的講話,而非句中的引語,放諸篇中整體上還是比較通暢的。除此之外,簡 16"曰"字引領的"勿朋多朋"至"罔非胥以淫極"等句,以及簡 30"曰"字引領的"兹汝毋弗敬,甚欲汝寵乃服,弗爲我一人羞",在我們看來亦當獨立成段,皆應理解爲王本身的直接講話而非引語。

二

《邦家之政》簡 3 有"其禮肥",簡 8 與之對應之處作"其禮菜"。"肥"與"菜"整理報告分別讀"菲"與"采",謂邦家興盛時禮用儉樸,邦家毁敗時禮用失序。我們認爲這裏的"肥"或可如字讀,理解爲禮用豐厚使邦家興盛。《左傳》桓公六年云"吾牲牷肥腯,粢盛豐備，何則不信”，可見在古人看來祭品以肥厚爲佳。

三

《邦家之政》簡6有“不納誖夫”，簡10與之對應之處作“爭竊於誖夫”。整理報告將“誖夫”讀爲“謀夫”，並將“謀夫”理解爲不賢之謀事者。實際上，古書中的“謀夫”一詞僅單純指稱謀事之人，並没有附加的道德判斷。簡文此處的“誖夫”，疑應讀爲“媢夫”。“媢夫”見於《皇門》，③在篇中與“善夫”對舉，專指諂媚善妒之人。《邦家之政》的“不納媢夫”，所宣揚的就是這種親賢臣遠小人的治國之道。

需要捎帶提及的是，戰國簡中“媢夫”的“媢”出現了多種寫法，如本篇的“誖”，清華簡《皇門》的“忞”，以及本輯《邦家處位》和上博簡《志書乃言》的“託”。其聲旁分別在之部、幽部、宵部，均是旁轉關係。

四

《邦家之政》簡7有“其宮室曑大以高”，簡3與之對應之處作“其宮室小卑以迫”。整理報告將“曑”讀作“坦”，理解爲平坦寬闊，確實可以與“小卑以迫”相對應。但是考慮到“坦”在楚文字中已有專字，我們更傾向於把“曑”讀爲“墠”。“墠”意爲“場”，也就是建築所在的場地。《尚書·金縢》有“周公乃爲三壇同墠”，鄭玄注云：“封土曰壇，除地曰墠。”《邦家之政》的“其宮室墠大以高”，是説毀家敗國者修建的宮室往往地基大且屋脊高。

五

《邦家處位》篇整體上是在宣揚邦家之主需要掌握選賢任能的原則，但是部分文句殊爲難讀，對全文的理解造成了極大困惑。爲方便討論，兹據己意將簡文重新釋讀、分段如下：

邦家處位，傾戾其天命，抑君臣必果以度。度君敕臣，臣從逆君。君唯聾狂，吏臣欲迷。政事逆美,寵福逆惡。

　　(以上從正反兩方面講述國君善度與聾狂時,臣的不同表現。)

　　舉介₁執事,使是謀人,人用唯遇利,御必中其服。如前處既若無察,唯睿良人能造御柔。吏人用倚典政,還入施政,弊政₂更正。

　　(以上正面講述賢明之君用睿良人執政的結果。)

　　子立代父,自定於後事,皆惕丈罪,卓辭反教稱偽,荒政眩邦。倦壓政事,均踦政主,君乃無從規下之蟲□。₃

　　(以上反面敘述後代之人剛愎自用、不以良人執政的後果。)

　　夫不度政者,抑歷無訕,主任百役,乃敝於亡。或惡哉,戕躁度,勢憎屬,而旁受大政。或美哉,不見而沒,抑不由₄無津以出,民用率欲逃,求怊政。

　　(以上講不度政者,即便有百役可以任用,但由於大道不行,無論用美用惡,都不會有好結果。)

　　吏人乃若無前不妄,抑後之爲端修之者,微茲毋知毋效。二憂人其曰:"□!度未逾₅而進,惡沒諸?"夫堂贛亦曰:"余無罪而屏,須事之遇機。遇其毀,美惡乃出,從取資焉,上者其上,下者其下。將度₆以爲齒,豈能怨人,其勿厥是難?

　　(以上由堂贛講出正確的度人之法:美惡乃出、上下乃正,度以爲齒。)

　　或佞能巧好,道美用惡,人而曰善。或恩寵不襲,諂媚無屝,其徵而不傾戾,₇人而不足用。告媚必先衛守道探度,聚定其答。其遇於異律,使人未知得度之踐。"

　　(以上堂贛講述任用奸佞之人的不良後果。)

　　贛乃故爲美,以探良人。良人₈……且爲兼良人。良人如未行政,贛以治疾惡,返以爲政。夫爲前政₉者亦其有美而爲惡,惡……用躐,贛而改有救於前用。小民而不知利政,乃謂良人出於無度。人用₁₀必入,贛聚能有度。既服入,贛政是導之,豈又求謀。₁₁

　　(以上具體闡述堂贛的探良人、用良人、教良人之法。)

具體理解與整理報告有較大差異者有:

　　簡2"人用唯遇利"的"利"字,我們認爲不能解釋成"利益",而應作"仁義"之類的訓釋。《廣雅·釋詁四》謂"利,仁也"。《論語·子罕》"子罕言利與命與仁",《墨子·經上》"義,利也",均是將"利"與"仁"、"義"並舉。把"利"訓爲"仁",本篇中就有內證:簡10"小民而不知利政"一句,所謂"利政"顯然就是"仁政"。如此再覆觀"舉介執事,使是謀人,人用唯遇利,御必中其服"這句話,説的其實是舉用執事者,使其成爲謀人,一定要選擇仁義之士,並且要將其才能、德行與職事相匹配。

簡3整理報告原釋爲"階啇(嫡)丈(長)，罪卓辭"的一句，頗爲不辭。我們覺得應讀爲"皆惕丈罪，卓辭反教稱僞"，詳另文。

簡7的"訐能攷佮"，整理報告讀"信能考守"，均是中正之意。但是聯繫上下文來看，這裏列舉的似乎都是一些負面的例子，如是讀則稍嫌捍格。我們認爲句中的"信"字，或應讀爲"佞"。《説文》將"佞"字分析爲"從女，信省"，可見"佞"與"信"的密切關係。而"攷"字在楚簡中用作"巧"的情況比較多，用爲"考"的例子則比較少。至於其下的"![字]"字，可分析爲從"肘"從"丂"的雙聲字，④在新蔡簡中用作干支字"丑"。我們知道，"好"字在楚簡中有從"丑"聲的寫法，見於郭店簡《語叢一》《語叢二》及上博簡《緇衣》等。因此，我們懷疑"![字]"字在這裏乃是用作"好"的。"好"可訓"巧"，"佞"、"巧"與"好"在這裏皆有巧言邪佞之義。簡文的"佞能巧好"可與《金縢》中周公自稱的"佞若巧能"合觀，均指人有巧語諂媚之能。"或佞能巧好，道美用惡，人而曰善"這一句，大意是説有的人很會花言巧語，説得好聽但行爲險惡，人們卻會被他蒙蔽而説他好。

會造成本篇後半部分的認識出現兩種截然不同轉向的，是對簡6"堂贛"二字的理解。整理報告將"堂贛"讀爲"黨貢"，並將其與所謂的"鄉貢制度"相比附。⑤在我們看來，這種説法似有求之過深之嫌，"堂贛"以及後文的"贛"都只需直接理解爲人名就好。⑥將"堂贛"視作人名，則從簡6"余無罪而屏"到"使人未知得度之踐"等句，都應理解爲"堂贛"對"二憂人"關於度人困惑的回應。在此之後，本篇就轉向了對"堂贛"度人之法的稱述：

> 贛乃故爲美，以探良人。
> 贛以治疾惡，返以爲政。
> 贛而改有救於前用。
> 人用必入，贛聚能有度。
> 既服入，贛政是導之。

這些句子中，"贛"基本上都作主語。説他善於以美探人、以治疾惡，善於聚集賢能、教化訓導，都是對"贛"其人其事的讚美。

六

《治邦之道》簡19的"![字]"字，整理報告隸定作"阫"，並疑之爲"踐"字訛寫。鑒於此字右部從"米",我們傾向於將其與《繫年》第三章"成王屎伐商邑"的"屎"字聯繫起來。《繫年》的"屎"字,整理者認爲其是"敉"字或體,並從容庚先生說訓爲"繼",是很好的意見。"屎"字與本篇"陎"字訓爲"繼",驗諸文例都是通暢無礙的。《繫年》"成王繼伐商邑",是説成王繼承武王的大業攻伐商邑;《治邦之道》"繼位豐禄",即繼承豐官厚禄之位。

　　這裏順帶説一下《尚書》中的"敉"字。"敉"字在今文二十八篇中共出現了四次,文例分別爲:

> 民獻有十夫,予翼,以于敉寧武圖功。　　　　　　　　　　　　　　　(《大誥》)
>
> 肆予曷敢不越卬敉寧王大命?　　　　　　　　　　　　　　　　　　(《大誥》)
>
> 四方迪亂未定,于宗禮亦未克敉公功。　　　　　　　　　　　　　　(《洛誥》)
>
> 文王罔敢知于兹。亦越武王,率惟敉功。　　　　　　　　　　　　　(《立政》)

舊注把篇中的"敉"字都訓爲"終"、"竟"等義,並不暢達。現在結合《繫年》與《治邦之道》來看,這些從"米"的字還是理解爲繼承文王、武王的宏圖偉業之義爲好。⑦

七

　　《心是謂中》原無篇題,整理報告摘選篇中"心是謂中"四字爲題。"摘字命篇"本是古書名篇的普遍規則之一,這種處理方式原則上並無大礙。但是如果將戰國子書的篇名進行歸納總結,我們會發現它們大部分都是名詞或者短語。以名詞命名者有如《莊子》的《天地》《天道》《天運》,《韓非子》的《二柄》《十過》《三守》等;篇名爲短語的,有如《墨子》的《尚賢》《尚同》《兼愛》《非攻》等。反觀本篇擬題的篇名"心是謂中",幾乎是完整的句子,直接用作篇名的情況還是較少的。

　　考慮到本篇有較强的哲學思辨特徵,單純摘字似乎難以概括其全部意涵。參照《荀子》的《天論》《正論》《禮論》《樂論》等篇的命名方式,我們傾向於將本篇題名爲《命論》。雖然本篇起首較多地强調了"心"的重要作用,但最終的落脚點仍是"命"。簡5的"斷命在天,苛疾在鬼,取命在人",以及"人有天命,其亦有身命"等句,將"身命"與"天命"這組概念辯證統一,正是本篇"命論"的核心觀念之所在。

(作者單位:清華大學出土文獻研究與保護中心、
"古文字與中華文明傳承發展工程"協同攻關創新平臺)

注釋:

① 程浩:《清華簡〈攝命〉的性質與結構》,《清華大學學報(哲學社會科學版)》2018 年第 5 期。

② 除需要討論的字外,本文引用簡文儘量使用通行字,個別訓讀與整理報告略有差異,特此説明。

③ 傳世本《皇門》將"媢夫"誤作"媚夫",已由王引之指出。

④ 蔡一峰:《讀清華伍〈命訓〉札記二則》,簡帛網,2015 年 4 月 14 日。

⑤ 對此説的闡釋詳見馬楠:《清華簡〈邦家處位〉所見鄉貢制度》,《出土文獻研究》第十七輯,中西書局 2018 年;陳穎飛:《論清華簡〈邦家處位〉的幾個問題》,《清華大學學報(哲學社會科學版)》2018 年第 6 期。

⑥ 在 2017 年 11 月 27 日本篇第一次會讀時,筆者曾提出"贛"即孔門弟子"子貢",但是沒有過多的證據。堂贛其人是否見於古書,尚待考證。

⑦ 《繫年》公布後,清華大學出土文獻讀書會已經指出"攷"應訓"繼",見清華大學出土文獻讀書會:《〈清華大學藏戰國竹簡〉(貳)研讀札記(一)》,復旦大學出土文獻與古文字研究中心網,2011 年 12 月 22 日。

清華簡第八輯字詞補釋[*]

石小力

《清華大學藏戰國竹簡（捌）》於近期出版，本輯收録了《攝命》《邦家之政》《邦家處位》《治邦之道》《心是謂中》《天下之道》《虞夏殷周之治》《八氣五味五祀五行之屬》等八篇文獻。[①]整理者已經做了高水平的釋文注釋，但百密一疏，字詞訓釋偶有可補充之處，故草此小文，提供一些不同意見，供讀者參考。

王曰："劼姪卯（怭）攝：無承朕鄉，余弗造民康，余亦曼窮無可使。（《攝命》簡1）

整理者注：劼，李學勤比對戎生編鐘"劼遣"、晉姜鼎"嘉遣"，以爲"劼"義同於"嘉"（《戎生編鐘論釋》，《文物》一九九九年第九期）。姪如字，兄弟之子。（第112頁）

按，清華簡叁《説命下》簡7："王曰：'説，余既訳（諟）敊（劼）詖（怭）汝，使若玉冰，上下罔不我儀。'""訳敊詖"無疑與《攝命》之"劼姪卯"意同。訳敊，整理者讀爲"諟劼"，曰："訳，從只，章母支部字，讀爲禪母支部的'諟'，《禮記・大學》注：'正也。'''敊詖'即'劼怭'，《書・酒誥》：'汝劼怭殷獻臣。'對比同篇'厥誥怭庶邦庶士'，知爲誥戒之意。"[②]與《攝命》解釋不同。但兩處文例相似，皆爲王對王子或臣下的告誡，當統一理解較爲合適。"劼姪"、"訳敊"或爲"怭"之修飾語，或與"怭"意近，我們懷疑三字當爲同義連用。劼，《説命》的注釋已經指出，在《酒誥》篇中"劼怭"與"誥怭"相同，則"劼"有誥戒之意。訳，疑讀爲規，勸誡也。《鄭武夫人規孺子》篇之"規"字，本作從言從殳之形，李守奎先生釋爲"規"，認爲從言從支，支即"規"之初文。[③]李文引陳劍先生説殳即枝指之"枝"初文。故從支聲之字可以讀爲"規"，而只聲字與支聲字又屢見通用，故"訳"與"敊"有可能爲一字異體，"訳"也是規勸之"規"的異體。姪（定紐質部），與訳（章紐支部）古音聲紐皆爲舌音，韻部稍有距離，二字可能是意近的關係，讀爲何字待考，但也不排除與"訳"通假的可能性。

---

* 本文爲清華大學自主科研計劃"清華簡書類文獻與商周金文合證"（2021THZWJC21）的階段性成果。

王曰:"攝,敬哉,毋閉于乃唯沖子小子,毋遞(遞)在服,勤祇乃事。

(《攝命》簡4～5)

整理者注:遞,字形説詳陳志向《"虒"字補釋》(《文史》二〇一八年第一期),《説文》"更易也",内史亳觚有"弗敢虒"(《商周青銅器銘文暨圖像集成》九八五五,上海古籍出版社,二〇一二年)。"毋遞"略同於詩書之"勿替",《小雅·楚茨》"勿替引之",《召誥》"式勿替有殷歷年",中山王譽鼎(《集成》二八四〇)"毋替厥邦"。或説讀爲"虒(弛)",訓爲懈怠。(第114頁)

按,遞,當以或説讀"弛"爲是。《説文》:"弛或作虒。"内史亳同(《銘圖》09855):"成王錫内史亳醴祼,弗敢虒(弛),作祼同。"涂白奎讀"虒"爲"弛"。④可相參照。弛,懈也,與"惰"意近,後文"勤祇乃事"與"毋弛在服"乃正反爲文,金文屢見毋惰乃政,毋惰乃服,⑤亦可參。

王曰:"攝,已! 汝唯沖子,余既明命汝,乃服唯寅,汝毋敢橐=(滔滔)。凡人有獄有訟(訟),汝毋受幣,……

(《攝命》簡21～22)

按,所謂"橐"字原形作🔲,即"橐"字,只不過所從"缶"形借用筆畫,故整理者隸定爲從由之"橐"非是。"橐="見於西周金文,四十三年逨鼎(《銘圖》02503～02512):"越乃輔政事,毋敢不規不型,越乃訊庶有粦,毋敢不中不型,毋𣪃=橐=,唯有宥縱,廼侮鰥寡,用作余我一人怨,不肖唯死。"毛公鼎(《集成》02841):"王曰:父𤯍,今余唯申先王命,命汝極一方,長我邦、我家,毋雔(顧一寡?)于政,勿雝,簡庶有粦,毋敢𣪃=橐=,廼侮鰥寡。"

銅器銘文和簡文對照,可知簡文"橐="即銘文"𣪃=橐="之省。"橐"字金文原形作🔲(四十三年逨鼎)、🔲(毛公鼎),可證簡文之字確應釋"橐"。此外,根據金文辭例,本句當在"乃服唯寅"後斷開,"汝毋敢橐="與獄訟有關,當屬下讀。

銅器銘文中的"𣪃=橐=",向無善解。根據對重文符號理解的不同,可以歸納爲兩種讀法,一是"𣪃𣪃橐橐",二是"𣪃橐,𣪃橐",解釋十分分歧。⑥現在根據簡文可省略作"橐=",可知對重文符號的理解當以第一種讀法爲是。"𣪃=橐="是官員斷獄時的一種不良行爲,導致的後果是"有宥縱,侮鰥寡",是斷獄時應極力避免的。

余一人曷叚〈叚(假)〉,不則識知之聞之言;余曷叚〈叚(假)〉,不則高奉乃身,亦余一人永安在位。

(《攝命》簡26～27)

整理者注:叚字左半"石"形訛作"户",訓爲憑藉。(第119頁)

　　按,叚字原作![字形]、![字形],整理者釋"叚",甚確,但訓爲"憑藉"不可信。"叚"字表示情態,可翻譯爲"可能、會",相當於古書的"遐",此種用法見於西周金文,如盠方彝(《集成》09899、09900):"盠曰:天子不叚(遐)不其萬年保我萬邦。"沈培先生曾討論過西周金文中的"叚"字,認爲西周金文中的"叚"表示的是客觀或情理上具有某種可能性的情態,大多數情況下可以理解爲"可能……"、"會……"。⑦據此,本句當斷讀爲"余一人曷叚(遐)不則識智(知)之聞之言;余曷叚(遐)不則高奉乃身,亦余一人永安在位"。大意謂我怎麼可能不知之聞之,我怎麼會不高奉乃身。"曷叚不"相當於西周金文的"不遐不",表示雙重否定,有增强語氣的作用。

　　其政平而不苛,其位授能而不坖(外)。　　　　　　　　　　(《邦家之政》簡4)

　　坖,整理者注曰:即"外",疏遠。《戰國策·趙策二》"是以外賓客遊談之士",鮑注:"外,疏之也。"(第123頁)

　　按,訓爲疏遠甚確。《説文》夕部:"外,遠也。"《荀子·王霸》:"千歲而不合,何也?曰:人主不公,人臣不忠也。人主則外賢而偏舉,人臣則爭職而妒賢,是其所以不合之故也。"楊倞注:"外賢,疏賢也。"《文子·自然》:"老子曰:清虛者,天之明也。無爲者,治之常也。去恩慧,舍聖智,外賢能,廢仁義,滅事故,棄佞辯,禁姦僞,則賢不肖者齊於道矣。"

　　其刑易,邦寡稟(凜)。　　　　　　　　　　　　　　　　(《邦家之政》簡4)

　　稟,整理者注:稟,即"凜",讀爲"懍",恐懼,《荀了·議兵》"臣下懍然,莫必其命",楊注:"懍然,悚栗之貌。"(第123頁)

　　按:稟疑讀爲"禁",法禁。《周禮·秋官·司寇》:"乃立秋官司寇,使帥其屬而掌邦禁,以佐王刑邦國。"鄭玄注:"禁,所以防姦者也。"《管子·法法》:"君有三欲於民,三欲不節,則上位危。三欲者何也? 一曰求,二曰禁,三曰令。求必欲得,禁必欲止,令必欲行。求多者其得寡,禁多者其止寡,令多者其行寡。求而不得則威日損,禁而不止則刑罰侮,令而不行則下凌上。故未有能多求而多得者也,未有能多禁而多止者也,未有能多令而多行者也。"

　　其刑墊(陷)而枳(枝),其位用愍民。　　　　　　　　　　(《邦家之政》簡9)

　　整理者:墊,從溪母談部之"欠",讀爲匣母談部之"陷"。《韓非子·六反》:"犯而誅之,是爲民設陷也。"《孟子·梁惠王上》:"及陷於罪,然後從而刑之,是罔民也。"簡文指設陷害民。枳，讀爲"枝"，《説文》："木別生條也。"簡文以此形容刑罰之繁複，與前文"刑易"對舉。《孔叢子・刑論》："仲弓問古之刑教與今之刑教。孔子曰：'古之刑省，今之刑繁。其爲教，古有禮，然後有刑，是以刑省；今無禮以教，而齊之以刑，刑是以繁。'"（第125頁）

按：墊，疑讀爲"恐"。清華簡《繫年》簡29～30："文王以北啟，出方城，圾蘦於汝，改旅於陳，焉取頓以贅（贛—恐）陳侯。"整理者讀"贅"爲"恐"。⑧《爾雅・釋詁下》："恐，懼也。"枳，即樹枝之枝的異體，疑讀爲"忮"，《説文》心部："很也。"《管子・形勢解》："能寬裕純厚而不苟忮，則民人附。"

乃劃（斷）奸杜慝，以免其屠。　　　　　　　　　　　　　（《治邦之道》簡1）

劃，整理者讀爲"斷"，訓爲"斬殺"。（第139頁）
按，讀"斷"甚確，當訓爲"斷絶"，與"杜"意近。

□□廢興之不氒（度），故禍福不遠，盡自身出。　　　　　（《治邦之道》簡2）

整理者注：度，見《逸周書・度訓》等篇所論。《荀子・解蔽》"參稽治亂而通其度"，楊注："度，制也。"（第139頁）
按，度，當訓爲慮，"廢興之不度"即"不度廢興"之倒裝，即不慮廢興之意。

彼春夏秋冬之相受既順，水旱雨露既度，則草木以及百穀茂長繁實，無盡（蠱）以熟。
　　　　　　　　　　　　　　　　　　　　　　　　　（《治邦之道》簡6～7）

盡，整理者注：即"蠱"，《説文》："傷痛也。"（第141頁）
按，"無盡以熟"與上文"以瘠不成"（簡6）相對爲言，"瘠"字整理者訓爲"病"（第140頁），則"盡"當讀爲"疾"，病也。上博簡《緇衣》簡11："《祭公之顧命》云：'毋以小謀敗大圖，毋以嬖御盡（蠱）莊后，毋以嬖士盡（蠱）大夫、卿士。'"清華簡《祭公之顧命》簡16："汝毋以嬖御息（疾）爾莊后，汝毋以小謀敗大作，汝毋以嬖士息（疾）大夫卿事。"盡，息，今本《禮記・緇衣》作"疾"。

毋懷樂以忘難，必慮前後，則患不至。毋惑於令色以還（熒）心，稱其行之厚薄以使之，則……　　　　　　　　　　　　　　　　　　　　　　（《治邦之道》簡9）

整理者注：還，《左傳》襄公十年"還鄭而南"，杜注："繞也。"還心，指縈繞於心。（第141頁）

按,還當讀爲"熒",楚簡中从罌聲之字與熒聲之字可以通用。上博九《邦人不稱》簡 12:"焉假爲司馬,不取其實,而邦人不稱還女(焉)。"還,沈培先生讀爲"榮"。⑨清華簡貳《繫年》簡 19:"赤翟王峁虎起師伐衛,大敗衛師於罌,幽侯滅焉。"罌,《左傳》作"熒澤"。熒,迷惑。熒心,即惑心,使心思迷惑。《莊子·人間世》:"而目將熒之,而色將平之,口將營之。"古書又作"營",《淮南子·原道》:"不足以營其精神,亂其氣志。"高誘注:"營,惑也。"《論衡·言毒》:"故美味腐腹,好色惑心,勇夫招禍,辯口致殃。四者,世之毒也。"

　　毋喜譽,必察聽,免惡慮美,憎而遠之,則下不敢讒上。　　　　（《治邦之道》簡 10）

整理者注:免,《史記·樂書》"免席而請",正義:"猶避也。"慮,《爾雅·釋詁》:"謀也。"(第 141 頁)

按,免,當訓爲除,免惡,即除惡。《書·泰誓下》:"樹德務滋,除惡務本。"《中論·智行》:"夫君子仁以博愛,義以除惡,信以立情,禮以自節,聰以自察,明以觀色,謀以行權,智以辨物,豈可無一哉?"

　　毋驕大以不恭,和其音氣與其顏色以柔之,則衆不戔(散)。　　（《治邦之道》簡 11）

戔,整理者注:讀爲"賤",《禮記·樂記》"是以君子賤之也",孔疏:"謂棄而不用也。"(第 142 頁)

按,當讀爲"散",散亡。《管子·宙合》:"臣離昧則百姓不養。百姓不養,則衆散亡。"《八觀》:"以此遇水旱,則衆散而不收。衆散而不收,則國爲丘墟。"《論語·子張》:"上失其道,民散久矣。如得其情,則哀矜而勿喜。"《春秋繁露·保位權》:"失恩則民散,民散則國亂。"

　　今夫逾人於其勝,不可不慎,非一人是爲,萬民是爲。　　　　（《治邦之道》簡 16）

整理者注:逾,《説文》"越進也",朱駿聲《説文通訓定聲》:"謂超越而進。"勝,《國語·晉語四》"中不勝貌",韋注:"勝,當爲稱。"此句言國君未按照臣下的優長之處來提拔任用人才。（第 143 頁）

按,"逾人於其勝"是爲君者"不可不慎"的行爲,應該是反面的,但"逾"字如果按照整理者訓爲"越進",則"逾人於其勝"表示的意思是按照臣下的優長之處來"超越而進",即破格提拔,是正面的行爲,故"逾"按本字解不通,當讀爲"渝",改也,"渝人於其勝"意即改變臣下所勝任之職務,也就是不任用賢能,這是爲君者所不可不慎的。

既聞其辭,焉小慤(穀)其事,以程其功。如可,以佐身相家。　　（《治邦之道》簡 17）

慤,整理者注：即"穀",官俸,此處謂給予官職。《論語·憲問》"邦有道,穀",《集解》引孔安國注："穀,禄也。"小穀其事,指試探性地給予一個官職,以考察其能力。《墨子·貴義》："世之君子,使之爲一彘之宰,不能則辭之。"（第 144 頁）

按,"慤"字在文中應爲任用、承擔一類的意思,疑當讀爲"由",楚簡"穀"和"由"音近可通。⑩郭店《五行》簡 28："聖智,禮樂之所穀(由)生也。"簡 31："仁義,禮所穀(由)生也,四行之所和也。"由,任用。《左傳》襄公三十年："武不才,任君之大事,以晉國之多虞,不能由吾子,使吾子辱在泥塗久矣,武之罪也。"杜預注："由,用也。"

彼上之所感,邦有癘疫,水旱不時,兵甲驟起,盜賊不彌,仁聖不出,讒人在側弗智,邦獄衆多,婦子僧(贅)貺(假)……　　（《治邦之道》簡 24）

整理者注：僧,讀爲贅。貺,疑讀爲賈。婦子僧貺,猶《淮南子·本經》所言"贅妻鬻子"。（第 146 頁）

按,所謂"僧"字又見於本篇簡 26"僧(贅)位子弟",原形作🔣、🔣,整理者皆隸定爲"僧",應該是認爲右上從"乘"省,但括注爲"贅",卻是以從"叕"聲破讀,隸定和破讀不統一,反映了對該字的認識前後不一。此字應分析爲從人,贅聲,隸定作"僧",⑪從整理者讀爲"贅"。《説文》："贅,以物質錢。"段玉裁注："若今人之抵押也。"貺,整理者讀"賈"不必,此字從貝,叚聲,應即假錢之"假"的專造字。⑫《廣雅·釋詁二》："假,借也。"《左傳》成公二年："唯器與名不可以假人。"孔穎達疏："唯車服之器與爵號之名不可以借人也。"贅、假二字在簡文中意思相近,整理者認爲簡文"婦子贅假"相當於《淮南子》之"贅妻鬻子",可謂卓識。與此類似的説法還見於古書。《韓非子·六反》："今家人之治産也,相忍以飢寒,相强以勞苦,雖犯軍旅之難,饑饉之患,温衣美食者必是家也;相憐以衣食,相惠以佚樂,天饑歲荒,嫁妻賣子者必是家也。"《漢書·賈捐傳》："人情莫親父母,莫樂夫婦,至嫁妻賣子,法不能禁,義不能止,此社稷之憂也。"

則僧賣(賈)其臣僕。　　（《治邦之道》簡 26）

按："賣"字原作🔣,整理者隸定爲"覺"（第 138 頁）,不必,該字從爪,從賈,所從賈形上部稍有訛省。"賈"字從爪,類似之例如"買"字增爪形作"覺"（曾侯乙簡 16、125）,可以合勘。

故萬民慊病,其粟米六擾敗竭,則價賈其臣僕,贅位其子弟,以量其師尹之徵,而上弗智乎？　　　　　　　　　　　　　　　　　　(《治邦之道》簡 26)

整理者注：量,《周禮·序官》"量人",鄭注："猶度也。"師尹,《書·洪範》"卿士惟月,師尹惟日",屈萬里《尚書集釋》訓爲"衆長官"。徵,《禮記·中庸》"杞不足徵也",鄭注："徵,猶明也。"(第 147 頁)

按,量,指稱量。《管子·幼官》："量委積之多寡,定府官之計數。"徵,當指租稅、徭役。此句大意謂萬民慊病,粟米六擾敗絶,卻要價賈臣僕、贅位子弟來繳納官府之租稅。

人有天命,其亦有身命,心氒(厥)爲死,心氒(厥)爲生。死生在天,其亦失在心。　　　　　　　　　　　　　　　　　　(《心是謂中》簡 5～6)

按：所謂氒字原作＜圖＞、＜圖＞,整理者注："此'厥'字猶'乃'意。"(第 152 頁)此字實爲"氏"字,在簡文中讀爲"是"。楚簡中"氏"和"氒"字形相近,容易訛混。

(作者單位：清華大學出土文獻研究與保護中心、

"古文字與中華文明傳承發展工程"協同攻關創新平臺)

注釋：

① 清華大學出土文獻研究與保護中心編,李學勤主編：《清華大學藏戰國竹簡(捌)》,中西書局 2018 年。下引整理者意見隨文標出頁碼,不再出注。

② 清華大學出土文獻研究與保護中心編,李學勤主編：《清華大學藏戰國竹簡(叁)》第 130 頁,中西書局 2012 年。

③ 李守奎：《釋楚簡中的"規"——兼説"支"亦"規"之表意初文》,《復旦學報(社會科學版)》2016 年第 3 期。

④ 涂白奎：《内史亳觚與西周王號生稱》,復旦大學出土文獻與古文字研究中心網,2012 年 6 月 12 日。

⑤ 參陳劍：《金文"象"字考釋》,《甲骨金文考釋論集》,綫裝書局 2007 年。

⑥ 各家説法參看石帥帥：《毛公鼎銘文集釋》第 137—139 頁,碩士學位論文,吉林大學 2016 年。

⑦ 沈培：《再談西周金文"叚"表示情態的用法》,上海博物館編：《中國古代青銅器國際學術研討會論文集》,香港中文大學文物館 2010 年。

⑧ 清華大學出土文獻研究與保護中心編,李學勤主編：《清華大學藏戰國竹簡(貳)》第 149 頁,中西書局 2011 年。

⑨ 沈培：《清華簡與上博簡"就"字用法合證》,簡帛網,2013 年 1 月 6 日。

⑩ 參陳斯鵬：《楚系簡帛中的"由"》,《中山大學學報(社會科學版)》2010 年第 6 期。

⑪ 關於楚簡贅及從贅之字的釋讀,另詳拙文《戰國文字中＜圖＞形的來源、混同與辨析》,待刊。

⑫ 該字又見於包山簡 158"畢得叚爲右史於莫囂(敖)之軍",簡 161"叚仿司馬"、"叚仿史",即"假仿司馬"、"假仿史",皆爲代理之意;上博簡《容成氏》簡 39"德惠而不叚"用爲本字,借也。

Thinking about the Physical Heart (*xin* 心) in Pre-Qin Bamboo Texts

Constance A. Cook

The Heart (*xin* 心) in pre-Qin Bamboo Texts is found in medical and philosophical contexts. The Heart in later transmitted medical texts, such as the *Huangdi neijing* 黄帝内經, does not clearly refer to the anatomical organ as defined in modern biomedicine. Rather it represents part of a system of inner organs (*zang fu* 臟腑) and vessels (*mai jing* 脉經) of Blood (*xue* 血) and Qi 氣. Yin, Yang, and the Five Supernatural Agents 陰陽五行 become critical concepts by which to understand the macrocosmic influences upon the microcosm of the body. But, in the pre-Qin era, at least from the standpoint of bamboo texts, these concepts have not yet dominated medical thinking. This essay will explore the pre-Qin texts for hints of the beginnings of this later system.

The Heart in the later transmitted textual tradition was the "ruler" (*jun* 君) over an inner bureaucratic landscape. We see this idea already in the Warring States, but presented in a philosophical context. The Tsinghua bamboo text, *Xin shi wei Zhong* 心是謂中 (strips 1-3), begins with a classic idea: [1]

> 心，中。尻（處）身之中以君之，目、耳、口、肢四者爲相。心是胃（謂）中。
>
> Heart is the Center. It is located in the center of the body in order to rule it with the Eyes, Ears, Mouth, and Limbs as its four Assistants. The Heart is therefore called *Center*.

A similar expression is found in the philosophical Guodian 郭店 text *Wuxing* 五行 45, but, in this case, the six things — ears, eyes, nose, mouth, hands, feet — are "servants" (*yi* 役) of the heart. In each text, the "assistants"/"servants" enact the will of their ruler, the Heart. A key point in the Tsinghua text is that the Heart represents the Center. This is a political concept found in many ancient texts, but some scholars also feel that it represented the "inner" (*nei* 內) aspect of the body. Other Warring States bamboo texts suggest that in fact, the Center of the body was simply the front side of the upper trunk. In the 4th century BCE, there does not seem to be a reference yet to organs inside the body. It is indicative in the description of fetal growth in the *Tang zai Chimen* 湯在啻門, there are no inner organs mentioned, and, specifically, no *xin* mentioned. Only in later texts, are the bureaucratic assistants to the Heart listed as the viscera and not as the limbs or the physical features on the head linked to the senses.

The Tsinghua text notes that the Heart resides in the Body (*shen* 身). Since the time of the Shang oracle bones, the graph *shen* has been used for the human "body, self, pregnant body."[2] The Body as a totality, or as a collection of sites visible from the outside, could all become "afflicted" (*ji* 疾) by supernatural agencies, creating sites of "harm" (*hai* 害) or "toxin" (*du* 毒).[3] Oracle bones rarely mention *xin*. However, we see in the Huayuanzhuang Dongdi 花園莊東地 plastron #181 that one of Wu Ding's 武丁 sons experienced affliction in his Heart. From Warring States bamboo sources, *xin* was used in connection to *fu* 腹 (abdomen) in a manner suggesting the upper and lower sections of the front side of the trunk of the body. The site of *fu* on the body in the oracle bones could also be afflicted, but, like *xin*, the usage was rare. The term *xinfu* (or *xin* and *fu* separately, or, also in reverse, *fuxin*) is common in 4th century BCE bamboo divination texts that concern physical illness, such as those found in Wangshan 望山, Xincai Geling 新蔡葛陵, and Baoshan 包山.

In these Chu bamboo divination texts, we learn that by the Warring States, the *xin* was clearly associated with the upper-body and as the source of mental reactions to outside influences (thoughts, feelings). The patient in the Baoshan text, Shao Tuo 邵佗 (d. 316 BCE), was "afflicted" by supernatural influences or curses (*sui* 祟) in the *xinfu* causing the fatal symptoms of "ascending Qi" (*shang qi* 上氣) and loss of appetite. We might think that the *xin* was linked to Qi and the *fu* to appetite. The association of Qi with the Heart is confirmed by the use of the *xin* semantic in a variation of the archaic Chu graph for Qi 悥 (with otherwise had the "fire" semantic 火).[4]However, we see that according to the Baoshan text, Qi could also rise up through the entire body, first the abdomen and then the heart, causing indigestion and a chronic condition (既腹心疾以上氣、不甘食,

舊不瘥). In fact, before the illness was determined to be chronic and described as "ascending Qi," Shao Tuo's Heart experienced a lesser symptom, that of "reduced Qi" (*shao qi* 少氣) first in his "abdomen" (*fu*) and then in his "heart." This seemed to be a result of a condition called *xia xin* 下心, perhaps to be understood as the supernatural affliction descending below the heart, or, ever to a site called "lower Heart."⑤

In the *Huangdi neijing Suwen* 素問, the reverse of Qi (*ni qi* 逆氣) leads to pain experienced in the back (*bei* 背) and then the condition of *shao qi* associated with coughing and panting, followed by *shang qi* and the appearance of Blood.⑥ Blood is not mentioned in the divination records of Baoshan, Xincai Geling, or Wangshan. In the Guodian philosophical texts, human relationships are defined by shared Blood and Qi 血氣之親 or the Inner Nature (*xing* 性) represented by "flesh-and-skin" and "Blood-and-Qi" 肌膚血氣之性.⑦ Blood and Qi seem to represent the inner aspect of the person versus the meaty or fleshy part of the outer body. Also, all mental reactions along with the senses were linked to Blood and Qi.⑧ Although Blood and Qi are not specifically referred to as functions of the Heart in bamboo books, we do see a link between mental confusion and the Heart as well as back pain (although not specifically linked to "ascending Qi" in that case).

The patient in the Xincai Geling record, Pingye Jun Cheng 平夜君成 (d. 340 BCE) suffered from a "confused" (*men* 悗) *xin*⑨ along with other symptoms such as an afflicted "back and chest" (*bei ying* 背膺), bloated abdomen, afflicted skeleton (*bai guti* 百骨體), and other problems not easy to decipher.⑩ The pain in the back along with a reversal in the function of the Heart fits with the *Suwen* description of reduced and ascending Qi. Other references to the upper body include "chest" (*ying* 膺) in the Xincai Geling text and "chest and ribs" (*xiongxie* 胸脅) in the Wangshan text. Shao Gu 邵固 (d. 331 BCE), the patient whose sufferings are recorded in the Wangshan record, had an afflicted *xinfu* and a loss of appetite. The strips are fragmented, but it seems that Qi is not mentioned in the Wangshan record. Strip 13 records that his *xin* experienced 𢥞 deciphered as 㿗 (read as *xie* 屑, "fluttering" as in the anatomical heart palpitating) causing mental sluggishness and an inability to raise up his body (*bu keyi dongsi jushen* 不可以動思舉身).⑪ I wonder if this graph might actually be *men* as I suggest for the Xincai Geling graph found in a similar context. If so, then the patient's symptoms might not include a feeling inside his body associated with the anatomical heart but in fact a kind of reversed Qi. In any case, it seems that *xin* or *xinfu* affliction results in confused human behavior and delirium.

The control over the Inner Nature of Flesh-and-Skin and Blood-and-Qi, a process called the Heart Technique (*xinshu* 心術), is linked to normalizing (*chang* 常) the emotions in the transmitted textual tradition and the Guodian text *Xing zi ming chu* 性自命出.⑫ As in the *Xin shi wei Zhong* and *Wuxing*, mentioned above, control over bodily functions, such as linked to the mouth (i.e., speaking), is relegated to the Heart.⑬ Instead of calling the Heart the Center, the *Xing zi ming chu* notes that it is the "host, primary inhabitant, ruler, main factor" (*zhu* 主) when it comes to operating the "techniques" (*shu*) of the Dao 道 (of which, *xinshu* is one).⑭

The word Body (*shen*) does not appear in the *Xing zi ming chu* except as a phonetic element in the graph 身+心 read as Humane (*ren* 仁). It is not too hard to imagine that this phonetic was chosen also for semantic reasons, suggesting the embodiment of the Heart as a key step in the self-cultivation practice of the Heart Technique. The Chu divination records refer to the patient's bodies and selves, using a variety of terms, *shen*, *gongshen* 躬身, and *bai guti*. This latter term seems to specifically refer to the structural body, whereas, in the Tsinghua *Xin shi wei zhong*, the slightly similar term, *baiti sixiang* 百體四相, seems to refer to a bureaucratic space, one in which the Center = Ruler, supervisor over the Four Assistants (motor control) and functions of the senses and behavior involving the Eyes, Ears, and Mouth (mental control). The text goes on to explain that like the King's court or the King's body of Zhou times, the Center could receive a "command from Heaven" (*tianming* 天命) and live or otherwise be afflicted by demons/ghosts 鬼 and die. The notion that both the cosmic political body and the king's personal could suffer afflictions (whether from invading peoples, or curses [*sui*]) can be traced all the way back to the Shang. The idea of *xin* as this symbolic center derived out of the Western Zhou ritual for receiving *tianming*.

Throughout the Western Zhou, bronze inscriptions document how a lineage heir can "open up and broaden" (*guangpi* 廣辟) his *xin* through copying and perpetuating his ancestral legacy of loyal acts for the Zhou kings, and, thus, building up over time the internal quality of *de* 德. This *de* is what determined his right to title and ancestral rank. This self-cultivation practice was called *weiyi* 威儀. The original *de*, just like Primal Qi 元氣 in later times, originated in Heaven. Qi is not mentioned in the bronze inscriptions.

It was transmitted from Heaven through the Zhou kings and as a gift to worthy ministers. Bronze vessels symbolized their achieved *de*.[15] By Warring States time the ritual turned into "Heart Technique" (*xinshu*), as a way to prepare one for an official career or to be an enlightened ruler (*ming jun* 明君).[16] In the Baoshan divination text, the Heart is a vehicle for Qi, but where Qi was believed to originate is unclear. Since in the Guodian *Taiyi sheng shui* 太一生水 strip 11, Qi is "called" (*wei* 謂) Heaven (*tian* 天) and represents Up, in contrast to Down, Dirt (*tu* 土) which is "called" Earth (*di* 地). In a physical body, if the Qi ascended upward towards its place of origin, perhaps this symbolized death ─ much in the way that in the birth mother of the Chu people in the Tsinghua bamboo text *Chu ju* 楚居 was said to have gone "for a visit to Heaven" (*bin yu tian* 賓於天).[17]

In the Tsinghua 4th century BCE Chu divination bamboo manual, the *Shifa* 筮法, eight sections of the human body are marked with male and female trigrams. The male trigrams mark the outer extremities: the head, ears, hands, and feet (what might be associated with the Assistants). The female trigrams mark the front inner areas: the face, the chest, the abdomen, and the inner thighs or groin. The pure Yang trigram, Qian 乾, marks the top of the head; and the pure Yin trigram, Kun 坤, marks the chest area, the part linked to the Heart in the Baoshan records.[18] While Qi is never mentioned in the *Shifa*, Blood and image 象 is indicated by the male or Yang number of 5. Heads and feet are indicated by the male or Yang number 9. Female or Yin numbers include 8, indicating wind, water, words, swellings, and 4, indicating the heels of the feet and various forms of cold wet precipitation.[19] It is possible that if these numbers appear in trigrams cast regarding questions about illness and that these "images" had medical diagnostic implications. The association of Blood with a male number during the 4th c. BCE contradicts later tradition when regulating Blood formed the basis of medicine for women. On the other hand, the idea that the front of the Body was Yin and the Back was Yang matches later medical understanding.

Affliction of the Heart in Huayuanzhuang Dongdi plastron 181 may have been due to exposure of Wuding's son to supernatural harm while hunting. It seems that it had to be cured over the course of one week, including healing exorcisms (*yu* 禦), sacrifices for ancestresses and possibly a deceased brother were performed during the last three days of the 10-day week. By the Warring States, exorcistic rituals for Heart affliction required the healer to "attack" (*gong* 攻) particular invading supernatural influences on certain days. This approach to pathogenic Qi (*xie qi* 邪氣), using various implements, and the attention to timing continued over the course of medical history.

In sum, the role of the Heart as the ruler of bodily functions began during the Warring States but did not involve inner organs (*neizang* 內臟) until sometime during the Han. There is no hint during the Warring States that Qi moved in channels down the limbs or anyway in the body, although it clearly moved up and down through the trunk of the body, the *xinfu*, and direction was an indicator of health. The fact that female trigrams signified the *xinfu* during the Warring States accords to later medical understanding as the front side of the body being Yin. The Heart as the philosophical Center for all physical and mental functions also began in the Warring States and continued through time. Ironically, while the Heart, as either the front side of the body or an inner organ, was Yin, the bureaucratic role as Ruler (*jun*) in naturally male, representing a Yang spirit (*shen* 神) (each of the Five Viscera 五臟, all Yin, had one) in later times. Finally, the association of Qi with Heaven, links up to the later belief that Qi was Yang and association with the upper part of the body.

(作者單位: 美國理海大學)

Notes:

① Qinghua daxue chutu wenxian yanjiu yu baohu zhongxin, comp. Li Xueqin, ed., *Qinghua daxue cang Zhanguo zhujian (ba)* (Shanghai: Zhongxi, 2018), Vol. 6.1, 14-15, 85-90; Vol. 8.2, 148-152. Chen Wei 陳偉, "Qinghua daxue cang Chu jian *Xin shi wei Zhong* 'xin jun' zhang xiaoyi" 清華大學藏楚簡《心是謂中》, *Thinking about Early China: Essays in Honor of Sarah Allan*, forthcoming. Jia Lianxiang 賈連翔, "*Xin shi wei Zhong* zhong de 'shenming' ji xiangguan wenti yanjiu"《心是謂中》中的"身命"及相關問題研究, *Jinian Qinghua jian rucang ji Qinghua daxue chutu wenxian yanjiu yu baohu zhongxin chengli shi zhounian guoji xueshu yantaohui lunwenji* 紀念清華簡入藏暨清華大學出土文獻研究與保護中心成立十周年國際學術研討會論文集 (Beijing: Qinghua University, 2018), 154-158; Shen Jianhua 沈建華, "Chudu Qinghua jian *Xin shi wei Zhong*" 初讀清華簡《心是謂中》, *Jinian Qinghua jian rucang*, 294-297.

② See C. A. Cook and Xinhui Luo, *Birth in Ancient China: A Study of Metaphor and Cultural Identity in Pre-Imperial China* (Albany: State University of New York , 2017), 3 *passim*.

③ The Shang graph *tuo* 蛊 is read as *hai* 害. I suspect it is *du* 毒. For a discussion of Qiu Xigui's 裘錫圭 reading of *tuo* as *hai*, see Ken-ichi Takashima, *Studies of Fascicle Three of Inscriptions from the Yin Ruins*. 2 Vols. Institute of History and Philology, Academia Sinica Special Publications No. 107 A, B (Taipei, Academia

Sinica, 2010), Vol. 2, 150-153, n. 5, 262, n. 1. For Qiu's original argument and the writing of 〗蚩 with one extra stroke, see *Qiu Xigui xueshu wenji* 裘錫圭學術文集, 6 Vols. (Shanghai: Fudan University, 2012), Vol. 1, 206-211. A similar graph in which the 止 is replaced with 〗主 was read in the *Yupian* 玉篇 as *du*, toxin (* [d]ˤuk). I suspect this would be a better reading than *hai*, harm: "〗畫 * dowk (Middle Chinese), the old form of *du*: harm, evil, resentful." 〗畫, 徒酷切, 古文毒字, 害也, 惡也, 恚也。(*Qinding siku quanshu* 欽定四庫全書, Jingbu, Xiaoxue lei 經部, 小學類, *juan* 27, 7 edition, available on ctext.org).

④ See Strips 242-244. C. A. Cook, *Death in Ancient China: The Tale of One Man's Journey* (Leiden: Brill, 2006), 200-206.

⑤ See Cook, *Death*, 168, 178, 182-184.

⑥ "Yuji zhenzang lun" 玉機真臟論 3.

⑦ *Liude* 15; *Tang Yu zhi dao* 11.

⑧ *Yucong* 45.

⑨ The original graph depicts 子 with a variety of other elements, including variations of 宀, 心, and 疒. The editors read this a *men* 閔, a condition mention in *Huangdi neijing Suwen*, "Jing mai" that results from "reduced Qi." The problem is that if we take *zi* 子 * tsəʔ or 字 * mə-dzə(ʔ)-s as the phonetic then it is far from the phonetic 門 * mˤə[r]. However, as a graph, perhaps it was meant to represent *bei* 悖 * [b]ˤut-s. One example (Jia 3.131) writes 字 with 疒 suggesting a pathological condition or reversal or confusion. The graph in Strip 13 of the Wangshan text is not very clear. I wonder if it could be related to this Xincai Geling usage.

⑩ Henansheng wenwu kaogu yanjiusuo, ed., *Xincai Geling Chu mu* (Zhengzhou: Daxiang, 2003), strips Jia 1.14, 32; Jia 3. 9, 22, 59, 72, 100, 131, 132, 130, 189, 210, 257, Yi 1.31, 25; Yi 4, 132 as examples. Wuhan daxue jianbo yanjiu zhongxin & Henansheng wenwu kaogu yanjiusuo, eds., *Chudi chutu Zhanguo jiance heji* 2 (Beijing: Wenwu, 2013), 19-30.

⑪ Strips 9, 13, 17, 37-39, 52. See Cook, *Death*, 71; Hubeisheng wenwu kaogusuo & Beijing daxue Zhongwenxi, eds., *Wangshan Chu jian* (Beijing: Zhonghua, 1995), 91 (for notes to strip 13).

⑫ Scott Cook, *The Bamboo Texts of Guodian: A Study & Complete Translation* (Cornell University, 2012), Vol. 2, 678-679, 683. See strips 1-5, 29-31.

⑬ Strips 6-8.

⑭ Strips 14, 32-33. Scott Cook, *The Bamboo Texts of Guodian*, Vol. 2, 708-709. For the effect of the voice on the Heart (in reverse of the Heart willing speech), see strips 32-33.

⑮ C. A. Cook and Yan Sun, "Bronzes and Sacrifice," in C. A. Cook & P. R. Goldin, eds., *A Source Book of Ancient Chinese Bronze Inscriptions*, Early China Special Monograph Series no. 7 (SSEC, Berkeley, CA, 2016), xix-xlvii.

⑯ See C. A. Cook, *Ancestors, Kings, and the Dao* (Cambridge: Harvard Asia Center, 2017).

⑰ Cook & Luo, *Birth in Ancient China*, 84.

⑱ See C. A. Cook and Zhao Lu, *Stalk Divination: A Newly Discovered Alternative to the* I Ching (Oxford University, 2017). The trigram Li 離 in the *Shifa* in contrast to the *Yijing* was female and linked to the abdomen and water.

⑲ Cook & Zhao, *Stalk Divination*, 143.

誡子之訓：出土文獻訓體釋例與訓誡制度抉微[*]

楊家剛　田旭東

　　“訓”體爲傳統《尚書》“六體”之一，而《尚書》“六體”之説倡自東晉梅賾獻《孔傳古文尚書》中疑僞漢孔安國撰《尚書序》（世稱“大序”），後世學者頗有不採信者。而先秦典籍中又每多以“訓語”、“訓典”言之，故“訓”體是否確爲先秦獨立文體，其體例特徵如何等問題，學界長期爭議，多有難明之處。

　　2008 年，朱岩先生有博士學位論文《〈尚書〉文體研究》①。2016 年，葉修成先生《西周禮制與〈尚書〉文體研究》②與潘莉女士《〈尚書〉文體類型與成因研究》③二書相繼出版，前者有專章討論“訓體”，並論及周人訓誡意識，後者第二章第五節“訓與中國人的思維方式”論及訓體。

　　《尚書》而外，“書”類文獻尚有《逸周書》諸篇，其中以“訓”名篇者有《度訓解》《命訓解》《常訓解》《時訓解》四篇，黄懷信先生《逸周書校補注譯（修訂本）》前言“《逸周書》的源流與傳本”④已論及，張懷通先生著《〈逸周書〉新研》之《〈度訓〉等篇與周人的“訓誡”文化傳統》，又以《逸周書》“三訓”（指《度訓解》《命訓解》《常訓解》）論其例。⑤2015 年 5 月，牛鴻恩先生注譯《新譯逸周書》由三民書局印行，其《度訓·題解》⑥討論《逸周書》諸訓之義，於《逸周書》訓體頗多發明。受文獻所限，以上諸作大多並未就傳統訓體文獻大類下不同篇目之差異作進一步類型區分。

　　2008 年 7 月，清華大學入藏一批戰國竹簡（省稱“清華簡”），有《保訓》（整理者命篇）與《命訓》（與《逸周書·命訓解》相應）兩篇當屬訓體，然因此篇自云係文王臨終訓誡太子發，學者大多將其與《尚書·顧命》作比，少有專論其訓體者。趙平安先生較早指出《保訓》體式與僞古文《尚書·伊訓》相似，認爲“此篇提供了一份真正意義上的‘訓’的樣本”。⑦此時，《〈逸周書〉新研》一書業已成書，作者張懷通先生於書成後得知

　　* 本文爲國家社科基金青年項目“清華簡與戰國‘書’學研究”（20CZX022）、國家社科基金重大項目“清華大學藏戰國竹簡的價值挖掘與傳承傳播研究”（20&ZD309）階段性研究成果。

清華簡消息又略加補記一段，已語及清華簡《保訓》與訓體之關係，云：

> 補記：本目底稿大約作於 2005 年末。2008 年 7 月清華大學收藏了一批戰國竹簡，其中有《保訓》，記載了文王臨終時對武王的訓誡。《保訓》爲本目由三"訓"所論周人的訓誡文化傳統增添了一個有力證據。筆者 2010 年 9 月謹志。

惜此後尚未見張先生新撰。同年陳民鎮先生指出《保訓》是目前所見唯一一篇内容可信、明確且完整之"訓"。⑧2011 年 6 月 27 日至 29 日，"《清華大學藏戰國竹簡（壹）》國際學術研討會"於北京召開，美國理海大學柯鶴立教授發表文章《清華簡〈保訓〉中的"訓"及古代傳播"訓"的方式》，較早展開《保訓》與傳"訓"方式之探討。⑨2014 年，馬智全先生發表《從清華簡〈保訓〉看"訓"文體特徵》一文，始結合《保訓》詳論"訓"之文體問題。⑩2015 年，吳國武先生亦主張《保訓》爲"訓"體文。⑪晁福林先生主張《保訓》當屬《周訓》十四篇之列。⑫2017 年，程浩先生《從出土文獻看〈尚書〉的體裁與分類》一文則結合出土文獻綜合討論《尚書》文體問題。⑬此外，武致知先生已注意到《保訓》文體結構之公式化表達。⑭

2009 年 1 月，北京大學入藏西漢竹書（簡稱"北大漢簡"、"北大藏簡"、"北大簡"）有《周馴》一書，疑即《漢書·藝文志》所載《周訓》十四篇。初，學界僅以其是否如《漢書·藝文志》所載屬道家類而議。2018 年，廖群先生《簡帛"説體"故事與中國古代"訓語"傳統——以北大簡〈周馴〉爲例》⑮始將《周馴》與"訓語"傳統聯繫考察，然主張以"説"體爲訓，與此前葉修成先生《西周禮制與〈尚書〉文體研究》論訓體有相合之處。⑯

我們以爲《周馴》一書雖非"書"類文獻，然經文體分析，可見其體例實可與清華簡《保訓》相發明，且與柯鶴立先生等於北大簡《周馴》未公布之時所論多有相合之處，故以此探論先秦文獻訓體中一類誡子之訓特徵。

一、傳統訓體研究辨正

先是，東晉豫章内史梅賾於喪亂後獻《孔傳古文尚書》五十八篇并《尚書序》（後謂之"大序"）一篇，云爲漢孔安國壁中書并孔氏傳及序，其《尚書序》（大序）首倡《尚書》"六體"，云"典、謨、訓、誥、誓、命之文凡百篇"（《尚書正義·尚書序》），至唐孔穎達《尚書正義》又有《尚書》"十例"（或稱"十體"）之論。遞後梅氏所獻本之二十五篇經文并五十八篇傳（含姚方興《舜典》所補及傳）與大序皆證僞。然《尚書序》縱非漢孔安國所作,其論《尚書》文體之發明之功猶尚不滅,且開《尚書》文體學之先河。

就"訓"體而言,百篇《書序》中名"訓"者僅《伊訓》《高宗之訓》二篇,而《高宗之訓》早佚,今所見《伊訓》又爲梅賾所獻疑僞之本,由此,訓體之文體討論材料匱乏。

唐陸德明《經典釋文》將《尚書》"六體"演爲"正"、"攝"二體,宋熊朋來《經説》卷二《書百篇中有正攝》依陸氏將《書序》(小序)諸篇列入,所論訓體云:

> 訓,十六篇,正者二(《伊訓》、《高宗之訓》),攝者十四(《五子之歌》、《太甲》三篇、《咸有一德》、《高宗肜日》、《旅獒》、《無逸》、《周官》、《吕刑》、《典寶》、《明居》、《徂后》、《沃丁》)。[17]

按此種歸類爲"以類繫篇"之典型。此十六篇中,《高宗之訓》《典寶》《明居》《徂后》《沃丁》五篇皆佚,有序無文,無從論列,《伊訓》、《五子之歌》、《太甲》三篇、《咸有一德》、《旅獒》、《周官》八篇出自梅獻本《古文尚書》之二十五篇,疑僞,當另加論斷。且其中《咸有一德》於《禮記・緇衣》引爲《尹吉》,而東漢鄭玄注已云《尹吉》當即《尹誥》之誤。今據郭店楚簡、上海博物館藏戰國竹簡《緇衣》而觀,傳世本《禮記・緇衣》所云《尹吉》確爲《尹誥》之訛。如此,《咸有一德》於傳統《尚書》"六體"而言應屬誥體,自當移出。至此,熊氏所列十六篇,僅餘《高宗肜日》《無逸》《吕刑》三篇屬"梅獻本五十八篇内與漢今文二十八篇相應三十三篇"(即傳統所云"現存今文篇章")之範圍。

以熊氏所列爲參考,由"書"類文獻綜觀,將疑似訓體的篇章及其存亡情況表列如下:

文獻所屬性質	篇名	存亡情況
《尚書》佚篇	《高宗之訓》	今亡
《尚書》佚篇	《伊訓》	今亡
梅獻本《古文尚書》二十五篇(疑僞)	《伊訓》	今存
《逸周書》	《度訓解》	今存
	《命訓解》	今存
	《常訓解》	今存
	《時訓解》	今存
《尚書》(篇題無"訓"字,前人歸訓體所攝)	《高宗肜日》《無逸》《吕刑》	今存
《尚書》佚篇(篇題無"訓"字,前人歸訓體所攝)	《典寶》《明居》《徂后》《沃丁》	今亡
梅獻本《古文尚書》二十五篇(疑僞)(篇題無"訓"字,前人歸訓體所攝)	《五子之歌》、《太甲》三篇、《咸有一德》、《旅獒》、《周官》	今存

由表可見，傳統依梅獻本《尚書》"六體"論所建立訓類體系諸篇目，雖《無逸》等篇爲訓體所攝，以補傳世訓體文獻不足，配合"六體"之説，然此諸篇既未以"訓"名篇，尚待另行論斷。況"六體"之説本出梅獻本《尚書序》，無論此序真僞，此"六體"本出《尚書序》之總結，未必先秦本有，故雖有助於總結先秦文體特徵，卻無益於考證先秦所言"訓"之歷史真實。

現代學者論文體之時，大多不採信《尚書》"六體"或"十例"之説，尤其論孔穎達"十例"之説，多以爲無稽，如蔣伯潛先生《經學纂要》以爲孔穎達分出"歌"、"範"、"貢"、"征"一篇一體，"最爲無謂"。[18]

學者大多主張歸諸大類，不作如此細分，即"因文立體"之説，如郭英德先生《論中國古代文體分類的生成方式》所解釋："在文章體系內進行文體分類的具體操作實踐中，不是先設定文類的邏輯體系，然後對單篇文章進行對號入座式的歸類；而是相反，先有單篇文章的創作，後有多篇文章因其自身形態或功能的相似性而得以合併歸類，並爲之確立類名。"[19]因而學者大多將舊論《尚書》之"六體"或"十例"加以合併歸類，如陳夢家先生《尚書通論》"論尚書體例"一節分現存《尚書》篇目爲"誥命"、"誓禱"、"敘事"三類，因現存《尚書》篇目已無以"訓"名篇者，陳先生之"三類"分法未言及訓體。[20]

就訓體而言，學界多有訓誥同體之論。如程浩先生《"書"類文獻先秦流傳考——以清華藏戰國竹簡爲中心》重新分類爲"訓誥"類，[21]又如新近"中華傳統文化百部經典"系列錢宗武先生解讀《尚書》之導言將"謨"、"訓"二體皆繫於"誥"體之下。[22]究其實，傳統論訓體實受限於梅獻本《尚書序》列"訓"體，而其中訓類僅依託疑僞《伊訓》，據篇題及書序可知爲伊尹之訓，則原篇應大近於諸誥，故學者多將訓誥合類，以爲一事，實因文獻不足、體例不確所致。

今觀之，縱梅獻本《尚書》"六體"之説未必可信，訓體仍不宜與誥體合併，依黃懷信先生所考，訓體亦出西周，黃先生著《逸周書校補注譯（修訂本）》前言"《逸周書》的源流與傳本"云：

> 考周之有"訓"，或係傳統。《國語·鄭語》載史伯（周幽王太師）對鄭桓公曰："訓語有之，曰：'夏之衰也……'"云，韋昭注："訓語，《周書》。"可見"訓"自西周而有。又《周語下》載太子晉諫周靈王之言曰："若啟先君之遺訓，省其典圖刑法，而觀其廢興者，皆可知也。"亦見周王確乎有"訓"。又《楚語上》載申叔時告莊王之言曰："教之故志，使知廢興者而戒懼焉；教之訓典，使知族類，行比義焉。""訓典"，即"先王之遺訓"。本屬蠻夷之楚此時亦知教之訓典，可見周有訓典之早。[23]

就"訓"字之義而言。《説文解字》云："訓。説教也。从言川聲。"明吳訥《文章辨體序説》引北宋張表臣《珊瑚鈎詩話》云："順其理而迪之者謂之'訓'。"㉔徐鍇《説文解字繫傳》曰："訓者，順其意以訓之也。故太宗皇帝教誡諸王，見其立於木則謂之曰'汝知之乎？此木雖曲，從繩則正'是也。"段玉裁《説文解字注》云："説教者，説釋而教之，必順其理。引伸之凡順皆曰訓，如'五品不訓'、'聞六律、五聲、八音、七始，訓以出内五言'是也。"

《國語·周語下》載，周靈王二十二年，谷水與洛水爭水道，靈王擬壅防谷水，太子晉諫曰："若啟先王之遺訓，省其典圖刑法，而觀其廢興者，皆可知也。"韋昭注云："訓，教也。"

又《爾雅·釋詁下》云："道也。"如《詩經·大雅·烝民》云："古道是訓。"毛傳云："道也。"

又《廣雅·釋詁》云："順也。"如《尚書·畢命》云："子孫訓其成式。"南宋蔡沈《書集傳》云："順也。"《尚書·顧命》云："皇天用訓厥道。"清劉逢禄《尚書今古文集解》云："順也。"

可見"訓"本爲説教，有"教"之義，且可訓爲"道（導）"、"順"，有"順"之義，徐鍇所云"順其意以訓之"近是。而"訓"又有"誠"之義，如《玉篇》言部，又如《希麟音義》卷十"貽訓"，注引《説文》云"誠也"。又因古人所從"道（導）"者多爲古之道，故可謂"順古之道以教誡"爲訓，即述古以誡今。由此而觀前人所解《尚書》諸體之名義。以李零先生《簡帛古書與學術源流》所云爲確，云："'訓'，是教訓之辭。"㉕

柯鶴立先生並懷疑："我認爲很多出土文獻特別是'訓'類文獻都有可能是用於教育'小子'或'孺子'以及儒家弟子的教本，與用'訓'讓學生'順'有關。"㉖合乎"訓"即"順"之訓詁義。

而李民、王健先生撰《尚書譯注》前言等諸家著作多云："訓，是臣下對君王的勸教之辭，總結歷史教訓，勸導當今君王以史爲鑒，改善統治。如《伊訓》《高宗肜日》之類。"㉗則僅言明臣下對君王勸教之一端，受《伊訓》《高宗肜日》等影響，未及君訓誡子弟臣下一類。

由是可知，《尚書》或"書"類文獻之訓體，有順古之道以教誡一類。

二、清華簡《保訓》及北大漢簡
《周馴》體例與誡子制度

2009 年 1 月，北京大學入藏西漢竹書，中有《周馴》一書，2015 年 9 月整理報告公布，是書自有篇題曰"周馴"，整理者以爲即《漢書·藝文志》之諸子略道家類所著録《周訓》十四篇，"馴"即"訓"字，"應歸入宣揚治國用兵、君人南面之術的'黃老'學

派”，㉘此論斷當屬無差。

清孫詒讓論《逸周書》訓體時，已注意《漢書·藝文志》著於道家類之《周訓》，云：“《漢書·藝文志》道家有《周訓》十四篇，此與下《命訓》《常訓》三篇義悀與道家亦略相近，此書（《逸周書》）如《官人》《職方》諸篇，多摭取古經典，此三篇或即《周訓》訓文僅存者。”㉙因《漢書·藝文志》已著録《周書》七十一篇，故馬智全先生以孫氏所言爲非，且云“劉向《別録》説《周訓》‘人間小書，其言俗薄’（引者按：《漢書·藝文志》顏師古注），則與周文王大訓更是無關”。今觀之，北大簡《周訓》確與《逸周書》不同，然確又屬訓體，可明孫氏之揣度所以。

今觀《周馴》文本，雖屬黃老學派著作，然多述古事，頗引《詩》《書》故志，僅就體例而言，頗近於清華簡《保訓》，而又同屬“訓”體，同爲君王訓太子之書，有資於《保訓》之解讀。《周馴》結構嚴整，以月爲次，每月結構統一，今試以《周馴》正月章與清華簡《保訓》比列如下：

清華簡《保訓》	北大簡《周馴》
惟王五十年	維歲正月更旦之日
王念日之多鬲（歷），恐述（墜）保訓	周昭文公自身貳（敕）之，用兹念也，曰：……
今朕疾允病，恐弗念（忝）終。汝以箸（書）受之。	已（己）學（教）大子用兹念，欺（斯）乃受（授）之書
欽哉！勿淫。 嗚呼！祗之哉！ 微志弗忘，傳貽子孫，至于成湯，祗服不懈，用受大命。嗚呼！發，敬哉！	而曰自身屬（囑）之曰：“女（汝）勉毋忘。”

又，《周馴》閏月章所載周昭文公所訓之内容恰爲趙簡子訓子之事，其結構似嵌套結構，此節與清華簡《保訓》比列如下：

清華簡《保訓》	北大簡《周馴》
昔前人傳保，必受之以詞。今朕疾允病，恐弗念（忝）終。汝以箸（書）受之。	昔趙閒（簡）子身書一牘，而親口籀之。……已籀兹書，右手把一以予柏（伯）魯，左手把一以予無郘（卹）。俱……在。柏（伯）魯亡其書，令之口諷之而弗能得。無郘（卹）出其書於左袺，跪而進之，令口諷之而習。㉚

按清華簡《保訓》所云“必受之以詞”，前人多解，整理者云：“詞，《顧命》作‘侗’，《釋文》：‘侗，馬本作詞。’字與‘童’通，指幼稚童蒙。或説此處讀爲‘誦’，與下文‘以書受之’對舉。”㉛然學界聚訟未已。㉜其中，陳偉先生認爲“詞”或當釋爲“諷”，“諷”有誦讀、背誦義，㉝李零先生認爲“詞”與下文“書”字相對，似是指當面宣讀的文王遺訓，亦主張讀爲“誦”較好，㉞柯鶴立先生亦指明“正式傳‘訓’的方法應該是‘誦’”，㉟與本文主張相合。

按“諷”即“誦”之意，陳先生與李零先生所説有相通之處。今由北大簡《周馴》閏月章可見，古時君王傳訓於太子，必以書授之，並促其成誦，至周昭文公自身，亦親訓太子，並授之以書，或解爲命太子用其所念，識之於書，則"受"作本字解。由此觀之，《保訓》本亦此類訓誡，所不同者，在於文王病篤，不及促太子發成誦，故命其以書記之，以待歸後誦之，故"女（汝）以箸（書）受之"者，太子發記之於書也，"必受之以詞"者，以誦受之耳。故"詞"讀爲"誦"可爲確實之論。

又北大簡《周馴》十四章之標點，每章末句整理者皆連讀，如"而曰自身屬（囑）之曰：女（汝）勉毋忘歲正月更旦之馴（訓）"，以"歲某月更旦之馴（訓）"爲"女（汝）勉毋忘"之賓語，非也，"女（汝）勉毋忘"如《保訓》所云"嗚呼！ 發，敬哉！"，而"歲某月更旦之馴（訓）"爲本章末之章題。

此外，北大漢簡《周馴》歲終章云：

· 維歲冬（終）享駕（賀）之日，龔（共）大子朝，周昭文公自身貳〈貣（敕）〉之，用兹念也，曰：205

昔堯之所愛子曰丹朱，不好兹（慈）孝，蘩（繁）樂以愉。堯欲其賢，而弗能206教海（誨），乃廢弗立，而吴（虞）舜是置。於是爲篇曰："子而（如）能兹（慈）仁，則以代207其身。爲其無親，則不若以國予世之賢人。"179

· 舜之所愛子曰商均（下略）180～182

〔•〕禹謂啟曰：（下略）183

· 湯謂大甲曰：（下略）184～186

· 昌謂發曰：（下略）187～188

· 發謂庸（誦）曰：（下略）189

· 昔秦穆公（下略）190～193

· 昔越王筍（句）賤（踐）（下略）194～198

（略）201～204

······憂。216

· 昔齊桓公貳〈貣（敕）〉其後嗣曰："膚（諺）有言曰：'生人日飽，死人日歺（朽）。'餘（余）剴（豈）能199爲士〈土〉而尚令女（汝）道？ 夫君民者道，則爲人命。唯毋不道，則人爲之200輔。民何歸沃（飫？）？ 從有道處。暴（暴）乳（亂）者亡，鬼神弗與。賢主兼國，不宵（肖）無208慧，失其彊（疆）士〈土〉，其誰有常所？ 今女（汝）有民而不能聖，則齊侯之生（姓），剴（豈）209必爲呂？"

巳（已）學（教）大子以六王五柏（伯）之念，斯乃受（授）之書，而自身屬（囑）之210曰："女（汝）勉毋忘。"臘之明（明）日親（新）歲之馴（訓）。　大凡六千211㊳

其中所述堯與丹朱之事及"巳(已)學(教)大子以六王五柏(伯)之念"亦可見周昭文公用堯及六王五伯等古事教子，陳劍先生重新編聯之後，"六王五伯"故事相次，正與《保訓》以舜與上甲微故事相次之體例相同。

由此可見，兩訓文體之例殊爲相近，皆先言時日，述王有其念，且欲以此教太子，故書之以授太子或命太子自書之，且皆以古事訓誡，與"訓"之本義相合，後且誡以諷誦之，勉以敬保之，以此得訓誡之效，至如《周馴》閏月章所載趙簡子訓子之事，則尚有核驗二子之情節，可見二訓皆依前人傳訓制度以載其訓誡內容而成篇。

北大漢簡《周馴》面世後，學界多以其所載周昭文公訓誡龑(共)太子之事爲僞託，因其所載之事多爲傳說性質，個別稱謂如"(楚)昭王"、"越王"等於禮制有違，遂以爲假託以說理者。今就文體觀之，雖所載史實或非其真，其文體尚合於先秦訓體之例，以"馴(訓)"名之確當其實。韓巍先生嘗論："《周馴》在體裁上模仿'書'類文獻中的'訓'體，其形式與《太公》等書的'君臣問答'體並無多大差別，只不過'說話人'由'臣'變爲'君'。"㉗其後半尚就傳統以臣訓君之訓體而言，今既明《周馴》體例，則將其前半所論逕直以君訓臣下之體落實。

據此總結先秦訓誡制度之例如下。若依常例，皆爲君王有訓誡子弟尤其太子之念，而以前代古事故訓書之於簡牘，待召問子弟或子弟朝見之時，以此所書授之以訓，且命子弟諷誦，或遇王病重，不及書寫，則當子弟之面口述，命其自書之，然無論自書或命子弟書，皆以儆勉之辭囑之，示教子之意。

三、先秦誡子訓誡與傳保制度

清華簡《保訓》之篇題爲整理者所擬，出自篇文"恐述(墜)保訓"，原整理者主張"保"通"寶"，"保訓"是爲"寶訓"，意爲"寶貴之訓"，我們私意依原文作"保訓"，後見王連龍先生主張：

> 而《保訓》篇主要講文王訓誡太子發遵行"中"道，以保周祀。所以，李學勤先生試題爲《保訓》。另外，"保"字用於篇章命名並不是沒有先例，《逸周書》就有《保開》篇及《酆保》篇。而且，在《文儆》《文傳》所載文王遺訓中，就明確提出"懼後祀之無保"及"我所保與我所守，傳之子孫"。顯然，就這個角度來看，《保訓》篇命名並無不適之處。㉘

其後李零、廖名春、陳慧、徐靜、黄懷信等先生亦有詳論，如李零先生云：

> "保"，不讀"寶"。簡 3 的"保"字也不讀"寶"。"保訓"，後世文獻有這個詞，是指對東宫太子的教訓。如《後漢書·班彪傳》《晉書·閻纘傳》提到"保訓東宫"，《晉書·潘尼傳》《金史·吴僧哥傳》提到"保訓皇太子"，都是這麽講。這裏，值得注意的是，班彪講"保訓"，是講漢代的"保訓"，但他援引的典故卻是周公等顧命大臣保佑成王，傳貽武王之謀於後世子孫的故事。簡文"保訓"，和傳世文獻比，含義更寬泛，説明這個詞並不限於師保之訓，也可指父王之訓。"保"，本義是養護小孩，字形像人抱子，古人訓養、訓安、訓守、訓持、訓護、訓佑，皆從此義生。《尚書》常用"保"字，也來自這種含義。如《康誥》説"若保赤子"，就是强調要像保護孩子一樣保護人民。《尚書》，"保"字多見，往往和受命有關。受命而保，保什麽？保的是上天和先王所授之命。王位、土地、民人、美德，都在所保之列。如《召誥》"保受王威命明德"，《洛誥》"誕保文武受民"、"承保乃祖受命民"，就是這些代代相傳的東西。簡文兩言"受大命"（簡 9、11）。這裏的"保"也和受命有關。㉑

值得注意者，正如李零先生所指出，傳統上"保"字多用於師保，然亦可用於父母育養子女，如《尚書·召誥》："夫知保抱攜持厥婦子，以哀籲天。"又如晁錯《論貴粟疏》："雖慈母不能保其子，君安能以有其民哉。"而《尚書》所多見上天保民與天子保民等語，皆源自以上天與天子爲民父母之觀念，以此作比，體現養民之意，如《尚書·康誥》"若保赤子，惟民其康乂"，《尚書·召誥》"相古先民有夏，天迪從子保；面稽天若，今時既墜厥命。今相有殷，天迪格保；面稽天若，今時既墜厥命"等，進一步引申爲有民之意，如《尚書·梓材》"惟王子子孫孫永保民"。

此前，清華簡《保訓》面世之初，學者大多將其與《尚書·顧命》作比，今經與北大漢簡《周馴》之比較，可見《保訓》與《尚書·顧命》之體例尚非完全一致，然二者又兼有傳保性質。

《尚書·顧命》一篇，前人多歸於命體。今察所載王曰"病日臻，既彌留，恐不獲誓言嗣，兹予審訓命汝"，既云"審訓命汝"，亦有訓誡之意，然因其爲臨終所命，亦有顧命之意，故當以"訓命"視之，就其臨終所命而言，又當爲顧命體，有雙重性質。而此顧命體僅因事論體，並非完全意義之文體。

然《尚書·顧命》載成王臨終之際交付遺囑之完整過程，較清華簡《保訓》更爲完整，爲較爲典型顧命文獻，而清華簡因篇中文王"恐不女及訓"，有其倉卒非常之情形，故當爲篇中文王臨終之時所進行之非常訓誡，同時又兼有顧命之性質，故清華簡《保訓》之文獻性質當爲誡子兼傳保之訓。

然所"訓"與傳保之載體爲何？

此前李守奎先生論云："懷疑簡文中史官所説的'寶訓'不是周文王的遺言，它和文王所説的'寶'是同一種東西，是前人傳下來的寫有重要訓誡的某種寶物，例如玉册、玉版之類。'寶'和'寶訓'是前人傳下來的，是在文王發布遺言之前就已然存在了的。'不女及訓'的'訓'義爲'訓導'，是文王訓導太子正確理解'寶訓'、嗣守'寶訓'。文王臨終當有傳寶和布訓兩事。簡文只是記録了布訓。……"⑩劉光勝先生更結合《大戴禮記·武王踐阼》論曰："《大戴禮記·武王踐阼》記載姜尚傳給武王的是兩樣東西，一是丹書，一是訓告。《保訓》之'中'也是如此。《武王踐阼》'丹書'雖然重要，其實更重要的是姜尚的訓告。'中道'之書固然重要，但更重要的當然是文王之'訓'（即'保訓'）。"⑪皆給我們啟發。

今據清華簡《保訓》與北大漢簡《周馴》，可知訓文一般由受訓人記誦，而所誦之依據即爲寫於木板上之訓文。而此類訓文大多並非僅傳一代，而常作爲先王寶訓傳承多代，正類似周代青銅器銘文所云"子子孫孫永寶"之意。

《周語下》載太子晉諫周靈王之言曰："若啟先君之遺訓，省其典圖刑法，而觀其廢興者，皆可知也。"又《楚語上》載申叔時告莊王之言曰："教之故志，使知廢興者而戒懼焉；教之訓典，使知族類，行比義焉。"韋昭釋"訓典"爲"五帝之書"。前云"啟"，後謂之"訓典"，可知皆有文本傳世。

黃懷信先生嘗云"考周之有'訓'，或係傳統"，⑫考之史籍，此類訓文之傳承確係周之傳統。《逸周書·大開武解》云："維王其明用開和之言，言孰敢不格？"《逸周書·武儆解》亦云："惟十有二祀四月，王告夢，丙辰，出金枝郊寶、開和細書，命詔周公旦，立後嗣，屬小子誦，文及寶典。"夫"開和"者，當屬"書"類文獻佚篇，而兩見於《逸周書》不同篇目，可知爲當時人所熟知，而《逸周書·武儆解》將其稱作"開和細書"，可見甚爲寶貴，以"細書"形式爲載體，推測"細書"或爲帛書類輕便精細文獻，而《武儆解》又將其與"金枝郊寶"並論，更證其爲可寶貴者。

可幸者，《武儆解》出此寶後正云"命詔周公旦，立後嗣，屬小子誦，文及寶典"，此句恰與前所論清華簡《保訓》及北大漢簡《周馴》之誡子訓誡過程相合，而所云"文及寶典"，亦可見先秦訓誡之時多引前人寶典遺文以見神聖性與正當性，再傳至後世，且有囑告之語。

此外，北大漢簡《周馴》歲終章云：

　　昔堯之所愛子曰丹朱，不好兹（慈）孝，繫（繁）樂以愉。堯欲其賢，而弗能₂₀₆

教悔（誨），乃廢弗立，而吳（虞）舜是置。於是爲篇曰："子而（如）能茲（慈）仁，則以代₂₀₇其身。爲其無親，則不若以國予世之賢人。"₁₇₉

其中所述堯訓丹朱故事，有"於是爲篇曰"云云，而周昭文公引此再訓龏（共）大子朝，可見是將堯訓丹朱之篇用作"寶典"。

而《逸周書·武儆解》既云"寶典"，其"開和細書"又與"金枝郊寶"論列，可見其所寶，又與《尚書·顧命》所陳寶器相似。《尚書·顧命》云："越玉五重，陳寶、赤刀、大訓、弘璧、琬琰在西序，大玉、夷玉、天球、河圖在東序。"此處所陳寶器，前人於其句讀多所討論。其顯見者，"大訓"與赤刀、弘璧、琬琰及東序諸寶皆爲器物名，又因先云"越玉五重"，界定爲玉屬，王國維先生主張"大訓蓋鐫刻古之謨訓於玉"，而"陳寶"，據學者考察，亦疑類似秦國祠陳寶之寶石或隕石等器物之名。⑱ 由此，結合前所論，所云"大訓"者，應爲初載於木板或"細書"之上用作"寶典"之先王之訓又鏤於玉石以保之者，而《顧命》所載成王曰"在後之侗，敬迓天威，嗣守文武大訓，無敢昏逾"，恰與"大訓"之名相合。

結　語

總上所考，就性質而言，訓體主要爲順其事以教誡之體，尤常以古事訓導，爲順古之道以教誡或述古以誡今之體。就清華簡《保訓》、北大漢簡《周馴》與《逸周書·人開武解》《逸周書·武儆解》《尚書·顧命》等比較考察，可知先秦訓體之文有一類爲誡子之訓，如清華簡《保訓》與北大漢簡《周馴》，其中所見先秦訓誡過程爲君王以前代古事故訓書之於簡牘，待召問子弟尤其太子或其朝見之時，以此所書授之以訓，且命其諷誦，或遇王病重，不及書寫，則當子弟之面口述，命子弟自書之。有時，君王又兼用前代先王訓子之文或書借以教子。然無論自書或命子弟書，皆以儆勉之辭囑託過程，示教子之意。

而因清華簡《保訓》又兼有顧命性質，正如其文辭所云"保訓"，又兼有傳保性質。同時，由此訓誡與傳保過程，又可見此類訓文或訓典又多由子孫歷代寶有，視爲寶典，傳貽後世子孫永保，以作保有先王所受命之寶物象徵，正與青銅器物"子子孫孫永寶"作用相似。故此類文體爲"誡子之訓"。至於《逸周書》諸訓，梁濤先生已指出："（'三訓'）其所謂'訓'絕非訓典、遺訓之義，而是訓釋、考釋之義，'三訓'也並非'先王之書'，而是關於'度'、'命'、'常'三個概念的訓釋與説明。"⑭其説可取，因已非本文討論範圍，請見筆者別文詳論。

【附錄一】清華簡《保訓》釋文（寬釋）

惟王五十年，不豫。王念日之多鬲（歷），恐述（墜）保訓。戊子，自靧水。己丑，昧₁〔爽〕□□□□□□□□□□。

〔王〕若曰："發，朕疾適（漬）甚，恐不汝及₂訓。

昔前人傳保，必受之以詷（誦）。今朕疾允病，恐弗念（忞）終。汝以箸（書）₃受之。欽哉！勿淫。

昔舜舊（久）作小人，親耕于鬲茅，恐（恭）救（求）中，自詣厥志，₄不違于庶萬姓之多欲，厥有施于上下遠邇。乃易位執（設）詣（儀），測₅陰陽之物，咸順不逆。舜既得中，言（焉）不易實變名，身茲備（服），惟₆允，翼翼不懈，用作三降之德。帝堯嘉之，用授厥緒。於（嗚）呼！祇之₇哉！

昔微假中于河，以復有易，有易服厥罪，微無害，乃追（歸）中于河。₈微志弗忘，傳貽子孫，至于成湯，祇備（服）不懈，用受大命。於（嗚）呼！發，敬哉！₉

朕聞茲不舊（久），命未有所延。今汝祇備（服）毋懈，其有所由矣，不（丕）₁₀及爾身受大命。敬哉！毋淫。日不足，惟宿不羕（詳）！"₁₁

【附錄二】北大漢簡《周馴》節錄（校改句讀）

閏月章

· 維歲閏月更旦之日，龏（共）大子朝，周昭文公自身貳（敕）之，用茲念也。₁₆₆曰：

昔趙閒（簡）子身書二牘，而親自籀之。其書之言曰："節欲而聽諫，₁₆₇敬賢勿曼（慢），使能勿賤。爲人君者能行之三者，其國必彌大，其民₁₆₈弗去散。"已籀茲書，右手把一以予柏（伯）魯，左手把一以予無卹（卹）。俱₁₆₉……在。柏（伯）魯亡其書，令之口颿之而弗能得。無卹（卹）出其書於左袂，跪₁₇₀而進之，令口颿誦之而習。閒（簡）子曰："魯也，不智（知）好學之有賴也。不₁₇₁智（知）從（縱）欲之日敗也，不智（知）自以爲少而年已暮也。不識之三者，其₁₇₂安能守祭？無卹好學而智（知）貴善言，孝弟（悌）茲（慈）仁而主令弗曼（慢）。令之₁₇₃守祭，其使能使民毋去己遷。"乃立無卹以爲泰（太）子。閒（簡）子已終，無₁₇₄卹即立（位），述（遂）爲賢主。故趙是（氏）之所以始也千乘，已而爲萬乘者，其₁₇₅二主賢也。今我不如趙閒（簡）鞅，而爾有（又）不及襄子無卹。諺曰："掩雉₁₇₆弗得，銀（更）順其風。"今而雖不能及趙襄子，曾不若諺？

巳（己）學（教）大子用₁₇₇茲念，斯乃受（授）之書，而自身屬（囑）之曰："女（汝）勉毋忘。"歲閏月更旦之馴（訓）。₁₇₈

歲終章

· 維歲冬（終）享駕（賀）之日，龏（共）大子朝，周昭文公自身貳〈貣（敕）〉之，用茲

念也,曰:[205]

　　昔堯之所愛子曰丹朱,不好兹(慈)孝,蘩(繁)樂以愉。堯欲其賢,而弗能[206]教海(誨),乃廢弗立,而吳(虞)舜是置。於是爲篇曰:"子而(如)能兹(慈)仁,則以代[207]其身。爲其無親,則不若以國予世之賢人。"[179]

　　• 舜之所愛子曰商均(下略)[180~182]

　　〔•〕禹謂啟曰:(下略)[183]

　　• 湯謂大甲曰:(下略)[184~186]

　　• 昌謂發曰:(下略)[187~188]

　　• 發謂庸(誦)曰:(下略)[189]

　　• 昔秦穆公(下略)[190~193]

　　• 昔越王笱(句)賤(踐)(下略)[194~198]

　　(略)[201~204]

　　……憂。[216]

　　• 昔齊桓公貳〈貣(敕)〉其後嗣曰:"啻(諺)有言曰:'生人日飽,死人日歽(朽)。'餘(余)剴(豈)能[199]爲士(土)而尚令女(汝)道? 夫君民者道,則爲人命。唯毋不道,則人爲之[200]輔。民何歸沃(飫?)? 從有道處。暴(暴)乳(亂)者亡,鬼神弗與。賢主兼國,不宵(肖)無[208]慧,失其彊(疆)士〈土〉,其誰有常所? 今女(汝)有民而不能聖,則齊侯之生(姓),剴(豈)[209]必爲吕?"

　　巳(已)學(教)大子以六王五柏(伯)之念,斯乃受(授)之書,而自身屬(囑)之[210]曰:"女(汝)勉毋忘。"臘之明(明)日親(新)歲之馴(訓)。　　　　大凡六千[211]

　　附記:本文草稿爲 2016 年參加"中國人民大學出土文獻研讀班"北大簡讀書會所構思並向研讀班同仁匯報,後作爲《清華簡〈保訓〉論札》部分內容於 2016 年 10 月 27日參加西南大學所舉辦第六屆出土文獻研究與比較文字學全國博士生論壇作大會宣讀,得到沈寶春等先生點評,謹申謝悃!

　　(作者單位:楊家剛,清華大學歷史系/思想文化研究所;田旭東,西北大學歷史學院)

注釋:

① 朱岩:《〈尚書〉文體研究》,博士學位論文,揚州大學 2008 年。

② 葉修成:《西周禮制與〈尚書〉文體研究》,中國社會科學出版社 2016 年。

③ 潘莉:《〈尚書〉文體類型與成因研究》,知識產權出版社 2016 年。

④ 黄懷信：《〈逸周書〉的源流與傳本》，《逸周書校補注譯（修訂本）》前言第 47—48 頁，三秦出版社 2006 年。

⑤ 張懷通：《〈逸周書〉新研》第 353—357 頁，中華書局 2013 年。

⑥ 牛鴻恩《度訓・題解》："度訓，訓有二解，訓教、訓誥（潘振《周書解義》、唐大沛《逸周書分編句釋》）；訓釋（孫詒讓《周書斠補》）。下篇《命訓》有'立明王以順之，曰："大命有常，小命日成……"'似是訓語，故劉師培《周書補正》讀'順'作'訓'，以《命訓》前半爲訓辭，但未説篇題讀爲'訓教'之'訓'。孫詒讓曰：'度訓，訓釋"度"字之義也。《漢書・藝文志》"道家"有《周訓》十四篇，此與下《命訓》《常訓》三篇義怡與道家亦略相近，此三篇或即《周訓》遺文僅存者。'通觀三篇爲同一作者對'度'、'命'、'常'的訓釋，孫説符合三篇實際，以一作者作文稱'訓誥'，不相宜。雖然三篇未必是《周訓》遺文。今取訓釋、詮釋説。"（《新譯逸周書》第 1 頁，三民書局 2015 年）

⑦ 趙平安：《〈保訓〉的性質和結構》，《光明日報》2009 年 4 月 13 日。

⑧ 陳民鎮：《清華簡〈保訓〉解題》，清華大學簡帛研究網，2010 年 12 月 1 日。

⑨ 柯鶴立：《清華簡〈保訓〉中的"訓"及古代傳播"訓"的方式》，《清華簡研究》第一輯第 74—83 頁，中西書局 2012 年。

⑩ 馬智全：《從清華簡〈保訓〉看"訓"文體特徵》，《魯東大學學報（哲學社會科學版）》2014 年第 4 期。

⑪ 吳國武：《〈保訓〉"中"字及相關問題的再思考》，《揚州大學學報（人文社會科學版）》2015 年第 6 期。

⑫ 晁福林：《觀念史研究的一個標本——清華簡〈保訓〉補釋》，《文史哲》2015 年第 3 期。

⑬ 程浩：《從出土文獻看〈尚書〉的體裁與分類》，《文藝評論》2017 年第 3 期。

⑭ Rens Krijgsman, "Cultural Memory and Excavated Anecdotes in 'Documentary' 書 Narrative: Mediating Generic Tensions in the *Baoxun* Manuscript," *Between History and Philosophy*: *Anecdotes in Early China*, eds. Paul van Els and Sarah A. Queen（葉波、桂思卓主編：《歷史與哲學之間：古代中國的短語》），Albany: State University of New York Press, 2017, pp. 301–330. 中譯本見武致知（Rens Krijgsman）：《文化記憶和出土"書體"文本中的軼事：論清華簡〈保訓〉對文類張力的調和》，劉倩譯，王翔宇校對，《出土文獻》2021 年第 2 期。

⑮ 廖群：《簡帛"説體"故事與中國古代"訓語"傳統——以北大簡〈周馴〉爲例》，《中南民族大學學報（人文社會科學版）》2018 年第 4 期，第 73—78 頁。

⑯ 葉修成：《西周禮制與〈尚書〉文體研究》第 108 頁，中國社會科學出版社 2016 年。

⑰ 熊朋來：《五經説》卷二，《景印文淵閣四庫全書・經部・五經總義類》第 184 册第 272 頁，臺灣商務印書館 1982—1986 年。

⑱ 蔣伯潛：《經學纂要》第 200 頁，嶽麓書社 1990 年。

⑲ 郭英德：《論中國古代文體分類的生成方式》，《學術研究》2005 年第 1 期。

⑳ 陳夢家：《尚書通論》第 312 頁，中華書局 2005 年。

㉑ 程浩：《"書"類文獻先秦流傳考——以清華藏戰國簡爲中心》第 154 頁，博士學位論文，清華大學 2015 年；《有爲言之：先秦"書"類文獻的源與流》第 264—265 頁，中華書局 2021 年。按，此與程先生不將《保訓》列入"書"類文獻討論範圍有關，詳見筆者别文另論，此不贅。

㉒ 錢宗武解讀：《尚書》導讀第 4 頁，國家圖書館出版社 2017 年。

㉓ 黄懷信：《〈逸周書〉的源流與傳本》，《逸周書校補注譯（修訂本）》前言第 47—48 頁。

㉔ 吳訥:《文章辨體序説》第 12 頁,人民文學出版社 1962 年。

㉕ 李零:《簡帛古書與學術源流》第 64 頁,生活・讀書・新知三聯書店 2004 年。

㉖ 柯鶴立:《清華簡〈保訓〉中的"訓"及古代傳播"訓"的方式》,《清華簡研究》第一輯第 74 頁。

㉗ 李民、王健:《尚書譯注》前言第 29 頁,上海古籍出版社 2004 年。

㉘ 北京大學出土文獻研究所編:《北京大學藏西漢竹書(叁)》第 122 頁,上海古籍出版社 2015 年。

㉙ 黃懷信、張懋鎔、田旭東撰,黃懷信修訂,李學勤審定:《逸周書彙校集注(修訂本)》第 1 頁,上海古籍出版社 2007 年。

㉚ 北京大學出土文獻研究所編:《北京大學藏西漢竹書(叁)》第 140 頁。

㉛ 清華大學出土文獻研究與保護中心編,李學勤主編:《清華大學藏戰國竹簡(壹)》第 144—145 頁,中西書局 2010 年。

㉜ 關於"衕"字的討論,趙平安先生認爲"衕"與"中"相類;李鋭先生認爲"衕"字疑讀爲"庸";武家璧先生説"同"是藏禮於器或藏道於器之載體;廖名春先生認爲"衕"即"同",爲天下共主之意;劉光勝先生認爲"寶"爲記載中道之專書,而"衕"指言王訓誡武王之話語。以上諸説分別參見:趙平安:《〈保訓〉的性質和結構》,《光明日報》2009 年 4 月 13 日;李鋭:《清華楚簡〈保訓〉試讀》,清華大學簡帛研究網,2009 年 4 月 14 日;武家璧:《文王遺言建中國——讀清華簡〈寶訓〉(之三)》,簡帛網,2009 年 5 月 12 日;廖名春:《〈清華大學藏戰國竹簡〈保訓〉釋文〉初讀》,《出土文獻》第一輯第 65—66 頁,中西書局 2010 年;劉光勝:《〈清華大學藏戰國竹簡(壹)〉整理研究》第 64 頁,上海古籍出版社 2016 年。

㉝ 陳偉:《〈保訓〉字句試讀》,《出土文獻》第一輯第 60 頁。

㉞ 李零:《讀清華簡〈保訓〉釋文》,《中國文物報》2009 年 8 月 21 日第 7 版。

㉟ 柯鶴立:《清華簡〈保訓〉中的"訓"及古代傳播"訓"的方式》,《清華簡研究》第一輯第 75 頁。

㊱ 釋文據陳劍:《〈周訓〉"歲終享賀之日章"的編連問題》,復旦大學出土文獻與古文字研究中心網,2015 年 11 月 13 日。

㊲ 韓巍:《西漢竹書〈周馴〉若干問題的探討》,北京大學出土文獻研究所編:《北京大學藏西漢竹書(叁)》第 275 頁。

㊳ 王連龍:《對〈保訓〉"十疑"一文的幾點釋疑》,《光明日報》2009 年 5 月 25 日。

㊴ 李零:《讀清華簡〈保訓〉釋文》,《中國文物報》2009 年 8 月 21 日第 7 版。

㊵ 李守奎:《〈保訓〉二題》,《出土文獻》第一輯,中西書局 2010 年。

㊶ 劉光勝:《〈清華大學藏戰國竹簡(壹)〉整理研究》,上海古籍出版社 2016 年,第 67—68 頁。

㊷ 黃懷信:《〈逸周書〉的源流與傳本》,《逸周書校補注譯(修訂本)》前言第 47—48 頁。

㊸ 其中,王國維先生主張秦祠陳寶即《尚書・顧命》所云陳寶,爲古玉之屬,吳郁芳先生認爲是秦先人所制雞形"祀神偶像",蘇秉琦先生認爲"所謂'陳寶',原不過爲'流星'、'隕石',特神乎其説而已"。參見王國維:《陳寶説》,《觀堂集林(附別集)》第 67—68 頁,中華書局 2004 年;吳郁芳:《"陳寶"考》,《文博》1985 年第 2 期;蘇秉琦:《鬥雞臺溝東區墓葬》,《蘇秉琦考古學論述選集》第 7 頁,文物出版社 1984 年;田天:《春秋戰國秦國祠祀考》,《中國典籍與文化》2013 年第 1 期,等等。

㊹ 此爲梁濤先生 2018 年於"人大出土文獻研讀班"所指出,參梁濤:《清華簡〈命訓〉"大命"、"小命"釋疑——兼論〈逸周書〉"三訓"的成書及學派歸屬》,《哲學動態》2021 年第 4 期。

向婦好致禦祭禳除箙弅之疾
系列甲骨試排譜*

劉風華

婦好同時見於殷墟村北、村南系列甲骨卜辭，曾引起"歷組卜辭"時代的大爭論。本文所涉系列向婦好致禦祭的卜辭，即或歸村北系列賓組，或歸村南系列歷組，其人、事、時密切相關，可以排列爲譜。本文嘗試討論之。

這批甲骨卜辭包括《殷墟甲骨拾遺》①138，《甲骨文合集》300、301、302＋1477、34674、34675、34677，《小屯南地甲骨》917 等，前四者屬於賓組，後三者屬於歷組；這其中，《拾遺》138 爲龜甲，其餘爲骨版。

下面依次分析説明其卜辭內容：

1. （1）辛巳卜：毛羊百、豕百、犬百。三
　　（2）辛巳卜：于既前（?）廼毛。三
　　（3）于既品。三
　　（4）其前又（有）羍。三
　　（5）乙酉卜：钔箙弅于帚（婦）好，卅犬。
　　（6）乙酉□：箙弅亡凸。　　　　　　　　　　　　（《屯南》917·歷二，圖一）

從《屯南》917 版字形來看，屬於歷二類，從其稱謂"婦好"來看，時屬武丁。此版六辭，涉三方面內容：（1）綜合第五、六辭可知，箙弅臨禍，爲替他禳災，商王向婦好致禦祭。（2）從第一、二辭之"羊百、豕百、犬百"，用牲數量較大，這在村南系列甲骨中並不多見，足以引起重視。（3）第二、三辭含義尚不確定，不過，其中的"品"字也是繫聯其

　　* 本文爲教育部重點研究基地項目"河南歷年出土甲骨文、金文研究大系"、國家社科基金重大委託項目"甲骨文全文數據庫開發及商代語言文字釋讀研究"、國家社科基金重大委託項目子課題"清華大學藏甲骨的綜合整理與研究"、國家社科基金重大項目"甲骨學大辭典"、河南省哲社規劃項目"殷墟甲骨歷組與無名組字、詞、句對比研究"的階段性成果。

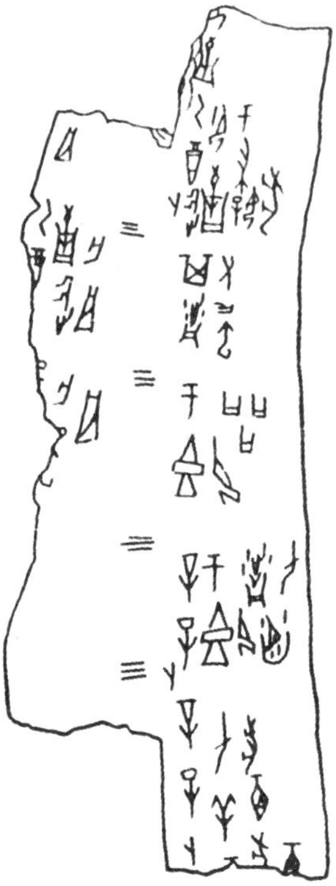

圖一　《屯南》917[②]

圖二　《拾遺》138 照片、拓本、摹本

他甲骨的關鍵綫索。

2. ……□酉[③]……钔箙□……大乙……　(《拾遺》138・賓三,圖二)

《拾遺》138 殘,因其同樣有"钔箙□",推知其可能與前文《屯南》917 版有聯繫。此版致祭對象包括"大乙",也是繫聯他版的綫索。

3. (1) 丁亥卜:品其五十羈。
(2) ……□奔又疛,王□。　(《合集》34677・歷一,圖三)

《合集》34677 版有"□奔又疛",應是卜問箙奔是罹患疾病。前文《屯南》917、《拾遺》138 皆有殘文"钔箙",可知此三版都談及箙奔面臨災難。值得關注的是,此版另有"品其五十羈",這也是繫聯他版的綫索。

4. (1) 丁亥卜,㱿貞:昔乙酉箙奔钔……大丁、大甲、且(祖)乙百鬯、百羌,卯三百宰。　(《合集》301、302+1477・典賓,圖四、五)

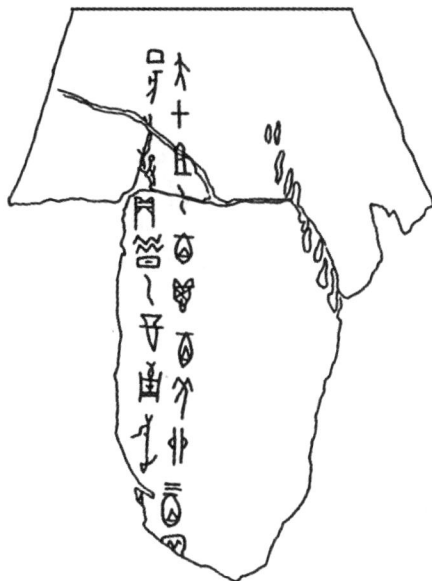

圖三　《合集》34677　　　圖四　《合集》301　　　圖五　《合集》302＋1477 局部④

　　《合集》301、302＋1477 屬成套甲骨,其命辭中有"昔乙酉簸奔钔",與前文《屯南》917 之"乙酉卜:钔簸奔于帚好,卅犬"、"乙酉□:簸奔亡凸"干支、内容均同,實屬罕異;其祭品"百毌、百羌,卯三百宰"則與《屯南》917 之"羊百、豕百、犬百"相呼應和,可知商王試圖以卜決疑:到底有多少祭牲才能達到禦祭的目的。

　　5.(1) 貞:钔自唐、大甲、大丁、且乙百羌、百宰。三　二告

　　　(3) 貞:钔,叀牛三百。三　　　　　　　　　　　　　（《合集》300·典賓,圖六）

　　《合集》300 卜問"钔",祭祀對象爲"唐、大甲、大丁、且乙",祭品爲"百羌、百宰"、"牛三百",與前文《合集》301、302＋1477 之"簸奔钔……大丁、大甲、且乙百毌、百羌,卯三百宰"相類。

　　6.(1) 戊子□:品其九十驣。
　　　(2) 弜水。
　　　(3) □丑卜:品其五十驣。　　　　　　　　　　　　（《合集》34675·歷二,圖七）
　　7.(1) 戊子貞:品其九十驣。
　　　(2) ……其百又五十驣。
　　　(3) 戊子貞:王其水。
　　　(4) 弜水。　　　　　　　　　　　　　　　　　　（《合集》34674·歷二,圖八）

圖六 《合集》300 局部　　　圖七 《合集》34675　　　圖八 《合集》34674

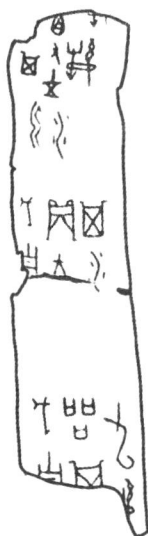

　　《合集》34674、《合集》34675 有兩處内容一致：(1) 戊子貞：品其九十羈。(2) 弜水。此二者屬成套甲骨。《合集》34675 與前文《合集》34677 皆有"品其五十羈"；干支"戊子"、"□丑(可擬補爲"己丑")"，與前文所見多版的"乙酉"，僅分別相隔二日、三日。

　　依照"向婦好致禦祭"的主綫，上述諸版的排譜綫索可梳理爲如下表格：

卜辭片號	卜辭内容摘要			
《拾》138	钔服□	大乙……		
《屯》917	乙酉卜：钔箙奔于帚好，卅犬／乙酉□：箙奔亡咎		毛羊百、豕百、犬百	于既品
《合》301／302＋1477……	昔乙酉箙奔钔……	……大丁、大甲、且乙	百兕、百羌,卯三百宰	
《合》300	钔	唐、大甲、大丁、且乙	百羌、百宰／叀牛三百	
《合》34677	□奔又疛			丁亥卜：品其五十羈
《合》34675				戊子□：品其九十羈／□丑卜：品其五十羈	弜水
《合》34674				戊子貞：品其九十羈／……其百又五十羈。	戊子貞：王其水／弜水

上述 8 版的主要占卜内容包括 5 項:向婦好致禦祭、爲𤸯奔禳除病患,唐、大甲、大丁、祖乙等爲祭祀對象,祭品數量以百頭毛牲爲主,"品"五十、九十或百又五十"羈",水、弜水。末尾兩項中的"品"字"罕詳其誼","羈"字或釋"牛"、"牽"、"服牛"、"牛車",從本文這批甲骨卜辭來看,"品其若干羈"與"百羌、百宰"、"𡥄羊百、豕百、犬百"可能是同一類的占卜内容;若此不誤,則"羈"字釋爲"牽"可能是較爲合適的,用爲量詞。

末列"王其水"、"弜水"、"水"字或許與清潔衛生、防禦疾病有關。《合集》23532 有"辛亥卜,出貞:今日王其水寢,五……",同版另有"癸亥卜,出貞:丁卯子弘弗疒,𡧗疒",與此 8 版同時卜"钔𤸯奔"、"王其水",應有同樣的功利目的。

(作者單位:漢字文明中心、鄭州大學文學院、
"古文字與中華文明傳承發展工程"協同攻關創新平臺)

注釋:

① 本文將《殷墟甲骨拾遺》《甲骨文合集》《小屯南地甲骨》分別簡稱爲"《拾遺》《合集》《屯南》",表格中進一步簡稱爲"《拾》《合》《屯》"。

② 《屯南》917 摹本取自中國社會科學院考古研究所:《小屯南地甲骨》下册第二分册第 1347 頁,中華書局1983 年。

③ 《拾遺》138 版殘,"酉"字或釋"祼",我們認爲可能是"酉"字的異體,可參考拙文《〈殷墟甲骨拾遺〉138 版釋讀拾遺》,載王蘊智、晁偉、李豔華主編:《許慎文化研究(肆)》第 686—690 頁,江西人民出版社 2019 年。

④ 《合集》302 摹本局部圖取自蔡哲茂:《甲骨綴合續集》第 78 頁,文津出版社 2004 年。

由清華簡看商王世系名號問題三則

蔡哲茂

一、《史記・殷本紀》"庚丁"
非"康丁"之誤

《史記・殷本紀》有"庚丁"此一先王，爲廩辛之弟，武乙之父。在甲骨文出土之前，第一個提出商代先王名號有問題的是崔述《考信錄》，他認爲庚丁的"庚字疑誤"。①甲骨文出土之後，羅振玉在《增訂殷虚書契考釋・帝王第二》"曰康且丁"條下曰：

> 《史記》作庚丁，爲康丁之譌，商人以日爲名，無一人兼用兩日者，又卜辭曰："甲辰卜，貞：王賓奉祖乙、祖丁、祖甲、康祖丁、武乙衣亡𢦏。"其文中前已有且丁，後又有康且丁，以商之世次推之，且甲之後武乙之前爲庚丁，則康且丁者，非且丁乃康丁矣。②

王國維在《古史新證》(十二)康丁——康祖丁同樣引《後上》20.5(《合》35803)"甲辰卜貞：王賓奉祖乙、祖丁、祖甲、康祖丁、武乙，卒。亡㞠"，並云：

> 卜辭無庚丁而有康丁及康祖丁，羅參事以爲即庚丁。蓋商人以日爲名，斷無用庚丁兩日者。羅説是也。末條祖乙、祖丁、祖甲、康祖丁、武乙，乃合祭小乙、武丁、祖甲、庚丁、武乙五世，尤康丁、康祖丁即庚丁之證矣。③

王説所引卜辭可爲確證，其世系相連，《殷本紀》的"庚丁"就是甲骨文的"康丁"、"康祖丁"確切無疑。

郭沫若在《卜辭通纂》贊成羅説：

康祖丁或作康丁，羅振玉云：《史記》作庚丁，爲康丁之譌，商人以日爲名，無一人兼用兩日者。

羅振玉的看法跟崔述相同，都是從《殷本紀》上甲以下的先公及大乙以下的先王名號中都是二字且第二字爲天干，而庚、丁皆爲天干不合此例所作的判斷，他們歸納出商王名號的通則作出合理的推測。羅氏看到甲骨文的"康祖"、"康祖丁"所以落實"庚"是"康"的訛誤。從字形看庚、康二字形近，所以他的説法相當合理。但是《古本竹書紀年・殷紀》"庚丁居殷"（《太平御覽》引）和《史記・殷本紀》同。一爲傳世文獻，一爲晉朝的出土文獻，難道二書的"庚"皆誤，這是非常可疑的。

晚近談到此問題，不管是注解《殷本紀》或《竹書紀年》皆引羅、郭兩家之説，幾成定論，然而《説文》"康"字列於"穅"字下之省體，從"庚"聲。恐非訛誤。從新出土材料來看，"庚"字可以讀作"康"。

上博簡五《季庚子問於孔子》對季庚子之名，注曰：

"庚"通"康"。《戰國策・韓策二》"司馬康"，《史記・韓世家》作"司馬庚"。"季庚子"，即"季康子"（？ —前四七七）。

清華簡二《繫年》第四章有"乃先建衛叔封於庚丘"，注曰：

"庚丘"即"康丘"，其地應在殷故地邶、鄘、衛地範圍内，故康叔也可稱衛叔封。

李學勤認爲：

"庚"、"康"古文字通假，庚丘就是康丘，也便是康侯的康。封康是"侯殷之餘民"，可見康即在殷的故土境内。大家知道，殷商故土分爲邶、鄘、衛，康一定是在衛，所以叔封也稱爲"衛叔封"。衛國建立以後，衛人纔"自庚（康）丘遷於淇衛"，淇衛自然就是淇水之濱的朝歌，又稱妹或沬。④

清華簡六《鄭文公問太伯》甲本：

色（孚）涇（淫）柔（媱）于庚。

甲本"庚"字乙本作"康"。

清華簡五《厚父》:

> 不盤于庚(康)。
> 亦隹(惟)酉(酒)甬(用)庚(康)樂。

清華簡八《攝命》:

> 余弗造民庚(康)。⑤

《史記·殷本紀》與晉朝出土的戰國文獻《竹書紀年》皆爲"庚丁",然而從上博五《季庚子問於孔子》及清華簡《繫年》《厚父》《鄭文公問太伯(甲、乙)》《攝命》來看,"庚"本可讀爲"康",又爲異文。《殷本紀》所據材料應爲戰國文字系統,和《竹書紀年》相同,"庚"字爲假借,並非訛誤。

二、"咸有一德"之"咸"爲成湯説

清華簡一《尹誥》:"惟尹既及湯咸有一德。"注曰:

> 既,訓爲"已"。《禮記·緇衣》:"《尹吉》曰:'惟尹躬吉湯咸有壹德。'"鄭玄注:"吉當爲告。告,古文誥字之誤也。尹告,伊尹之誥也。《書序》以爲《咸有壹德》,今亡。"郭店簡《緇衣》作"《尹叀(誥)》員(云):'隹(惟)尹允及湯咸又(有)一惪(德)。'"上博簡同,惟"湯"作"康",乃通假字。咸有一德,《禮記·緇衣》鄭注:"咸,皆也。君臣皆有壹德不貳,則無疑惑也。"《書·咸有一德》孔傳:"言君臣皆有純一之德。"解釋略有不同。

把"咸"字解作"皆",孫飛燕看法與此相同。⑥亦見於劉國忠《走近清華簡》一書,其云:"咸:皆。一德:純一之德。本句大意是説,伊尹已經來到了商湯這裏,君臣二人都有純一之德。"⑦其他學者皆同。唯獨虞萬里先生將"咸"解爲"具備":

> 今《尹誥》此句在篇首,且"躬"作"既",雖僅一字之異,卻意義非凡。筆者釋

"既"爲"既然","及"爲"以","咸"爲"具備",解此句爲:惟伊尹既(已)以(爲)成湯具備一德。如此理解,既消解了君臣並列及先己後君等問題,也更符合史臣敘述的口吻。⑧

我在多年前撰《論殷卜辭中的"𠃌"字爲成湯之"成"——兼論"𤔔"、"𤔔"爲咸字説》一文,指出前賢認爲殷卜辭中的"咸"爲成湯之另名爲正確,但清華簡《尹誥》刊布以來學界似仍無人認同此説,我覺得有再討論的必要。

卜辭中"咸"的寫法有兩體,从戌从口的"𤔔",與从戌从丁的"𤔔",這在同一版甲骨可證明,如下:

> 貞:咸允左王。
> 貞:咸弗左王。
> 翌乙酉业伐于五主:上甲、咸、大丁、大甲、祖乙。

> (《合》248〔丙 41〕+《乙補》2089+《乙補》5853)

前兩咸字皆从口,後一咸字从丁。又《乙》5303 上有左右對貞的二條卜辭:

> 貞:雀以𤔔。
> 雀不其以𤔔。

陳復澄認爲這是甲骨文中"𤔔"、"𤔔"的爲同一字的例證。因而𤔔字也是从戌从口,應釋爲"咸"字。⑨《新甲骨文編》和《甲骨文字編》俱將从丁的咸字釋成"成"。⑩因此成字變有兩種字體。

"一"在古書中有"同"、"齊一"之類的意思,《禮記・樂記》:"禮樂刑政,其極一也。"始皇詔銅方升:"法度量,則不壹,歉疑者皆明壹之。"所謂"一德",即"同德","有一德"即"有同德"。

那麼要把"一德"前的"咸"字解成"皆"或"俱備"都是扞隔難通,《書・酒誥》"自成湯咸至于帝乙",歷來率把咸字當作"皆"字講,而後陳絜認爲此處"咸"或是後人注文入經。⑪

甲骨文出土之後學者悟出此處的"咸"與《緇衣》的"湯咸"同,解成成湯的另名,則文從字順。若將《書・多士》"自成湯至于帝乙"與《書・酒誥》"自成湯咸至于帝乙"相比,可知兩句意思相同,"咸"只能是成湯的別名,作爲"成湯"名稱的補述插入其中。

三、據清華簡《楚居》推測
早期商、楚關係

清華簡《楚居》：

> 季連初降於騩山，氏於穴窮，前出於喬山，宅處爰波，逆上汌水，見盤庚之子，處於方山，女曰妣隹，秉率相，㫊胄四方。季連聞其有聘，從及之盤，爰生䚜伯、遠仲。

其中“盤庚之子”的身份，李學勤認爲：

> “盤庚之子”與《帝繫》“滕奔氏之子”、“竭水氏之子”等同例，也有可能是女性，而妣隹是盤庚的孫輩。按商王世系，“盤庚之子”和武丁同輩，則妣隹同祖庚、祖甲同輩。⑫

“盤庚”是商之賢王，清華簡柒《子犯子餘》：“如欲起邦，則大甲、盤庚、文王、武王。”是與文王、武王齊名之王。《史記·殷本紀》：“封紂子武庚、禄父，以續殷祀，令修行盤庚之政，殷民大説。”

在商代甲骨文中曾見商王朝與楚國先祖交戰的記録，董作賓認爲：

> 酓當於熊，美當於鬻，鬻熊即熊鬻，亦即本譜之酓美也。辭稱“圛酓美”疑即酓美來朝而帝辛享之也，言“受有鹿”者酓美所貢獻之物也。⑬

董作賓先生對卜辭的解釋有其不精確之處，李學勤亦類同此説，認爲此即楚之先祖。⑭

孫亞冰據《英藏》補59“酓美方”卜辭，整理過去對“酓美”相關研究成果，認爲應爲國名，且酓應讀爲方位的“陰”。⑮“酓美方”雖然看似國名、地名，但卜辭中有單用“酓美”者，如《合》35346、《合》36971，難以排除爲人名的可能。疑楚之先世勢力弱小，未有如鬼方一類的“荆”、“楚”之稱呼，故時而以首領名代稱，時而加之“方”以代稱其一族。這與甲骨文中有“犬延”，亦有犬延族之狀況相似。在《合》9479有令“犬延族”“雝田”的記録。趙鵬《殷墟甲骨文人名與斷代的初步研究》指出“犬＋某”，某爲私名。⑯卜辭中亦多見卜問犬延征伐、土田或往來之事,可知其爲人名,又可以其名代稱其族。

若"酓羊"爲楚之先祖,進一步推測商人有敦伐熊鬻之事,那麼《楚居》中季連與妣隹生子便可獲得甲骨文證據的支持。這可以從《楚辭·天問》中對殷人先公世系記載看出:

> 該秉季德,厥父是臧,胡終弊於有扈?牧夫牛羊,干協時舞,何以懷之?平脅曼膚,何以肥之?有扈牧豎,云何而逢?擊牀先出,其命何從?恆秉季德,焉得夫朴牛?何往營班禄,不但還來。昏微遵迹,有狄不寧。何繁鳥萃棘,負子肆情,眩弟並淫,危害厥兄。何變化以作詐,後嗣而逢長。

此殷商先王史料,世系清楚,其中季、王恆,除《天問》外,文獻一無所徵,卻又恰好與甲骨文完全印合,令人疑惑。王國維曾云:"而《天問》就壁畫發問,所記尤詳,恆之一人,並爲諸書所未載。"[17]所幸有清華簡《楚居》,才得以推測楚人對殷商先公世系與史料如此清楚,源自於盤庚後代與楚通婚的結果。李學勤指出:"由於簡文中最晚的楚王謚號是'悼哲王',不再提及下面的王,可以推斷《楚居》即作於悼王之下的肅王之世,肅王的在位年是公元前380至前370年。"[18]據《史記·楚世家》記載,肅王無子,弟宣王立,宣王六年卒,子威王立,威王在位十一年卒,子懷王立。自肅王至懷王三代,《楚居》相關文本應尚存。王逸《楚辭章句》云:"屈原放逐,憂心愁悴,……見楚有先王之廟及公卿祠堂,圖畫天地山川神靈琦瑋僪佹,及古賢聖怪物行事。周流罷倦,休息其下,仰見圖畫,因書其壁,何而問之。以渫憤懣,舒瀉愁思。"東漢王逸所言未必完全可信,不過《天問》與《楚居》在文本上應當是有所聯繫的。總而言之,楚國祖先曾與盤庚之後聯姻,傳承殷人的先公傳說,保留在《楚辭·天問》中。是故《楚辭·天問》保留詳細的殷先公之季、王亥、王恆與上甲微的傳說,並非偶然巧合。

（作者單位:"中研院"歷史語言研究所）

注釋:

① 崔述:《崔東壁遺書》第152頁,上海古籍出版社2013年。

② 羅振玉:《殷虛書契考釋三種·增訂殷虛書契考釋》第344頁,中華書局2006年。

③ 王國維:《古史新證——王國維最後的講義》第33—34頁,清華大學出版社1996年。

④ 李學勤:《清華簡〈繫年〉解答封衛疑謎》,《初識清華簡》第166頁,中西書局2013年。

⑤ 整理者認爲此即《尚書·大誥》"弗造哲迪民康"。清華大學出土文獻研究與保護中心編,李學勤主編:《清華大學藏戰國竹簡（捌）》第113頁,中西書局2018年。

⑥ 孫飛燕：《也談清華簡〈尹誥〉的“惟尹既及湯，咸有一德”》，《清華簡研究》第一輯第 57 頁，中西書局 2012 年。

⑦ 劉國忠：《走近清華簡》第 125 頁，高等教育出版社 2011 年。

⑧ 虞萬里：《由清華簡〈尹誥〉論〈古文尚書·咸有一德〉之性質》，《清華簡研究》第一輯第 10 頁。

⑨ 陳復澄：《咸爲成湯説》，《遼寧文物》1983 年第 5 期，第 6—9 頁。

⑩ 見劉釗等編纂：《新甲骨文編》第 810—811 頁，福州人民出版社 2014 年；李宗焜：《甲骨文字編》第 919—920 頁，中華書局 2012 年。

⑪ 陳絜：《〈尚書·酒誥〉“自成湯咸至于帝乙”解》，周秦社會與文化研究編委會編：《周秦社會與文化研究：紀念中國先秦史學會成立 20 周年學術研討會論文集》第 341—359 頁，陝西師範大學出版社 2003 年。

⑫ 李學勤：《論清華簡〈楚居〉中的古史傳説》，《初識清華簡》第 79 頁。

⑬ 董作賓：《殷曆譜》（下編卷八旬譜七·八）第 9 頁，“中研院”歷史語言研究所 1992 年。

⑭ 李學勤：《殷代地理簡論》第 100 頁，科學出版社 1959 年。

⑮ 孫亞冰：《卜辭所見“龏美方”考》，《甲骨文與殷商史》新三輯第 93—101 頁，上海古籍出版社 2013 年。

⑯ 趙鵬：《殷墟甲骨文人名與斷代的初步研究》第 71—72 頁，綫裝書局 2007 年。

⑰ 王國維：《殷卜辭所見先公先王考》，《觀堂集林》第 421 頁，河洛出版社 1975 年。

⑱ 李學勤：《清華簡〈楚居〉與楚徙鄢郢》，《初識清華簡》第 124 頁。

商周時期的東土諸嬴與"飛廉東逃于商盍"[*]

陳 絜

就目前所見資料判斷,兩周時期於今山東境内,一定有嬴姓的族群存在,而且支系繁多,周代銅器銘文中便有不少綫索可尋。

例如,傳世春秋器中有鑄叔鼎、鑄叔簠各一器,其銘文曰:

鑄叔作嬴氏寶貞(鼎),其萬年眉壽永寶用。　　　　(鼎,《集成》2568,圖一·1)

鑄叔作嬴氏寶簠,其萬年眉壽永寶用。　　　　　　(簠,《集成》4560,圖一·2)

1. 鑄叔鼎銘文拓本　　　　　　　　　　2. 鑄叔簠銘文拓本

圖一　東土春秋鑄叔器

* 本文爲國家社科重大項目"出土先秦文獻地理資料整理與研究及地圖編繪"(18ZDA176)之階段性成果。

鑄叔與嬴氏,或爲夫婦(即爲妻子"嬴氏"作祭祀禮器),或屬母子(即視"嬴氏"爲祭祀對象)。需要注意的是,其中"壽"字的寫法具有明顯的齊魯地方風格,故銘文所言之"鑄",一定是指周初"封黃帝後于鑄"①之鑄,爲東土任姓之族,②其都邑大致位於今山東肥城汶陽鎮一帶。春秋時期的鑄國已是弱小異常,從政治聯姻的角度判斷,不太可能與遠在西土的嬴秦談婚論嫁。所以,銘文所涉及的作爲鑄國姻親的嬴姓之族,恐怕應該在鑄地附近尋找,屬東土故族的可能性較大。

又如中國國家博物館所收藏的春秋時期的邾羌伯鼎一對(《集成》2640、2641),乃1933年於山東省滕州市東郭鎮安上村出土,其銘文曰:

> 邾羌伯作此(柴)嬴尊鼎,其萬年眉壽無疆,子子孫孫永寶用。
>
> (《集成》2640,圖二)

這裏的"此",似可讀作"柴"。按《史記·建元已來王子侯者年表第九》載漢武封齊孝王子劉代於柴邑爲侯,司馬貞《索隱》謂柴地"《志》屬泰山"。③而《水經注·汶水》則曰:"汶水又南,左會淄水,水出泰山梁父縣東,西南流逕菟裘城北……淄水又西南流逕柴縣故城北,世謂之柴汶矣。淄水又逕郯縣北……"④山東新泰翟鎮崖頭河岸曾出戰國時期的"柴內右"戈1器。⑤綜合上述綫索可知,兩周時期的柴地,應該就坐落於今柴汶、嬴汶交匯處附近。⑥邾國曹姓,見諸傳世文獻與出土金文等資料的記載,⑦所以,"柴嬴"應該是邾羌伯的妻子或母親。也就是説,周代東土柴氏爲嬴姓之族。

邾□白鼎

2640

圖二　邾羌伯鼎銘文拓本

再如1981年山東省滕州西郊姜屯鎮莊里西村出土西周早期同銘銅爵一對（《集成》9027、9028，現藏山東滕州博物館），有銘文曰：“妊作㲄嬴彝。”器銘中的“㲄”字，當讀爲“邾”，亦與曹姓邾國有關。而且晚商卜辭中亦能覓得其蹤迹，例如：

　　　　王叀㲄（邾）犬比，亡災。
　　　　王叀盇（禚）犬比，亡災。
　　　　王叀率犬比，亡災。
　　　　王叀阢犬比，亡災。　　　　　（《屯南》4584＋《屯南》106，王旭東綴合，無名組）

該卜辭是占卜會同何地之犬官一起田獵，涉及的地名有盇、率、阢與㲄。衆所周知，盇地爲晚商田獵地，如《合集》10737、10967等均有記載。竊以爲盇可讀禚，可與《春秋經》莊公二年“夫人姜氏會齊侯于禚”之禚相聯繫，大致坐落於今山東濟南市境。[8]率地亦屬習見卜辭田獵點，與㝛、宫、敦等東土田獵點成組出現，即如《合集》37481、37644等所載，故其地大致應該在淄、汶二水源頭地帶。從最新的研究結果看，晚商王室田獵區的核心區域也一定是在東土，[9]所以“㲄犬”之㲄，也應該在東方範圍內尋找。又如：

　　　　庚申卜，在㲄貞：王田，往來亡災。
　　　　癸酉卜，在劸貞：王田，往來亡災。　　　　　　　　　（《合集》36839，黄組）

按商王庚申日在㲄地周邊田獵，第四天則在劸地占卜田獵事宜，説明從㲄到劸地最多3天的行程，以日行40公里計，大致相距120公里。據商末征人方王步卜辭《合集》37434推測，劸地已經臨近汶、淄源頭的雍地，所以極有可能是在今山東濟南萊蕪一帶，故㲄地所坐落的範圍大概便可確定，非東土地名莫屬。晚商卜辭中還能見到㲄與牢、櫟（樂）諸地同版之記載，[10]今滕州一帶又屢出邾氏青銅禮器，由此足以佐證上述有關㲄地地望推論的合理性。兩周妊姓之族，主要活躍在汶水下游沿岸及薛縣、滕州一帶。[11]㲄嬴爵銘文所言及的妊氏與邾嬴，屬母女關係的可能性較大，也即是説，“邾嬴”之名由夫氏＋父姓構成。由這兩件銅爵的出土地推測，在入周之後，今滕州或其周邊，或亦有嬴姓族氏存在，由於地理交通上的便利，故與曹姓之邾聯姻通好。而曹、嬴通婚的基礎，或應追溯至晚商時期。

同爲中國國家博物館所庋藏的西周晚期京叔盤（《集成》10095，圖三），有銘文曰：“京叔作孟嬴媵［盤］，子孫永寶用。”該器先後被《山東金文集存》《山東金文集成》等書著録,應該是有所依據的。商周時期東土有京地,這一判斷有大量的卜辭與金文作佐證,最爲典型者如《合集》33209"哀田于京"、"于嬴哀田"對貞,《集成》2117京犬犬魚父乙鼎、山東省濟陽縣劉臺子2號墓出土京觶(《集成》6090)、東周齊兵有京廈刂族戈(《集成》11085,春秋晚期)等,故相關推論當毋庸置疑。據考證,當時京族大體盤踞在今山東肥城、平陰間,也就是《左傳》襄公十八年所記載的"京兹"之地。⑫這就是説,西周晚期於今肥城、平陰一帶,尚有嬴姓京氏族群活躍於其間。

10095

圖三　京叔盤銘文拓本

此外,1980年山東省黃縣莊頭村出土的"能奚方壺",爲西周早期器物,其上鑄有"能奚乍(作)寶壺"之銘文。按《公羊傳》宣公八年"葬我小君頃熊",頃熊者《左傳》作"敬嬴",可見"熊"、"嬴"古通。銘文"能奚"似可讀作"嬴奚"。若然,則爲女子之名。這或許亦能作爲兩周時期東土有嬴姓之族活動的一條綫索。

　　以上兩周時期活動於山東境内的嬴姓諸族,大致就是《逸周書·作雒解》所記載的周公東征"熊盈族十七國"之孑遺。

　　從卜辭、商金文及商周之際的銘文資料判斷,晚商時期活躍於東土的諸嬴應該還有刂、黿、桑、秦、嬴、犅與矢。

　　東土有刂地,見諸商末"敦陰美"卜辭,經考證,其地大致應坐落在今泰安東部的汶水上游(即嬴汶)沿岸,⑬該地之首領曰"子刂"。卜辭還有"婦刂"(《合集》935臼)之女名,依照目前學界對商代"婦某"身份的通行認識,説明刂族曾與商王室通婚。卜辭所見黿、桑、秦、犅與矢諸族,均能與"刂"複合,從而形成刂黿、刂桑、刂秦、刂犅與刂矢等複合氏名。例如:

　　1. 貞:王勿戩,從刂黿。　　　　　　　　　　　　　　　(《合集》10940,賓組)

2. 癸巳卜，在‖桑貞：王旬亡咎。　　　　　　　　　　　　（《合集》36916、36738，黃組）

3. 戊戌卜，賓貞：乎取……‖秦。　　　　　　　　　　　　　　（《合集》299，賓組）

4. 庚寅，䵼（犅）白（伯）誃（諆）乍（作）又豐寶彝，才（在）二月。𠂤。‖犅。

　　　　　　　　　　　　　　　　　　　　　　　　　　　（犅伯卣，《保利藏金》）

5. 癸卯貞：旬亡咎。在‖矢旬。　　　（《合集》33145，歷組；《遠東》附 10，無名組）

倘若按照複合氏名體現母族與子族的分衍關係加以理解，則鼀、桑、秦、犅、矢及其所自出的‖族，族姓應該是一致的。嬴姓西秦，起源於東土，這可以説是古史學界的最爲重要的意見之一，筆者亦認同此説。商周東土之秦地與嬴地，顯然與後來西遷的嬴秦有關，[14]所以，殷商時期東土鼀、桑、秦、犅、矢與‖諸族，當然歸入嬴姓之族更爲合理。

此外，晚商時期活躍於東土的剸、黃、鴻（江，文獻又作"紅"）三族，也應該是嬴姓之族。其中黃、江嬴姓見諸《史記·秦本紀》，當自西周中期以後從山東遷徙至淮河流域。而剸族問題，我們另文討論，於此暫不贅言。

通過以上的簡要分析大體可知，晚商時期東土嬴姓族氏至少有‖、鼀、桑、秦、犅、矢、京、柴、剸、黃、江等，而且其各自的族居地大致可考，如黃與桑在魯北淄水流域，‖、鼀、秦在汶水上游（嬴汶）沿岸，柴坐落於汶水上游支流柴汶流域沿岸，犅與矢則位於汶水下游中段沿岸，京在平陰一帶，江（紅）在今泰安市境，剸在魯中或略偏南區域。概言之，晚商東土諸嬴其主要分布區域是在淄、汶二水上游沿岸地帶，也就是魯中、魯北中路交通的咽喉。這也就爲理解戰國"飛廉東逃商奄"之記載提供了有力的背景基礎。

按清華簡《繫年》第三章有曰：

> 周武王既克殷，乃設三監于殷。武王陟，商邑興反，殺三監而立录子耿。成王屎伐商邑，殺录子耿。飛曆（廉）東逃于商盍氏，成王伐商盍，殺飛曆（廉），西遷商盍之民于邾虐，以禦奴𫠆之戎。是秦先人世作周□。

飛廉之所以在三監之亂後東逃於商蓋，其重要的原因恐怕就在今淄、汶上游地帶實爲嬴族大本營。[15]但飛廉最後還是爲自己的行爲付出了慘痛的代價，自個身首異處，且其族衆被強制西遷。嬴姓秦族西遷的佐證，還有山東省棗莊市山亭區東江古墓群所出郳慶諸器，共計 15 件器物提到"秦妊"之名，[16]如郳慶匜鼎銘云："兒（郳）慶乍（作）秦妊匜鼎，其永寶用。"也即是説，春秋時期居住在秦地的應該已是妊姓之族，因爲嬴秦的西遷，才有了"鳩占鵲巢"的機會。

當然,東土故族在入周後的運勢也是不完全一樣。就嬴姓諸族而言,實際情況亦大不相同。例如同爲嬴姓的牺族,由於臣服有周,得以留居舊地。如周初牺劫尊、卣有曰:

> 王征盍,錫牺劫貝朋,用作朕蒿(高)祖缶(寶)尊彝。　　　(《集成》5977、5383)

從這組器物銘文推測,牺劫之所以得到周王的賞賜,恐怕是牺族在周王征討商奄的戰爭中出了力。此外如前述的京氏、柴氏與矢氏,[⑰]一定也是臣服了有周,故能在東土故地繼續繁衍生息,並保留其原先的貴族身份,鑄器祭祖,宗廟不圮。

晚商時期,東土尚有諸妊(如鑄、史、薛、謝、商、過、畢、摯)、諸姜(如畧、紀、竝、泄、夷、鑊、叚)、諸姒(如辛、杞、戈、寒、費、曾、緐、瘕、鮑)與子姓之國族(如鄢、畫),還有不知族姓的舉族宗氏及其各個亞族(如𢿙、棘、戜、次),他們在入周以後,命運亦是多所不同。前述諸嬴,大致可以算作具有一定共相的代表性的例子,實際反映的恰恰就是東土故族在周公東征以後的共同命運。若能條分縷析,對相關卜辭、金文資料細作梳理,當時東土的歷史場景,必能得到生動揭示。

2018 年 10 月 12 日初稿

2019 年 3 月 23 日修訂

(作者單位:南開大學古籍與文化研究所)

注釋:

① 《呂氏春秋·慎大覽》。《史記》作"祝"。鑄、祝古音同。

② 山東鄒平縣臺子鎮一帶(舊稱齊東縣)曾出土春秋時期的鑄公簠,其銘文(《集成》4574)曰:"鑄公作孟妊東母媵簠,其萬年眉壽,子子孫孫永寶用。"可見東土鑄族爲妊姓。此外,亦見載於《世本·氏姓篇》《潛夫論·志氏姓》等文獻。

③ 瀧川資言:《史記會注考證》第 394 頁,宏業書局 1994 年。

④ 酈道元注,王先謙校:《合校水經注》第 372 頁,中華書局 2009 年。

⑤ 魏國:《山東新泰出土一件戰國"柴內右"銅戈》,《文物》1994 年第 3 期。

⑥ 陳絜:《卜辭中的柴祭與柴地》,《中原文化研究》2018 年第 2 期。

⑦ 參邾友父鬲(《集成》717)、杞伯每亡鼎(《集成》2495)諸器銘文及《漢書·地理志》。

⑧ 陳絜、田秋棉:《卜辭"𩁹"地與武丁時期的王室田獵區》,《故宮博物院院刊》2018 年第 1 期。

⑨ 陳絜、趙慶淼:《"泰山田獵區"與晚商東土地理》,《歷史研究》2015 年第 5 期;陳絜:《商周東土開發與象之

南遷不復》,《歷史研究》2016 年第 1 期。

⑩ 參《村中南》16、《合集》36746 諸辭。

⑪ 陳絜:《射子削、射南簠與謝氏族姓及地望》,《古文字研究》第三十一輯,中華書局 2016 年。

⑫ 陳絜:《卜辭京、鴻地望與先秦齊魯交通》,《史學集刊》2016 年第 6 期。

⑬ 陳絜:《甲金文中的“亞”字及其相關問題之檢討》,《青銅器與金文》第三輯,上海古籍出版社 2019 年。

⑭ 陳絜:《塑方鼎銘與周公東征路綫初探》,李宗焜主編:《古文字與古代史》第四輯第 261—290 頁,“中研院”歷史語言研究所 2015 年。

⑮ 萊蕪嬴汶一帶的嬴城遺址曾出晚商青銅器,恰恰便是今人尋找嬴族源頭的重要綫索。

⑯ 李光雨、張雲:《山東棗莊春秋時期小邾國墓地的發掘》,《中國歷史文物》2003 年第 5 期;棗莊市政協臺港澳僑民族宗教委員會、棗莊市博物館編著:《小邾國遺珍》,中國文史出版社 2006 年。

⑰ 按《山左金石志》記載,山東省臨朐縣柳山寨曾出土西周早期的矢伯獲鼎(《集成》5291),或説明矢族亦有自西(汶水下游中段沿岸,今山東肥城、泰安與寧陽之間)向東(山東臨朐)的遷徙活動,但其貴族身份當未變。

由《梓材》論書篇的合成體例諸問題[*]

張懷通

《梓材》是西周初年的一篇誥命,傳統觀點認爲,該文是周公封建康叔於衛時告誡康叔的講話,^①例如司馬遷説:"周公旦懼康叔齒少,乃申告康叔曰:'必求殷之賢人君子長者,問其先殷所以興,所以亡,而務愛民。'告以紂所以亡者以淫於酒,酒之失,婦人是用,故紂之亂自此始。爲《梓材》,示君子可法則。故謂之《康誥》《酒誥》《梓材》以命之。"^②又説:"收殷餘民,叔封始邑,申以商亂,《酒》《材》是告……嘉彼《康誥》,作《衛世家》第七。"^③因此,學者往往將《梓材》與《康誥》《酒誥》視爲一個整體,稱作《康誥》三篇。^④

但是,《梓材》的篇章結構,與《康誥》《酒誥》的渾然一體不同,而是由前後内容明顯有所區别的兩個部分組成。劉起釪先生説:"三篇中只有《梓材》才有較大的問題,因爲前半部還呼康叔封的名字而教導之,還可説是周公誥康叔之辭;下半部則是臣對君的講話,顯然出現矛盾了。"^⑤對此,古今學者作出了多種解釋,主要有:(1)周公誥康叔與伯禽,^⑥(2)"王啟監"以下是"誤簡",^⑦(3)"'王啟監'以下,蓋爲康叔答王之辭",^⑧(4)"'王啟監'以下可能是周公對成王説"^⑨等。綜合起來,相互比較檢驗,可知前三種解釋與《梓材》的内容主旨及篇章結構都不符合,只有第四種解釋有較爲堅實的依據,説理也較爲充分,可以信從。然而稍感欠缺的是,第四種解釋,首先,仍然有進一步論證的餘地;其次,沒有與西周初年的史實聯繫起來,以探討周公攝政抑或稱王的真相;第三,沒有進一步追問《梓材》文本形成的原因。爲此,筆者草成此文,對這三個問題進行補充論證與簡要考察,以就教於方家。

---

* 本文爲國家社科基金重大項目"清華簡與儒家經典的形成發展研究"(16ZDA114)階段性成果。

一、"'王啟監'以下可能是
周公對成王説"補證

　　《梓材》以"王啟監"爲界,前面的部分,即從開頭的"王曰:封"到"肆亦見厥君事戕人宥",[⑩]簡文可能有所殘缺,但大致可以分爲兩個段落。劉起釪先生認爲:"兩段殘存簡文,第一段當無大問題是周公誡康叔的誥詞的開頭用語,指出康叔前往就衛國國君之位的重任,有上承天子下聯繫好國内巨室的重要使命。第二段則囑康叔以身作則,謹身率下,特別在用刑方面要注意。"[⑪]劉先生對於内容的分析較細致,概括較準確,代表了古今學者的認識,[⑫]因而可以成爲定論。

　　後面的部分,即從"王啟監"到最後一句"惟王子子孫孫永保民",與前一部分的"尊諭卑"不同,而是"臣告君"。[⑬]劉起釪先生認爲:"用意實前後連貫。都在勸誡爲王者應注重的大綱大略,首要的是養民安民,還要惠及孤苦無告的小民。要克承先王以德服人因而獲得民心的宏偉王業,使皇天交付先王的廣土衆民的盛績萬年無疆。所以看得出這是一篇誥辭中保存得較完整的重要篇文。"[⑭]在此判斷的基礎上,劉先生進一步認爲:"'王啟監'以下可能是周公對成王説。"[⑮]儘管仍然使用了"可能",語氣有些緩和,但將問題挑明,而不是用"誤簡"來含糊其辭,則難能可貴。

　　周公對成王的講話,既有内證,也有外證。内證就是其中的一些語句與《召誥》《雒誥》近似。蔡沈説:"以《書》例推之,曰'今王惟曰'者,猶《洛誥》之'今王即命曰'也;'肆王惟德用'者,猶《召誥》之'肆惟王其疾敬德,王其德之用'也;'已若兹監'者,猶《無逸》'嗣王其監於兹'也;'惟王子子孫孫永保民'者,猶《召誥》'惟王受命無疆惟休'也。反覆參考,與周公、召公進戒之言若出一口。"[⑯]雖然蔡氏錯誤地堅持朱熹的《梓材》是武王誥命的觀點,但敏鋭地體察出其中的"臣戒君之詞",[⑰]則應該肯定。這爲我們的該部分是周公對成王講話的主張,提供了較爲堅實的内在證據。

　　外證就是商周時代有年高德劭的公卿訓誡王的文化傳統。例如西周中期的祭公對穆王的訓誡:"汝無以戾□罪疾,喪時二王大功。汝無以嬖御固莊后,汝無以小謀敗大作,汝無以嬖御士疾大夫卿士,汝無以家相亂王室而莫恤其外。尚皆以時中乂萬國。"[⑱]一連使用了五個否定副詞"無",可見語氣之重,態度之嚴,凸顯了訓誡的情勢。再如商代後期較早階段的祖己對商王祖庚的訓誡[⑲]:"祖己……乃訓於王曰:……嗚呼,王司敬民,罔非天胤,典祀無豐於昵。"[⑳]對於祖己訓話的意思,僞孔傳的解釋是,"祭祀有常,不當特豐於近廟,欲王因異服罪,改修之"。[㉑]可謂嚴辭屬色,盡顯訓誡之態。

　　商周時代能訓誡王的公卿是王朝宿老,無論資歷,還是年齡輩分,都高於王。王對其訓誡,此前有"乞言",此後有"拜手稽首"。訓誡之辭記錄於册,當時叫"惇史"。㉒西周初年介於兩個例證時代之間,必然有這個文化傳統。周公是成王的叔父,在建立周家天下的過程中功勳卓著,且處於實際執政的地位,當然有資格訓誡成王。例如《雒誥》記載,雒邑建成,周公還政,成王對周公"朕復子明辟"的話,先是"拜手稽首",表示感謝,然後是"拜手稽首誨言"。㉓所謂"拜手稽首誨言",當如《祭公》中的"王拜手稽首黨言"㉔和《皋陶謨》中的"禹拜昌言"㉕,是拜謝周公教誨之言的意思。

　　由商書《高宗肜日》、周書《祭公》,尤其記載周公與成王言論和事迹的《雒誥》所體現的文化傳統這一外在證據來看,《梓材》"'王啟監'以下可能是周公對成王説"、是"臣戒君之詞"㉖的主張,完全可以成立。

二、再論周公只攝政而没有稱王

　　確定了《梓材》的"王啟監"以下"臣戒君"的文字,是周公對成王的講話,意味著其中的王是成王,周公不是王,這證明西周初年主導政局的周公只攝政而没有稱王。

　　圍繞西周初年周公以何種方式執政的聚訟,如果從戰國末期荀子的《儒效篇》算起,㉗已經有兩千多年,至今也没有大家公認的結果。在此,姑且不論後世學者的各種説法和解釋,只就西周時代的青銅器銘與傳世文獻兩個方面的材料與《梓材》的相互照應,進一步證明了周公只攝政而没有稱王的問題,進行簡要考察。

　　青銅器銘對於周公事迹多有記載,其中有二條能直接證明周公只攝政而没有稱王的材料。其一,小臣單觶:"王後返,克商。在成師,周公錫小臣單貝十朋。"㉘唐蘭先生的解釋是,"從這件器銘裏,可以看到,在商邑將攻克的時期,已經派兵去伐奄,小臣單大概是在這支軍隊裏的。成王、周公是在商邑攻克後才去的。在成師和這支軍隊匯合"。㉙其二,禽簋:"王伐蓋(奄)侯,周公謀,禽祝。"㉚唐蘭先生的解釋是,"這件銅器銘文證明伐奄雖是周公攝政時事,但成王確是去了,名義上還是歸於成王"。㉛小臣單觶、禽簋記載的都是周公東征的事迹,其中成王與周公同時出現,説明成王是成王,周公是周公,在名分上界限分明,毫不含混。《梓材》"王啟監"以下部分也是周公與成王同時存在,與小臣單觶、禽簋的情形基本一致。那麼,二者共同證明,周公只攝政而没有稱王。

　　傳世西周文獻較多地記載了周公的言論,其中涉及的人物關係,也折射了周公只攝政而沒有稱王。例如《召誥》，記載了雒邑營建過程中召公與周公的對話，㉜“其事遠在《雒誥》前”，㉝而《雒誥》記載了周公“請周成王到雒邑舉行祀典，主持國政”的史實，㉞這表明此時的周公還沒有致政。但在該篇中，一則說“大保乃以庶邦君，出取幣，乃復入錫周公”，二則說“有王雖小，元子哉”，三則說“旦曰”，㉟都是周公是周公，成王是成王，二者也是界限分明，毫不含混。前兩句出自召公之口，是地位大致相當的同僚眼中的周公，後一句是史官記錄講話時所作標記，是下級官員眼中的周公，都說明周公的作爲是主持政局，攝行王政，但沒有稱王。

由此上溯至《康誥》《大誥》，二篇也是周公致政前發布的誥命，都以“王若曰”開頭。前者的文本中有“不可不成乃寧〈文〉考圖功”一句話，㊱後者的文本中有“孟侯，朕其弟小子封”一句話。㊲學者認爲，稱文王爲考、康叔爲弟的這個“王”一定是周公，這是周公稱王的“確證”、“鐵證”。㊳

其實，拗於親屬稱謂而判定周公稱王並不妥當，這是因爲“代替他人講話者雖然可以在口氣上模擬被代替者來發號施令，但卻不可以使用被替代者對講話對象的親屬稱謂，因爲一旦使用了，就會出現抵牾。親屬的稱謂無論在什麼情況下都不會改變，身份、官職的稱謂則可以隨情勢而變，這就是生活的邏輯。……周公以王的身份對康叔講話，固然應稱康叔爲弟、小子，周公攝政代成王講話，也必須稱康叔爲弟、小子，而不應該稱其爲叔父。儘管叔父的稱謂表示的才是成王對康叔的親屬關係，但卻不能使用，否則就亂了套”。㊴也就是說，《大誥》《康誥》中的這兩句話，解釋起來有很大彈性，沒有唯一性。如此一來，又使問題回到了原點，即周公是周公，成王是成王，但周公攝政而以成王的名義講話。現在作爲《康誥》三篇之一的《梓材》，其“王啟監”以下“臣戒君”文字是周公對成王講話的確定，又爲證明發布《大誥》《康誥》時的周公只攝政而沒有稱王這一傳統觀點增加了一條有力的證據。

從周公攝政所作《大誥》《康誥》的“王若曰”，到史官記錄周公與同僚對話的《召誥》的“旦曰”，到周公致政時所作《雒誥》的“周公拜手稽首曰”，再到兼有周公攝政致政兩種情態的《多士》《多方》的“周公曰王若曰”，直到周公致政後以公卿身份所作《君奭》《立政》的“周公若曰”，展示了周公從政治舞臺核心逐漸退出的過程。其中的《梓材》在今文《尚書·周書》中的次序，上與《酒誥》《康誥》相連，後與《召誥》《雒誥》相連，居於從攝政到致政的銜接位置，因此其“王啟監”以下部分透露出的周公與成王的微妙關係，很值得玩味。例如“皇天既付中國民越厥疆土於先王，肆王惟德用和懌先後迷民，用懌先王受命”，“欲至於萬年，惟王子子孫孫永保民”等語句，㊵似乎有爲致政作準備的意思，離著明確說出“朕復子明辟”㊶的話，只有一步之遙了。

三、《梓材》的編輯合成與書篇通例

《梓材》由兩部分組成,第一部分是"周公誡康叔",第二部分是"周公對成王説",已如上述。接下來的問題是,訓誡對象不同的兩篇誥文共同出現在《梓材》一篇文章之中,爲什麼?

早在南宋時期就有學者提出了這個問題,蔡沈説:"(《梓材》)一篇之中前則尊諭卑之辭,後則臣告君之語,蓋有不可得而强合者矣。"㊷意思是説,兩篇誥文的結合很勉强,裏面可能有不爲人知的理由。蔡氏的眼光很敏鋭,但昧於"(《梓材》)亦武王誥康叔之書",㊸與其説不知道其中的理由,還不如説不願意承認《梓材》是周公所作,以及周公訓誡成王的事實。另外,吴棫用"誤簡"來説明兩篇誥文結合的原因。㊹這個説法太牽强,既没有指出誤簡來源,也没有説明誤入原因,等於把問題消弭掉了。

筆者認爲,既然已經明確了《梓材》由兩篇誥文組成,那麼就不必深文周納,另尋其他原因,而應該直接從明面上作出推斷,即《梓材》文本是兩篇誥文編輯合成的結果。

這個推斷基於如下三點理由,一是《梓材》兩篇誥文的作者都是周公,二是《梓材》第二部分雖然是周公誥誡成王,而與《康誥》《酒誥》,以及自身第一部分的誥誡康叔不同,但其内容與《康誥》《酒誥》相通。劉起釪説:"本篇意義與《大誥》《康誥》頗有相似處。'若稽田'一節即是《大誥》的'若考作室'一節的正面文字,都是要求全始全終,不可半途而廢的意義。'予罔厲殺人'即《康誥》的'敬明乃罰'。'肆往奸宄殺人歷人宥'數語即《康誥》的'亦惟君惟長不能厥家人,越厥小臣外正惟威惟虐,大放王命',……'無胥戕,無胥虐,至於敬寡'即《康誥》的'不敢侮鰥寡'。'合由以容'和'引養引恬'亦即《康誥》的'保乂民'和'康保民'。'皇天既付中國民越厥疆土於先王'更既是《康誥》的'天乃大命文王殪戎殷,誕受厥命越厥邦民'。思想和文字這般相同,所以這篇雖是些零斷的簡編,而編次於《康誥》《酒誥》之後是合適的。"㊺劉先生所舉句例,多數出自《梓材》第二部分之中,説明將兩篇誥文編輯合成爲一篇文章,且置於《康誥》《酒誥》之後,自有其合理性。三是文本的編輯合成也見於其他書篇。例如同在《尚書》中的《多士》《多方》,都是由在不同時間、不同地點,面對有所區別的對象而發布但内容前後相互貫通的兩篇誥命編輯合併而成。㊻再如今本《逸周書》中的《嘗麥》《度邑》,都是由言論與事迹兩方面内容組成,有明顯的合成迹象。㊼再如新近發布的清華簡《攝命》,也是一個例證,程浩先生介紹,"該篇被人爲分割成兩個部分:第一部分即簡 1 至簡 31,全部是王對伯攝的訓誡,其中第 31 支簡抄了不到半支就留白了,並且在該簡的最末一字下還添加了一個絕止符號表示篇章完結;第二部分……簡 32,這支簡抄寫得更加致密,視覺上與前 31 支判然有別,而且在簡末同樣有絕止符號。簡號相連又有留白和絕止符合(號)進行分割,可見在《攝命》的抄寫者看來,本篇的前後兩部分是内容相關而又相對獨立的";第二部分"詳細記錄了本次册命的儀程"。⑱對於《攝命》的體例,李學勤先生說:"這是一篇文獻,不是兩篇,而且就到這兒爲止,完完整整的。"⑲這表明《攝命》是由記言與記事檔案改編合成的篇章。由以上可見,記言與記事或記言與記言檔案的編輯合成,是書篇的一條較爲通行的體例。

另外,筆者推測,《梓材》中的這兩篇誥文,對象雖然有康叔與成王的不同,但都是周公在同一時間、同一地點、同一場所、同一典禮發布,内容也相互銜接貫通,因此就被史官編輯合成爲一篇文章。當然,這一推測需要證據的支持,但目前還無處尋找。在此暫且提出來,等待以後條件成熟再討論。

結　論

(一)《梓材》的篇章結構與《康誥》《酒誥》的渾然一體有明顯不同,而是由前後内容有較大差異的兩個部分組成。以"王啟監"爲界,前一部分是周公誥誡康叔,後一部分是周公誥誡成王。

(二)"王啟監"以下第二部分周公誥誡成王,既與其中一些語句顯示的周公、召公對王講話的口氣相一致,也與《高宗肜日》《雒誥》《祭公》等反映的商周時代朝廷宿老訓誡王的文化傳統相符合。

(三)周公與成王共同出現在《梓材》"王啟監"以下第二部分,説明此時周公是周公,成王是成王,二者的名分涇渭分明,這與青銅器小臣單觶、禽簋等相互照應,也與傳世文獻《召誥》等所載同僚及下級官員眼中周公的身份地位相互協調,證明周公雖然主導了西周初年政局,但只攝政而没有稱王。

(四)《梓材》在今文《尚書·周書》中的次序,上與《酒誥》《康誥》相連,下與《召誥》《雒誥》相連,居於從周公攝政到致政的銜接位置,其中"王啟監"以下部分中的某些語句,表露了周公爲致政成王作準備的意思。

(五)《梓材》的這兩個部分,雖然誥誡對象不同,但誥誡者都是周公,誥誡内容與性質既前後相互貫通,也與《康誥》《酒誥》相互銜接,因此被史官編輯合成在一起,形成現在的《梓材》文本。

(六)《梓材》的編輯合成,與今本《逸周書》中的《度邑》《嘗麥》,以及剛剛發布的清華簡《攝命》等篇的形成方式大致相同,這證明記言與記事或記言與記言檔案的編輯合成,是書篇的一條通行體例。

(作者單位:河北師範大學歷史文化學院)

注釋:

① 宋儒認爲《康誥》三篇是武王對康叔的誥命,例如朱熹説:"《康誥》三篇,此是武王書無疑。"(黎靖德編,王星賢點校:《朱子語類》第 2054 頁,中華書局 1986 年)顧頡剛:"從胡宏、吳棫到朱熹、蔡沈,他們異口同聲地説《康誥》等三篇是武王封康叔的書,因爲這樣就可以順理成章地理解'王若曰"孟侯,朕其弟,小子封"'這句話,而確定這位説話的王是武王。……他們何以決心推翻這一件重大的案子?這就爲了'君、臣大義'給宋儒宣傳得愈來愈深徹猛烈,他們在倫理觀念上已絕不容許大聖的周公有稱'王'的悖亂行爲,所以必要把《康誥》裏稱康叔爲'弟'的'王若曰'送給武王,而和周公解除了關係。"(顧頡剛:《周公執政稱王——周公東征史事考證之二》,《周公攝政稱王與周初史事論集》第 42 頁,北京圖書館出版社 1998 年)顧先生的批評可謂一語中的,《康誥》三篇是武王誥命的主張可以不論了。

② 《史記·衛康叔世家》第 1590 頁,中華書局 1982 年。

③ 《史記·太史公自序》第 3308 頁。

④ 鄭玄云:"《尚書·盤庚》、《康誥》、《説命》、《泰誓》之屬三篇,《序》皆云'某作若干篇'。"(賈公彦《序周禮廢興》引,阮元校刻:《十三經注疏》第 636 頁,中華書局 1980 年)是古代學者的代表。劉起釪先生説:"《康誥》《酒誥》《梓材》三篇爲周公誥康叔的誥辭。"(顧頡剛、劉起釪:《尚書校釋譯論》第 1421 頁,中華書局 2005 年)是當代學者的代表。

⑤ 顧頡剛、劉起釪:《尚書校釋譯論》第 1373 頁。

⑥ 伏勝撰,鄭玄注,陳壽祺輯校:《尚書大傳》第 92—95 頁,中華書局 1985 年。筆者按:伏勝的《大傳》在《梓材》之下講的都是康叔與伯禽以父子之禮敬侍周公而周公教之以治國之道的事迹(《尚書大傳》第 92—95 頁),其意當爲《梓材》是周公告康叔與伯禽之語。對此楊筠如説:"《大傳》以《梓材》爲周公告伯禽與康叔之作。考之經文,全不相協。伏生之説,未可從也。"(《尚書覈詁》第 196 頁,陝西人民出版社 1959 年)劉起釪説:"《尚書大傳》據喬梓寓意指爲周公教伯禽之語。《説苑》《論衡》則説是同時教康叔和伯禽。這是一顯然不足信之説。"(《尚書校釋譯論》第 1421 頁)二位先生的見解正確,本文予以採納。

⑦ 吳棫説,蔡沈引,見蔡沉撰,王豐先點校:《書集傳》第 157 頁,中華書局 2017 年。

⑧ 楊筠如:《尚書覈詁》第 198 頁。

⑨ 顧頡剛、劉起釪:《尚書校釋譯論》第 1430 頁。

⑩ 顧頡剛、劉起釪:《尚書校釋譯論》第 1422 頁。筆者按:本文所引《梓材》文字,其句讀採納了劉起釪先生的標點,請讀者明鑒。

⑪ 顧頡剛、劉起釪:《尚書校釋譯論》第 1424 頁。

⑫ 筆者按:以"王啓監"爲界分上下兩部分,是多數學者的看法,但蔡沈認爲"("今王惟曰")此章以後,若臣下進戒之辭,疑簡脱誤於此"(《書集傳》第 157 頁)。對此劉起釪批駁説:"按《蔡傳》所以不從吳棫説(以"王啓監"爲界——引者注),爲的是他胸中橫梗著康叔做的官也是監,'三監叛誅,康叔封殷'的事實,以爲康

叔繼管、蔡而作監，所以他把'王啟監'説爲'王開置監國'，而把'無胥戕'以下説爲'命監之辭'。其實，監不必爲名詞而盡可作動詞，……本篇三'監'字，均王監下之詞，其意有如《洛誥》的'監我士師工'也。"（《尚書校釋譯論》第 1429 頁）劉先生的主張可以信從。

⑬ 蔡沈撰，王豐先點校：《書集傳》第 155 頁。

⑭ 顧頡剛、劉起釪：《尚書校釋譯論》第 1427 頁。

⑮ 顧頡剛、劉起釪：《尚書校釋譯論》第 1430 頁。

⑯ 蔡沈撰，王豐先點校：《書集傳》第 155 頁。

⑰ 黎靖德編，王星賢點校：《朱子語類》第 2055 頁。

⑱ 黄懷信等：《逸周書彙校集注（修訂本）》第 936—939 頁，上海古籍出版社 2007 年。

⑲ 王國維：《高宗肜日説》，《觀堂集林》第 12—14 頁，河北教育出版社 2001 年；顧頡剛、劉起釪：《尚書校釋譯論》第 1028—1031 頁。

⑳ 顧頡剛、劉起釪：《尚書校釋譯論》第 998、1011 頁。

㉑ 《尚書正義》，阮元校刻：《十三經注疏》第 176 頁。楊樹達先生認爲僞孔傳的解釋正確，見《尚書典祀無豐于昵甲文證》，《積微居甲文説》第 71—76 頁，上海古籍出版社 2013 年。

㉒ 張懷通：《〈祭公〉與惇史》，《〈逸周書〉新研》第 320—322 頁，中華書局 2013 年。

㉓ 顧頡剛、劉起釪：《尚書校釋譯論》第 1456—1457 頁。

㉔ 黄懷信等：《逸周書彙校集注（修訂本）》第 941 頁。

㉕ 顧頡剛、劉起釪：《尚書校釋譯論》第 393 頁。

㉖ 黎靖德編，王星賢點校：《朱子語類》第 2055 頁。

㉗ 王先謙撰，沈嘯寰、王星賢點校：《荀子集解》第 114—147 頁，中華書局 1988 年。

㉘ 西周早期，《集成》12.6512。

㉙ 唐蘭：《西周青銅器銘文分代史徵》第 36 頁，上海古籍出版社 2016 年。

㉚ 西周早期，《集成》7.4041。

㉛ 唐蘭：《西周青銅器銘文分代史徵》第 38 頁。

㉜ 張懷通：《蠡方彝、〈祭公〉與〈厚父〉諸篇體例》，"出土文獻與諸子學研究新境——第四屆諸子學學術研討會"論文，上海大學 2017 年。筆者按：于省吾先生認爲《召誥》都是周公的講話，見氏著《雙劍誃尚書新證》第 159—165 頁，中華書局 2009 年。劉起釪先生讚成于説，見《尚書校釋譯論》第 1432 頁。于先生的做法，有過度使用金文辭例的嫌疑。這樣的觀點，與《召誥》的題目以及內容，都有較大抵牾，顯然不可取。

㉝ 顧頡剛、劉起釪：《尚書校釋譯論》第 1434—1435 頁。

㉞ 顧頡剛、劉起釪：《尚書校釋譯論》第 1456 頁。

㉟ 楊筠如：《尚書覈詁》第 203、206、207 頁。

㊱ 顧頡剛、劉起釪：《尚書校釋譯論》第 1272 頁。

㊲ 顧頡剛、劉起釪：《尚書校釋譯論》第 1299 頁。

㊳ 王玉哲：《周公旦的當政及其東征考》，《古史集林》第 341—356 頁，中華書局 2002 年；杜勇：《〈尚書〉周初八誥研究（增訂本）》第 25 頁，中國社會科學出版社 2017 年。

㊴ 張懷通：《〈逸周書〉新研》第 263 頁。

㊿ 顧頡剛、劉起釪:《尚書校釋譯論》第 1424 頁。

㊶ 顧頡剛、劉起釪:《尚書校釋譯論》第 1456 頁。

㊷ 蔡沈撰,王豐先點校:《書集傳》第 155 頁。

㊸ 蔡沈撰,王豐先點校:《書集傳》第 155 頁。

㊹ 蔡沈《書集傳》引,蔡沈撰,王豐先點校:《書集傳》第 157 頁。

㊺ 顧頡剛、劉起釪:《尚書校釋譯論》第 1429—1430 頁。

㊻ 張懷通:《大克鼎與〈多方〉體例研究》,《東夷文化論叢》第一輯,山東人民出版社 2019 年。

㊼ 張懷通:《〈逸周書〉新研》第 231—232、388 頁。

㊽ 程浩:《清華簡〈攝命〉的性質與結構》,《清華大學學報》2018 年第 5 期,第 53—57 頁;清華大學出土文獻研究與保護中心編,李學勤主編:《清華大學藏戰國竹簡(捌)》第 2—3、110—112 頁,中西書局 2018 年。

㊾ 李學勤:《談清華簡〈攝命〉篇體例》,《清華大學學報》2018 年第 5 期,第 48—49 頁。

讀上博簡第九册小札[*]

陳偉武

小文爲幾則札記,是讀上博簡第九册和學習諸家研究成果之後所得,請同道師友指教。

一、須待

《成王爲城濮之行》甲 3:"遠(遠)白(伯)珵(嬴)猶約(弱),須寺於酓﹦(酓酉/飲酒)。"①諸家考釋各有發明,詳參俞紹宏先生引述。②馮勝君先生考釋了此篇簡文中的幾個關鍵字詞,均甚精當,且於此句認爲:"'須'下施逗號。'寺'屬下讀'遲'。簡文説子文'合邦以飲酒',即召集、聚合邦人飲酒,遠白珵年幼,但卻止須不前,没有及時赴宴,故'遲於飲酒'。《左傳》僖公二十七年'蔿賈尚幼,後至',與簡文記載基本相同。"③

今按,"須"字或釋"寡",蔡一峰詳有辨析,指出仍以釋"須"爲是。④"須",待也,"寺"亦讀爲"待","須寺(待)"實是同義連文。馮先生以"須"在簡文中當作一句讀訓爲"止須"、讀"寺"爲"遲"近是,而析駢爲單不可從。"須寺(待)於飲酒"即拖延飲酒的意思。"須寺(待)"此詞後世尚存,意義有同有異,《三國志·魏志·趙儼傳》:"若綿絹不調送,觀聽者必謂我顧望,有所須待也。"此指等待、拖延,與簡文用法近同。《論衡·非韓》:"儒生,耕戰所須待也。""須待"指依靠,與簡文異。"須待"亦可逆序作"待須",如《管子·九守》:"安徐而静,柔節先定,虚心平意以待須。"⑤"待須"義爲等待。

二、周祖

《舉治王天下·文王訪之於尚父》簡 5:"[子]旻(得)上(尚)父,軋(載)我天下;子

---

* 本文爲國家社科基金重大項目"戰國文字詁林及資料庫建設"(17ZDA300)階段性成果。

遊(失)上(尚)父，坯我周壹。”

　　首字“子”爲王瑜楨女士擬補。“坯”字當從網友“苦行僧”讀爲“墜”。簡文末字作，整理者原讀爲“懼”。網友“苦行僧”釋爲“室”。網友“溜達溜達”指出字當從“且”聲，參簡9“祖(袒)”字。蘇建洲先生疑讀爲“祖”。陳劍先生認爲，“”如確從“且”聲，似可讀“祚”，意謂得不到尚父，則周祚將墜失。網友“mpsyx”說所謂“周懼”當讀爲“周祜”。駱珍伊女士指出“”從馬且聲，下二橫畫爲馬且共筆，右上加繁飾“宀”。以上諸說俱見王瑜楨女士和俞紹宏先生引述。⑥

　　今按，蘇氏疑讀爲“祖”當是。王輝(小松)君指出清華簡《皇門》簡13“祖考”之“祖”假“俎”字爲之，“俎”所從之且以二長橫筆託底，與“”字寫法正相似。⑦古文字中“祖”之初文作“且”，此字從馬從且，且亦聲，復加宀爲繁構，當是馬祖之專字，與《説文》訓爲“牡馬也”之“駔”有別。秦咸陽陶文“駔”字用爲人名，暫不明其義。古有馬祭，《爾雅·釋天》：“既伯既禱，馬祭也。”《周禮·夏官·校人》：“春祭馬祖，執駒；夏祭先牧，頒馬攻特；秋祭馬社，臧僕；冬祭馬步，獻馬，講馭夫。”鄭玄注：“馬祖，天駟也。《孝經説》曰：‘房爲龍馬。’”“天駟”就是房星。孔穎達疏：“馬與人異，無先祖可尋，而言祭祖者，則天駟也。故取《孝經説》‘房爲龍馬’，是馬之祖。”

　　簡文中亦讀爲“祖”。“祖”之本義指宗廟，如《周禮·考工記·匠人》：“左祖右社，面朝後市。”鄭玄注：“祖，宗廟。”“墜我周祖”，指喪失我周族的宗廟，“周祖”猶言“周宗”、“周廟”，實指“周室”。《舉治王天下·古公見太公望》簡1：“虐(吾)䎸(聞)周宗有難而不□”《詩·小雅·雨無正》：“周宗既滅，靡所止戾。”鄭玄箋：“周宗，鎬京也。”馬瑞辰通釋：“周宗與宗周有別……讀‘周宗’當爲傳寫誤倒。”説“周宗與宗周有別”尚可信，而作“周宗”其實不誤。“周宗”即周之宗廟，周之宗廟在鎬京，故“周宗”亦可指代鎬京。《左傳》昭公十八年：“使祝史徙主祏於周廟，告于先君。”從用韻的角度看，將簡文末字讀爲“祚”，屬鐸部字，雖與相對應的魚部字“父”、“下”亦可合韻，始終未如讀爲“祖”均屬魚部字相押和諧。

三、中室

　　《史蕾問於夫子》簡6～7：“史喆(蕾)曰：‘可(何)胃(謂)八？’夫子曰：‘内與賵，幽色與酉(酒)，大鐘貞，□美宝室，區(驅)輊(騁)攺獵，與(舉)獄訟，易所以遊(失)……”

　　整理者原釋爲“宝”，學者隸爲宙，從宀從中，甚是。季旭昇先生亦釋“宙”讀爲“宫”。⑧白於藍先生從季説⑨今按，讀爲“宫”最早爲網友“mpsyx”提出。⑩釋爲“宝”

誤,讀"宷"爲"宫"亦誤。"宷"不見於字書,當是从"中"得聲,與"宫"聲韻尚有差距。從用字習慣看,楚簡多見"宷"讀爲"中"或从"中"得聲之字,如"宷"與"中"、[11]"宷"與"仲"。[12]例繁不舉。"宷室"當讀爲"中室",指後宫,"中室"猶言"中宫"。《漢書·外戚傳·孝成趙皇后》:"常給我言從中宫來。"顔師古注:"中宫,皇后所居。"楚簡"美宷(中)室"即指美飾後宫。《漢書·王莽傳下》:"今臣臨復適三十,誠恐一旦不保中室,由不知死命所在。"顔師古注:"中室,室中也。臨自言欲於室中自保全,不可得耳。"此"中室"別是一義。

附記:小文曾在"紀念清華簡入藏暨清華大學出土文獻研究與保護中心成立十周年國際學術研討會"上宣讀(清華大學,2018 年 11 月 18 日),初稿電子文檔承蔡一峰君校訂是正,謹志謝忱。

2019 年 3 月 8 日

(作者單位: 中山大學中國語言文學系、
"古文字與中華文明傳承發展工程"協同攻關創新平臺)

注釋:

① 馬承源主編:《上海博物館藏戰國楚竹簡(九)》第 148 頁,上海古籍出版社 2012 年。引用釋文適當吸收學界考釋意見。

② 俞紹宏:《上海博物館藏楚簡校注》第 697 頁,中國社會科學出版社 2016 年。

③ 馮勝君:《上博九〈成王爲城濮之行〉補釋》,《出土文獻與古文字研究》第六輯第 360 頁,上海古籍出版社 2015 年。

④ 蔡一峰 2018 年 11 月 12 日來郵,此不具引。

⑤ 此文例爲蔡一峰君指示(2018 年 11 月 12 日來郵)。

⑥ 季旭昇、高佑仁主編:《上海博物館藏戰國楚竹書(九)讀本》第 143—144 頁,萬卷樓圖書股份有限公司 2017 年;俞紹宏:《上海博物館藏楚簡校注》第 724—725 頁。

⑦ 2018 年 11 月 11 日來郵。

⑧ 季旭昇:《上博九〈史蒥問於夫子〉釋讀及相關問題》,《吉林大學社會科學學報》2015 年第 4 期,第 244—245 頁。

⑨ 白於藍:《簡帛古書通假字大系》第 960 頁,福建人民出版社 2017 年。

⑩ 詳見賴怡璇引述季旭昇、高佑仁主編:《上海博物館藏戰國楚竹書(九)讀本》第 264—265 頁。

⑪ 劉信芳:《楚簡帛通假彙釋》第 8 頁,高等教育出版社 2011 年。

⑫ 白於藍:《簡帛古書通假字大系》第 959—960 頁。

説"舂"與相關字*

王志平

　　"舂"及從"舂"之字,古文字多見。尤其是金文及楚簡的"舂"字,學者討論尤多。最近孟蓬生教授《"孤竹"補釋——談魚通轉例説之七》一文,^①彙集衆説,對"臽/舂"字有關形體溯流窮源,辨音析義。孟文認爲,該字古音在談盍二部之間,其主要元音爲a;故可與魚部之"孤"(主要元音亦爲a)通假。文中亦引及鄙人關於楚帛書之舊釋,拙作幾乎無人問津,幸入孟兄法眼,足見孟教授治學竭澤而漁之精神。

　　關於"臽/舂"字的形體演變,孟文辨析已詳,並附以樹形圖示,^②本文迻録如下:

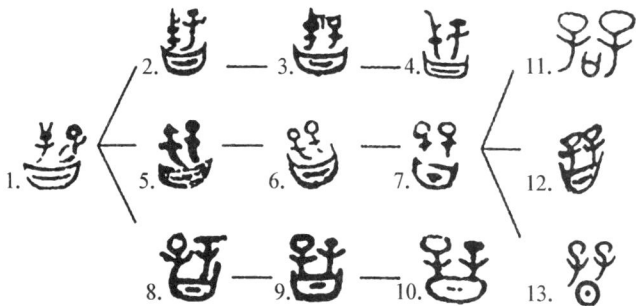

　　拙作關於楚帛書之舊釋,^③主旨因以文本釋讀爲主,限於篇幅及體例,於該字之形、音部分,未遑探源,意猶未盡。而孟文則主要是談論該字與"孤"的聲音關係,對於該字與"孖/孨"的聲音關係則未多置言。細讀各家論述之後,獲益匪淺。"舊學商量加邃密,新知培養轉深沉",在孟文基礎上,本文略有增益,權作舊文補充。希望能百尺竿頭,更進一步;雖不敢自以爲是,冀有千慮之一得。孟文及其他各家已詳繹者本文從略,諸家有未盡者本文細論之。希望可以別開生面,以贖鄙人前愆。

　　《説文》舁部:"舂,盛貌。從舁,從日,讀若薿薿。一曰若存。臽,籀文舂從二子。

---

　　* 本文係國家社科基金"古文字特殊通轉研究"(17BYY127)、"出土簡帛文獻與古書形成問題研究"(19ZDA250)資助成果之一。

一曰眘即奇字簪。”篆形作“🌳”。籀文作“🌿”。誠如孟文所説,《説文》提供了三個讀音:薿、存和簪(晉),令人無所適從。此字又見於金文,多用於人名、地名中,或釋爲“孤竹”之“孤”。④但因字形和辭例都無法確證,加之與《説文》無法銜接,學界對於此説多在疑信之間。因而有關的簡帛文字就成爲了深入研究的救星。最早引起注意的就是《楚帛書》中的“厝”字。該字《楚帛書》兩見:“惟德匿之歲,……是月以婁(婁)、厝爲之正,唯(推)十又二[月]。”⑤又,“恭(恐)民未智(知),厝以爲則,毋童(動)。”此字或隸定爲“厝”,我們曾以爲此字當讀爲“攝”。⑥

“厝”字帛書原作“厝”、“厝”,從“厂”,從“眘”,也可徑直隸定爲“厝”。所從的“眘”字即《説文》“眘”之籀文,也見於金文,孟文最終確證爲“孤竹”之“孤”。

而徐鍇《繫傳》篆形則作“🌳”,並分析爲“從夅,從曰,讀若薿,一曰若存”,徐鍇並云:“曰音越。曰,詞也。今音女立反。《魯靈光殿賦》曰:‘芝栭欑羅以戢眘。’牛以反。”但其籀文“眘”字則與大徐本字形相同。

對於此字的釋讀意見,當以曾憲通概括最詳:

> 錫永(商承祚)師云:“厝即《説文》之眘,籀文作眘。”嚴一萍氏謂厝當爲奇字晉,讀作“齊”。選堂(饒宗頤)先生以厝爲籀文眘,據《説文》當訓盛。謂“厝以爲則”猶言盛以爲則。李零讀厝爲疑,其説未詳,或以《説文》眘“讀若薿”爲依據。選堂先生則讀爲擬,謂擬捪同訓度。帛文“厝爲之正”猶言捪度以爲正。⑦

劉信芳又云:

> “厝”,諸家多以爲即《説文》之“眘”,然其釋則紛紜其説,或釋“晉”,讀作齊;或讀“擬”,或讀“存”。按該字從屍甘聲,屍應即《説文》“屌”字之別,甘是附加聲符。字讀如“存”,則有如《説文》“眘”之歧讀如“存”。帛書“屍”(存)應是與古代腰祭相關之禮儀。《禮記·郊特牲》:“鄉人禓,孔子朝服立於阼,存室神也。”……帛書“存爲之正”,謂行驅鬼逐疫之腰祭時,以安神爲正。⑧

實際上,“眘”字也見於其他古文字,如西周金文:

🌿⑨

金文字形實爲“從孖,從口”,用爲人名。“孖”字見《玉篇》子部:“子辭切。亦作滋,蕃長也。亦作撜。或辭恣切。挈孖。"又《玉篇》子部："挈，力辭切。挈孖，雙生也。"而《方言》卷三："陳楚之閒，凡人嘼乳而雙産謂之釐孳。"《廣韻》"孖"有兩個讀音，《之韻》"子之切"、《志韻》"疾置切"，並訓爲"雙生子也"。《集韻·之韻》："一産二子，通作孿。"（津之切）又《志韻》："雙生子也。一曰蕃長。"（疾置切）"孖"應爲"子"字的疊文，故古音亦讀同"子"。

楚文字中也有此字：

《楚系簡帛文字編》將此字隸定爲"从孖，从甘"。此字兩見於江陵磚瓦廠 M370 楚墓竹簡，簡 2、簡 3 均有"頛（盜）殺仆之兄李晉"之語，亦用爲人名。[11]上博楚簡《景公瘧》簡 10 有"翏（聊）、晉（攝）以東"，今本《晏子春秋》作"聊、攝以東"。[12]

劉信芳則以爲"厝"字"从厈甘聲，厈應即《説文》'屖'字之別，甘是附加聲符"。[13]不知他所謂的"厈"是否即見於包山簡的"厈"：

厈於埜地宔（主）一貓，宫埊（地）宔（主）一貓，賽於行一白犬、酉（酒）飤（食）。

（包山楚簡 207～208）[14]

《考釋》（395）云：

厈爲厗字異體，借作薦。《周禮·天官·庖人》："備品物曰薦，致滋味乃爲羞。"[15]

按：此字隸定實有誤，原字形作""，[16]當隸定爲"厗"。字形上部从"石"，不从"厂"。此字並非厗字異體，當分析爲从"石"，"厗"省聲。[17]新蔡葛陵楚簡作""，从"石"，从"晉"不省，可隸定爲"晉"。此字見於新蔡葛陵楚簡甲一：4"□晉禱一鹿"，[18]又甲三：111"既成，功逾而晉之"，[19]又乙三：24"□祭王孫晉□"。[20]此字新蔡楚簡或用爲人名，整理者認爲"王孫厝又稱王孫厭，厝、厭通假"。[21]徐在國又補充論證認爲，包山簡 207 之"厈於埜地宔（主）一貓"即簡 219 之"厭一貓於地宔（主）"，故厝、厈均當讀爲厭。[22]李家浩進一步把"厝"字分析爲从"厂"，"晉"聲，故可與"厭"通假。[23]

此字亦見於清華簡。清華簡壹《金縢》簡 5："爾之許我，我則晉璧與珪。"今本《金縢》作"以璧與珪"。整理者認爲："晉，從石，晉聲，讀爲'晉'或'進'。'晉'爲晉之《説文》籀文："晉即奇字瑨（晉）。'"㉔陳劍則讀"晉"爲"瘥"。㉕今本"晉"作"以"，以（以母之部）、薿（疑母之部）同爲之部字，"以"所從之"㠯"與"薿"所從之"疑"古文字有通假之例。上博簡《曹沫之陣》簡 54："毋思（使）民矣（疑）。""以"、"矣"同從"㠯"聲，說明《説文》的"讀若"不無來歷。儘管如此，我們認爲整理者的理解更爲正確。祝告先王，用"晉（/進）璧與珪"比"瘥璧與珪"或"以璧與珪"更示恭敬莊重，更能體現周公之謙卑。

清華簡貳《繫年》簡 133"晉年"，整理者認爲："'晉'應讀爲'厭'，與'薦'音近可通。《爾雅·釋言》：'薦，再也。'薦年即再一年。"㉖陳爻疑可讀爲"浹（字亦作"挾"）年"。㉗孟蓬生讀爲"翼年"。㉘

郭店楚簡《五行》簡 48 引《詩·大雅·大明》曰："上帝臨汝，毋貳爾心。"其中與"臨"對應的字作"𢍏"，整理者原釋"賢"，裘錫圭先生按語以爲"恐即'臨'字之誤寫"。㉙此字與"賢"字形不同，當隸定爲"𡭴"。《説文》臥部："臨，監臨也。從臥，品聲。"段注本改爲"監也"："各本作監臨也。乃複字未删而又倒之。今正。"陳劍、謝明文認爲甲骨文、金文中"臨"字從"品"爲添加聲符。㉚平按："臨"當從"嵒"省聲。《説文》："嵒，山巖也。（《西京賦》曰：下嶄巖以嵒齬。）從山，品聲。㉛讀若吟。"段注云："大徐無聲。按嵒與石部之喦别。五咸切，七部。"又，"喦，多言也。從品相連。《春秋傳》曰：次於喦北。讀與聶同。"段注云："此與言部讘音義皆同。會意。"今《左傳》僖公元年"喦"作"聶"，段注曰："聶北、邢地。杜氏説。尼輒切。七部。""嵒"讀若"吟"，故可與"臨"諧聲。

按：《五行》"𡭴"字上部或爲"臥"之省寫，可分析爲從臥省，從丁，從孖。"孖"與聲符"品"或"嵒"位置相當，爲聲符替換之例。《集韻·侵韻》："臨，……古作臨。"（犁針切）而《汗簡》"臨"引《義雲章》作"𣄰"，即《集韻》字形所本。"臨"字《義雲章》古文之三"于"或爲"乔"之訛書。則"臨"字實從"孖"或"乔"聲。據此可知，"孖"或"乔"亦當與古音來母侵部之"臨"聲近。"臨"、"嵒"、"吟"與見母談部之"監"形音義俱近，《説文》："監，臨下也。""臨，監臨也。"值得注意的是，"監"與"臨"的同源關係也是元音-a-與-ə-的交替形式，二者都是收-m 尾的字。既知"孖"或"乔"與"臨"聲近，則"晉"字可讀爲來母之"來"，簡文可讀"來年"。

從楚文字字形來看，"昏"字從"甘"，字形與"曰"相近而不從"日"，徐鍇説近是。劉信芳認爲"厴"從甘聲，近是。孟蓬生亦認爲該字可分析爲從"孖"，"甘"聲。㉜但是金文"𡥀"字並不從甘，顯然"孖/乔"字才是聲符所在。包山簡"晉"亦作"𢍏"，後者當分析爲從"石"，"乔"省聲。《集韻·緝韻》："乔、昏，昵立切，聚皃。或作昏。"説明乔、昏古本一字。據上文"臨"從"孖"聲分析，"昏"字當分析從"乔"從"甘"，"乔"、"甘"皆聲，"甘"才是添加的聲符。而《廣韻·緝韻》"昏"音"尼立切"或"羊入切"，"尼立切"上古聲母爲 n-；"羊入切"上古聲母爲 l-；故可與"臨，力尋切"之來母 r-相通。這些緝韻的讀音仍然是收-p尾的字，故與"甘"、"猒"、"臨"等-m尾字通轉。

應當承認，"卺"字的讀音，古人音注多歧不一。徐鉉音"魚紀切"，而徐鍇音"女立"、"牛以"兩切。"女立"切的讀音源於《文選》卷十一《王文考（延壽）〈魯靈光殿賦〉》"芝栭欑羅以戢卺"，李善注："戢卺，衆貌。卺，乃立切。"《廣韻·緝韻》則作"戢孨，聚皃。尼立切"。"卺"字在《廣韻》中也有兩個讀音，《廣韻·止韻》"魚紀切"，"盛也"。又《廣韻·緝韻》"羊入切"，"多皃"。

字書的注音也頗多異讀。《玉篇》孨部："卺，牛起切。盛皃，又衆多之皃。晉，籀文。又奇字晉。子刃切。"其"子刃切"一讀顯然是"晉"字的讀音。又宋郭忠恕《汗簡》卷下之二孨部："孨，滓眷切。卺，牛已切。見《説文》。又牛訖切。《義雲章》以爲晉字。"黃錫全《汗簡注釋》云：

> 《説文》卺字籀文作[字形]，正篆作[字形]，"讀若薿薿"。鄭珍云："此牛已、牛訖二切皆薿字之音。又云'一曰卺即奇字晉'，《義雲》所本。"按晉字古作[字形]（晉人殷）、[字形]（晉公盦）等，與[字形]形近易混，《説文》所謂"卺即奇字晉"，蓋當時有將[字形]誤認爲[字形]者。㉝
>
> 鄭珍又云："許謂奇字以晉爲晉，卺則非晉也。"鄭説是。㉞

平按：黃錫全完全以誤字解説籀文"卺"字，殆未見楚文字之形，其字形與"晉"字涇渭分明，無由相混。鄭、黃之説難以信從，也無法解釋"卺即奇字晉"一説的來源。但鄭珍説"牛已、牛訖二切皆薿字之音"則非常正確，大小徐的反切也是如此。一些音韻學家逕直把"卺"字歸爲疑母之部字，㉟也是從《説文》"讀若薿"著眼的。㊱但是《説文》中該字的"讀若"不止一個，我們該信從哪一説呢？

由於古文字的有關辭例多是人名、地名，我們無法從中直接確定"厬"、"卺"諸字的音讀，因而也無從驗證許慎讀若及大小徐等人反切的正誤。但是這也並非完全無路可行。我們認爲，如果要確認"厬"、"卺"等字的音讀，不妨首先考察一下與"厬"、"卺"等密切相關的諸字的音讀。"卺"從"孨"字，《説文》孨部："孨，謹也。從三子。凡孨之屬皆從孨，讀若翦。"段玉裁《説文解字注》："《大戴禮》曰：'博學而孱守之。'正謂謹也。引申之義爲弱小。《史記》：'吾王孱王也。'韋昭曰：'仁謹皃。'與許合。孟康曰：'冀州人謂懦弱爲孱。'此引申之義。其字則多叚孱爲孨。"㊲從"孨"的幾個字，如《説文》孨部："孱，追也。一曰呻吟也。從孨在尸下。"㊳《説文》人部："倁，具也。從人，孨聲。讀若汝南潺水。《虞書》曰：旁救倁功。"段玉裁注："《玉篇》《廣韻》作偄。"《集韻·獮韻》："偄、倁，具也。或省。""潺"、"倁"諸字，徐鍇《繫傳》本分別作"潺"、"偄"

等,《尚書·堯典》作"方鳩僝功",小徐本所引《虞書》與今本文字全同。而《説文》辵部又引《虞書》作"旁逑孱功",小徐本作"旁求孱功",《史記·五帝本紀》則作"旁聚布功"。

不難看出,《説文》是把"孱"分析爲會意字的。但是"潺"、"僝"諸字,徐鍇《繫傳》本分別作"潺"、"僝",顯然是互換聲符,那麼,"孨"也應讀同"孱",説明段注是可信的。"孱"字應該分析爲从"尸"、"孨"聲的形聲字。還有學者認爲,"孨"、"孱"爲一字之孳乳。㊴《玉篇》孨部:"孨,莊卷、旨兗二切。謹也,孤兒也。""孱,士連切。不齊也,愞弱也。又士限切。"從古音上説,"孨"莊卷切爲莊母元部;旨兗切爲章母元部字,㊵"孱"則爲崇母元部字,讀音也很相近。《集韻·獮韻》:"孨,《説文》:'謹也。从三子。'一曰孤煢可矜謂之孨。"(主兗切)而謹、孤、煢、矜都是見系字的聲訓,説明"孨"字古音亦應有見系的讀音。《玉篇》:"孨,孤兒也。"此音訓也有助於理解爲何金文"眷"字可讀爲"孤"的問題。

"孨"字也見於戰國文字,如陶文:

但多用爲人名,如"蒦圈匋里人孨"等,無法確定其音讀。

"孱"字也見於戰國文字,如兵器銘文:

此用爲地名"孱陵"。《漢書·地理志上》"孱陵",顏師古注:"應劭曰:孱音踐。師古曰:音仕連反。"

"僝"字也見於古文字,如陶文:

"僝"字也用爲人名,如"西蒦圈王僝"。

古文字中還有一個類似的字"㝰",也見於古璽:

"㝰"字不見字書,从"宀",从"孨",疑亦从"孨"得聲。亦用爲人名。古文字中从"宀"、从“厂”容易相混，不知是否即“曆”字所从之“屛”。

　　從楚簡文義來看，有關辭例多與豕、鹿、璧、珪等祭祀活動有關，讀爲“厭”、“瘞”等並不妥帖。相反讀爲“薦”或“晉”倒是文從字順。那麽，它們的讀音是否相隔呢？“孨”字，《説文》“讀若翦”。“翦”從“前”得聲，從“前”得聲之字可與“晉”、“薦”等字相通假。《周禮·夏官·職方氏》：“其利金錫竹箭。”鄭注：“故書箭爲晉。杜子春曰：‘晉當爲箭。’《書》亦或爲箭。”武威漢簡《儀禮·泰射五》“綴諸箸”，今本作“箭”。“晉”本字當作“榗”。《説文》木部：“榗，榗木也。从木，晉聲。《書》曰：‘竹箭如榗。’”《詩·魯頌·閟宮》：“實始翦商。”《説文》戈部引“翦”作“戩”。是“翦”、“晉”聲相通。[45]《史記·孝武本紀》：“薦紳之屬。”《索隱》：“薦音搢，今作薦者，古字假借耳。”《史記·五帝本紀》：“薦紳先生難言之。”《集解》引徐廣曰：“薦紳即縉紳也，古字假借。”《漢書·郊祀志》：“縉紳者弗道。”顏注：“縉或作薦。”則“孨”、“眷”字讀爲“薦”在音韻上也没有問題。[46]

　　我們現在回頭來看，既然從“孨”的幾個字“屛”、“俈”、“湝”、“寽”、“孨”均從“孨”得聲，那麽“眷”字是否也從“孨”得聲呢？《文選·魯靈光殿賦》李善注“戩眷”，《廣韻·緝韻》引作“戩孨”，則“眷”、“孨”音同。“孨”字，《説文》“讀若翦”；而“眷”字籀文“晉”“即奇字晉”。上文已經談到，“翦”、“晉”聲相通。即使從《説文》的“讀若”上看，“眷”、“孨”讀音也是非常相近的。所以“眷”字毫無疑問應當分析爲從“甘”，“孨”聲，是個不折不扣的形聲字。

　　但是，《説文》又説“眷”字“一曰若存”，是否與形聲字的分析不符呢？恰恰相反，如果認同“眷”從“孨”聲，有關疑難可迎刃而解。前文説過，“孨”可通假爲“薦”，而“薦”、“荐”經常通假。《史記·曆書》“禍菑荐至”，《索隱》：“字或作薦，古字假借用爾。”《漢書·終軍傳》“北胡隨畜薦居”，顏師古注：“薦讀曰荐。”《詩·大雅·雲漢》“饑饉薦臻”，《春秋繁露·郊祀》引“薦”作“荐”。類似之例尚多。[47]“荐”從“存”得聲，則從“孨”聲之“眷”字當然可以“讀若存”了。

　　“薦”字《説文》廌部分析爲“从艸，从廌”，以爲會意字。而朱德熙先生認爲“薦”字本從“廌”聲，[48]甚確。“廌”字楚簡中多用爲“薦”：

二□廌（薦）之鼎。　　　　　　　　　　　　　　　　（包山楚簡 265）[49]

☑廌（薦）三楚先。　　　　　　　　　　　　　　　（新蔡葛陵楚簡甲三：105）[50]

☑已之昏廌（薦）虘（且）禱之。　　　　　　　（新蔡葛陵楚簡乙三：60、乙二 13）[51]

既廌（薦）之於東陵。　　　　　　　　　　　　　（新蔡葛陵楚簡零：303）[52]

父兄不廌（薦）。　　　　　　　　　　　　　　　　（上博楚簡《曹沫之陣》42）[53]

《包山楚簡考釋》(583)云：

　　鷹，讀作薦。《周禮·天官·庖人》"備品物曰薦"，薦鼎，盛食之鼎。[54]

甚是。"鷹"讀爲"薦"，説明"薦"事實上是一個形聲字，應當分析爲"從艸，鷹聲"。而"鷹"字又可讀爲"存"。郭店楚簡《語叢四》："諸侯之門，義士之所鷹。"今《莊子·胠篋》作："諸侯之門，而仁義存焉。"裘錫圭先生按語云："'鷹'字古有薦音，'薦'正是文部字。'薦'、'荐'古通。此'鷹'(薦)字可依《莊子》讀爲'存'。"[55]又《成之聞之》："是故亡乎其身而鷹乎其詞"，裘錫圭先生按語云："古代'鷹'有'薦'音，其字在此與'亡'爲對文，當讀爲'存'。"[56]又上博楚簡《緇衣》："故心以體鷹，君以[民]亡。"馮勝君亦讀"鷹"爲"存"。[57]又上博楚簡《曹沫之陣》簡14："三代之陣皆鷹(存)，或以克，或以亡。"[58]又《曹沫之陣》簡41："《周等(志)》是鷹(存)。"[59]

　　諸字中"桼"爲莊母元部字，"讀若翦"，又爲精母元部字。"眘"從"桼"聲，亦當爲莊/精母元部字。而"眘"字讀若"存"則爲從母文部字，以爲奇字"晉"則又爲精母真部字。諸字聲母相近，韻部關係也很密切。元部字經常與真、文兩部相出入，"桼"字段玉裁、嚴可均、江有誥歸元部，而朱駿聲歸文部；"薦"字嚴可均歸真部，江有誥歸文部，而朱駿聲歸元部。[60]"薦"字所從的"鷹"又可以讀爲"津"(精母真部字)。郭店楚簡《窮達以時》："呂望爲臧棘津。""津"字本作"鷹"。裘按云："'鷹'字古有'薦'音(《朱德熙古文字論集》，五五頁)，'薦'、'津'古音相近。"[61]如果不考慮具體的歸部問題，只就關係遠近來説，這幾個字的讀音還是非常接近的。

　　我們前面曾經説過籀文"眘"從二子，即從"孖"聲，"孖"爲"子"之疊文，讀若"子"。"子"爲精母之部字。其實"子"字也可以直接讀爲"薦"。《説文》："存，恤問也。從子，才聲。""存"、"薦"可以通假，自不待言。郭店楚簡《成之聞之》簡35"𢱩沴(梁)肵(爭)於"，裘錫圭先生按語云："此句似當釋爲：𢱩沴(梁)肵(爭)舟。第一字左從'才'，右旁即注四所提到的'鷹'字異體，可讀'薦'音，當是此字聲旁。此字出現在'梁'字之前，疑應讀爲'津'，參見《窮達以時》注六。"[62]陳偉先生認爲此字左旁的"才"蓋是疊加聲符，全字亦當釋爲"存"。簡書中似當讀爲"栫"。《説文》："栫，以材木雍也。"《左傳》哀公八年："栫之以棘。"杜預注："栫，雍也。"《釋文》："栫，本又作'薦'。"是"栫"有雍塞、阻擋義。"栫梁"與"爭舟"屬於大致相同的事類，故可並舉。[63]而"存"爲從母文部字，"才"爲從母之部字。是之部字也可與文部字相通假。而從"才"之聲字與從"兹"之聲字頗多通假之例。如"鷫"與"鎡"、"哉"與"兹"、"栽"與"兹"等。[64]從"子"之聲字與從"兹"之聲字也頗多通假，如"子"與"兹"、"子"與"慈"、"子"與"滋"、"孜"與"孳"、

"字"與"孳"等。⑥郭店楚簡《老子》甲組"民復季子",今本作"民復孝慈",馬王堆帛書甲本作"畜茲",乙本作"孝茲",可證"子"、"茲"音同。戰國文字的"孳"字,"茲"、"才"都起聲符的作用,⑥是個雙聲字。此字又見於郭店楚簡《老子》甲組"孳之曰道",今本作"字",是"才"字也可直接讀爲"子"聲。而"孖"字亦作"孳"、"滋"或"孳",諸字並有通假關係。可見從"子"聲的"子"、"孖"等也可通假爲從"才"聲的"存"字。

但是很多學者都以爲之部與真、文韻部遠隔,所以不認同"存"、"才"兩字的諧聲關係。其實之部與真、文部字之間諧聲、通假、同源的情況並不少見,楊樹達《古音咍德部與痕部對轉證》一文舉出很多證據。⑥比如"存"(從母文部)與"在"(從母之部)爲同源字,銀雀山漢簡《孫臏兵法・見威王》"則可以在亡國而繼絕世也","在"亦用爲"存",情況與此類似。⑧類似的例子還有一些:

　　《毛詩・鄭風・豐》鄭箋"士妻紂衣纁袡",《釋文》:"紂,側基反。本或作純,又作緇,並同。"
　　《禮記・檀弓上》:"爵弁経紂衣。"《釋文》:"紂,本又作緇,又作純,同。側其反。"《白虎通・崩薨》引"紂"作"純"。

"紂"從"才"聲,讀爲"緇",亦見郭店、上博簡等。"才"爲從母之部字,"緇"爲莊母之部字,爲照系二等字,古歸精組。"純"從"屯"聲,"屯"爲定母文部字,"純"爲禪母(照系三等)文部字。此爲"之"部字讀入"文"部的例子。此例,過去認爲誤字。《毛詩・召南・行露》:"雖速我獄,室家不足。"毛傳:"昏禮紂帛不過五兩。"《釋文》:"紂,側基反。依字糸旁才,後人遂以才爲屯。因作純字。"

"之"部字讀爲"真"、"文"部者還有其他例子。《尚書大傳・梓材》:"商子曰:'南山之陽有木焉,名曰橋。二三子往觀之。'見橋實,高高然而上,反以告商子。商子曰:'橋者,父道也。南山之陰有木焉,名曰梓。二三子復往觀焉。'見梓實,晉晉然而俯,反以告商子。商子曰:'梓者,子道也。'"⑧

朱駿聲《説文通訓定聲》"梓"字條節引此文,謂"橋"、"梓"雙聲;⑦段玉裁《説文解字注》"橋"字條亦節引此文,以爲"高與橋、晉與梓,皆疊韻。梓字當是楷字,梓從宰省聲,不與晉同韻也"。章太炎《膏蘭室札記》卷二《晉》引《尚書大傳》按云:"梓材字古文作杍,以高高言喬,以晉晉言杍,皆取同聲。然則奇字晉作晉,晉蓋與晉之籀文晉異字,彼從羍省,此從子聲也。子作孖者,古字繁重,猶敗之作敗,牆之作牆也。"⑦諸家之説是非兩存。以"晉"、"梓"爲雙聲疊韻,諸家並同。但是諸家對於有關字的分析則並不盡然。章説以"奇字晉作晉,蓋與晉之籀文晉異字"之説,其誤自不待言,前文已作詳細分析。至於段、朱之說,則還須加贅言。

"梓"字《説文》分析爲从"宰"省聲,[72]但"宰"字也可讀爲真部字。如《説文》囟部:"囟,頭會腦蓋也。"或體作"膟",應當分析爲从肉,宰聲。[73]"囟"爲心母真部字,"宰"爲精母之部字,也有學者認爲宰所从的"辛"兼表聲。[74]而"膟"又爲之部字。《集韻·止韻》:"宦,《説文》:'食所遺也。'引《易》:'噬乾宦。'揚雄説宦从弗。或作膟。""宦(胏)"爲莊母之部。《説文》"繒"字籀文作"綷",《説文》分析爲"从宰省",或不省,逕作"綷"字。這些説明,"辛"聲與"宰"聲非常接近。按照這種看法,我們也可以直接把"梓"字分析爲从木,辛聲。"辛"是心母真部字,這與"梓"(精母之部)和"晉"(精母真部)疊韻的證據是平行的。

有趣的是,《尚書》古文引"梓"作"杍","杍"爲古文"李"字。《説文》:"李,果也。从木,子聲。杍,古文。"段玉裁《説文解字注》"杍,古文"下云:"《尚書音義》曰:'梓材音子,本亦作梓。馬云:古作梓字。治木器曰梓。'《正義》曰:'此古杍字,今文作梓。'按《正義》本經作'杍',《音義》本經作'梓'。據二家説,蓋壁中古文作'杍',而馬季長易爲'梓匠'之'梓'也。如馬説,是壁中文假借'杍'爲'梓匠'字也。"朱駿聲《説文通訓定聲》以爲:"李,果也。从木,子聲。古文作左形右聲。……又(假借)爲梓。《書》'梓材',古文《尚書》作'杍'。"如此,則从"子"聲之"杍"(李)可逕與"晉"字疊韻。

"梓"字左形右聲,但是《説文》中還有一個下形上聲的"亲"字。《説文》以"梓"、"亲"爲兩字,但是古文字偏旁位置不定,兩字實際應爲一字。"亲"字《説文》云:"亲,果實如小栗,从木,辛聲。《春秋傳》曰:女摯不過亲栗。"《釋文》:"榛,古本又作亲。"段玉裁《説文解字注》:"《周禮·籩人》、《記·曲禮》《内則》、《左傳》、《毛詩》字皆作'榛',假借字也。'榛'行而'亲'廢矣。……《蜀都賦》作'樼'。"朱駿聲《説文通訓定聲》云:"據《齊民要術》四訂,字亦作'樼'。《廣雅·釋木》:'亲,栗也。'《詩·定之方中》'樹之亲栗'、《左》莊廿四年傳'女贄不過亲栗棗脩',今本作'榛'。《禮記·曲禮》'婦人之摯,椇榛脯脩棗栗'、《周禮·籩人》'其實棗栗桃乾藤榛實'皆作'榛'。《蜀都賦》'樼栗罅發'作'樼'。按此字即'榛'之古文。"《廣韻·臻韻》"側詵切"下:"亲,亲栗。榛,上同。樼,亦上同。"則"亲"即"榛"、"樼",諸字爲聲旁替換。可證"辛"聲(心母真部)可與"秦"聲(從母真部)、"屖"聲(崇母元部字)相通假。

有意思的是,从"秦"聲之字也可與从"前"聲之字相通假。如《毛詩·衛風·碩人》"蝤首蛾眉",而阜陽漢簡《詩經》本"蝤"作"湔"。从"秦"聲之字又可與从"存"聲之字相通假。《易·坎·象傳》:"水洊至。"《釋文》:"洊,京作臻。""洊"从"存"聲,則从"辛"聲之"亲"字亦可與"前"聲、"存"聲相通假。而"亲"即"梓"(古文作杍)字,可證从

“子”得聲之字可亦通假爲从“前”、“存”得聲之字。是爲“之”部字與“真”、“文”部字關係之又一證。

但是朱駿聲《説文通訓定聲》“榛”字條以爲:“按與亲同字。《詩·簡兮》:‘山有榛。’《鳲鳩》:‘其子在榛。’《周語》:‘榛栝濟濟。’注:‘似栗而小,其實亦曰榛。’《字林》:‘亲似梓實,如小栗。’按‘梓’即‘榗’字也,非‘梓桐’之‘梓’。”⑮又“榗”字條以爲“按字亦作梓,从木、辛聲,與从木、宰省聲之梓别”。⑯徐鍇《繫傳》“榗”字條以爲:“《説文》無榛字,此即榛字也。”

綜上所述,段注以爲疊韻是,以爲誤字則非。《大傳》此文爲解《尚書·梓材》文,故“梓”字不誤也。朱駿聲謂“梓”字當爲《説文》訓爲“果實如小栗。从木,辛聲”之“亲”字,此字經典多作“榛”,《廣韻》作“榗”。《説文》訓爲“楸也。从木,宰省聲”的“梓”字與此不同。其實不然。

值得注意的是,與上古漢語之部字“子”對應的親屬語言同源詞“孩子”、“兒子”,主元音多爲-a-,説明“子”讀爲之部的-ə可能是後起的弱化讀音。如傈僳語爲 za;馬魯語和阿兹語爲 tso;藏拉語爲 za~źa;迪馬薩語tśan;都來源於原始藏緬語﹡tsa。⑰迪馬薩語tśan與原始藏緬語﹡tsa 的聯繫,或許有助於我們理解漢字“孨”與“子”的孳乳關係。

民族語言學界一般認爲,漢藏語系的塞擦音都是後起的。現在藏緬語中的一些語言,如博德語至今還没有塞擦音。孫宏開認爲原始藏緬語甚至原始漢藏語没有舌尖塞擦音,“藏緬語族語言中的塞擦音有不同的層次,是從無到有、從少到多逐步發展起來的”。⑱中國社會科學院民族研究所語言室《藏緬語語音和詞彙》編寫組也認爲,塞擦音主要來源於複輔音的演變,早期藏緬語的塞擦音是很少或者説是没有的,藏緬語族各語言塞擦音的發展是後起的。⑲

張均如也指出原始壯侗語族還没有産生塞擦音,更没有送氣的清塞擦音 tsh 聲母,它們都是後起的漢語借詞。⑳漢語音韻學界如鄭張尚芳也認爲古無塞擦音,精組的塞擦音是後起的,是上古晚期音值。㉑潘悟雲同樣認爲漢語的塞擦音是後起的,它們都來自於﹡s-加舌根音和唇音的輔音序列,當中可能經過﹡sT-的階段。㉒金理新進一步指出漢藏語音對應中,精組三等以及莊組,除了和藏語單輔音﹡r-構成語音對應關係外,還與﹡kr-系列複輔音聲母構成語音對應關係,比如﹡gr-:

> 薦,《廣雅》:“進也。”藏語 s-gron-pa“獻、送上的敬語”。
> 薦,《廣雅》:“陳也。”藏語 s-gron-pa“鋪設的敬語”。
> 剪,《説文》:“滅也。”藏語 s-grol-ba“處決、消滅”。
> 煎,《説文》:“熬也。”藏語 s-grol-ba“煮、烹、煎”。㉓

　　現在，我們可以對與“畠”有關的字詞關係作一個全盤梳理了。按照各種通假、諧聲綫索，“孞”、“畠”字有可能是一個 kl—一類的複輔音，可構擬爲 *klam、*glap。而 *kl->*ts-的語音變化學界已多有討論，如壯侗語族的廣西右江壯語和部分地區的布依語 *kl 變爲塞擦音 ts 或 tɕ；⑨侗臺語中的傣拉話也有 *kl->ts-,*k-、*g->ts-,*dʑ->ts-和 *kr->tsh-,*xr->tsh-的演變規律；⑤黎語 kl-則變爲 tsh-。⑥下面我們把有關各字的音韻關係作一番盤點。

　　“猒”*qlam。

　　“甘”*kam。

　　“臨”*prəm>*rəm。

　　“監”*kram。

　　“聶”*niap。

　　“攝”*hljap。

　　“猒”*qlam 字金文从“甘”*kam 聲，故新蔡楚簡王孫脣又稱王孫猒。“聶”*niap 爲尼母葉部字，“攝”*hljap 爲書母葉部字。諸字並與“畠”通假。以上與“畠”有關的字都是脣音韻尾。

　　“子”*ljag>*tsjag>*tsjəg。古文字子（精母之部）、巳（邪母之部）、已（以母之部）、己同字，甲骨文、金文以“子”表示地支“巳”，所以“子”的古音應讀同邪母，塞擦音讀法有可能是後起的。“子”是之部字，而怒語“子”作 tɕai³，“巳”作 sai³。⑦楊樹達《之部古韻證》曾以爲：“竊疑古讀之部之韻，蓋以啞始，以衣終。”⑧黄典誠先生解釋“蓋以啞[a-]始，以衣[-i]終”道：“這就是說，‘之’部古讀爲[ai]了。”⑨周流溪《上古漢語音系新論》也把“之部”分爲哈韻和尤韻，哈韻的元音是/a/，而尤韻是/o/。⑩從同源語言比較來看，諸說不無道理。這有助於解釋“之魚合韻”等有關問題。

　　“孖”*ljag>*tsjag>*tsjəg。

　　“孞”*klag/*krag>*klaw/*kraw>*tsam>*tsan/*tsran。“孤”（見母魚部）、“孞”（精母元部）同源。“孤”*klag>*klaw,-g>-w 是一個很普遍的音變，如古英語 saga>saw；hagathorn>hawthorn；dragan>draw。李壬癸指出，南島語也有-g>-w 的例子：古泰雅語 *bagayag>泰雅賽考利克方言 bgayaw，賽德語 brayaw（姑婆芋）；古泰雅語 *lubag>泰雅賽考利克方言 lubaw（山地口琴）。⑪故“孤”*klag>*klaw 可與“畠”*glap 諧聲。

　　“畠”*glap>*ŋlap>*ŋjəp。

　　“潺”*tsran。

　　“孱”*tsran。

以上諸字皆與"眷"字孳乳、諧聲。"叒"首先發生了 *klag> *klaw 的音變，故能與 "眷" *glap、"臨" *prəm> *rəm 等唇音韻尾諧聲通假，而"讀若蟜"則應當是後起的塞擦音音變。而"眷"古通"聶"是 *ŋj-> *n-語音同化的結果，讀爲"尼立切"則是進一步弱化的結果。

"嶷" *ŋlag> *ŋləg> *ŋiəi。高田忠周《古籀篇》以爲"疑"字"从矢、止會意，子聲"。⑫郭沫若《卜辭通纂》亦認爲甲骨文疑字，象人持杖出行而仰望天色。金文伯疑父簋或加牛聲。秦刻詔版"嫌疑"字則加子聲。子聲、牛聲，與疑同在之部。⑬

"疑"从"子"聲，聲母當亦有 l-。《說文》从"疑"之"懝"、"礙"等入代韻，"凝"入怪韻，並當爲古音 ag>ai 之遺留。"嶷"發生了 *ŋlag> *ŋlaw 的音變，故"眷" *ŋlap（> *ŋjəp）有此讀若音。

"存" *tsən。

"臶" *tsin。

"嶘" *tsjan。

以上諸字都是與"眷"有關的塞擦音讀法。

這樣一來，古文字與《說文》諸字之間複雜的諧聲、通假關係就都能解釋得通了。

按照我們新的考釋，《說文》"眷"字的"讀若"實際上記載了幾個不同時代或者地域的讀音，都有各自確鑿的來歷，我們不能無緣無故輕易懷疑。讀若"嶷"時尚保留了其早期舌根音的讀法，而讀若"存"或"臶"時，則已經産生了塞擦音的異讀。儘管如此，這些看似紛繁複雜的讀音其實都有一個共同的早期來源。雖然後世讀音分歧較大，我們也不能因爲分開後關係較遠，就否認它們原本都是一家人了。

（作者單位：中國社會科學院語言研究所）

注釋：

① 孟蓬生：《"孤竹"補釋——談魚通轉例説之七》，《上古漢語研究》第一輯第 137—147 頁，商務印書館 2016 年。

② 孟蓬生：《"孤竹"補釋——談魚通轉例説之七》，《上古漢語研究》第一輯第 139 頁。

③ 王志平：《楚帛書字詞札記》，《民俗典籍文字研究》第六輯，商務印書館 2009 年。

④ 李學勤：《試論孤竹》，《社會科學戰綫》1983 年第 2 期；金耀：《亞微罍考釋——兼論商代孤竹國》，《社會科學戰綫》1983 年第 2 期。

⑤ "二"後原缺一字，嚴一萍《楚繒書新考》（《中國文字》第 27 册，1968 年）補爲"月"字，學者多從之。

⑥ 王志平：《楚帛書字詞札記》，《民俗典籍文字研究》第六輯。

⑦ 曾憲通：《楚帛書文字編》，饒宗頤、曾憲通：《楚帛書》第 278—279 頁，香港中華書局 1985 年。

⑧ 劉信芳:《楚帛書"德匿"以及相關文字的釋讀》,《華學》第五輯,中山大學出版社 2001 年。

⑨ 容庚編著,張振林、馬國權摹補:《金文編》第 989 頁,中華書局 1985 年。

⑩ 滕壬生:《楚系簡帛文字編》第 1075 頁,湖北教育出版社 1995 年。

⑪ 滕壬生、黄錫全:《江陵磚瓦廠 M370 楚墓竹簡》,《簡帛研究二○○一》第 218—221 頁,廣西師範大學出版社 2001 年。

⑫ 馬承源主編:《上海博物館藏戰國楚竹書(六)》第 185 頁,上海古籍出版社 2007 年。

⑬ 劉信芳:《楚帛書"德匿"以及相關文字的釋讀》,《華學》第五輯。

⑭ 湖北省荆沙鐵路考古隊:《包山楚簡》第 33 頁,文物出版社 1991 年。

⑮ 湖北省荆沙鐵路考古隊:《包山楚簡》第 55 頁。

⑯ 滕壬生:《楚系簡帛文字編》第 732 頁。

⑰ 劉信芳:《包山楚簡解詁》第 223 頁,藝文印書館 2003 年。此字也可分析爲从"石",从"孖"聲。"孖"爲"子"之重文,《玉篇》石部有"砎"字,云:"音子,石名。"與"孱"應爲一字。

⑱ 河南省文物考古研究所:《新蔡葛陵楚墓》第 187 頁,大象出版社 2003 年。

⑲ 河南省文物考古研究所:《新蔡葛陵楚墓》第 192 頁。

⑳ 河南省文物考古研究所:《新蔡葛陵楚墓》第 204 頁。

㉑ 河南省文物考古研究所:《新蔡葛陵楚墓》第 183 頁。

㉒ 徐在國:《新蔡葛陵楚簡札記(二)》,簡帛研究網,2003 年 12 月 17 日;又《談楚帛書讀"厭"之字》,《華學》第九、十輯合刊,上海古籍出版社 2008 年。

㉓ 宋華强:《新蔡葛陵楚簡初探》第 114—115 頁,武漢大學出版社 2010 年。

㉔ 清華大學出土文獻研究與保護中心編,李學勤主編:《清華大學藏戰國竹簡(壹)》第 160 頁,中西書局 2010 年。

㉕ 陳劍:《清華簡〈金縢〉研讀三題》,《出土文獻與古文字研究》第四輯第 146—150 頁,上海古籍出版社 2011 年。

㉖ 清華大學出土文獻研究與保護中心編,李學勤主編:《清華大學藏戰國竹簡(貳)》第 175 頁,中西書局 2011 年。

㉗ 陳炎:《也談〈繫年〉的"厭年"》,復旦大學出土文獻與古文字研究中心網,2012 年 10 月 29 日。

㉘ 孟蓬生:《"孤竹"補釋——談魚通轉例説之七》,《上古漢語研究》第一輯第 137—147 頁。

㉙ 荆門市博物館:《郭店楚墓竹簡》第 154 頁,文物出版社 1998 年。

㉚ 參見謝明文:《説"臨"》,《出土文獻與古文字研究》第六輯,上海古籍出版社 2015 年;又謝明文:《商周文字論集》第 25—34 頁,上海古籍出版社 2017 年。

㉛ 大徐本《説文》無"聲"字,兹從小徐本。

㉜ 孟蓬生:《"孤竹"補釋——談魚通轉例説之七》,《上古漢語研究》第一輯第 137—147 頁。

㉝ 楊樹達《釋晉》已經指出:"按二子篆文與𡥀形近,故許有奇字晉之説。然《叔卲妊殷》字作𡦏,从二子,从口,許君謂字从日,亦誤説也。"參見楊樹達:《積微居小學金石論叢》第 14 頁,科學出版社 1955 年。

㉞ 黄錫全:《汗簡注釋》第 492 頁,武漢大學出版社 1990 年。

㉟ 陳復華、何九盈:《古韻通曉》第 138 頁,中國社會科學出版社 1987 年。

㊱《説文》"色"字古文作"顏",朱駿聲《説文通訓定聲》頤部以爲"从首、从彡,疑省聲"。陳劍《據戰國竹簡文字校讀古書兩則》(《第四屆國際中國古文字學研討會論文集》,香港中文大學中國語言及文學系 2003 年;又《戰國竹書論集》第 454—465 頁,上海古籍出版社 2013 年)以爲"疑"、"色"古音相近,可以相通。

㊲《史記·張耳陳餘列傳》:"吾王,孱王也。"《集解》:"孟康曰:音如潺湲之潺,冀州人謂懦弱爲孱。韋昭曰:仁謹貌。"《索隱》:"案:服虔音鉏閑反,弱小貌也。小顏音仕連反。"依韋昭注,"孱"即"孨"之假借。

㊳馬王堆帛書《春秋事語》74:"朝夕自孱"整理者原注爲"謹慎"。裘錫圭《帛書〈春秋事語〉校讀》則引《大戴禮記·曾子立事》"君子博學而孱守之"盧辯注:"孱,小貌,不務大。"參見湖南省博物館、復旦大學出土文獻與古文字研究中心編纂,裘錫圭主編:《長沙馬王堆漢墓簡帛集成(叁)》第 191 頁注 10,中華書局 2014 年。

㊴何琳儀:《戰國古文字典:戰國文字聲系》第 1023 頁,中華書局 1998 年。

㊵陳復華、何九盈《古韻通曉》第 292 頁歸爲精母元部字,亦通。照系二等歸精系,"孨"字也可歸精系。"孨"字"讀若翦(精母元部)",則確有精系一讀。

㊶高明、葛英會:《古陶文字徵》第 71 頁,中華書局 1991 年。

㊷何琳儀:《戰國古文字典:戰國文字聲系》第 1024 頁。

㊸高明、葛英會:《古陶文字徵》第 23 頁。

㊹故宮博物院編,羅福頤主編:《古璽文編》第 186 頁,文物出版社 1981 年。

㊺楊樹達《釋晉》以爲:"晉者,箭之古文也。"參見楊樹達:《積微居小學金石論叢》第 14 頁。

㊻此字即使分析爲从"石",从"孖"聲,也可通假爲"薦"。參見下。

㊼參見高亨纂著,董治安整理:《古字通假會典》第 139 頁,齊魯書社 1989 年。

㊽朱德熙:《朱德熙古文字論集》第 55 頁,中華書局 1995 年。

㊾湖北省荆沙鐵路考古隊:《包山楚簡》第 38 頁。

㊿河南省文物考古研究所:《新蔡葛陵楚墓》第 191 頁。

51 河南省文物考古研究所:《新蔡葛陵楚墓》第 205 頁。

52 河南省文物考古研究所:《新蔡葛陵楚墓》第 218 頁。

53 馬承源主編:《上海博物館藏戰國楚竹書(四)》第 270 頁,上海古籍出版社 2004 年。

54 湖北省荆沙鐵路考古隊:《包山楚簡》第 63 頁。

55 荆門市博物館:《郭店楚墓竹簡》第 218 頁。

56 荆門市博物館:《郭店楚墓竹簡》第 168 頁。

57 馮勝君:《讀上博簡〈緇衣〉札記二則》,《上博館藏戰國楚竹書研究》第 450 頁,上海書店出版社 2002 年。

58 馬承源主編:《上海博物館藏戰國楚竹書(四)》第 252 頁。

59 馬承源主編:《上海博物館藏戰國楚竹書(四)》第 269 頁。

60 參見何九盈:《古韻三十部歸字總論》,《音韻學研究》第一輯,中華書局 1984 年。

61 荆門市博物館:《郭店楚墓竹簡》第 146 頁。

62 荆門市博物館:《郭店楚墓竹簡》第 170 頁。

63 陳偉:《郭店竹書別釋》第 140 頁,湖北教育出版社 2002 年。

64 參見高亨纂著,董治安整理:《古字通假會典》第 418、420、421 頁。

⑥ 參見高亨纂著，董治安整理：《古字通假會典》第 427—428 頁。

⑥ 李學勤：《説“兹”與“才”》，《古文字研究》第二十四輯，中華書局 2002 年。

⑥ 楊樹達：《古音咍德部與痕部對轉證》，參見楊樹達：《積微居小學金石論叢》第 148—154 頁。

⑥ 《説文》水部：“滓，澱也。从水，宰聲。”又云：“澱，滓滋也。从水，殿聲。”楊樹達《古音咍德部與痕部對轉證》認爲“滓”(咍部)與“澱”(痕部)爲同源字。“滓”(莊母之部)、“澱”(定母文部)亦是“之”部字與“真”、“文”部字的關係。與下文談到的“囟”(心母真部)與“宰”(精母之部)之關係可謂平行。

⑥ 孫星衍《尚書今古文注疏》引作“南山之陰有木焉，名曰杻。……杻者，子道也”(參見孫星衍：《尚書今古文注疏》下册第 384 頁，中華書局 1986 年)。《説苑・建本》、《論衡・譴告》、《世説新語・排調》注、《文選・王文憲集序》注引均作“梓”。

⑦ 朱駿聲：《説文通訓定聲》第 195 頁，中華書局 1984 年。朱駿聲對於此段文字的分析頗多自相矛盾語。此處朱氏是把“梓”字視爲“頤”部(即“之”部)的“梓”字；但是他在“楷”字條同樣引及此段文字，則又以爲“按字亦作梓，从木、辛聲，與从木、宰省聲之梓字別”(朱駿聲：《説文通訓定聲》第 838 頁)。此處朱氏又是把“梓”字視爲“坤”部(即“真”部)之“美”。可見，朱氏自己也有些游移不定。

⑦ 章太炎：《章太炎全集(一)》第 156—157 頁，上海人民出版社 1982 年。

⑦ 《儀禮・大射儀》：“工人、士與梓人升自北階兩楹之間。”武威漢簡《儀禮・泰射》甲本 42 簡“梓”作“捽”，从“手”，从“宰”聲。“手”當爲“木”之誤。

⑦ 陳斯鵬：《論周原甲骨和楚系簡帛中的“囟”與“思”——兼論卜辭命辭的性質》，《文史》2006 年第 1 輯。陳氏以“囟”與“思”通假亦有文獻證據。《説苑・辨物》“三年顋合而後能言”，《孔子家語・本命解》作“三年顋合然後能言”。

⑦ 朱駿聲：《説文通訓定聲》“囟”字條以爲“或从肉，宰聲”。現代學者亦同之，見何琳儀：《戰國古文字典：戰國古文聲系》第 87 頁。段注以爲“蓋俗字”，然三體石經(僖公)作，古陶文(《古封泥集成》5)有，皆爲“臏”字(黃盛璋：《秦兵器分國斷代與有關制度研究》第 263—264 頁，《古文字研究》第二十一輯，中華書局 2001 年)。

⑦ 朱駿聲：《説文通訓定聲》第 838 頁。

⑦ 朱駿聲：《説文通訓定聲》第 838 頁。

⑦ 參見 P. K. 本尼迪克特著，樂賽月、羅美珍譯：《漢藏語言概論》第 203—204 頁注 86，中國社會科學院民族研究所語言室 1984 年。粵語“仔”tsai 即“子”之音變，亦保留元音-a-。即《方言》卷十“崽者，子也”之“崽”字。

⑦ 孫宏開：《原始漢藏語輔音系統中的一些問題》，《民族語文》2001 年第 1 期。

⑦ 中國社會科學院民族研究所語言室：《藏緬語語音和詞彙》第 22—25 頁，中國社會科學出版社 1991 年。

⑧ 張均如：《壯侗語族塞擦音的産生和發展》，《民族語文》1983 年第 1 期。

⑧ 鄭張尚芳：《上古音系》第 93 頁，上海教育出版社 2003 年。

⑧ 潘悟雲：《漢語歷史語言學》第 315 頁，上海教育出版社 2000 年。

⑧ 金理新：《上古漢語音系》第 345—346 頁，黃山書社 2002 年。

⑧ 張均如：《壯侗語族塞擦音的産生和發展》，《民族語文》1983 年第 1 期；張均如：《壯侗語族語音演變的趨向性、階段性、漸變性》，《民族語文》1986 年第 1 期。

㉟ 喻翠容：《傣拉話的語音特點》,《民族語文》1990 年第 1 期。

㊱ 韋景雲：《侗臺語複輔音＊pl-、＊kl-的演變分析》,《中央民族大學學報》2003 年第 6 期。

㊲ 李方桂：《臺語中的一些古漢語借詞》,潘悟雲主編：《境外漢語音韻學論文選》第 1—10 頁,上海教育出版社 2010 年。

㊳ 楊樹達：《積微居小學金石論叢(增訂本)》第 96 頁,中華書局 1983 年。

㊴ 黃典誠：《關於上古高元音的探討》,《廈門大學學報》1980 年第 1 期。

㊵ 周流溪：《上古漢語音系新論》,《古漢語研究》2001 年第 2 期。

㊶ 李壬癸：《關於＊-b 尾的構擬及其演變》,《"中研院"歷史語言研究所集刊》第 55 本 4 分第 792 頁,1984 年。

㊷ 李圃主編：《古文字詁林》第十册第 1095 頁,上海教育出版社 2004 年。

㊸ 李圃主編：《古文字詁林》第十册第 1096 頁。

試論出土文獻中"亾"、"亡"、"世"的混用

——兼釋屬羌鐘的"迲"

梁立勇

亾、亡、世在古文字字形中形體相近，有互訛混用的情況。亡寫作 （虢弔鐘）、（郭店簡《老子甲》簡 13）等形；亾（复）一般寫作 （盂鼎）、（郭店簡《緇衣》簡 2），相較"亡"多一橫，所以《説文》認爲"亾"是从亡从一。有時"亾"也會省略掉一橫，如 （畬前匜）、（郭店簡《性自命出》簡 18）、（包山簡 207）。省掉橫的"亾"就與"亡"很像了，有時候甚至完全相同，故兩者多有混作的情況。下面試爲説明。

郭店簡《性自命出》簡 34 有"猶斯 "一句。 的上部與畬前匜的 （亾）相同，但 在簡文中卻不讀亾而讀"舞"，[①]則知該字應分析爲从辵亡聲，讀爲舞。

見於郭店簡《緇衣》簡 6，其字上部卻與楚簡 （亾）全同。上博簡《緇衣》同字作"瀘"，今本《緇衣》作"禦"。可知 上部爲亡而非亾， 應隸定爲洫，讀爲禦，這裏是除去的意思。

上博簡《性情論》簡 38 有"奮 "。，整理者釋"犰"，讀爲"猛"。從字形上説該字上部確與"亡"形狀相同，信陽簡 23"芒"即作 。但郭店簡《性自命出》同字讀"奮作"。顯然讀"奮猛"不如讀爲"奮作"順暢，可見 是借亡爲亾，或者説是混亡爲亾。

以上所舉是用爲偏旁的"亾"與"亡"混用的例子。其實單字也有混用的情況，清華簡《封許之命》簡 5 有 ，從字形上看即"亾"字。整理者注云："'亾'字爲'亡'字之誤。亡臭，見西周師詢簋'肆皇帝亡臭'，毛公鼎'肆皇天亡臭'。'亡臭'即'無斁'，《詩‧葛覃》'服之無斁'，與簡文句式一致。"[②]"無斁"爲古時候成語，有辭例比對，此處整理者認爲"亾"乃是"亡"字之訛的意見無疑是正確的。

下面談談與"世"字的混訛。"世"學術界一般認爲从"止"，字形是在止的基礎上加上起指示作用的三個小短橫。一般寫作 （邵鐘）、（郭店簡《唐虞之道》簡 3），有時候會省略掉短橫，直接寫成"止"，如 （伯作蔡姬尊），寫成"止"的世與"亾"、"亡"形體接近，很容易寫混。

上博簡《季康子問於孔子》簡 14 的"世"作 ![字], 从死世聲。而《曹沫之陣》簡 9"世"作 ![字], 字上部已經訛變。這個字還可以寫作 ![字](上博簡《天子建州》甲簡 2)、![字](上博簡《天子建州》乙簡 1)。對比可知, ![字]、![字] 上部是作了簡化處理, 將三個小短橫連成一長橫, 其特點是有三個豎筆。但是上博簡《天子建州》乙本的"世"寫作 ![字], 上面从亡。甲本和乙本同句同文, 一从世一从亡, 可見兩者的混用。

出土文獻中的 ![字] 也有讀爲"亡"聲的。郭店簡《尊德義》簡 25:

　　爲邦而不以禮, 猶 之而無策也。③ 非禮而民悦哉(戴), 此小人矣; 非倫而民服 ![字], 此亂矣。④

學者對 ![字] 及相關文句的理解多有不同。李零先生《郭店楚簡校讀記》仍讀"世", 其斷句爲"非禮而民悦哉, 此小人矣; 非倫而民服, 世此亂矣"。筆者按: 這樣讀法似不妥。如讀"悦哉"則一句話已經完結, 不應再接一個帶有語氣詞的判斷句"此小人矣"。而且"此"是代詞, 意思是在這種情況下。如"世"屬下讀, 則"世"、"此"並是主語, 不合語法。廖名春先生讀爲"非禮而民悦戴, 此小人矣; 非倫而民服御, 此亂矣",⑤ 並指出此句可以與《大戴禮記·子張問入官》"欲民之速服也者, 莫若以道御之也……不以道御之, 雖服必強矣"一句相參照。按: "悦戴"與"服御"對言, 悦是高興, 服是順從, 今天成語有"心悦誠服", 可見"悦"與"服"相對爲言。人民擁護統治者就是"戴", 統治者管理人民就是"御"(古代統治者常常把統治人民比喻作駕馭牛馬, 古時統治者稱"牧"就是這個道理), "悦戴"是高興地擁戴, "服御"是順服地聽命。有文獻對讀, 可見此句釋讀當以廖名春先生讀法爲確。至於 ![字], 對比《性自命出》簡 34 ![字] 可知, 兩字的聲旁完全一樣, 應釋爲殊, 讀爲御。於此可知, ![字] 同時可以釋爲宋(讀爲禦)或是枼(讀爲世)。

綜上, 乍、亡、世(止), 在戰國時存在著形體上訛混的情況。對於所從之字要分別對待, 不能拘牽於字形, 否則很容易犯錯。

基於以上認識, 我們可以對金文 ![字]、![字] 的釋讀提出新的看法。兩字分別見於屬羌鐘(《集成》157)和筥大史申鼎(《集成》2732)。相關文句如下:

　　唯廿又再祀, 屬羌作介, 厇(厥)辟韓宗虔帥, 征秦 ![字] 齊, 入長城, 先會于平陰, 武侄恃力, 襲敚(奪)楚京, 賞于韓宗, 令于晉公, 昭于天子, 用明則之于銘, 武文咸烈, 永世毋忘。　　　　　　　　　　　　　　　　　　　(屬羌鐘)

　　太史申作其造鼎十, 用征以 ![字], 以御賓客, 子孫是若。　　　　　(筥大史申鼎)

這兩個字學者多釋爲“迮”，義爲逼迫。迮，《説文》：“迮迮，起也。”段注以爲迮即窄字，狹窄之義。“迮”鮮見於文獻，筆者僅檢得兩例：《公羊傳》襄公二十九年“今若是迮而與季子國，季子猶不受也”，何休注：“迮，起也，倉卒意。”《楚辭·九思·傷時》：“迫中國兮迮狹，吾欲之兮九夷。”其中的“迮”，舊本作“窄”。⑥可見先秦文獻中，“迮”沒有用爲逼迫義的例證。最早的古文獻中用爲逼迫義的“迮”寫作“笮”。《風俗通義》：“燕外迫蠻、貊，内笮齊、晉，崎嶇强國之間，最爲弱小，幾滅者數矣。”需要指出的是，用爲“逼迫”義的不論是“迮”還是“笮”，對於施事者而言都具有貶義色彩。如竇融的《上書請隗囂》：“國家當其前，臣融促其後，緩急迮用，首尾相資，囂勢排迮，不得進退，此必破也。”陳忠《清盜源疏》：“是以盜發之家，不敢申告，鄰舍比里，共相壓迮，或出私財，以償所亡。”古人作器勒功本來是希望將自己的功烈傳於後世，此處卻銘文説壓迫他國，似於理不合。筆者以爲，慥可比照前引《性自命出》簡 34 的逤，應分析爲從辵從攴亡聲，讀爲禦。慥對比於同篇的止（乍），其右上的豎筆彎曲，也許就是爲了區別於“乍”。這句話是作器者陳述自己的戰功：曾經征討秦國並抵禦過齊國。

金文多見“以征以行”、“用征用行”之語作爲器皿用途的説明。申鼎的“用征以逤，以御賓客”無疑也是用來表明本鼎用途的。逤在此處顯然不該是迫迮之義，而應是與“行”意義和用法類似的一個字。作爲動詞的“行”本義爲去、往，如果不涉及其具體的目標，去往的意思就漸漸虛化，引申出用的意思。⑦金文中有時候將“行”字置於器名前來表示用途。右走馬嘉壺：“右走馬嘉自乍行壺。”筆者認爲，逤不從攴，似可以分析爲從辵亡聲，讀爲“御”。御有進義而引申有用義。⑧吴王夫差鑑“自作御鑑”可供參考。“御”、“行”可以對比來理解。申鼎“用征以御，以御賓客”兩御字寫法不同，這在出土文獻中並不罕見。如：郭店簡《六德》的“一”，一作“能”（19 簡），一作“弌”（39 簡）；善夫盨（《集成》4147）的“子”，一作“字”，一作“子”。

最後我們附帶討論一下《説文》對乍的解釋。《説文》：“乍，止也。一曰亡也。從亡從一。”許慎的這個解釋很令人費解，用爲“止”義或者“亡”義的乍，在傳世文獻中幾乎一個例子都沒有。段玉裁給《説文》作注的時候早就注意到乍沒有亡的意思，所以他將許慎的解釋改成了“止亡詞也”。並解釋説：“各本作‘止也一曰亡也’六字。今正。乍無亡義。淺人離析所改耳。補‘詞’字者，如毋下云‘止詞也’，亦本有詞而後人刪之。乍與毋同意。毋者，有人姦女而一止之。其言曰毋。乍者，有人逃亡而一止之。其言曰乍。皆咄咄逼人之語也。亡與止亡者皆必在倉猝，故引申爲倉猝之稱。”

按：段注太過迂曲，牽强難信。上面我們討論了乍、亡、世（止）形近混用的情況。而許慎恰恰以止、亡來解釋乍，這恐怕不是巧合。如果可以作個大膽猜測，許慎對乍的解釋可能正是由於他發現了乍與止、亡有混用的情況，才得出以上結論。

下面我們分析古書裏一些以"待"爲"禦"的現象。王念孫在《讀書雜志》中已經指出文獻裏有的"待"應當釋爲"禦":

> "夫管仲天下之大聖也。今若殺之,此鮑叔之友也,鮑叔因此以作難,君必不能待也。"尹注曰:"待猶擬也。"引之曰:"尹訓待爲擬於義無取。"今案待者,禦也。言鮑叔作難,君必不能禦之也。《魯語》曰:"帥大雠以憚小國,其誰云待之。"《楚語》曰:"其獨何力以待之?"韋注並曰:待,禦也。昭七年《左傳》曰:"晉師必至吾無以待之。"《墨子·七患》篇曰:"桀無待湯之備,故放。紂無待武之備,故殺。"《孟子·梁惠王》篇曰:"諸侯多謀伐寡人者,何以待之?"是待爲禦也。禦敵謂之待,故爲宮室以禦風雨亦謂待。重門擊柝,以待暴客,上棟下宇以待風雨,其義一也。《墨子·辭過》篇"宮室足以待雪霜雨露",《節用》篇待作圉,圉與禦同。又《制分》篇曰:"故莫知其將至也,至而不可圉;莫知其將去也,去而不可止。敵人雖衆不能止待。"止待即止禦也。止字承上不可止而言,待字承上不可圉而言。尹以待字下屬爲句,大謬。劉已辯之。

王氏指出這些"待"應釋爲"禦"是很正確的。但是對於"待"爲什麼有禦義,王氏並没有進一步説明。"待"本來的意思是等待。《説文》:"竢也。"段注認爲待即是今天的"等"字。如《説文》對"待"的解釋可信,則等待和抵禦義不相侔,"待"無由有抵禦義。王氏所指出的《管子·制分》和《墨子·辭過》的兩個例子對於辨析這兩字非常重要。王氏没有給出《節用》篇原文,現引之如下:"其爲宮室何?以爲冬以圉風寒,夏以圉暑雨。"對比可知《辭過》篇的"待"本應是"圉"字,也即禦字。《制分》篇中,"圉"、"止"相對爲言,可見兩詞意義不同。而且前句分別言"圉"、"止",後合而言"止待",明顯此"待"即"圉"字誤釋。上引例子文義都比較顯白,如果"待"本有"禦"義,那麼尹知章注《管子》、孫奭疏《孟子》"何以待之"時絕不會不加説明。[9]韋昭注《魯語》"待"字云"猶禦也",用"猶"字,可見抵禦之義並非待字的一個常見義項。我們以爲,由於古文字中"亡"和"世"(止)字形相近容易混淆,古書裏用爲"禦"的"待"很可能是後人整理文本時誤釋"御"字而導致的。

(作者單位:深圳大學中文系)

注釋:

① 《性自命出》該文句亦見於《禮記·檀弓》,《禮記》原文作"猶斯舞"。

② 清華大學出土文獻研究與保護中心編,李學勤主編:《清華大學藏戰國竹簡(伍)》下册第 118—119 頁,中西書局 2015 年。

③ 此句的"御"從李鋭先生釋,"策"從陳劍先生釋。見李鋭:《讀楚簡〈周易〉札記一則》,Confucius2000 網;陳劍:《郭店簡〈尊德義〉和〈成之聞之〉的簡背數字與其簡序關係的考察》,《簡帛》第二輯第 209—225 頁,上海古籍出版社 2007 年。

④ 本文的釋文用寬式。

⑤ 廖名春:《出土簡帛叢考》第 130 頁,湖北教育出版社 2004 年。

⑥ 黄靈庚:《楚辭集校》第 1693 頁,上海古籍出版社 2009 年。

⑦ 《周禮·庖人》"凡用禽獻,春行羔豚",賈公彦疏:"言行者,義與用同。"

⑧ 《夏官·司馬·司爟》"掌御火之政令",鄭注:"御,猶用也。"

⑨ 孫奭疏"何以待之"云:"則我當如之何以待它。"

關於西漢皇帝諸璽的一些推測

羅小華

　　秦以前，"璽"、"印"是通用的，都是指的印章。從秦代往後，只有皇帝的印才能稱爲"璽"。《史記·秦始皇本紀》裴駰《集解》引蔡邕曰："璽者，印信也。天子璽白玉螭虎鈕。古者尊卑共之。《月令》曰'固封璽'，《左傳》曰'季武子璽書追而與之'，此諸侯大夫印稱璽也。"引衛宏曰："秦以前，民皆以金玉爲印，龍虎鈕，唯其所好。秦以來，天子獨以印稱璽，又獨以玉，群臣莫敢用。"①

　　關於皇帝璽的數量，有"六璽"和"三璽"兩種説法。

　　"六璽"説。持此説者有衛宏、蔡邕、張守節等人。《漢官舊儀》卷上："皇帝六璽，皆白玉螭虎紐，文曰'皇帝行璽'、'皇帝之璽'、'皇帝信璽'、'天子行璽'、'天子之璽'、'天子信璽'，凡六璽。皇帝行璽，凡封（紀昀等按：此句有脱字，應云'凡封命用之'。）之璽，（紀昀等按：此句應云'皇帝之璽'。）賜諸侯王書；信璽，（紀昀等按：此句應云'皇帝信璽'。）發兵；其徵大臣，以天子行璽；策拜外國事，以天子之璽；事天地鬼神，以天子信璽。（紀昀等按：此條'皇帝行璽'下各句，並有脱字。《續漢書·輿服志》注所引亦同。惟《隋書·禮儀志》稱'皇帝行璽，封命諸侯及三公用之；皇帝之璽，與諸侯及三公書用之；皇帝信璽，發諸夏兵用之'。文義完備，謹參校以正其缺。）"②《漢舊儀》卷上："皇帝六璽，皆白玉螭虎紐，文曰'皇帝行璽'、'皇帝之璽'、'皇帝信璽'、'天子行璽'、'天子之璽'、'天子信璽'，凡六璽。以皇帝行璽爲凡雜以皇帝之璽賜諸侯王書；以皇帝信璽發兵；其徵大臣，以天子行璽；策拜外國事，以天子之璽；事天地鬼神，以天子信璽。"③《後漢書·光武帝紀》李賢等注引蔡邕《獨斷》曰："皇帝六璽，皆玉螭虎紐，文曰'皇帝行璽'、'皇帝之璽'、'皇帝信璽'、'天子行璽'、'天子之璽'、'天子信璽'……"④《史記·高祖本紀》張守節《正義》按："天子有六璽，皇帝行璽、皇帝之璽、皇帝信璽、天子行璽、天子之璽、天子信璽。皇帝信璽凡事皆用之，璽令施行；天子信璽以遷拜封王侯；天子之璽以發兵。"⑤

　　雖然都是"六璽"説的支持者，但衛宏和張守節在六璽的用途上發生了分歧：

六璽	衛宏	張守節
皇帝行璽	封命	
皇帝之璽	賜諸侯王書	
皇帝信璽	發兵	凡事皆用之，璽令施行
天子行璽	徵大臣	
天子之璽	策拜外國事	發兵
天子信璽	事天地鬼神	遣拜封王侯

“三璽”説。《漢書・霍光傳》顔師古注引孟康曰：“漢初有三璽，天子之璽自佩，行璽、信璽在符節臺。”⑥據《史記》記載，“天子璽”其實就是“皇帝璽”。西漢代王自代抵京後，太尉周勃曾“跪上天子璽符”。⑦後來有人上書告周勃謀反。薄太后爲其求情，對文帝説：“絳侯綰皇帝璽，將兵於北軍，不以此時反，今居一小縣，顧欲反邪！”⑧這兩件事情亦見於《漢書》。⑨實際上，周勃就是絳侯。其“跪上”的“天子璽”，就是“皇帝璽”。有鑒於此，所謂天子三璽並不存在。

此外，無論從傳世文獻還是從出土文獻來看，所謂皇帝三璽，能確定的也只有“皇帝行璽”和“皇帝信璽”。《漢書・霍光傳》：“受皇帝信璽、行璽大行前，就次發璽不封。”⑩張家山漢簡《二年律令・賊律》簡9：“僞寫皇帝信璽、皇帝行璽，要（腰）斬以匀（徇）。”⑪該律文亦見於出土的東漢簡牘。張家界古人堤《賊律》牘14作“僞寫皇帝信璽、皇帝行璽，要（腰）斬，以□”。⑫尚德街牘254正作“僞寫皇帝信爾，要斬”。⑬《後漢書・孝桓帝紀》：“勃海妖賊蓋登等稱‘太上皇帝’，有玉印、珪、璧、鐵券，相署置，皆伏誅。”李賢等注引《續漢書》曰：“時登等有玉印五，皆如白石，文曰‘皇帝信璽’、‘皇帝行璽’，其三無文字。”⑭從這些記載來看，“皇帝行璽”和“皇帝信璽”的法律效力應該是最大的。衛宏和《隋書・禮儀志》關於“皇帝行璽”和“皇帝信璽”用途的説法很可能是對的。據史書記載，淮南王劉安和江都王劉建曾私刻“皇帝璽”，衡山王劉賜曾私刻“天子璽”。⑮以上“天子璽”和“皇帝璽”，很可能都是指“皇帝信璽”和“皇帝行璽”。

關於皇帝諸璽的形制，衛宏《漢官舊儀》《漢舊儀》和蔡邕《獨斷》都認爲是玉質“螭虎鈕”。遺憾的是，西漢的皇帝諸璽目前並無實物流傳於世，可玆參照的只有南越王墓出土的“文帝行璽”金印、現藏於日本東京國立博物館的“皇帝信璽”封泥，以及現藏於陝西歷史博物館的“皇后之璽”玉印。

“文帝行璽”金印（圖一），龍鈕，尺寸爲3.1×3.0×1.8釐米，重148.5克，璽文有田字格，1983年出土於廣州市象崗山上南越王墓的主棺室。“金印（D79）印面陰刻篆書‘文帝行璽’四字。外加‘田’字格。印文書體平正，布局整飭，刀法精工。印鈕爲一蟠龍,首尾及兩足分置四角上,首微昂,作欲騰躍疾走狀,莊重渾厚……這枚金印的龍鈕捉手處異常光滑,顯係使用過程中摸蝕所致,臺壁和印面邊緣又有碰傷痕和劃痕,均可表明金印是趙眜生前的實用品。……南越王金印大於漢朝皇帝印,印文與漢朝皇帝印大體相同,但質料鈕式不相同。南越王金印的質料與漢朝諸侯王、列侯、外藩首領印相同,但鈕式又不相同。這種特殊情況,正符合南越王慕效漢朝但又要僭越稱帝的身份。"⑯該璽應該就是傳世文獻中所記載的"文帝璽"。《漢書·南粵傳》:"嬰齊嗣立,即臧其先武帝、文帝璽。"⑰從"文帝行璽"金印的實物來看,我們讚同"南越王慕效漢朝但又要僭越稱帝"的觀點,詳下文。

圖一　"文帝行璽"金印⑱

　　"皇帝信璽"封泥(圖二),現藏於日本東京國立博物館,"印面縱、橫各 2.6 釐米,泥厚1.4 釐米。……封泥印文體勢趨於平正嚴謹,然不失圓活,印面存界格"。⑲有不少學者對該封泥的所屬時代進行討論,目前基本可以確定爲秦物。⑳據史書記載,秦始皇所用的"皇帝璽符節",包括鈐出該封泥的"皇帝信璽",都由秦王子嬰交給了當時還是沛公的劉邦。《史記·高祖本紀》:"漢元年十月,沛公兵遂先諸侯至霸上。秦王子嬰素車白馬,係頸以組,封皇帝璽符節,降軹道旁。"㉑這一記載,亦見於《漢書·高帝紀》。

圖二　"皇帝信璽"封泥㉒

　　"皇后之璽"玉印(圖三),1968 年發現於陝西省咸陽市韓家灣狼家溝村,"正方形,邊長 2.8 釐米,高 2 釐米,重 33 克,螭虎鈕,四側琢有雲紋,通體晶瑩。印面陰刻'皇后之璽'4 個小篆字"。㉓

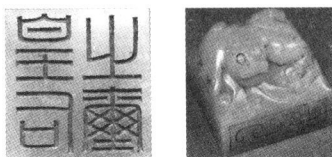

圖三　"皇后之璽"玉印㉔

　　將"文帝行璽"金印、"皇帝信璽"封泥和"皇后之璽"玉印三者結合起來,可以發現以下幾個問題:

　　首先,"皇帝信璽"封泥"印面縱、橫各 2.6 釐米",與"皇后之璽"玉印"邊長 2.8 釐米"相比偏小。從制度上看,皇帝所用諸璽的尺寸不該比"皇后之璽"小,至少應該與"皇后之璽"玉印的大小一樣,也是邊長 2.8 釐米。另外,"皇帝信璽"封泥有"田"字界格。這明顯屬於秦印風格。而"皇后之璽"卻沒有界格。據此,我們提出以下疑問:一、"皇帝信璽"封泥的尺寸是否準確? 二、鈐出"皇帝信璽"封泥的原物在漢代是否仍被使用?[25] 三、西漢王朝有沒有可能仿照秦璽的形制製作新的皇帝璽?

　　其次,傳世文獻的記載一致認爲,皇帝諸璽的形制是"白玉螭虎鈕"。這與"皇后之璽"玉印的實際情況相同。《漢官舊儀》卷下:"皇后玉璽,文與帝同。皇后之璽,金螭虎鈕。"[26] 從這一記載看,皇帝諸璽不僅是在質料和鈕制上與"皇后之璽"相同,還可能在紋飾上也是一致的。"文與帝同"之"文",應該理解爲紋飾,指的是"四側琢有雲紋"。

　　再次,誠如發掘者所言:"南越王金印大於漢朝皇帝印,印文與漢朝皇帝印大體相同,但質料鈕式不相同。南越王金印的質料與漢朝諸侯王、列侯、外藩首領印相同,但鈕式又不相同。這種特殊情況,正符合南越王慕效漢朝但又要僭越稱帝的身份。"這些情況的出現,都具有一定的必然性。"印文與漢朝皇帝印大體相同……質料與漢朝諸侯王、列侯、外藩首領印相同",是因爲西漢王朝曾賜予南越王"璽綬"。《漢書·高帝紀》:"五月,詔曰:'……今立它爲南粵王。'使陸賈即授璽綬。它稽首稱臣。"《南粵傳》:"因爲書稱:'蠻夷大長老夫臣佗昧死再拜上書皇帝陛下:老夫故粵吏也,高皇帝幸賜臣佗璽,以爲南粵王,使爲外臣,時内貢職。……'"[27] 印文相同,是因爲西漢王朝下詔賜南越王璽綬,相關公文上是蓋有皇帝璽的印文的。結合上文所討論的皇帝諸璽的用途來看,相關公文上所留有的應該就是"皇帝行璽"。可見,"皇帝行璽"用以"封命"的觀點是有根據的。另外,主棺室還出土了一枚"帝印",玉質螭虎鈕。[28] "帝印"的質料和鈕式,與西漢王朝皇帝璽相同。據此,我們認爲,南越王知道西漢王朝皇帝璽的質料和鈕式。"文帝行璽"的質料爲金,可能是南越王有意爲之,其目的是與西漢王朝皇帝璽有所區別。"文帝行璽"金印的鈕式爲龍,既可視爲與漢璽螭虎鈕相區別,也可視爲僭越的另一種形式,具體待考。至於"文帝行璽"金印的尺寸明顯"大於漢朝皇帝印",是僭越的又一種形式。目前出土的諸王之璽,尺寸一般都是 2.3 釐米,約合漢尺 1 寸。[29] "皇后之璽"玉印的邊長 2.8 釐米,約合漢尺 1.2 寸,也就是所謂的"方寸二",是諸王之璽的 1.2 倍。[30] "文帝行璽"金印的邊長"3.1×3.0"釐米,約合漢尺的 1.35 和 1.30 寸,也就是方寸三,比"皇后之璽"玉印邊長還要長 0.1 寸。"文帝行璽"金印長、寬的絕對誤差分別爲 0.11、0.01 釐米,相對誤差爲 3.67%、0.33%。蕭亢達先生曾指出：“漢代官印尚非機械製作，大小有一些誤差也是可以理解的。”㉛西漢王朝製作的官印尚且如此，南越國的鑄造工藝水準較之更低，這種程度的誤差就不難接受了。另外，《中國科學技術史・度量衡卷》指出：“在没有其他實物可作佐證的情况下，仍當以‘商鞅量尺’之值——23.1 釐米爲秦尺度之標準量值爲宜。……西漢尺度量值必承襲秦制，由於‘商鞅量尺’長 23.1 釐米本身就是一個約定值，與 23.2 釐米又差異甚微，故西漢一尺之值仍定在 23.1 釐米爲宜。”㉜這説明秦漢尺度的標準量值都是 23.1 釐米。秦印“皇帝信璽”的“印面縱、横各 2.6 釐米”，約合漢尺的 1.13 寸。將其與“皇后之璽”玉印的尺寸進行對比，可以看出，漢璽在秦璽的基礎上加了 0.1 寸。西漢王朝“皇帝行璽”金印與諸王璽的尺寸，南越王應該是知道的。“文帝行璽”金印是又在漢璽的基礎上加了 0.1 寸。總之，“皇帝行璽”金印在印文和尺寸上都僭越了。

綜上所述，結合傳世文獻和出土文獻的記載來看，西漢皇帝所用的只有“皇帝璽”。“天子璽”不過是别稱而已。並且目前能確定的只有“皇帝行璽”和“皇帝信璽”。這兩枚璽印的法律效力應該是最大的。衛宏所謂“皇帝行璽，凡封命用之”和“以皇帝信璽發兵”的説法，應該是有根據的。“皇帝行璽”的用途，從出土的“文帝行璽”可以推斷出。至於皇帝是否還持有“皇帝之璽”，目前尚難斷定。出土品“文帝行璽”金印、徵集品“皇后之璽”玉印和傳世品“皇帝信璽”封泥，都是研究西漢皇帝諸璽形制的重要依據。根據它們，我們大致可以復原出西漢時期“皇帝行璽”和“皇帝信璽”的形制：“邊長 2.8 釐米”、“白玉螭虎鈕”、“四側琢有雲紋”。1968 年，河北滿城陵山一號墓出土兩枚無字印(圖四)，“灰白色，光潔明亮。方形，螭虎鈕，無印文。1∶5170 高 2.2、長寬各爲 2.7 釐米。1∶5171 座緣陰刻卷雲紋，高 2.3、長寬各爲 2.8 釐米”，㉝尤以 1∶5171 號印與皇帝璽最爲貼近。

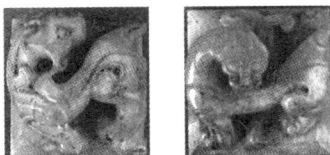

圖四　滿城漢墓出土的兩枚無字玉印㉞

(作者單位：長沙市文物考古研究所)

注釋：

① 《史記・秦始皇本紀》第 228 頁，中華書局 1982 年。

② 衛宏撰，孫星衍等輯：《漢官六種》第 30—31 頁，中華書局 1990 年。

③ 衛宏撰，孫星衍等輯：《漢官六種》第 62 頁。

④《後漢書·光武帝紀》第 33 頁,中華書局 1965 年。

⑤《史記·高祖本紀》第 363 頁。

⑥《漢書·霍光傳》第 2943 頁,中華書局 1962 年。

⑦《史記·孝文本紀》第 415 頁。

⑧《史記·絳侯周勃世家》第 2072 頁。

⑨ 參見《漢書·文帝紀》《漢書·周勃傳》。

⑩《漢書·霍光傳》第 2940 頁。

⑪ 張家山二四七號漢墓竹簡整理小組:《張家山漢墓竹簡〔二四七號墓〕(釋文修訂本)》第 9 頁,文物出版社 2006 年。

⑫ 湖南省文物考古研究所、中國文物研究所:《湖南張家界古人堤簡牘釋文與簡注》,《中國歷史文物》2003 年第 2 期,第 76 頁。

⑬ 長沙市文物考古研究所:《長沙尚德街東漢簡牘》第 224 頁,嶽麓書社 2016 年。

⑭《後漢書·孝桓帝紀》第 316 頁。

⑮ 參見《史記·淮南衡山列傳》《漢書·景十三王傳》。

⑯ 廣州市文物管理委員會等編:《西漢南越王墓》第 1、199、303—305、301 頁,文物出版社 1991 年。

⑰《漢書·南粵傳》第 3854 頁。

⑱ 按:"文帝行璽"金印圖片來源於西漢南越王博物館官網,http://www.gznywmuseum.org/info_22.aspx? itemid = 678&pcid = 2。

⑲ 孫慰祖編:《歷代璽印斷代標準品圖鑒》第 16 頁,吉林美術出版社 2010 年。

⑳ 參見王偉:《"皇帝信璽"封泥及其時代的再探討》,《陝西歷史博物館館刊》第二十輯第 151—155 頁,三秦出版社 2013 年。

㉑《史記·高祖本紀》第 362 頁。

㉒ 按:"皇帝信璽"封泥圖片來源於日本文化遺産網,http://bunka.nii.ac.jp/heritages/detail/92149。

㉓ 林劍鳴、吳永琪主編:《秦漢文化史大辭典》第 557 頁,漢語大詞典出版社 2002 年。

㉔ 按:"皇后之璽"玉印圖片來源於陝西歷史博物館官網,http://www.sxhm.com/index.php?ac = article&at = read&did = 10532。

㉕ 按:從封泥得出的"皇帝信璽"尺寸,明顯小於"皇后之璽"。因此,邊長 2.6 釐米的、有"田"字界格"皇帝信璽",不太可能與邊長 2.8 釐米且無界格的"皇后之璽"同時作爲官方憑證予以使用。由於目前材料不足,存在一種無法被排除的可能性,即漢朝皇帝曾經在一段時間裏使用過秦璽,之後才制定新的制度並據之鑄造新的皇帝璽印。

㉖ 衛宏撰,孫星衍等輯:《漢官六種》第 45 頁。

㉗《漢書·高帝紀》第 73 頁;《漢書·南粵傳》第 3851 頁。

㉘ 參見廣州市文物管理委員會等編:《西漢南越王墓》第 202 頁。

㉙ 參見羅小華:《關於西漢諸侯王璽印的一些推測——從長沙王璽和長沙王印説起》,《中國文字》2018 年第 3 期,第 1—2 頁。

㉚ 參見廣州市文物管理委員會等編:《西漢南越王墓》第 305 頁。

㉛ 蕭亢達:《漢代印綬制度與隨葬官印問題》,廣州市文物考古研究所編:《廣州文物考古集》第 60 頁,文物

出版社 1998 年。

㉜ 丘光明、邱隆、楊平：《中國科學技術史·度量衡卷》第 179、201 頁，科學出版社 2001 年。

㉝ 中國社會科學院考古研究所、河北省文物管理處：《滿城漢墓發掘報告（上册）》第 140—141 頁，文物出版社 1980 年。

㉞ 按：兩枚無字玉印圖片來源於河北博物院官網，http：//bwy.hbdjdz.com/html/goodInfo.html？id＝149、http：//bwy.hbdjdz.com/html/goodInfo.html？ id＝159。

由出土文獻説《尚書·君奭》
"有若"的理解問題

寧鎮疆

《尚書·君奭》篇述商先王及周文王之輔臣,有如下一段話:

> 我聞在昔成湯既受命,時則有若伊尹,格於皇天。在太甲,時則有若保衡。在太戊,時則有若伊陟、臣扈,格於上帝;巫咸乂王家。在祖乙,時則有若巫賢。在武丁,時則有若甘盤。率惟兹有陳,保乂有殷,故殷禮陟配天,多歷年所。……惟文王尚克修和我有夏;亦惟有若虢叔,有若閎夭,有若散宜生,有若泰顛,有若南宫括。

這段表述,諸位輔臣前面大都用了"有若",多達十處,是《尚書》文例中非常特殊的現象。①對於"有若"的含義,長期以來説《書》者大多踵襲舊注,其實並未得其正解。晚近出土新材料的發現,爲這一問題的解決帶來了千載難逢的契機。

關於"有若",孔傳解"時則有若巫賢"時云"時賢臣有如此巫賢",準此,孔傳顯然將這十處的"有若"理解爲"有如此",或者説將"若"理解爲"如此"。正義解"時則有若"云"當其時有如此人也",所謂"如此人也"云云與孔傳之説大致相同。宋蔡沈《書集傳》亦采正義之説。此後説《書》者,大致不出此軌轍。如曾運乾:"周公多言'有若',未嘗實指其人。意言當日賢材衆多,不僅如我所舉也。"②所謂"賢材衆多"、"不僅如我所舉"云云,其實與孔傳的"有如此"亦相仿佛。顧頡剛、劉起釪先生於此亦徑采蔡傳之説。③屈萬里先生將"有若某人",理解爲"有像某人",④其實也是類乎"有如此"的理解。另外,周秉鈞曰"若,此也",⑤故"有若"即"有此"。學者或本王念孫之説,訓"若"爲"其",⑥而"此"、"其"俱爲指代詞,故"有此"或"有其"實與舊解的"有如此"不異。更多的學者則於此未多措意,⑦大概是覺得"有若",理解爲"有如此"、"有這樣"本就是很自然的。

　　傳世文獻中,與《尚書·君奭》"有若"文例最近者,尚有《逸周書·祭公》篇,清華
簡恰有與之對應者,現録其文如下:

> 　　我亦維<u>有若</u>祖周公暨祖邵公,兹迪襲學于文武之曼德,克夾邵成康……我亦
> 維<u>有若</u>祖祭公,敀和周邦,保乂王家。　　　　　　　　　　(清華簡《祭公之顧命》)

其中對周初的周、召二公及祭公,都用到了"有若",同樣是冠於人名前。此前學者解
釋傳世本《祭公》篇中的"有若"云"言有如此人也",⑧所謂"有如此人也"云云,明顯與
《尚書》孔傳的理解也是一致的。即便是清華簡本公布以後,也没有改變學者的看法。
如學者依然將其中的"若"解釋爲"有如"或"像",可知這依然與疏解《君奭》的"有如
此"同其軌轍。⑨

　　上述《君奭》及《祭公》的"有若",按舊解爲"有如此"或"有這樣的",放到具體的語
言環境中,雖勉强可以講得通,但總覺得有些怪怪的:無論是《君奭》還是《祭公》,"有
若"後要强調的諸人,都是當時非常傑出的臣佐,要凸顯他們輔政的重要性,徑云"有
某人"即可。試看清華簡《良臣》的表述:

> 　　文王又(有)忢(閎)夭,又(有)彖(泰)顛,又(有)柬(散)宜生,又(有)南宫适,
> 又(有)南宫夭,又(有)芮白(伯),又(有)白(伯)适,又(有)帀(師)上(尚)父,又
> (有)虢弔(叔)。武王又(有)君奭,又(有)君陣(陳),又(有)君牙,又(有)周公旦,
> 又(有)邵(召)公,述(遂)差(佐)成王。

該篇文、武二王與臣佐的搭配關係,基本上都是"某君有某臣"的表述邏輯。傳世文獻
中也有類似的表述,如《墨子·尚賢下》云:

> 　　……是故昔者堯有舜,舜有禹,禹有皋陶,湯有小臣,<u>武王有閎夭、泰顛、南宫
> 括、散宜生</u>,而天下和,庶民阜,是以近者安之,遠者歸之。

這段聖君與臣佐的關係,同樣是"某君有某臣"的表述邏輯。他們都與《君奭》及《祭
公》的"有若"迥異。而且,"某君有某臣"從文義上來講已經非常明晰,愈發讓人感到
前述兩篇的"有若"有點不尋常。"有若某人"的表達方式,如前所述,假如翻譯成今天
的話"有像這樣的伊尹","有像這樣的虢叔"云云,實在是有點囉嗦。尤其是,《君奭》
篇連續地把這種"有若某人"的表達方式用了十遍,殊覺詞費。再者,《祭公》篇第一個

"有若"後面跟著的是兩個人：周公與召公，然則，"有像這樣的周公和召公"，那就是説周公和召公此二人是一個樣的了？這些可以説都是疑問。但由於這種表達方式僅僅見於《君奭》及《祭公》，雖覺未安，在没有新的材料出現之前，這些疑問是没法解決的。最新的辭例及疑問解決的轉機，是前兩年公布的清華簡《周公之琴舞》一篇。該篇述及成王作"琴舞九絉"，其中的第五啟是這樣説的：

> 嗚呼，天多降德，滂滂在下，流（攸）自求敓（悦）。諸尔多子，逐（篤）思沈之。亂曰："恒稱其有若，曰享會余一人，思輔余於艱，殹是維民，亦思不怠。"

其中"恒稱其有若"，亦言"有若"。整理者訓"若"爲順、善，"稱"爲稱舉，故"稱其有若"即指推舉那些才能出衆的人。⑩我們認爲整理者的這種解釋是正確的。整理者提到的佐證辭例是《左傳》宣公十六年的"禹稱善人，不善人遠"，而並没有提到《尚書・君奭》，實際上兩篇所述史實背景是高度一致的。如前所述，無論是《君奭》還是《祭公》，"有若"後所要強調的，都是良臣輔佐的重要性，而《周公之琴舞》此處云要"稱舉"賢材，並讓這些人"享會余一人，思輔余於艱"，其中的"享"，訓爲進獻；而"會"，同樣有輔佐義，⑪再聯繫到下文的"輔余於艱"，則該段主要講的也是良臣輔佐之義，⑫與《君奭》《祭公》兩篇正同。不寧惟是，《君奭》下文稱"惟兹惟德稱"、"丕單稱德"，所謂"稱德"即稱舉賢材，與《周公之琴舞》的"稱其有若"亦相一致；其又稱"用乂厥辟，故一人有事于四方"，而《周公之琴舞》亦言"曰享會余一人"，俱云"一人"；《君奭》云"我咸成文王功于不怠"，而《周公之琴舞》亦言"亦思不怠"。然則，從言説背景、語言環境及具體辭例看，二篇所述實多有相應處，特別是《周公之琴舞》此處又同樣提到了"有若"，故兩篇的"有若"肯定應該放在一起作參照理解。

　　《周公之琴舞》篇此處的"稱其有若"，"其有若"明顯是"稱"的名詞性賓語，這與《君奭》及《祭公》篇作爲修飾語的"有若"明顯不同。更重要的是，如按舊注將前述《君奭》篇"有若"理解爲"有如此"或"像這樣"，但此篇"有若"後是没有人名的——"如此"或"這樣"的到底是哪些人呢？顯然，傳統舊注的理解在這裏暴露出嚴重的問題。而且，"稱其有若"之"有若"前即有"其"，後面"若"字如果再按此前有學者釋爲"其"或其他代詞，指稱代詞無疑就重複了，文法上亦甚顯不辭。實際上，《周公之琴舞》篇整理者既訓"若"爲順、善，那就意味著對這裏"有若"的理解肯定已與學者對《君奭》《祭公》篇"有若"的理解不同，這也説明此前舊注對二篇之"有若"的理解是需要檢討的。其實，"若"訓爲順、善之類正面含義，本屬常訓。如《爾雅・釋詁》云："若，善也。""若"既爲有順、善之類正面含義的形容詞，故無論是《周公之琴舞》還是《君奭》《祭公》篇的

"有若"表達方式,其實不過是"有＋形容詞"的構詞格式,這種構詞格式意在對其中的形容詞突出强調。兹試爲證之。

先來説"若"表正面的順、善之類含義。這方面最明顯的證據,是早期文獻常見"若否"並舉的例子,所謂"若否",猶言"臧否"也。"否"既爲反面義,則"若"、"臧"都當爲正面義。如《大雅·烝民》"邦國若否,仲山甫明之",即國家正面、反面的情况仲山甫都能明了。類似辭例還有清華簡五《厚父》"知天之威哉,問民之若否";中山王厝鼎"今余方壯,知天若否";《尚書·盤庚下》"今我既羞告爾于朕志若否";《芮良夫毖》"間鬲若否,以自訾讀";毛公鼎"虢許上下若否"。上述所謂"若否"云云者,都應指正、反兩方面的情况。"否"既爲反面,"若"都應該是正面的。其單稱"若"表正面含義者,如《尚書·高宗肜日》云"民有不若德",所謂"不若德",即不善德也。《詩經》中屢見的"萬民是若"、"天子是若"、"魯侯是若",其中之"若"均當理解爲順、善之類正面含義,而"是若"這樣的結構只不過是表意動的被動格式罷了。出土文獻中,"若"字這種表正面含義的例子同樣多見,如清華簡五《封許之命》"余既監于殷之不若",所謂"不若"即"不善"也。清華簡五《厚父》亦云"天廼弗若",所謂"弗若",與"不若"義近。

再來説一下"有＋形容詞"構成强化其中形容詞的表達方式。此種表達方式《詩經》極爲多見,[13]可以説俯拾皆是。如《邶風·谷風》"有洸有潰",對於"有洸"、"有潰",鄭箋徑以"洸洸"、"潰潰"釋之,均可謂對其中"洸"與"潰"的强化。學者因此謂其中的"有"是狀物之詞,[14]是不能理解爲"有"、"無"之"有"的。《小雅·車攻》"會同有繹",王引之訓"繹"爲"盛貌",乃形容詞,且謂"有繹","凡言有者皆形容之詞",[15]可謂良是。類似用法,王氏還舉《周南·桃夭》之"有蕡其實",亦謂其中的"有"爲狀物之詞,[16]王氏還説"他皆放此"。確實,《詩經》中這種辭例是很多見的,如所謂"有匪君子"、"有美一人"、"有嚴天子"、"有芃者狐"、"有倬其道"、"有扁斯石"、"有覺其楹"等,其中的"有匪"、"有美"、"有嚴"、"有芃"、"有倬"、"有扁"、"有覺",均是"有＋形容詞"格式,它們表示的意思均是强化其中的形容詞。像"有匪"即"匪匪"(斐斐),或者説很"匪(斐)";而"有美",即"美美"或很"美"。尤其值得注意的是,與《周公之琴舞》《君奭》《祭公》篇的"有若"表達方式相類,《詩經·小雅·頍弁》還云"既見君子,庶幾有臧",所謂"有臧",由上面"臧否"一詞可知,"臧"係表正面意義的"善",然則"有若"與"有臧"無論是就形式還是意義來講可以説都是完全一致的。有人可能會説,既然"有若"格式是强化其中的"若",那麽"有若"依然還是形容詞,然則《周公之琴舞》的"稱其有若",形容詞的"有若"能作爲"稱"的賓語嗎?請注意,"有若"之前尚有"其"字,"其有若"這樣的結構其實可以理解爲"那些才能突出的(人)"或"那些傑出的(人)",實際上已轉化爲名詞,故作爲"稱"的賓語是没有問題的。另外,這種"有＋形容詞"的結構,它修飾後面的核心名詞,其實今天要翻譯過來的話都不妨顛倒過來理解。如所謂“有匪君子”,實即“君子有匪”;“有嚴天子”,實即“天子有嚴”;“有倬其道”,實即“其道有倬”等。還應該特別提到的是,上述《詩經》辭例中的“有匪君子”、“有美一人”、“有嚴天子”三項,“有＋形容詞”結構後面修飾的正是某人,與《君奭》《祭公》“有若”後面綴以人名完全一致。因此,此兩篇的所謂“有若”,也當理解爲“有”＋形容詞“若”的表達結構,它們同樣表示突出强調義,修飾後面的臣輔。故所謂“有若”,實即“有善”或“特别善”,聯繫到諸位臣佐的人材背景,筆者認爲這裏的“有若”其實可以徑直翻譯成“傑出的”。

　　如將“有若”理解爲“傑出的”,置之《君奭》《祭公》的語言環境中,可以説都是非常明順的。《君奭》篇先説到商的各代明主都有賢材輔佐:湯有“傑出”的伊尹,太甲有“傑出”的保衡,太戊有“傑出”的伊陟、臣扈、巫咸,祖乙有“傑出”的巫賢,武丁有“傑出”的甘盤,正是因爲有這些俊傑輔弼,所以才能“保乂有殷”、“多歷年所”;而周文王時,則有“傑出”的虢叔、閎夭、散宜生、泰顛、南宫括等人輔弼,所以才能成就周之大業。至於《祭公》篇,在説完文、武奠定周之基業後,然後説“我亦維有若祖周公暨祖邵公,兹迪襲學于文武之曼德,克夾邵成康”,也是説正因爲有“傑出”的周、召二公一方面能“兹迪襲學于文武之曼德”,但更重要的是“克夾邵成康”,[17]同樣强調他們對成王、康王的輔弼功能。而且,稱他們二人“傑出”,要比含混的舊釋“有如此這樣的周公和召公”合理得多。最後説到時王當下的情況“我亦維有若祖祭公”——他當時也有“傑出”的祭公,因此才能够“攸和周邦,保乂王家”。由此可見,將“有若”理解成“傑出”,可以説與上述文例中要刻意凸顯的諸位臣佐有大功於國家輔弼可謂非常契合。唯其如此,即便《君奭》篇用此語多達十處,但考慮到這些人對各代君主的輔弼之功,亦不感覺辭費。順便説一句,《君奭》篇説文王之有良臣輔弼時説“亦維”,而《祭公》篇無論是説周、召輔弼成康時,還是説祭公輔弼時王時,都用到了“亦維”,此乃發語詞,領起判斷句,意在説明文王及此後的成、康及穆王時期,都有特定的、非常傑出的臣佐輔弼。[18]

　　《君奭》及《祭公》篇的“有若”含義既已辨明,我們還想説一下《尚書》中的另外一處“有若”。《康誥》篇云:“汝惟小子,未其有若汝封之心,朕心朕德惟乃知。”孔傳解“他人未其有若汝封之心,言汝心最善”,明顯以“有若”爲“有如”。曾運乾云“言汝雖小子,未有如汝心之仁厚者”,[19]劉起釪解爲“你這小子(昵稱),沒有像你這樣心地的(意謂其心地善良)”,[20]基本與孔傳同。孫星衍則解“若”爲“順”,將“未其有若汝封之心”解爲“勿以順汝之心”,[21]周秉鈞之説亦同。[22]我們認爲兩説都是有問題的。要準確理解其中的“未其有若汝封之心”,不能抛開上下文而不顧。這裏的上文就是“小子”,下文就是“朕心朕德惟乃知”。孔傳將“有若”理解爲“有如”,故而“未其有若汝封之心"就變成稱讚康叔的話，這與前面的"汝惟小子"不諧——"汝惟小子"云云，明顯是上對下的教訓口吻。而且，既然前面讚美康叔，後面又説"朕心朕德惟乃知"，邏輯上也嫌脱節。孫、周二氏訓"若"爲"順"，故而"未其有若汝封之心"就變成告誡甚至警告的話，在協調上下文上確有優勢，但又未臻於至善。我們認爲這裏的"有若"其實與《君奭》篇的十個"有若"近似，也可以理解有"有善"即"有"＋形容詞的構詞方式，同樣是對其中正面意義"若"的强化。準此，這裏所謂"汝惟小子"，顯然是在提醒康叔閲歷未深、資歷尚淺，"未其有若汝封之心"，"有若"修飾後面的核心名詞"汝封之心"，與前述所舉《詩經》中所在多有的構詞方式完全一致。而且，與前述《詩經》辭例類似，此句可以顛倒過來理解，即"汝封之心未其有若"——即你的心智還未臻盡善。這樣的話，下面接著再講"朕心朕德惟乃知"，就非常自然了。

　　最後，筆者想談談《詩經·大雅·召旻》中的"有如"。我們認爲這應該也是"有若"的誤訛。《召旻》篇云："昔先王受命，有如召公，日辟國百里。"傳統上都將其中的"有如"照字面意義來理解，"有如召公"即"有像這樣的召公"，高亨先生則將"如"理解爲"彼"，即指代詞，故"有如召公"即"有那召公"。[23]或者像鄭箋稱"時賢臣多，非獨召公也"亦與此相類。其實，無論是將"有如"理解爲"有像這樣的"或者是"非獨"，與前面的"昔先王受命"邏輯上均嫌脱節："昔先王受命"，"受命"的畢竟是"先王"，下面又突然説"有如召公"——"召公"的功業在於"日辟國百里"，與"受命"是兩回事，怎麽能説"有如"召公呢？然則，"昔先王受命"與"有如召公"以下之間甚覺邏輯上頗不相貫。筆者懷疑《召旻》此處可能本當如《君奭》篇作"有若召公"，[24]"有若"理解爲"傑出的"。召公於周室創業之"傑出"，前舉《祭公》篇明云"有若祖周公暨祖邵公"，"邵公"明屬"有若"之類。這樣，前面的"昔先王受命"講前提條件，接著講"傑出的召公"，每日開疆百里，邏輯上無疑更爲順暢。與《召旻》的表述相類，《詩經·大雅·江漢》還説"文武受命，召公維翰"，所謂"文武受命"，"文武"即《召旻》的"先王"，然則兩篇這前一句幾乎全同；後一句"召公維翰"之"翰"應與《板》之"大宗維翰"、《崧高》之"維周之翰"的"翰"參看，即爲棟梁之才，然則"召公維翰"即是稱頌召公是輔佐周室的棟梁。循此以觀，《召旻》的"有若"確實應當理解爲表稱頌義的形容詞爲妥，即稱頌召公對周室的輔佐功績。我們再來比較《大雅·召旻》與前述《尚書·君奭》的文例：

> 我聞在昔成湯既受命，時則有若伊尹。　　　　　　　　　　　　（《尚書·君奭》）
> 昔先王受命，有如召公。　　　　　　　　　　　　　　　　　（《詩經·大雅·召旻》）

它們都屬於先講"受命"，再講傑出臣佐的表述模式。其中《詩經》的"有如"恰對應《君奭》的"有若",故"有如"當是"有若"的訛誤,也應該是表稱頌義(如"傑出的")的形容詞。其實,關於這種先講前王"受命",再講傑出臣佐的表述模式,我們還可以在西周金文中找出更多類似的例子,試看下列銘文:

> 丕顯文武受命,則乃祖奠周邦。　　　　　　　　　　（詢簋,《集成》4321)
>
> 丕顯文武,【膺】受天命,亦則唯汝乃聖祖考,克左右先王。
>
> 　　　　　　　　　　　　　　　　　　　　　　　　（師詢簋,《集成》4342)
>
> 朕丕顯祖文王武王膺受天命,乃祖克逑先王。　　（乖伯簋,《集成》4331)
>
> 丕顯文武膺受大命,匍有四方,則縣惟乃先聖祖考夾召先王⋯⋯
>
> 　　　　　　　　　　　　　　　　　　　　　（逑盤,《文物》2003 年第 6 期)
>
> 逑,丕顯文武膺受大命,匍有四方,則縣惟乃先聖祖考夾召先王⋯⋯奠周邦。
>
> （四十二年逑鼎,《文物》2003 年第 6 期,四十三年逑鼎亦有類似表述)

這類表述同樣都是先講前王"受命",然後再説某位祖考輔佐周室的功勞,此前學者對此有過針對性的分析:"前一分句一般是稱頌'丕顯文武膺受天命'之類的話,後一分句一般是稱頌'乃祖考'如何如何輔助文王、武王成就大事之類的話。"㉕其實,這前後兩個分句,前面説先王"受命"的部分,給人的感覺總是有點"虛",而後面某位祖先的輔佐之功才是述説的重點。正因爲此,有的銘文乾脆把先王"受命"的環節都省了,直接表彰祖先,如:

> 王若曰:录伯冬,縣自乃祖考有勞于周邦,右辟四方,惠弘天命。
>
> 　　　　　　　　　　　　　　　　　　　　　　　（录伯冬簋蓋,《集成》4302)
>
> 虎曰:丕顯朕烈祖考叠(聰)明,克事先王。㉖
>
> 　　　　　　　　　　　　　　　　　　（虎簋蓋,《考古與文物》1997 年第 3 期)
>
> 虢仲命柞伯曰:在乃聖祖周公縣有功于周邦,用昏無殳,廣伐南國。
>
> 　　　　　　　　　　　　　　　　　　　　　　（柞伯鼎,《文物》2006 年第 5 期)
>
> 丕顯桓桓皇祖穆公,克夾召先王,奠四方。　　　　　　（禹鼎,《集成》2833)

這類銘文都屬於直接稱頌祖先。至於他們的功績,或説"奠周邦",或説"有勞于周邦",或説"夾召先王",而且很多時候周王對此還念念不忘,所謂"余弗叚望聖人孫子"(四十二年逑鼎)、"天子弗望厥孫子"(虎簋蓋),都是推崇這些祖考對周室的輔佐功績。尤其是稱頌祖考時,還經常用形容詞如"丕顯"、"叠(聰)明"、"桓桓"之類。這方面最爲典型的是述盤,述在稱頌從高祖單公至皇考龔叔的歷代祖先輔佐各世周王時,多見如"桓桓"、"幽明"、"叠(聰)明"、"柔遠能邇"、"穆穆趣趣"之類形容詞。既然金文中的這類表述模式都是以稱頌祖考輔佐周室爲要,而且很多時候還對祖考直接修飾以形容詞,我們回頭再來比較與《召旻》辭例最接近的詢簋:

> 丕顯文武受命,則乃祖奠周邦。　　　　　　　　　　(詢簋,《集成》4321)
> 昔先王受命,有如召公,日辟國百里。　　　　　　　　(《詩經·大雅·召旻》)

詢簋及前舉諸多銘文中雖未見使用"有若"這樣的形容詞,但從重在稱頌祖考輔佐之功的表述邏輯,以及對祖考功績多用形容詞修飾來看,我們有理由相信《召旻》的"有如"也應該是形容詞,更準確地說,它應該就是表"傑出"義的"有若"之訛。

"有若"之"有"不能理解爲"有無"之"有","有若"實係早期文獻中司空見慣的"有"+形容詞"若"的構詞方式,以強化其中的形容詞("若")。明確這一點,在出土文獻的釋讀中有時能起到重要作用。兹試舉兩例。

其一,清華簡《芮良夫毖》云"朕唯沖人,則如禾之有稺",整理者云"稺,《説文》'幼禾'",這是以"稺"當名詞。其實,此處"稺"應理解爲形容詞"幼稚",《鄘風·載馳》"許人尤之,衆稺且狂","稺"與"狂"對舉,其可以爲形容詞甚明。準此,則《芮良夫毖》的"有稺"也當是"有"+形容詞"稺"的構詞方式,故"有稺"即非常幼稚。代入文中可謂非常順適:我尚是毛頭小子,就像禾苗還非常稚嫩。如將"稺"理解爲名詞性的"幼禾",則"禾之有禾"即不成辭矣。

其二,清華簡《皇門》云"自(釐)臣至于又(有)貧私子",關於"有貧私子",整理者依今本讀"貧"爲"分"。而且,學者也多將其中的"有"理解爲"有無"之"有"。如陳逢衡謂:"分,分土。有分之私子,謂有采邑之庶蘖。"朱右曾曰:"分,職也。"②所謂"有采邑"、"有職",可知仍然是以"有分"之"有"爲"有無"之"有"。筆者曾撰文指出,清華簡《皇門》的"自(釐)臣至于又(有)貧私子"實係對前文"廼佳大門、宗子、勢(邇)臣,楙揚嘉德,乞有寶(孚)以助厥辟,勤卹王邦王家。廼方求選擇元武、聖夫,羞于王所"的總結,具體來説,"釐臣"對應"大門、宗子、邇臣",而"有貧私子"對應"元武、聖夫",因此"自(釐)臣至於又(有)貧私子"當是一個從高到低的人群範圍指稱(類似大盂鼎"人鬲自馭至於庶人")。而且,《墨子·尚賢中》説到傅説等本係貧賤之人最終因爲舉賢而富貴時有"始貧,卒而富"之語,"始貧"其實正對應《皇門》的"有貧"。③這就意味著,整理者及很多學者依今本讀"貧"爲"分"是不正確的,"貧"讀爲本字即可。既然"有貧私子"是指出身貧賤的"低端人群",我們就可以看到所謂"有貧"其實又是一例"有"+形容詞(貧)的構詞方式,故"有貧"實即"非常貧窮",以此照應"低端人群"的判斷也是非常合理的。

（作者單位：上海大學歷史系）

注釋：

① 《史記·燕召公世家》開篇述周、召二公之事多據《君奭》篇,其稱"湯時有伊尹"無"若"字,但後面述太戊、祖乙、武丁之臣佐時則俱爲"有若",與《君奭》篇同。準此,"伊尹"之前的"若"字當屬脱漏。而且,"湯時有伊尹"這樣的表述,說明漢時亦是將"有若"之"有"理解爲"有無"之"有",而不是像本文主張的那樣係"有＋形容詞"構成新的强化義的形容詞。

② 曾運乾：《尚書正讀》第 243 頁,華東師範大學出版社 2011 年。

③ 顧頡剛、劉起釪：《尚書校釋譯論》第 1560 頁,中華書局 2005 年。

④ 屈萬里：《尚書今注今譯》第 121—123 頁,新世界出版社 2011 年。

⑤ 周秉鈞：《尚書易解》第 231 頁,華東師範大學出版社 2010 年。

⑥ 錢宗武等亦持此説,見錢宗武、杜純梓：《尚書新箋與上古文明》第 247 頁,北京大學出版社 2004 年。

⑦ 像晚近頗爲《尚書》研究者稱道的楊筠如先生之《尚書覈詁》,於《君奭》的"有若"就完全無説,參《尚書覈詁》第 366—367、370—371 頁,陝西人民出版社 2005 年。

⑧ 黄懷信、張懋鎔、田旭東：《逸周書彙校集注》第 929 頁,上海古籍出版社 2005 年。

⑨ 可參黄懷信：《清華簡〈祭公〉篇校釋》,《清華簡研究》第一輯第 228 頁,中西書局 2012 年;魏慈德：《從出土的〈清華簡·祭公之顧命〉來看清人對〈逸周書·祭公〉篇的校注》,《廈大中文學報》第三輯,廈門大學出版社 2016 年。

⑩ 清華大學出土文獻研究與保護中心編,李學勤主編：《清華大學藏戰國竹簡(叁)》下册第 140 頁,中西書局 2012 年。亦可參李守奎：《〈周公之琴舞〉補釋》,《出土文獻研究》第十一輯第 5 頁,中西書局 2012 年。

⑪ 可參董珊：《略論西周單氏家族窖藏青銅器銘文》,《中國歷史文物》2003 年第 4 期;陳劍：《清華簡與〈尚書〉字詞合證零札》,《出土文獻與中國古代文明——李學勤先生八十壽誕紀念文集》第 211 頁,中西書局 2016 年。

⑫ 值得注意的是,上個世紀七十年代發現的中山王𧾷鼎銘文中,有與《周公之琴舞》此段最爲接近之內容,其文稱"天降休命於朕邦,有厥忠臣賙,克順克卑,亡不率仁,敬順天德,以左右寡人"。所謂"天降休命"與《周公之琴舞》的"天降多德"相類,而"忠臣"、"左右寡人"云云,亦均與《周公之琴舞》的"諸爾多子"、"思輔余於艱"相類。

⑬ 參程俊英、蔣見元：《詩經注析》第 17 頁,中華書局 1991 年。

⑭ 王先謙：《詩三家義集疏》第 179 頁,中華書局 1987 年。

⑮ 王引之：《經義述聞》第 143 頁,江蘇古籍出版社 2000 年。

⑯ 王引之：《經傳釋詞》第 32 頁,江蘇古籍出版社 2000 年。亦可參裴學海：《古書虛字集釋》第 160 頁,中華書局 2004 年。

⑰ 傳世説《逸周書》者,鑒於上文有"朕皇祖文王、烈祖武王,宅下國"云云,往往單純强調周、召二公是承上

"追學文武之徽德"或"仰文武之末光而不廢家學"(參黃懷信、張懋鎔、田旭東《逸周書彙校集注》第 929 頁所引孔晁、施彥士之説),這是很不全面的。我們從《祭公》篇下文明云周、召二公"夾卲成康"之功可知,與《君奭》篇一樣,這裏同樣强調他們(包括祭公)的臣輔作用,其用意並不僅僅在於所謂"追學文武"、"仰文武之末光"什麼的。

⑱ 與"亦維"類似,《君奭》前文講商代諸王的臣輔時則頻繁用"時則",從辭氣上説,同樣有領起判斷句的功能。

⑲ 曾運乾:《尚書正讀》第 175 頁。

⑳ 顧頡剛、劉起釪:《尚書校釋譯論》第 1333 頁。

㉑ 孫星衍:《尚書今古文注疏》第 366 頁,中華書局 1986 年。

㉒ 周秉鈞:《尚書易解》第 164 頁。

㉓ 高亨:《詩經今注》第 474 頁,上海古籍出版社 2009 年。

㉔ 近覽網上有"風雅南"博客者(http://blog.sina.com.cn/s/blog_7108b3660101j8ok.html),亦主《召旻》之"有如"當與《君奭》"有若"比觀,與筆者説同。但其依然以其中的"有"爲"有"、"無"之"有",且認爲"有如"、"有若"類乎英文的緩詞"well",這卻是筆者不能同意的。

㉕ 沈培:《西周金文中的"繇"和〈尚書〉中的"迪"》,《古文字研究》第二十五輯第 219 頁,中華書局 2004 年。

㉖ 該銘前文周王册命虎的銘文説"乃祖考事先王,司虎臣",同樣省略了"先王受命"的環節。

㉗ 黃懷信、張懋鎔、田旭東:《逸周書彙校集注》第 547 頁。

㉘ 參見拙文《由清華簡〈芮良夫毖〉之"五相"論西周亦"尚賢"及"尚賢"古義》,《學術月刊》2018 年第 6 期。此文後被人大報刊複印資料《先秦、秦漢史》2018 年第 6 期全文轉載。

上博楚簡"褻"字補説

劉樂賢

上海博物館收藏的戰國竹簡中兩次出現一個用法特別的"褻"字,研究者對其釋讀和理解迄今尚未取得一致意見。本文試提出一種新的看法,希望能够爲解決這一問題提供幫助。

這兩個"褻"字分別出現於《容成氏》和《曹沫之陣》,①現將相關文句的釋文按寬式分別抄録於下:

> 墨(禹)肰(然)句(後)始行以僉(儉),衣不褻媺(美),飤(食)不童(重)味,朝不車逆,穜(舂)不毇米,羹不折骨……　　　　　　　　　　　　(《容成氏》簡21)
>
> 乃命毁鐘型而聖(聽)邦政,不晝寢,不猷酒,不聖(聽)樂,居不褻文,飤(食)不貳羹,兼愛萬民而亡(無)又(有)厶(私)也。　　　　　　　　(《曹沫之陣》簡10～12)

《容成氏》和《曹沫之陣》相繼公布以後,學者們分別對上引簡文的釋讀作過很多討論。②爲節省篇幅,這裏只介紹與"褻"字的釋讀有關的一些意見。

整理者將《容成氏》的"衣不褻媺"讀作"衣不鮮美",認爲"鮮美"是顏色豔麗的意思;③將《曹沫之陣》的"居不褻文"釋作"居不褻虞",讀作"居不設席"。④隨著研究的推進,學者們大都意識到《容成氏》和《曹沫之陣》的兩個"褻"字用法一致,應當聯繫起來進行解釋;而且《曹沫之陣》的所謂"虞"字,其實就是楚文字中常見的讀爲"文"的字。⑤因此,在後來討論這兩篇簡文的學者中已經很少有人沿用整理者的上述讀法了。更爲重要的是,學者們相繼從古書中找到了一些意思與簡文相近的文句進行對讀,陳劍曾將其中較爲顯豁的例子彙集到了一起,現引述於下:

> 衣不重采,食不重味。　　　　　(《史記·吴太伯世家》、《列女傳》"齊宿瘤女")
>
> 食不衆味,衣不雜采。　　　　　　　　　　　　　　　　(《新書·春秋》)

食不加肉,衣不重采。 　　　　　　　　　　　　　　　　　(《史記·越王勾踐世家》)

衣不重采,食不兼味。 　　　　　　　　　　　　　　　　　　　　(《鹽鐵論·刺復》)

衣不兼采,食不重味。 　　　　　　　　(《漢書·高祖本紀》《漢書·游俠傳·朱家》)

食不兼味,衣無二采。 　　　　　　　　　　　　　　　　　　(《後漢書·孝安帝紀》)

陳劍説:"據上引諸例可知,'衣不襲美'的'美'當就衣服的'文彩'而言,'居不襲文'的'文'也應就指文彩。'襲'則當與'重'、'二'、'兼'等義近。"⑥

在這種思路的指導之下,以往學者對"襲"字提出的各種解釋只剩下讀爲"襲"或"疊"的意見看起來較爲符合。提出讀爲"襲"或讀爲"疊"的學者,有的已經明顯考慮到了簡文"襲"字與古書"重"字之間的關係,並作了相應的解説。

比較而言,讀爲"襲"的説法似乎影響更大一些,這裏先作分析。持此説的學者起初多以爲簡文的"襲"是"褻"的訛寫,"褻"與"襲"因音近而通假。後來陳劍指出,古代從"執"之字和從"執"之字發生訛混,恐怕要到隸變階段才會出現;戰國時期兩字的寫法差別明顯,恐怕很難説楚簡中的"襲"是"褻"的訛寫。陳劍列舉了一些間接證據後認爲,可以將"襲"字直接讀爲"襲"。⑦無論如何,將簡文的"襲"讀爲"襲",在聲音通假方面容易作出解釋。

贊同此説的學者多以爲"襲"的用法與"重"字一致,而"重"字又可以訓爲"多"。顏世鉉據此解釋簡文時説:"《容成氏》'衣不襲美','美'亦可指服飾盛美意。《國語·魯語下》:'穆子曰:楚公子甚美,不大夫矣。'韋注:'美,謂服飾盛也。'"《曹沫之陣》'居不襲文',亦有'衣不重采'之意,'文'猶'彩'也。"⑧陳劍在肯定顏説的基礎上補充説:"'居不襲(襲)文'的'居'所指較'衣'爲廣,包括居處所需的各個方面,'居不襲(襲)文'可能還應該指宮室的門户、牆壁、楹柱等只用一種顏色或一種文采塗畫爲飾等内容。"⑨

上引顏世鉉和陳劍的意見,對簡文大意的把握頗爲準確,但也存在某些有待繼續論證的地方,即"襲"與"重"的用法是否真的一致?

顏世鉉已經注意及此,並且作過一些具體的論證。顏世鉉爲了説明古書"襲"、"重"二字義近,專門引述了《吕氏春秋·去私》"黄帝言曰'聲禁重,色禁重,衣禁重,香禁重,味禁重,室禁重'"一段,以及下面王利器在《吕氏春秋注疏》中所作的解釋:

本書《順民》篇:"味禁珍,衣禁襲,色禁二。"此分别言之耳,若統言之,則俱謂重也,故高注曰:"襲,重也。"《墨子·節用中》:"黍稷不二,羹胾不重。"重、二對文,則二亦重也。《左》成二年:"重器備。"注:"重猶多也。"又襄五年:"無重器備。"《釋文》:"重如字。"《荀子·富國》篇:"若夫重色而衣之,重味而食之,重財物而制之。"文又見《王霸》篇,注俱謂:"重,多也。"因是,知此文"聲禁重,色禁重,衣禁重,香禁重,味禁重,室禁重"諸"重"字,都當作"多"解,多者,謂一物而多也。《荀子·君道》篇:"重色而成文章,重味而成珍備。"《韓詩外傳》卷五作"重色而成文,累味而備珍"。《楚辭·招魂》:"層臺累樹。"王注:"累,重也。""累樹"猶言"多樹",謂其衆多也。

顏世鉉分析説:"'衣禁重'猶'衣禁襲'之意,指衣服不用華美多樣之文彩。《荀子·正論》:'衣被則服五采,雜間色,重文繡。'《列女傳》卷六:'後宮衣不重采,食不重味。'"[10]

我們本來以爲,有了顏世鉉舉出的例子已經足以説明古書"襲"、"重"二字用法相近,"襲"字有時也可以像"重"字一樣表示衣服的文彩華美多樣。但是後來陳劍對此提出的批評,又使問題變得複雜起來:

> "衣禁重"和"衣禁襲"指不置備多種衣服,"重"和"襲"指向的是衣服本身,與"衣不襲美"之"襲"指衣服的文彩等不同。[11]

陳劍在評述上引顏世鉉舉出的《呂氏春秋·去私》等例子時,批評顏世鉉"實際上把兩類不同意思的説法牽合到一起了"。[12]在陳劍看來,《呂氏春秋·去私》"衣禁重"和《呂氏春秋·順民》"衣禁襲"中的"重"、"襲"二字,和前文所説與"二"、"兼"等字義近的"重"字用法並不一樣。陳劍的這些意見很有道理,顏世鉉舉出的例子確實不能證明古書"襲"字的用法和與"二"、"兼"等字義近的"重"字一致。實際上,"襲"和"重"只是在表示重複、重疊等意思時用法一致,在其他情況下用法並不一樣。據初步考察,在古書中似乎很難找到用"襲"字來形容衣服或居處的文彩華美多樣的例子。陳劍在否定了顏世鉉舉出的上述例證以後,雖然仍然相信簡文"褻(襲)"字和與"二"、"兼"等義近的"重"字用法一致,卻没有舉出新的積極證據。如前面所述,這樣的證據其實是很難找到的。也就是説,以爲"襲"字可以像"重"字一樣表示衣服或居處的文彩華美多樣的説法,其實是没有確切文獻依據支持的。因此,讀"褻"爲"襲"的説法至少在訓詁上是不够嚴密的,還不能讓人完全相信。

再聯繫到前文所述讀"褻"爲"襲"雖然符合音理,也能找到一些輾轉相通的間接證據,但在古書或出土文獻中尚未找到直接通假的證據,則上述讀"褻"爲"襲"的説法雖然看似合理,但未必一定可靠。看來,這個問題似乎還有再加斟酌的餘地。

白於藍等學者可能是考慮到了讀"襲"説還存在上述疑點,故不採此説而另將簡文的"褻"或"褺"讀作"疊",認爲"疊"、"重"、"兼"三字字義相通。⑬這仍然是旨在將簡文的"褻"字與古書的"重"字建立聯繫。但與讀"褻"作"襲"一樣,讀"褻"爲"疊"也同樣存在不易解決的問題。古書"疊"與"重"、"兼"只是在表示重疊、累積等意思時用法一致,在其他場合的用法並不一樣。實際上,在古書中似乎同樣很難找到用"疊"字來形容衣服或居處的文彩華美多樣的例子。因此,讀"疊"説也同樣不能讓人完全相信。

總之,前論上博楚簡中的兩個"褻"字無論讀爲"襲"或讀爲"疊",都存在一些不好解釋的地方,有待繼續研究。

最近我們想到,如果將簡文這兩個"褻"字讀爲"兼",似乎更爲直接,也更爲合理一些。

從"埶"得聲之字和從"兼"得聲之字因音近而通假的例子,在以往的出土文獻研究中已經遇到過。如大家都很熟悉的趙國名將"廉頗",在戰國兵器銘文中寫作"杢波"。黃盛璋指出"杢波"就是"廉頗",⑭得到了許多學者的支持。但是,學者們對"杢波"爲何能够讀爲"廉頗",一直未能提出合理的解釋。後來李家浩指出,所謂"杢波"的"杢"字是"埶"字的簡體,"埶"與"廉"因音近而可以通假,故"埶波"可以讀爲"廉頗"。⑮李家浩的解釋甚爲合理,"埶"與"廉"的通假關係可以説是確鑿無疑的。既然從"兼"得聲的"廉"字可以與"埶"字通假,則"兼"字自然也可以與從"埶"得聲的"褻"字通假。所以,將簡文的"褻"字讀作"兼"在聲音通假方面是有充足理由的。

上文已經引述,陳劍在將兩篇簡文的文句與古書的相關記載比較以後指出,"'衣不褻美'的'美'當就衣服的'文彩'而言,'居不褻文'的'文'也應就指文彩。'褻'則當與'重'、'二'、'兼'等義近"。現在我們將"褻"字讀作"兼",與陳劍"褻"字應當與"重"、"二"、"兼"等字義近的估計正好相合,與上引傳世文獻中用"兼"字表述的一些文例也很一致。

綜合上述聲音通假及文義理解兩方面的情況考慮,將簡文的"褻"讀爲"兼"似乎比以往讀爲"襲"或讀爲"疊"的説法更爲直接和合理一些,故寫出來供大家參考和批評。

或許有讀者會因爲《曹沫之陣》簡4和簡12已經有"并兼"、"兼愛"的"兼"字,因而懷疑再讀簡文的"褻"字爲"兼"是否合理。今按：在出土文獻的同一篇或同一簡中,同一個詞用不同的字表示的情況已經屢見不鮮,學者們對此也已經逐漸熟悉。僅以正在討論的《曹沫之陣》這一篇簡文爲例,這樣的現象就不少見。例如,"曹沫"的"沫"在簡1、簡2背、簡13寫作"蔑"或"蔑"的異體,⑯在簡5又寫作"蔑"。⑰很顯然,"曹沫"的"沫"在《曹沫之陣》中可以同時用"蔑"和"蔑"這兩個不同的字來表示。又如,"嬖大夫"的"嬖"在簡25中既寫作"辟",又寫作"俾";⑱"便嬖"的"嬖"在簡18中寫作"遷",⑲

在簡 35 中又寫作"俾"。[20]"辟"、"俾"、"遧"這三個不同的字,在《曹沫之陣》中顯然也可以同時用來記録"嬖"這一個詞。由此看來,在《曹沫之陣》中如果同時用"兼"、"襲"這兩個不同的字表示"兼"這一個詞,是不足爲怪的。也就是説,《曹沫之陣》簡 4 和簡 12 已經有"并兼"、"兼愛"的"兼"字的情況,並不會對本文讀"襲"爲"兼"的説法造成影響。

　　附記:小文完稿後曾請陳偉和顔世鉉兩位方家審閲,得以改正若干疏忽。在參加"清華簡入藏暨清華大學出土文獻研究與保護中心成立十周年國際學術研討會"期間,又蒙胡敕瑞先生指出,本文所論"襲"字也存在讀爲"二"的可能。謹此一並致謝。

（作者單位: 首都師範大學歷史學院,
"古文字與中華文明傳承發展工程"協同攻關創新平臺）

注釋:

① 馬承源主編:《上海博物館藏戰國楚竹書(二)》第 113 頁,上海古籍出版社 2002 年;馬承源主編:《上海博物館藏戰國楚竹書(四)》第 101—103 頁,上海古籍出版社 2004 年。

② 以往學者對簡文所作的討論,可以參看下述諸書的綜合性介紹: 高佑仁:《〈上海博物館藏戰國楚竹書(四)・曹沫之陣〉研究》第 95—100 頁,花木蘭文化出版社 2008 年;王青:《上博簡〈曹沫之陣〉疏證與研究》第 39—40 頁,臺灣書房出版有限公司 2009 年;孫飛燕:《上博簡〈容成氏〉文本整理及研究》第 82—83 頁,中國社會科學出版社 2014 年;單育辰:《新出楚簡〈容成氏〉研究》第 182—185 頁,中華書局 2016 年。

③ 馬承源主編:《上海博物館藏戰國楚竹書(二)》第 266 頁。

④ 馬承源主編:《上海博物館藏戰國楚竹書(四)》第 250 頁。

⑤ 參看陳劍:《上博竹書〈曹沫之陣〉新編釋文》,簡帛研究網,2005 年 2 月 12 日;收入氏著《戰國竹書論集》,上海古籍出版社 2013 年。此據後者,第 116 頁。

⑥ 陳劍:《釋上博竹書和春秋金文的"羹"字異體》,"2007 年中國簡帛學國際論壇"論文,臺灣大學中國文學系 2011 年;收入氏著《戰國竹書論集》。此據後者,第 243 頁。

⑦ 陳劍:《釋上博竹書和春秋金文的"羹"字異體》,《戰國竹書論集》第 243—244 頁。

⑧ 顔世鉉:《上博楚竹書文字釋讀札記五則》第 196—197 頁,《簡帛》第一輯,上海古籍出版社 2006 年。

⑨ 陳劍:《釋上博竹書和春秋金文的"羹"字異體》,《戰國竹書論集》第 243 頁。

⑩ 顔世鉉:《上博楚竹書文字釋讀札記五則》第 196—197 頁,《簡帛》第一輯。

⑪ 陳劍:《釋上博竹書和春秋金文的"羹"字異體》,《戰國竹書論集》第 244 頁。

⑫ 陳劍:《釋上博竹書和春秋金文的"羹"字異體》,《戰國竹書論集》第 244 頁。

⑬ 白於藍:《〈簡牘帛書通假字字典〉部分按語的補充説明》,《新果集: 慶祝林澐先生七十華誕論文集》第 637 頁,科學出版社 2008 年。

⑭ 黄盛璋:《試論三晉兵器的國別和年代及其相關問題》,《考古學報》1974 年第 1 期,第 24—25 頁。

⑮ 李家浩:《南越王墓車駔虎節銘文考釋——戰國符節銘文研究之四》,《容庚先生百年誕紀念文集》,廣東

人民出版社 1998 年;另收入《安徽大學漢語言文字研究叢書·李家浩卷》第 73—74 頁,安徽大學出版社 2013 年。

⑯ 馬承源主編:《上海博物館藏戰國楚竹書(四)》第 91、93、104 頁。

⑰ 馬承源主編:《上海博物館藏戰國楚竹書(四)》第 96 頁。

⑱ 馬承源主編:《上海博物館藏戰國楚竹書(四)》第 116 頁。

⑲ 馬承源主編:《上海博物館藏戰國楚竹書(四)》第 109 頁。

⑳ 馬承源主編:《上海博物館藏戰國楚竹書(四)》第 126 頁。

清華簡《算表》的分形認知

邢　文

　　作爲數學類楚簡文獻，清華簡《算表》的功用已經廣爲人知。[①]然而，《算表》所見分形數理與認知特徵，尚未見學者探討。分形數理早爲康托（Georg Ferdinand Ludwig Philipp Cantor）、謝爾賓斯基（Waclaw Sierpinski）等西方數學家所認識並研究，但長期以來卻被視作"病態"（pathological）數學，爲正統數學家所避之不及。[②]直至二十世紀六七十年代，分形數理才開始在數學界逐步獲得應有的地位，其標誌性事件或爲1967年曼德博（Benoit Mandelbrot）在《科學》雜誌發表《英國的海岸綫有多長》一文。[③]

　　我們曾多次談到，中國先民對於分形的認知，早見於新石器時代。[④]不論是史前仰韶文化半坡類型陶器的三角形彩繪，[⑤]還是良渚文化玉器的饕餮紋飾分形，[⑥]都是分形數理爲古代先民所認知並表現的藝術形像。新近發現的新石器時代上海馬橋良渚文化 204 號墓陶盤底部的五角星及螺旋紋、浙江平湖莊橋墳 M249 所出陶罐上的五角星紋等，也都是上古分形數理藝術表現的重要材料，在在說明對於分形數理的認知與探索，在中國學術史、藝術史上都有著始於史前的古遠傳統。如此，清華簡《算表》見有分形數理自然不足爲奇。下從三個方面試作初探。

一、清華簡《算表》所見分形數理

　　清華簡《算表》所見分形數理的迭代與維度，可從多種角度考察。從形式上看，清華簡《算表》的分簡排數、鑽孔布綫，甚類分形易學所見的宮卦特徵；[⑦]從内容上看，清華簡《算表》之數九九成列，迭代延展，實近於層列式近晶（smectic）分形結構。從數字到書法，類似表現不一而足。以下就清華簡《算表》所見隱性畢達哥拉斯樹（Pythagorean Tree）與阿波羅尼斯圓（Apollonian Circles）的若干分形特徵，舉例說明清華簡《算表》所見分形數理。

　　李均明、馮立昇先生已將清華簡《算表》轉寫爲阿拉伯數字形式。⑧略作調整，可得《算表》如圖一。圖一的調整，主要是把表中所見九九方陣分別改作正方形，相信這應該更反映古人的本意。爲方便討論，現於圖一加上必要的標注，得圖二。

½	1	2	3	4	5	6	7	8	9	10	20	30	40	50	60	70	80	90	
45	90	180	270	360	450	540	630	720	810	900	1800	2700	3600	4500	5400	6300	7200	8100	90
40	80	160	240	320	400	480	560	640	720	800	1600	2400	3200	4000	4800	5600	6400	7200	80
35	70	140	210	280	350	420	490	560	630	700	1400	2100	2800	3500	4200	4900	5600	6300	70
30	60	120	180	240	300	360	420	480	540	600	1200	1800	2400	3000	3600	4200	4800	5400	60
25	50	100	150	200	250	300	350	400	450	500	1000	1500	2000	2500	3000	3500	4000	4500	50
20	40	80	120	160	200	240	280	320	360	400	800	1200	1600	2000	2400	2800	3200	3600	40
15	30	60	90	120	150	180	210	240	270	300	600	900	1200	1500	1800	2100	2400	2700	30
10	20	40	60	80	100	120	140	160	180	200	400	600	800	1000	1200	1400	1600	1800	20
5	10	20	30	40	50	60	70	80	90	100	200	300	400	500	600	700	800	900	10
4.5	9	18	27	36	45	54	63	72	81	90	180	270	360	450	540	630	720	810	9
4	8	16	24	32	40	48	56	64	72	80	160	240	320	400	480	560	640	720	8
3.5	7	14	21	28	35	42	49	56	63	70	140	210	280	350	420	490	560	630	7
3	6	12	18	24	30	36	42	48	54	60	120	180	240	300	360	420	480	540	6
2.5	5	10	15	20	25	30	35	40	45	50	100	150	200	250	300	350	400	450	5
2	4	8	12	16	20	24	28	32	36	40	80	120	160	200	240	280	320	360	4
1.5	3	6	9	12	15	18	21	24	27	30	60	90	120	150	180	210	240	270	3
1	2	4	6	8	10	12	14	16	18	20	40	60	80	100	120	140	160	180	2
0.5	1	2	3	4	5	6	7	8	9	10	20	30	40	50	60	70	80	90	1
0.25	0.5	1	1.5	2	2.5	3	3.5	4	4.5	5	10	15	20	25	30	35	40	45	½

圖一　清華簡《算表》轉寫一　　　　　　　　圖二　清華簡《算表》轉寫二

（圖二爲圖一加上 A、B、C 四區標注）

　　圖二中包含著豐富的數理信息。現從歸於畢達哥拉斯（Pythagoras）名下的某些理論出發，試舉一二。

　　畢達哥拉斯對數學的貢獻包括對勾股定理的證明，故勾股定理也被稱作畢達哥拉斯定理（Pythagorean Theorem）。畢氏對勾股定理所作的證明，或可視作圖二中兩個 B 區分別按圖示分作兩個三角形，再把這四個三角形的直角，平移至全圖大正方形的四個角落位置，即圖三 A，進而由兩個 B 區的面積之和等於 A、C 兩區的面積之和的思路，證明勾平方加股平方等於弦平方，即勾三股四弦五，約如圖三 B 所示。清華簡《算表》固與勾股證明無關，但《算表》的四組數字分區 A、B、B、C，若從畢氏勾股證明的角度來看，不僅表現爲相似或自相似的迭代，而且隱藏著畢達哥拉斯樹與阿波羅尼斯圓的分形特徵，均有助於我們探知《算表》中的分形數理。

　　畢達哥拉斯樹據説由荷蘭數學教師博斯曼（Albert E. Bosman）所發明，如圖四 A 所示，是一個經典的分形。⑨因爲此樹的初始形（Initial Polygon）或基本形，即圖四 B，在樹中以相似與自相似的基本形，無限迭代，是爲分形數理的典型特徵。這種分形數理在我們提出並創製中國分形書法時，已由分形算法所成功表現。⑩

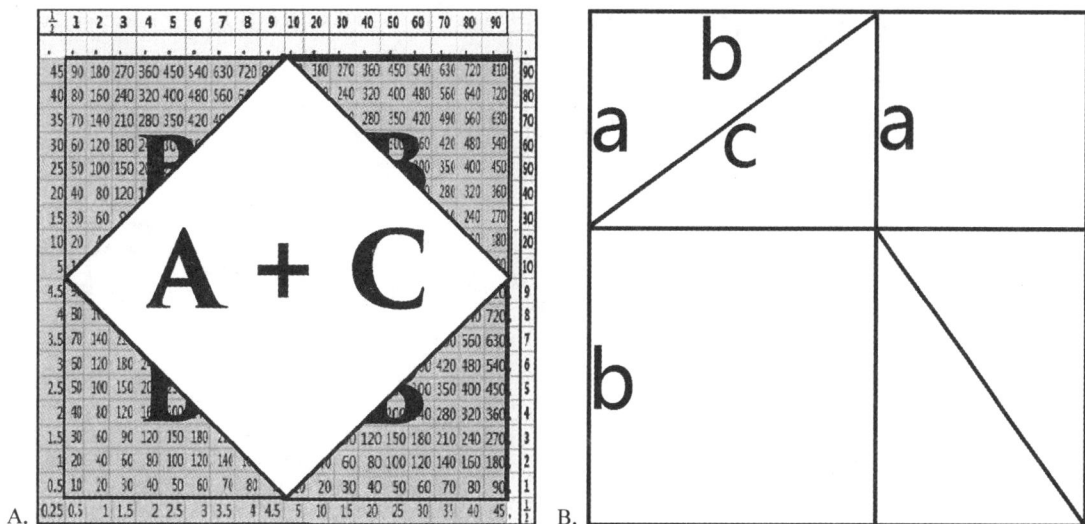

圖三　清華簡《算表》與畢達哥拉斯定理證明圖

圖四　畢達哥拉斯樹

　　清華簡《算表》的一個數理特徵，是圖一或圖二所示數字分區 A、B、B、C 的延展性。也就是説，圖二 B 區是 A 區的十倍數延展，C 區是 B 區的十倍數或 A 區的百倍數延展。從理論上來説，這種相似或自相似的延展，具有無限性，類似於畢達哥拉斯樹迭代的無限性；當然，其算法並不相同，但那是另一個問題。從形式上來看，圖二兩個 B 區與 A、C 區的關係或分割特徵，是一種類似阿波羅尼斯圓的表現，其相似性可於圖五、圖六見其大意。

　　若以李學勤先生所釋清華簡《算表》的"刪"字[11]爲初始圖形（通常須作正方形）作畢達哥拉斯樹，分形角度參數設爲四十五度，按分形書法的算法運行迭代，[12]五次迭代後可得圖五 A，其中，"刪"字作爲畢達哥拉斯樹基本形的基本結構，仍歷歷可見；十二次迭代後得圖五 B,其中,肉眼雖已無法辨別大部分畢達哥拉斯樹的基本形,但有兩點卻是明確的,一是此處的迭代是畢達哥拉斯樹"刪"字基本形的迭代,二是這樣的迭代仍可繼續,直至永遠。這是理論上相似與自相似以及無限延展特性的圖示。

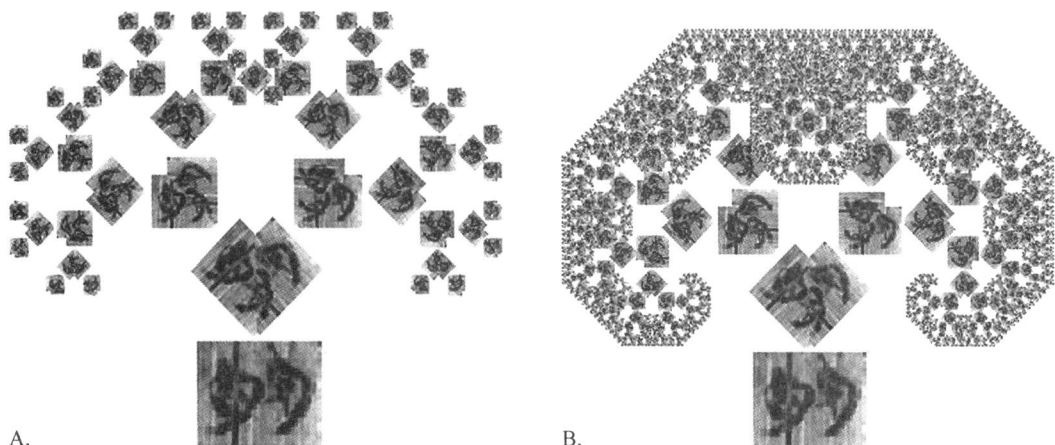

A.　　　　　　　　　　　　　　　　　　B.

圖五　清華簡《算表》"刪"字畢達哥拉斯樹(四十五度迭代)

若只觀察圖五 B 的樹冠,並假設此畢達哥拉斯樹的基本形爲圓形,則可見此樹冠爲圖六 A 阿波羅尼斯圓的另類版本;如果把圖五 B 樹冠旋轉一百八十度,則得圖六B,兩者的相似或更易理解。

在圖六 B 中,底部的畢達哥拉斯樹基本形仍可無限迭代、無限變小,與圖六 A 底部無限密集、無限變小的阿波羅尼斯圓相似,類於分形幾何學中的阿波羅尼斯墊片(Apollonian Gasket)。[13]典型的阿波羅尼斯墊片分形,始於三圓的兩兩相切。[14]就分形特徵而言,這種相切與圖二清華簡《算表》兩 B 區與 A、C 區的分割或契合關係類似,只是圓形的相切只有一個交點,而方形的相切卻是一種方形的楔入。

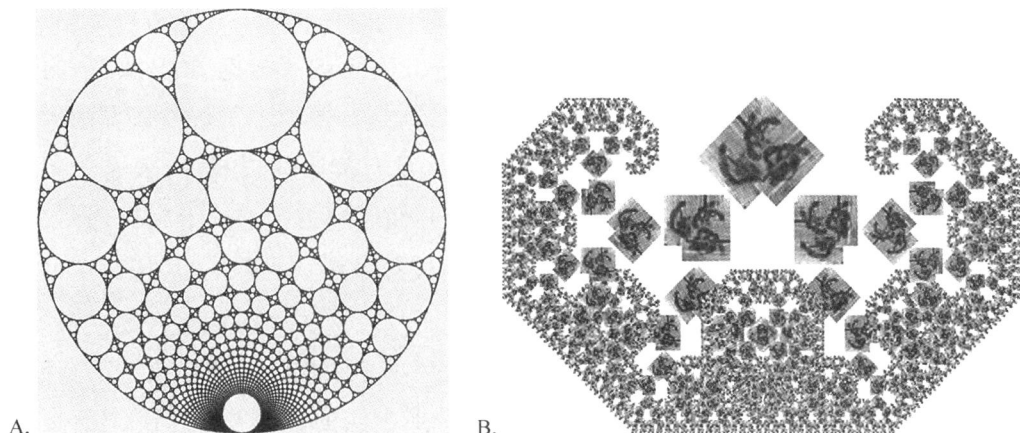

A.　　　　　　　　　　　　　　　　　　B.

圖六　阿波羅尼斯圓與倒置清華簡《算表》"刪"字畢達哥拉斯樹樹冠

　　清華簡《算表》所見分形數理與畢達哥拉斯樹、阿波羅尼斯圓等的相似，是數理上的某種相似，而不是相同，在此姑且稱之隱性的相似。從由清華簡《算表》轉寫出的圖一或圖二可見，《算表》由 A 區向 C 區的延展，並不像畢達哥拉斯樹與阿波羅尼斯圓那樣受某種集合（set）的限制，而是具有時間平移不變性，也就是一種連續時間的隨機過程——不僅是馬爾科夫過程（Markov Process），而且也是維納過程（Wiener Process）；《算表》A、B、C 等區的生成與轉換，具有概率論的馬爾科夫性（Markov），即"無記憶性"（memoryless），也就是在狀態空間中從一種狀態向另一種狀態轉換，新一狀態的概率分布只由當前狀態決定，而對以前的狀態"無記憶"。具體說來，在清華簡《算表》中，圖二中 B 區數字的分布，取決於 A 區的數字分布；圖二中 C 區的數字分布，取決於 B 區的數字分布；《算表》的理論延展可以生成的 D 區、E 區等，也與此相類，並近似一種二維的托爾自同構（Toral Automorphism）貓圖（Cat Map）。⑮

二、清華簡《算表》的認知簡帛學意義

　　清華簡《算表》所見分形數理，不僅從形式到内容都是認知簡帛學研究的重要内容，而且對於我們恰當地認識認知簡帛學也有重要的意義。

　　認知簡帛學是認知手稿學的一個部分，是狹義的認知手稿學的一個分支。⑯從認知簡帛學的角度看清華簡《算表》，可於爲認知語言學創始人之一拉考夫（George P. Lakoff）視作經典的萊笛（Michael J. Leddy）隱喻（metaphor）之論，有更爲深入的認識，進一步理解拉考夫所論"適當的（認知）選擇"（the proper selection）與"共享的關聯性背景"（the shared context）之間的關係。⑰在認知簡帛學意義上，清華簡《算表》是一種隱喻；這一隱喻的結構，在相當程度上表現爲《算表》結構與前述畢達哥拉斯樹以及阿波羅尼斯圓的相似，即其分形的數理結構。在萊笛眼中，清華簡《算表》的信息傳導系統（conduit）即爲隱喻，而清華簡《算表》的分形結構，是其重要的信息傳導系統。以圖三爲參照來看圖二，可以看見《算表》分形的顯性表現，即方形與三角形的自相似與迭代；然而，若以圖五、圖六爲參照來看圖一或圖二，則可推知清華簡《算表》的隱性分形數理，即認知簡帛學中的隱性分維結構與隱喻，或曰隱維隱喻（hidden dimensional metaphor）。

　　從清華簡《算表》中所探知的隱性分形數理，提示我們關注簡帛文獻中尚未得到探討的隱性的、深層的、可藉以探求乃至復原古人認知過程的豐富材料。早在認知語言學誕生之前,布魯姆(Lois Bloom)即强調,在語言表述的事實(linguistic facts)與真實世界的事件之間,並不存在一一對應的關係。[18]與此相關,維特根斯坦(Ludwig Wittgenstein)也曾指出,由於事物的簡單性與熟悉感,它們對於我們最爲重要的方面,往往是隱性的。[19]清華簡《算表》所見分形數理是否是對於我們最爲重要的方面,仍有討論的空間;但《算表》所見文字及其表列形式,其内容與形式的簡明易懂,使人不再去探求其隱藏的深層數理,也似明顯的事實。語言與文字皆可在很大程度上精確地表述事實,但一種事實一旦爲語言文字所表述,事實的深層真相往往也可能被語言文字的形式所掩蓋。在簡帛文獻中,語言文字而外,並有簡帛形制、版式圖式與筆墨技法等形式要素。簡帛文獻的語言、文字、圖式、書法等形式表現的完成,無一不是古人相關認知過程的結果,其認知意義既見於語言文字本身,也見於語言文字之外;簡帛語言文字所能對應的,僅僅是古人相關認知的某些方面,而非全部。清華簡《算表》所見分形數理,即爲一例。這也是認知簡帛學的意義所在。

三、作爲中國數理書法的清華簡《算表》

清華簡《算表》是難得的數理書法經典,一件作品兼有三類數理書法的性質。

中國數理書法的正式提出是以技術書法學研究與中國分形書法的創立爲基礎的。[20]中國數理書法包括表現數理的書法、生成數理的書法與數理生成的書法三類。[21]不言而喻,作爲古代中國戰國楚簡書法作品與實用計算器,清華簡《算表》無疑是表現數理與數字的書法作品。如前所述,清華簡《算表》的數字分布見有分形數理。《算表》所見分形數理,可能是古人對分形數理認知的結果;但在此例中,也不排除古人對分形數理並無認知,我們所探知的數理特徵,實由《算表》本身的數字分區結構所生成。如是前者,清華簡《算表》即爲數理生成的楚簡書法,詳下;如是後者,清華簡《算表》即爲生成數理的楚簡書法,即讀者可藉《算表》推知(或曰生成)作者主觀上並沒有試圖表現的數理。至於數理生成的書法,可有多種形式。清華簡《算表》倘如前述,循分形數理而成篇,當然屬於數理生成的書法的佳例。但中國分形書法,須由分形算法迭代而成,則是典型的數理生成的書法。[22]在分形書法中,有關參數的調整,可使分形書法作品的形態與色彩等產生種種變化,如圖五清華簡《算表》"刖"字畢達哥拉斯樹的迭代角度若調至六十度,三十次迭代後即得圖七所示面目迥異於圖五的畢達哥拉斯樹,可見分形書法的表現,仍多有待開發的空間。

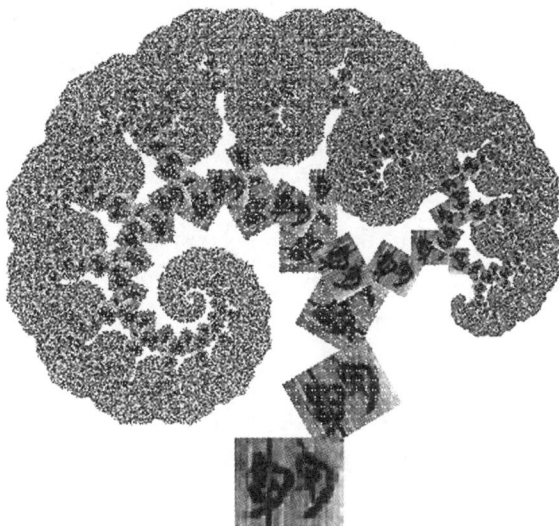

圖七　清華簡《算表》"刖"字畢達哥拉斯樹(六十度迭代)

（作者單位：香港中文大學〔深圳〕、美國達特茅斯學院）

注釋：

① 清華大學出土文獻研究與保護中心編，李學勤主編：《清華大學藏戰國竹簡(肆)》第 59—71、135—148 頁，中西書局 2013 年；李均明、馮立昇：《清華簡〈算表〉概述》，《文物》2013 年第 8 期，第 73—75 頁；李均明、馮立昇：《清華簡〈算表〉的形制與運算方法》，《自然科學史研究》2014 年第 1 期，第 1—17 頁；馮立昇：《清華簡〈算表〉的功能及其在數學史上的意義》，《科學》2014 年第 3 期，第 40—44 頁；Feng Lisheng, "On the Structure and Functions of the Multiplication Table in the Tsinghua Collection of Bamboo Slips," *Chinese Annals of History of Science and Technology*，2017-06-01，Vol.1 (1)，pp.2-23。

② Benoit Mandelbrot，*The Fractal Geometry of Nature*，New York：W. H. Freeman and Company，1983，p.3.

③ Benoit Mandelbrot， "How Long Is the Coast of Britain? Statistical Self-Similarity and Fractional Dimension," *Science* Vol. 156，Issue 3775 (1967)，pp.636-638.

④ 邢文：《陰陽與分維：中國分形書法與分形山水》， "新世紀人文論壇"第 160 講，汕頭大學 2016 年 12 月 27 日；邢文：《中國分形山水——數理人文學的視角》， "巴蜀講壇"，四川省圖書館 2017 年 11 月 12 日；邢文：《作爲方法論的數理美術史》， "北理工百家大講堂"第 29 期，北京理工大學 2018 年 4 月 20 日。

⑤ 田自秉、吳淑生、田青：《中國紋樣史》第 26 頁圖 2-12，高等教育出版社 2003 年。

⑥ Wen Xing，*Fractal Calligraphy: Explorations in Technical Calligraphy Studies*，*Chinese Manuscript Culture*，and *Mathematical Art History*，Hanover，NH：Russo Gallery，Dartmouth College，2017，p.1.

⑦ 關於分形易學，見邢文：《分形易學初探——再談沈有鼎先生卦序論》， "問題與出路：當代易學研究國際論壇"暨" '首屆國際周易學術討論會' 召開三十周年紀念會"論文，山東大學 2017 年；Wen Xing，"Fractal Interpretations of the Classic of Changes: A Perspective of Mathematical Humanities"， "Chinese Classics and the Commentarial Traditions in East Asia"，The Third Biennial Conference of the World Consortium for

Research in Confucian Cultures，The Hong Kong Polytechnic University，2018。

⑧ 李均明、馮立昇：《清華簡〈算表〉的形制與運算方法》，《自然科學史研究》2014 年第 1 期，第 1—17 頁。

⑨ https://en.wikipedia.org/wiki/Pythagoras_tree_(fractal)；圖片 By Guillaume Jacquenot ＜a href = "//commons. wikimedia. org/w/index. php? title = User：Gjacquenot& action = edit& redlink = 1" class = "new" title = "User：Gjacquenot (page does not exist)"＞Gjacquenot＜/a＞ - ＜span class = "int-own-work" lang = "en"＞Own work＜/span＞，＜a href = "https://creativecommons.org/licenses/by-sa/3.0" title = "Creative Commons Attribution-Share Alike 3.0"＞CC BY-SA 3.0＜/a＞，〈a href = "https://commons.wikimedia.org/w/index.php? curid = 9599910"＞Link＜/a＞。

⑩ Wen Xing, "Toward Fractal Calligraphy," *2016 International Conference on Materials，Manufacturing and Mechanical Engineering*，Lancaster，PA：DEStech Publications，2016，pp.523-528，圖五至圖七，迭代角度 45、30 度。

⑪ 李學勤：《楚簡所見黄金貨幣及其計量》，《中國古代文明研究》第 279—282 頁，華東師範大學出版社 2005 年；清華大學出土文獻研究與保護中心編，李學勤主編：《清華大學藏戰國竹簡(肆)》第 140—141 頁。

⑫ Wen Xing, "Toward Fractal Calligraphy," p.525，圖五。

⑬ Benoit Mandelbrot，*The Fractal Geometry of Nature*，pp.169-171。

⑭ Freeman Dyson, "Characterizing Irregularity," *Science* 200（4342），May 12，1978，p.677。

⑮ 參見 Erik M. Bollt and Joe D. Skufca, "Markov Parititions," https://webspace.clarkson.edu/~ebollt/Papers/MarkovPartitionsNonlinearEncyclopedia.pdf。

⑯ 邢文：《認知簡帛學導論》，第四屆簡帛學國際學術研討會暨謝桂華先生誕辰八十周年紀念座談會論文，重慶師範大學 2018 年；邢文：《作爲認知手稿學的認知簡帛學》，《文化傳播》總第五輯，北京航空航天大學出版社 2019 年。

⑰ George P. Lakoff, "The Contemporary Theory of Metaphor," in A. Ortony, ed., *Metaphor and Thought*，2nd ed.，Cambridge：Cambridge University Press，1992，pp.203-204；Michael J. Leddy, "The Conduit Metaphor：A Case of Frame Conflict in Our Language about Language," in A. Ortony, ed., *Metaphor and Thought*，pp.284-310.

⑱ 轉引自 Gilles Fauconnier, *Mappings in Thought and Language*，Cambridge：Cambridge University Press，1997，p.8，n. 13。

⑲ Ludwig J. J. Wittgenstein, *Philosophical Investigations*，New York：Basil Blackwell，1958，p.50。

⑳ 邢文：《技術書法學與西漢隸書》，《中國美術報·學術月刊》2016 年 8 月 22 日，第 24—25 頁；邢文：《技術書法學與簡牘辨僞》，《光明日報》2016 年 12 月 19 日第 16 版；Wen Xing, "The Fractal Nature of Chinese Calligraphy," *2016 International Conference on Materials，Manufacturing and Mechanical Engineering*，Lancaster，PA：DEStech Publications，2016，pp.513-517；新浪資訊《中國數理書法在美國》，2018 年 3 月 29 日，http://cs.sina.com.im/2018/0329/1522315832.html。

㉑ Wen Xing, "Chinese Mathematical Calligraphy：Technical Calligraphy Studies in the Chinese Manuscript Culture," National Technology and Social Science Conference，Las Vegas，U.S.A.，2018.

㉒ Wen Xing, *Fractal Calligraphy: Explorations in Technical Calligraphy Studies，Chinese Manuscript Culture，and Mathematical Art History*，pp.1-3；Wen Xing, "Toward Fractal Calligraphy," pp.523-528.

圖書在版編目(CIP)數據

清華簡研究.第四輯,紀念清華簡入藏暨清華大學出
土文獻研究與保護中心成立十周年國際學術研討會論文集 /
清華大學出土文獻研究與保護中心編;黃德寬主編.—
上海:中西書局,2021
　　ISBN 978-7-5475-1805-2

　　Ⅰ.①清…　Ⅱ.①清…②黃…　Ⅲ.①簡(考古)-中
國-戰國時代-國際學術會議-文集　Ⅳ.①K877.54-54

中國版本圖書館 CIP 數據核字(2021)第 231937 號

QINGHUAJIAN YANJIU

清華簡研究(第四輯)

紀念清華簡入藏暨清華大學出土文獻研究與保護中心
成立十周年國際學術研討會論文集

黃德寬　主編
清華大學出土文獻研究與保護中心　編

特約編輯　呂曉閩
責任編輯　徐　衍
裝幀設計　梁業禮
責任印製　朱人傑

出版發行　上海世紀出版集團
　　　　　　中西書局(www.zxpress.com.cn)
地　　址　上海市閔行區號景路 159 弄 B 座(郵政編碼:201101)
印　　刷　上海肖華印務有限公司
開　　本　787×1092 毫米　1/16
印　　張　18.75
字　　數　346 000
版　　次　2021 年 12 月第 1 版　2021 年 12 月第 1 次印刷
書　　號　ISBN 978-7-5475-1805-2/K·372
定　　價　98.00 元

本書如有質量問題,請與承印廠聯繫。電話:021-66012351